殡葬文化生态学

认知殡葬　学习殡葬　研究殡葬　指导殡葬

杨宝祥　著

U0828650

中国社会出版社
国家一级出版社・全国百佳图书出版单位

图书在版编目（CIP）数据

殡葬文化生态学／杨宝祥著．—北京：中国社会出版社，
2015.11

ISBN 978－7－5087－5186－3

Ⅰ.①殡…　Ⅱ.①杨…　Ⅲ.①葬礼—服务业—文化
生态学—研究—中国　Ⅳ.①D632.9

中国版本图书馆CIP数据核字（2015）第262927号

书　　名：殡葬文化生态学
著　　者：杨宝祥

出 版 人：浦善新
终 审 人：李　浩
责任编辑：张　杰　　　　　　责任校对：潘　瑜

出版发行：中国社会出版社　邮政编码：100032
通联方法：北京市西城区二龙路甲33号
电　　话：编辑室：（010）58124839
　　　　　销售部：（010）58124841
　　　　　　　　　（010）58124842
网　　址：www.shcbs.com.cn
　　　　　shcbs.mca.gov.cn
经　　销：各地新华书店

中国社会出版社天猫旗舰店

印刷装订：中国电影出版社印刷厂
开　　本：170mm×240mm　1/16
印　　张：23.5
字　　数：420千字
版　　次：2015年12月第1版
印　　次：2015年12月第1次印刷
定　　价：50.00元

中国社会出版社微信公众号

内容提要

殡葬文化源远流长、博大精深，广泛而顽固地影响着人们的殡葬行为。殡葬事业科学发展的基础和关键，在于殡葬文化建设。殡葬文化生态是一个由多种不同的殡葬文化生态位构成的系统，构建科学的殡葬文化体系，既能促进殡葬事业的健康发展，又为建设和谐社会营造一个良好的社会氛围。

全书阐述了文化生态的基本内涵、功能定位，分析了文化生态学的理论构架，对中华文化生态进行了剖析；借用殡葬生态科学的概念、理论和方法对殡葬文化现象进行研究，在对殡葬文化进行生态分析的基础上，采用整体的、联系的观点分析特定历史背景下的殡葬问题，寻找并保持殡葬文化与其所依存的社会生态环境之间的动态平衡，研究了殡葬文化适应环境的过程和由这种适应性所导致的殡葬文化习俗之间的相互适应性，提出了以殡葬文化生态的设计、调整和培育为主要内容的殡葬文化生态学理论；从绿色殡葬、生态殡葬、和谐殡葬和科技殡葬四个方面的文化生态建设进行了殡葬文化生态理论和实务研究，多维度地对殡葬文化生态现状、存在的问题进行了剖析，运用文化生态学理论强调了殡葬文化生态建设的意义，阐明了殡葬文化生态建设的原则，明确了殡葬文化生态建设的对策，提出了殡葬文化生态建设的途径。

作者首次提出殡葬文化生态学理论，从生态学的全新视角研究殡葬文化，把丰富的殡葬文化视为一种特殊的生态系统，研究其产生、发展及文化适应并影响环境的过程，对殡葬文化生态建设这一涉及殡葬文化生态系统内各种文化生态位的系统工程，具有理论的创新和现实的指导意义。

目　　录

第一章　文化生态学基础理论

文化生态学（Cultural Ecology）是一门将生态学的方法运用于文化学研究的新兴交叉学科，是研究文化的存在和发展的资源、环境、状态及规律的科学。文化产生、传承和存在的生态性决定了其发展的生态性，要实现文化的健康发展，就必须依赖生态的文化发展。文化生态学的学科建设、完善和应用，对于文化的发展和社会的进步具有促进作用。

第一节　文化生态的建设

生态是指生物通过同化和异化并与环境之间不断地进行物质交换和能量转换以实现新陈代谢，体现了生物与环境之间的互动关系。人类的生存发展离不开良好的自然生态，人类与自然的和谐发展离不开良好的文化生态。文化生态是与自然生态相对应的范畴，指在一定历史时期，一定社会文化大系统内部各个具体文化形式之间相互影响、相互作用、相互制约的方式和状态，是指存在于人类主体周围并影响主体活动的各种精神文化条件状况的总和，它作为整个社会环境的特殊部分，对社会的稳定、创新、发展和进步有着不可替代的作用。

一、文化生态的内涵与功能

传统生态学理论忽略了文化因素对空间适应的作用，而把物质空间看成是一种非文化的自然现象，社会体系被看做是被动的、顺从的、全异于空间的适应者。文化生态则将文化纳入生态视域，使人们获得了对文化的新认识。

（一）文化生态的定义

文化一词起源于古拉丁语 cultura 和 colere，意为对土地的耕耘和对植物的栽培，有耕种、居住、练习、留心、注意和敬神的含义。文化的概念是英国人类学家爱德华·伯内特·泰勒（Edward Burnett Taylor，1832—1917）于1871年提出的，他将文化定义为“包括知识、信仰、艺术、法律、道德、风俗以及作为一个社会成员所获得的能力与习惯的复杂整体”。从字源上说，“文”与“化”在3000年前的卜辞（指中国晚商巫师进行占卜活动而刻在牛胛骨、龟甲等兽骨甲壳上的文字记载）中就已经出现了。文，本义是文错、文饰、纹理，引申为基础和工具，包括语言和文字。古代学者甚至认为“文”的本质是一种规律，也是一种殊相。唐代李翱《李文公集·杂说》载：“日月星辰经乎天，天之文也。山川草木罗乎地，地之文也。志气语言发乎人，人之文也。志气不能塞天地，言语不能根教化，是人之文纰缪也。山崩川涸，草木枯死，是地之文裂绝也。日月晕蚀，星辰错行，是天之文乖也。”《说文》载：“化，教行也。”古人认为万事万物都有生克制化之关系，“化”是一种规律，引申为教化、风化、感化。最早把文、化两字放在同一句子的文献是《周易》，其《贲卦·彖传》云：“观乎天文，以察时变；观乎人文，以化成天下。”说明在2000多年前人们就有了对文化的粗浅认识。作为名词的“教化”是人群精神活动和物质活动的共同规范（这一规范在精神活动和物质活动的对象化成果中得到体现），作为动词的“教化”是共同规范产生、传承、传播及得到认同的过程和手段。

文化是人创造且与生态密切联系的知识系统。文化可以分为物质文化与精神文化。广义的文化是一种社会现象，是人们长期创造形成的产物，同时又是一种历史现象，是社会历史的积淀物。狭义的文化是指一个国家或民族的历史、地理、风土人情、传统习俗、生活方式、文学艺术、行为规范、思维方式、价值观念等。文化作为人们社会实践的产物，是人类在社会实践过程中所获得的能力和创造的成果。

文化是联系的、动态的，它体现了人的思想与实践的现象，涉及自然、社会和思维三个方面，因而文化包含了人与生态环境的关系。“生态”即“生命的存在状态”，是事物有机联系所形成的主体的生命力的外在表现，凸显的是主体内部以及主体与环境要素之间的联系对于主体生命的意义。文化生态是指文化的产生、传承、存在的生态状况，即在特定的文化地理环境内一切交互作用的文化体及其环境组成的功能整体。文化生态是一个比自然生态更为复杂的系统，它既包括人的思想道德素质，也包括人的科学文化素质；既有几千年历史文化积淀形成的传统，又面临外来文化的冲击。作为自然生态与文化人类学相互渗透结合的产物，文化生态是人类对生存经验的一种积累，它涉及人对自然的认识以及人与自然环境的关系，同时又包括生产方式、生活方式对民间文化的影响和制约及文化模式、文化变迁、文化传播等方面的内容。

广义的文化生态是一种世界观（或文化观），是一种文化的生态学，同一般生态学一样是建立在人类对生态系统的依赖性这一基础上的。这一概念最初是由美国人类学家朱利安·海内斯·斯图尔德（Julian Haynes Steward，1902—1972）提出的。斯图尔德认为，文化生态学研究的是由于适当环境所导致的文化变迁，是要解释具有地域性差别的一些特别的文化特征及文化模式的来源。文化生态研究的主要内容包括：文化与环境的交互关系，文化群落和环境的组成、结构、分布以及发育变化的情况。近年来，文化生态研究者把人类活动看作社会的主体，把人类的文化创造划分为科学技术（包括经验、知识等）、经济体制、社会组织和价值观（包括风俗、道德、宗教、哲学等）四个层次，依据它们与自然环境关系的密切程度，构成人类文化生态系统的结构模式。因而，广义的文化生态是指影响文化产生、演进的自然环境、科学技术、经济体制、社会组织以及价值观念体系等变量构成的整个文化生态系统。

狭义的文化生态是建立在广义的文化生态理论基础上的。由于人类在社会化进程中不断创造出使自己区别于自然生命状态的精神生命（文化）形态，因而，这些精神文化形态在其产生和发展的过程中，不仅与其产生的自然生态环境、社会生态环境有着直接的关系，而且在精神文化内部也存在着一种生态关系，即各种具体的观念文化，如哲学、宗教、伦理（道德）、文学、艺术、语言等之间也存在着一种相互的生态关联。这种关联性指的是人与自然、人与社会、人与人之间，文化与政治制度、文化与经济制度、文化与意识形态之间相互影响、相互制约、相互促进的关系。因而，狭义的文化生态主要指精神文化与外部环境（自然环境、社会环境、文化环境）以及精神文化内部各种价值体系之间的生态关系。

（二）文化生态的特点

文化生态所蕴含的丰富的历史意义、文化意义和社会意义，对于人性的形成、人的素质和品格的培养以及不同民族性格与精神的造就，具有重要的影响作用。

1. 文化产生的生态性

生态性是文化的重要特征。文化是人与自然协调的产物，是一定社会空间的产物，是历史发展的产物，所以文化具有地域的、民族的、历史的特性。复杂多样的自然环境、社会空间、历史条件是多样性文化生成的基础条件。

2. 文化存在的生态性

文化存在的生态性体现在三个层面：一是文化自身具有整体性。文化内部不同层次、不同结构之间存在着有机的整体联系，表现为相互制约、动态平衡的关系，如饮食、服饰、居住、语言、信仰、习俗、观念等构成了类型多样、稳定有序、互动共生的整体，整体性是文化生态性的重要特征，它维持着一定文化正常有序的状态。二是文化在时空上的整体联系。从时间上看，文化的存在总是与一定的时期相联系，是一种历史的存在，文化一经产生，就不以人们的意志为转移，传统文化和现代文化、落后文化和先进文化、外来文化和本土文化都是不依人的喜好而存在着。从空间上看，文化总占有一定的发展空间，文化的空间具有相对稳定性，它不仅提供了文化有序发展的氛围，使其朝着内在合力的方向前进，而且向人们提供了全面了解文化内部结构的条件。三是文化与政治、经济等外部因素处于生态状态。文化作为意识形态，它的存在和发展离不开一定的经济基础，文化的状况决定于经济基础，文化的发展情形最终要到经济中去寻找。文化与政治之间也存在作用与反作用力，它们相互联系、相互作用，在一定的社会背景下，政治实践往往带有一定的文化色彩。

3. 文化传承的生态性

传承是指文化在时间上的延续性，文化依赖传承而绵延不断。文化传承的主体是人，正是人这种有生命个体对文化的传承，也就赋予了文化以生命的意义。后代继承前辈习俗、信仰、观念的同时，也延续着前辈的生命，文化传承表现出一种文化生命的延续。同时，传承是一种随着自然、社会、时代变化而动态的继承，既是对传统的继承，也是对传统的再造。

（三）文化生态的功能

人类的文化和行为与其所处的自然环境和生态环境相互作用的过程中产生的关系就是文化生态。文化生态是运用生态学方法对文化领域某个特定时空场的整体问题或该场中特定问题进行分析，从而得出独特的结论。文化生态的目的就是调节人与自然、人与社会、人与自身的相互关系，即通过“人－社会－文化生态”三位一体达到动态的平衡，使自然、社会、人能够和谐发展。可见，文化生态是一种生存策略和智慧，有着内在的逻辑结构并发挥着功能。

1. 调节功能

文化生态系统的内部环境是按照一定的结构而互相联系的有机体。文化生态要延续和拓展，就需要不断地吐故纳新，通过自身的调节作用以促使新的文化因子不断繁殖。一方面是依据主体文化的价值取向，对固有文化的保存；另一方面是对文化系统发展过程中的异质因素的原质文化的否定而实现对原质文化的扬弃。

2. 诊断功能

文化生态对自然、社会、自我的逻辑上的联系，是一种社会诊断，可以反映社会整体的质量和水平并诊断其不良行为，给予不良行为的治理提示，作为一种对于社会革新或改革的积极引导。

3. 表现功能

人们可以通过不同的途径来表达对社会的态度。文化生态的价值取向反映了人们的愿望，显示人们对社会现状、制度满意的程度。文化生态是社会整体质量和水平的最直接表现，是不以任何个人意志为转移的客观存在。

4. 引导功能

文化生态的良与不良主要表现为在涉及社会活动和人们的利益的过程当中，人们对现状是否满意，从而映射出社会的思想基础是否稳定。因此，根据文化生态的优劣，可以引导社会的领导集团对社会现状进行重新审视，尽快作出修正或治理的决策，以便引导社会良性的发展和运动。文化生态的引导功能还表现在对公众责任感的呼吁上，因为社会的进步和治理，需要社会各个方面的努力，需要领导集团和公众齐心协力。

二、文化生态的定位与发展

（一）文化生态的定位

生态文化通过文化建设（或改造）对自然生态或社会生态起到保护、维持或改善的作用。生态文化是相对于神本文化、人本文化的一种文化现象。它不同于传统文化之处在于其综合性、整体性、适应性、俭朴性和历史延续性，旨在处理好局部与整体、眼前与长远、竞争与共生、开发与补偿间的生态关系。生态文化是物质文明与精神文明在自然与社会生态关系中的具体表现，它是与环境和谐共处、持续共存、稳定发展的文化。

如果以“生态文化”为核心的概念建构一种思维方式，将“生态文化”看作是一种价值观，那么，它实质上是人类在遭遇了环境问题的压迫后所作出的新的文化选择。人类试图通过创造一种生态文化（或生态文明）来解决人与自然的冲突和矛盾。“文化生态论”的重心在“生态”上，它是用生态学的思维方式来阐释人类及其文化问题的。它将生态系统科学视为一种世界观，从人类生存的整个自然环境、社会环境、精神环境中的各类因素交互作用来研究人类及其文化的产生、发展和变异。人类学家将这一学说引入人类文化的研究，便产生了“文化生态”概念。因此，“文化生态论”者实质上是把整个人类文化看作一个生态大系统，这个生态大系统由自然环境、科学技术、经济体制、社会组织、价值观念等层次组成，它们之间是一种协同共存的关系，这些不同层次的协同关系是一种相互依赖、相互影响、交相作用的关系，这种协同共存关系不仅影响着人类一般的生存和发展，也影响着人类文化的产生、创造和发展。

生态文化体现了人类谋求与自然和谐相处的方式、过程和结果。而“文化生态论”则将“文化”与“生态”两者视为具有内在的一体性，文化本身就是一个生态系统。文化生态系统并不是一种新的文化选择，而是人类文明内在的本性，或者说是人类文明生长、发育的内在指向，它引导人类向整体的生态的世界观转变。

（二）文化生态的发展

文化生态是借用生态学的方法研究文化的一个概念，是关于文化性质、存在状态的一个概念，表征的是文化如同生命体一样也具有生态特征，文化体系作为类似于生态系统中的一个体系而存在。在生态学中，生态是生命体通过同化和异化与环境进行物质交换和能量转换的互动关系，生态系统是由生命系统和环境系统在特定空间的结合所构成的体系。运用生态学透视文化的运动和发展，可以发现，就像任何一个生命体、任何一种生物离不开其特定的生存环境，总是与其他生命体、生物及各种生存环境相互影响、相互作用一样，人类所创造的每一种文化也是在与其他文化及所处的社会环境交流互动中演化发展着。因而，把文化体系类比为生态系统进行分析研究，有助于更好地把握文化的演化发展规律。当今人类社会发展面临许多危机（包括自然生态失衡危机），实际上都可归结为深刻的文化生态失衡危机，与各种文化的关系间及各种文化内部的非和谐因素有关。

1. 保护自然的多样性，追求生态的和谐性

保护多样性的生态环境就是在保护文化的多样性，保护文化的多样性与保护自然环境的多样性一样重要。在新的生态思维中，人是生态系统的因子，是文化创造的主体，离开了自然的人无法生存，离开了文化同样无法生存，自然是人类生存的根本，文化是人类发展的依据。自然环境和文化环境共同构筑了人类生存和发展的条件。维护好文化产生的生态环境，文化的发展就有了依托。

2. 把握生态的系统性，维护文化的协调性

要处理好传统与现代、本土与外来、文化系统内部的关系，维护文化的协调性。人类的文化传承是从旧状态走向新状态的过程。再造是在对传统、对本土继承上的再造，没有对传统的继承，不可能有再造。生态的文化存在原则是和谐平衡，处理好文化系统内部的关系是文化发展的关键。如物质文

化与精神文化、主流文化与非主流文化、行为文化与制度文化等都要相互统一，和谐发展。生态的文化是一种动态存在，和谐平衡的发展也是动态的、丰富多样的。因此，不能因为发展物质文化而轻视精神文化，不能只提倡高雅文化而忽视大众文化，不能只重视制度文化而轻视观念文化。生态的文化存在还体现在文化的整体性上，维护文化的整体性尤为重要。良好的经济政治环境是文化发展的基础，宽松的社会氛围、多种经济形态、多种文化类型的共生都是生态的文化发展所必需的。政治的导向作用应考虑文化的现实需求，不应与现实需求相脱节。

3. 维护生态的平衡性，推进文化的创新性

生态的文化发展是新陈代谢的发展，表现为旧文化不断被替代，新文化不断被创造，以本土文化融合外来文化，以先进文化淘汰落后文化，以现代文化传承演绎传统文化。每一种新文化形式的出现会对原有文化生态产生影响，如网络文化的出现打破了原有文化的格局，在带来大众文化繁荣的同时，也使文化生态呈现某种失衡的局面，如何对其进行有效管理，已成为新的社会文化问题。若要实现新的文化生态平衡，必须出台新的法律法规，制定相应的管理办法；一系列制度文化的建设又将使文化生态在新的水平上达到新的平衡。例如，经营性公墓的开发改善了许多地区的民政经济状况，但同时也带来了环境污染加重、社会矛盾增多等问题，相应地，殡葬制度建设就成为殡葬文化发展中的重中之重。

三、和谐文化生态及其建设

文化生态侧重于用生态学方法解决或解释文化领域的问题，旨在通过引入生态学原理，对社会现象、文化现象或法律现象进行有效的、可信的分析与研究。生态主义世界观认识到世界是一种多样性的层次结构，在这种多层次结构中最重要的特性是整体、多样、层次与秩序，从而决定了文化生态建设的全面性和多样性。文化生态建设要求倡导多样性的沟通、宽容，以不同的社会角色为依据，建设新的社会秩序系统与价值系统，使人与自然、人与社会、人与人、人与自我的关系达到新的平衡。

随着经济全球化、政治多极化、文化多元化的发展，各个民族文化生态虽自成系统，但都以经济全球化为发展驱动力，日益广泛、频繁深入的文化交流和冲突，深刻地重塑和构建着各民族文化生态之间的关系，使之成为紧密联系、相互作用的宏大文化生态体系。广泛的文化交流丰富了民族文化生态的文化构成，创造了异种文化之间“移植”的机会，从而提供了激发民族文化活力、优化民族文化的文化创新机遇。

（一）和谐文化生态的表现

和谐社会包括经济的和谐、政治的和谐、文化的和谐、人与自然环境的和谐以及它们之间的和谐。和谐的文化生态主要体现在两个方面：一是从文化的外部关系看，作为观念形态的文化必须与其经济基础相适应，与上层建筑的其他部分（如政治、法律制度）、与自然生态和人的发展相协调。文化作为整个社会大系统中的一个子系统，必须是与其他分系统相互关联、相互作用、相互影响、和谐一致的。也就是说，和谐的文化生态是文化与其经济基础、政治导向、生态环境和人的发展的和谐一致和协调发展。二是从文化的内部结构看，整个社会的文化自身结构由不同形态、不同民族、不同层次的文化构成，每一种文化又包含不同的要素和形式（如思想观念、价值体系、行为规范、文化产品、社会风尚、制度体制等），和谐文化主要是指文化结构本身的和谐。

和谐文化的核心是“和谐”，其基本含义是在差异中见协调，在不整齐中见整体，在整体上见匀称、平衡、和顺。和谐的思想尊重差别，主张平衡，对不同的事物持以宽容的态度。和谐有三个要点：一是多样性，存在多个不同的主体才有“和”的问题；二是差异性，没有差异就没有“谐”的问题；三是统一性，在不同之中见一致。中国传统文化中历来重视“和谐”，从“天人合一”的哲学命题到“和为贵”“人和”高于天时、地利的价值取向和伦理准则，再到“政通人和”“协和万邦”的治国安邦理想和方略，都贯穿着注重事物的整体关联性，主张求同存异，包容万物，在和谐中实现共同发展的思想理念。

和谐文化的提出，既是对中华民族传统文化的继承和发扬，也是站在历史的高度对时代特征分析的基础上所总结出来的发展哲学和文化哲学。我国正处于全面深化改革、全面建设小康社会的历史时期，经济领域的多元性反映到人们的思想意识和道德观念中，也必然存在多元的价值观念，不同文化的冲突、碰撞也是难免的。处理思想文化的矛盾的正确方法，是强调和倡导“和谐哲学”，以和谐作为自己的价值取向，主张运用“和谐”的思想方法来思考问题和解决矛盾，营造一种和谐的文化氛围。和谐哲学承认矛盾和差异，主张用适当的方式去解决这些矛盾，在解决矛盾的基础上争取达到比较和谐的状态，尽最大努力弱化矛盾的强度，通过寻找和扩大共同点，取得有利于矛盾各方的最佳结果。和谐哲学有利于互动互补，同心协力，调动一切积极因素，因此是适应社会稳定、协调、可持续发展的哲学。

和谐文化战略的提出，也是一种适应当代世界发展趋势又积极应对外来文化干预和文化冲突的新思维。当代世界非常复杂：一方面由于信息技术的发展和经济全球化进程的加快，世界文化的交流日益频繁，不同国家、不同民族、不同地域的文化在相互渗透、相互融合；另一方面，国际上的霸权主义和强权政治明显地转移到文化领域，有计划、有目的地对别的国家进行文化干预和文化渗透，在全球到处推销它的价值观。提出“和谐文化”的理念，既有利于不同文化之间的相互借鉴、取长补短，又包含着对人类文化多样性的尊重。可见，“和谐文化”理念为人类处理不同文化之间的冲突难题提供了新的思路。

（二）和谐文化生态的建设

建设文化生态、培育当代中华民族精神，不断发扬优良的文化传统以维护中华民族发展的根基，有利于激发和增强民族凝聚力，促进民族的道德价值体系的建设和道德水准的提升，激励奋发有为的精神和民族的创新力，是推进中华民族伟大复兴的需要。把握社会主义先进文化方向，是构建文化生态的关键。先进文化提供了民族文化生态系统的价值准则和建设准则，决定着文化生态的发展方向，引导着民族精神的发展走向，对民族文化生态系统的健康发展以及民族精神的弘扬和培育具有决定性的价值和意义。中国文化新模式是一个严密的文化生态体系，它是由现代化、社会主义和中国特色三个要素所构成的，必须站在时代进步的前列和历史发展的高度，汲取中外文化的一切积极成果，对传统文化进行改造并使之转型，成为能够同现代化相衔接、与社会主义相适应的新文化。建设社会主义先进文化，是构建民族文化生态、培育当代中华民族精神的关键。先进文化要保持其先进性，必须在不断发展的过程中遵循文化发展的一般规律，营造文化发展的良好生态。

1. 正确处理主流文化与多元文化的关系

和谐文化是以承认文化的多样性为前提的。我国地域辽阔，民族众多，地区发展不平衡，加上改革开放和经济社会转型，文化的多样性更加复杂：传统的、现代的、本土的、外来的、高雅的、通俗的、精英的、大众的等等，多元文化存在是客观事实，这些不同文化之间有的差异较大甚至相抵触。营造和谐的文化生态，就是要承认多元文化存在的合理性，保留各种文化的个性差异，对各种文化采取包容的态度，这就是“和”。但多种文化存在必须做到“谐”，即统一协调。建设和谐文化，在把握先进文化前进方向和弘扬主旋律的前提下，应当提倡多元文化的百花齐放、百家争鸣，实现多元文化的和谐发展。

2. 正确处理外来文化与本土文化的关系

建设和谐文化，应积极借鉴吸收人类的优秀文明成果。不同国家和民族的文化由于历史和社会背景的不同，无论是价值观念还是语境或表达方式，都存在着较大的差别甚至是冲突的。但无论是东方国家还是西方国家的文化，都是人类在改造客观世界和主观世界的过程中的成果积聚，都是人类迈向文明进步的结晶，都有其存在的合理性和价值性并能为人类所传承和借鉴。建设和谐的文化生态，就是要学会与不同国家、不同肤色的人和睦共处，与世界文化进行交流与对话，以宽广的眼界和博大的胸怀，积极借鉴世界各国的文明成果，博采众长。

3. 正确处理传统文化与文化创新的关系

文化是历史的积聚，具有历史继承性，文化又是现实客观存在的反映，具有现实性、时代性和创新性。传统文化与现代文化、创新文化往往有较大差别甚至是相冲突的。和谐的文化生态就是要使它们在保持自己个性基础上取长补短、求同存异、和谐发展。和谐文化生态建设，必须继承和发扬中华民族的优秀传统文化，这是和谐文化的灵魂，同时，要积极和善于学习与借鉴国外一切优秀文化成果，立足当代实践，大胆进行文化创新，使文化体现时代精神，与当代社会生活相吻合，在动态中保持传统与现代、历史与现实的和谐。

第二节　文化生态学基础

文化是人类在发展过程中生存和生活智慧积淀的产物，是社会生态系统不可或缺的一个构成要素，并存在于社会生态的各个子系统之中，发挥着不可替代的作用。科学技术的飞速发展带来的一系列环境破坏，使人们认识到自身的脆弱性和自然的强大性，日益感受到自身与环境之间密不可分的关系，也认识到文化生态对社会进步与可持续发展的重要性。人类越来越需要一门能够研究文化的存在与发展和自然生态环境之间规律的科学，于是，研究人与生态环境之间关系的交叉科学即文化生态学逐步形成并迅速发展起来。文化生态学是研究环境对人类文化的影响，以及人类如何适应、利用和改造环境而创造文化的，从而说明文化特征及其产生发展规律的科学。文化生态学作为生态学视角在人文社科领域发展的最新成果，有着自身独特的研究范式，它能为一系列社会问题提供更为透彻的分析，提出更行之有效的解决方案。

一、文化生态学的主要起源

随着全球生态危机日益加剧，生态学注重多学科综合的角度进行研究。人类学大致分为研究社会文化为主的文化人类学和研究社会生态为主的生态人类学，人类学的生态研究又分为决定论（有文化决定论和环境决定论两种观点）和互动论（介于环境决定论与文化决定论之间的交叉理论）两类。文化生态学就是基于互动论而产生的。

（一）自然的终结与影响

18 世纪的工业革命对地表和高空三维生态系统的全面破坏，不仅像农业革命那样局地性改变大陆生态系统，而且使整个海洋生态系统难以正常运行，并通过水循环系统和大气循环系统改变了全球气候并污染全球环境。乌尔里希·贝克（Ulrich Beck）、安东尼·吉登斯（Anthony Giddens）、比尔·麦克基本（Bill Mckibben）、克劳斯·科赫（Claus Koch）等讨论了“自然的终结”（The End of Nature）命题，他们认为，随着科学技术的影响力不断增强，原本意义上的自然界终结了，也就是说自然不再是自然，人类借以行事的传统也终结了。自然界的终结并不意味着一个自然环境消失了的世界，而是指在物质世界的各个方面都受到科学技术和人类活动干扰。贝克认为“自然的终结”主要有两层含义：一是在空间、现实意义上，指没有受到人类影响的纯自然界已经不复存在，地球的每一个角落都直接或间接地留有人类的痕迹，每一种生物都受到人类活动的影响。二是在变化、发展意义上，指不受人类活动影响的纯自然变迁、纯客观变化的终结，人类活动已经深刻影响了自然界的发展方向和变化速度。随着工业社会的推进，自然已经不可挽回地终结了，纯自然已经深刻地转换为文化的自然、社会的自然和政治的自然。

“自然的终结”使生态问题充斥整个自然界和人类生活的一切方面。“自然的终结”不仅指人类生活的外部环境不自然了，而且也指人类“内部环境”变得日益不自然。贝克、吉登斯等以“自然的终结”为理论原点建构起风险社会理论，将风险分为两类：一类是“外部风险”。这是在工业社会存在的头 200 年里占主导地位的风险，意味着可能遭遇的意外打击，如疾病、伤残、失业等。这种风险虽然严重，却因经常发生而可以预料和防范。另一类风险是“人造风险”。它是由人的发展，特别是由科学技术的进步所造成的。“人造风险”使人类陷入前所未有的风险环境之中：科学技术发展所引起的风险无法通过科学技术进步而解决，为追求确定性而发展起来的科学技术却引起更大、更长期的不确定性。工业发展、科学技术进步等人的活动使人与自然的互动关系呈现出鲜明的“人为的不确定性”状态的新变化、新特点。

以“自然的终结”概括现代条件下人与自然的关系抓住了现代社会发展中的一个重大基础性问题，但“自然的终结”并不意味着自然规律已经不起作用、不复存在。由于“自然的终结”的重要表现是自然与文化内在地成为一个问题性的共同体，纯粹的自然与纯粹的文化都已不再存在，“自然的终结”要求人类在把握人与自然关系时建立一种新型的文化。正是自然与文化的问题性统一，使自然与文化都失去了独立存在的基础。一方面，自然受到文化的强大影响；另一方面，文化越来越多地受到自然的制约，它们共构为“文化生态”问题。人可以对人与自然的新关系进行规律性把握。在生产力低下的条件下，人类面对的规律是纯客观规律，人类实践目的是把握这种“无人干扰情况下的纯客体”规律；在生产力高度发展的现代性条件下，人类需要着力把握的是“有人参与的、主体与客观相互作用”意义上的规律。这正是文化生态学所要发现和解决的问题。

（二）文化生态学的产生

文化生态学是随着20世纪中期科学主义与人文主义由分离和对抗走向融合的趋势，汲取了生态学、文化人类学、文化地理学、城市社会学等相关学科的理论营养基础，而发展起来的一门新型学科。文化生态学是以文化为研究对象的生态学，是以生态学为主要方法的文化学。

早期的文化生态学诞生于美国，是作为人类学的一个研究领域出现的，当时主要探讨人类与自然环境之间的关系。“文化生态学”的概念主要源于“生态学”一词。生态学是19世纪70年代由德国生物学家和哲学家恩斯特·海因里希·菲利普·奥古斯特·海克尔（Ernst Heinrich Philipp August Haeckel，1834—1919）提出的，用以研究文化与整个环境生物集的关系。美国早期的人类学家弗兰兹·博厄斯和阿尔弗雷德·克罗伯等，在研究北美土著民族以及外来人种迁移时，大多分为两个观点：一是主张“决定论”，认为环境直接决定人类文化；二是主张“可能论”，认为环境只是可能对人类文化产生影响。当时尚未形成比较系统的理论，但为生态环境学的发展奠定了基础，成为生态环境学发展的先驱。文化生态学在形成期主要局限于美国的人类学家进行的小范围区域性研究，他们在研究中还存在许多理论的缺陷和实践的局限，因而，这个时期的文化生态学对社会的影响有限。

为探求人类与自然的关系以及文化与自然环境的关系，美国人类学家斯图尔德在《文化进化和过程》（1953）一书中提出并于1955年在其理论著作《文化变迁理论：多线性变革的方法》中再次明确，他主张多线进化论，倡导建立专门学科，以探究具有地域性差异的特殊文化特征及文化模式的来源，提出了文化生态学的基本概念，进一步证明了不同文化发展的规律并概括文化发展中形成的各种混合文化的类型，对传统文化的适应与发展的阐释具有一定的指导价值。斯图尔德认为，文化生态学就社会适应其环境的过程进行研究，确定这些适应是否引起内部的社会变迁或进化变革，并结合变革的其他过程来分析这些适应，文化生态学主要是“从人类生存的整个自然环境和社会环境中的各种因素交互作用研究文化产生、发展、变异规律的一种学说”，旨在“解释具有地域性差别的一些特别的文化特征及文化模式的来源”。这一方法要求对社会和社会机构之间以及它们与自然环境之间的互动进行考察。斯图尔德认为文化生态学应当与“社会生态学”及“人类生态学”区别开来。他扬弃了文化相对主义和单线进化论，提出“多向进化”的方法。这种方法使不同生态区带文化发展的平行序列的比较成为可能，从各大文明相近的进化过程中，可以构想出从生物学与文化学的结合来研究人类文化的进化规律。美国生态学家、生物学家爱德华·威尔逊（Edward O. Wilson）强调文化与环境之间的适应，他注重“文化变异”和“文化生态”关系，认为文化取决于自然环境。生态环境与人体、人的社会为一种独特的生物体系，文化生态学的研究就是要充分说明人类因利用环境而形成的社会组织和文化价值的特色。斯图尔德称这种生态学特征为“文化内核”。他曾研究美国西南部土著人群体并提出应集中研究“文化内核”，即文化中与自然界关系最直接的生存或生产策略。文化内核（生存方式）因其所利用的特定或“有效”环境（土壤、气候等）而发展，又反过来促使其他文化特征（社会组织）形成。按照这一“文化内核”的思想，环境（特别是自然环境）和文化之间在形成文化变迁的过程中有着互动作用。这一想法被普遍视为最早为文化生态学奠定了明确的基础。他在《文化生态学的概念和方法》一文中，从文化生态学所研究问题的不同出发，将文化生态学同“环境决定论”和“经济决定论”加以区分，指出了环境虽然是人类文化发展的重要因素，但并不是影响人类文化发展的唯一因素。以早期斯图尔德的生态文化学理论为代表的思想流行了很长一段时间，但只重视了人类与环境相适应，却没有意识到人类也可以人为地改变环境来使之为人类服务，同时，他们的研究多是对于过去已经发生的现象进行的分析，而没有考虑到人类文化的长期发展与环境之间的影响。在斯图尔德看来，文化与其生态环境是不可分离的，它们之间相互影响、相互作用、互为因果。从这种视角下进行的研究，其主要目标和任务就是揭示出各民族、各地区的文化形态与自然环境的相互关系。斯图尔德提出的文化生态学的灵感主要来源于自然生态中所研究的生物有机体与其周围环境的关系，当时的文化生态学只是把文化作为自然生态系统中的一个因子，只探讨人的文化活动与自然环境的相互作用、相互关系。他认为文化的特征和文化的变迁是环境影响的结果，环境的多样性带来文化的多样性，文化生态学在于解释对不同环境的适应中的特殊文化及其类型、模式。

在斯图尔德之后的美国人类学家瓦伊达（Andrew P. Vayda）等人把一般生态学的研究运用于人类学，即把构成生态系统的人和人以外的生物放在相同的概念和范畴内来认识。正是在早期的文化生态学的基础上，形成了文化唯物论，并进一步构建了以试图探讨人类群体如何适应塑造其生存环境并伴随此过程形成相应的风俗习惯以及社会、经济、政治生活为目的的生态人类学，而文化生态学希望对人类社会文化作为适应环境的产物作出唯物的说明。

（三）文化生态学的内涵

文化生态学是20世纪发展起来的新兴学科，其来源学科主要是文化学和生态学。它研究人类文化与自然环境之间的关系，文化学是其研究对象，生态学是其主要的研究方法。因而，文化生态学是将生态学的方法运用于文化学研究的交叉学科。按照《中国大百科全书》的定义，文化生态学是指用人类生存的整个自然环境和社会环境的各种因素交互作用的生态理论研究文化产生、发展规律的一门社会分支学科。

生态本来是一个反映自然环境状态的词，借用“生态”来表示文化存在和发展的环境、秩序、状态等，形成文化生态的概念，目的是要表明文化现象也有自己生存和发展的环境、条件，有自身的内在秩序和规律。文化生态指的是文化存在和发展的环境和状态，文化生态学的视角和方法主要是应用生态学于文化学之中，使生态学与文化学相融合，从而达到对文化诸问题包括发展规律的认识。文化生态学的理论和概念主要是用来解释文化适应环境的过程。人类是一定环境中总生命网的一部分，与物种群的生成体构成一个生物层的亚社会层，它通常被称为群落。在这个总生命网中引进文化的因素，在生物层上建立起一个文化层。两个层次之间交互作用、交互影响，它们之间存在一种共生关系。这种共生关系既影响人类一般的生存和发展，又影响文化的产生和形成，并发展为不同的文化类型和文化模式。

生态文化是指从人统治自然的文化过渡到人与自然和谐的文化。其重要特点是着眼于人与自然的和谐，用生态学的基本观点去观察现实事物，解释现实社会，处理现实问题，运用科学的态度去认识生态学的研究途径和基本观点，建立科学的生态思维理论。而文化生态不仅着眼于人与自然的和谐，还关注人与社会的和谐、人与人的和谐，是人在进行自我构建和社会构建过程中融合了人类自觉生态智慧的一种生存状态。文化生态学的形成是生态学向人文社会科学领域渗透，与其他学科交叉融合的成果。它继承了生态学研究的特点，同时又更适合应用于社会科学领域，因为它的出发点已从自然生态的改善拓展到了社会文化生态的建构。文化生态学主张从人、自然、社会、文化的各种变量的交互作用中研究文化产生、发展的规律，用以寻求不同民族文化发展的特殊形貌和模式。

文化生态学以文化对生态环境的适应作为研究的主题，是一门主要研究文化适应环境的过程和由这种适应性所导致的文化习俗之间的相互适应性的学科。作为文化生态学的创始人，斯图尔德提出文化和环境是辩证的相互作用关系，确立了研究地域集团生产方式和生息环境的相互关系的模式，这是文化生态学研究的基本方法。20 世纪 90 年代西方人类学者提出环境是文化建构的观点，深入研究了自然、文化和人之间的关系，美国学者罗伯特 · F. 墨菲（Robert F. Murphy）指出："文化生态理论的实质是指文化与环境（包括技术、资源和劳动）之间存在一种动态的富有创造力的关系。"斯图尔德认为，社会生态学主要在于解释纯生物的人的机能和遗传功能，适应环境的变化；文化生态学则在于解释对不同环境的适应中的特殊文化及其类型、模式。解释人类文化行为与解释人的生物进化不同，不能从遗传上推导某种文化模式，必须从文化适应上作出结论。经过多年的研究，人们认识到，文化生态学是应用生态学的观点研究人与自然环境之间的相互关系，既研究自然地理环境在文化发展中的作用，也研究人的文化作用对自然地理环境的影响。

文化生态学有两方面的含义：一是揭示作为不同人群的主要由习惯和观念及其在实践中得到体现的价值所构成的文化在该人群行为和决策中的主导作用。二是研究不同文化物种和种群在自然与社会环境中的生存彼消此长的情况和条件。文化生态学的目的在于自觉地维护社会生态平衡，克服社会文化生态危机，促进社会文明的进步。传统的自然生态论过多地强调非人格的生态力量，却忽视了人的感情、情绪、意志以及文化价值观的作用，文化生态学理论则强调人在文化生态建设中的主体性作用，人的全面发展既是文化生态建设的出发点又是其归宿。人在文化与环境互动关系中主体意识的高扬是文化生态学理论内涵的本质所在，也是生态文明建设实践的本质所在。

二、文化生态学的主要特点

文化生态学是从生态学的视角研究文化，它把文化当作一种特殊的生态系统，研究其产生、发展及文化适应环境并影响环境的过程。运用生态学理论对人类文化现象进行研究，源于斯图尔德的文化生态学，但存在着不同的研究路径与视角。与生态人类学研究中特别关注自然环境与人类文化之间关系所不同的是，文化生态学将环境理解为自然环境和社会环境。这是因为任何一个民族所处的生态环境并非纯客观的自然空间，而是经由该民族加工改造的结果。每一个民族的要求及生存，必须凭借其自成体系的文化，向这个有机组合体索取生存物质，寻求精神寄托，以换取自己的生存延续和发展。在这个过程中，人类用文化的手段满足他们的基本需要。一个民族生存的外部环境，实际上是经过加工后的外部环境，与特定民族发生关系的外部生存环境，已经不是纯客观的自然生态系统，而是留下了该民族在其文化归属下汰选加工和整理的痕迹，并使之成为系统化的特有生存空间。这样的生存空间既是社会的需要，又是文化的产物，它已经与社会文化紧密结合，与它所处的生态环境建立了一种耦合的关系，成为该民族社会的一个有机组成部分。

从目前国内外学术界对文化生态问题的研究成果来看，把具有可移植性的生态学概念、理论、观点和方法移植到人类文化研究当中，主要有生态人类学和文化哲学两个方面的视角。文化生态学是就一个社会适应其环境的过程进行研究，其主要目的是通过研究人类对环境的适应来确定该适应过程是否能够引起社会变迁或者社会进化与变革，因此其侧重点主要在于考察、分析社会和社会机构与自然环境之间的互动。

（一）以生态学为方法论的文化学

文化生态学是用生态世界观和生态学方法对各类文化形态进行生态学审视的一种文化理论。

首先，文化学的研究引进了系统的方法学。用系统的方法来对待文化，遵循整体性、最优化、综合性、动态性、信息性、可行性等原则，从结构和功能的整体以及整体与部分（要素）、部分与部分、系统与外部环境之间的相互关系中综合地考察文化问题，对文化的生存、发展状况得出科学全面的认识。有了系统论的科学指导，文化建设获得了最优的可行性建设方案。

其次，生态学方法在文化学中的运用，使生态学关于环境和资源的基本理念成为文化学的理念。因此，许多文化的问题可以从环境的、资源的角度来说明，对于研究文化的成因、传统、特征、优势、动态规律以及生命周期等，都有更具说服力的理论和方法。

最后，生态学的方法应用于文化学，还衍生出许多从生态学中引进的具体研究方法。例如，生态链是生态学研究的具体方法，生态学的生态干扰、生态污染问题，生物的多样性与文化的多样性、生态共生与文化形态的共生、生态的循环与文化的信息循环、物种的传播与文化的传播、生命营养与文化营养等，都为文化学的研究提供了崭新的视野，这些具体方法都能给文化学以新的手段和活力。

（二）以文化为研究对象的生态学

文化生态学相对于生态学的特点，根源于自然生态与文化生态的区别。

由于文化生态是借用自然生态的概念来建构自己的理论的，因而文化生态学也是属于生态学的母体之中的子学科。但是，二者也有着重要的差异性：一是构成的主体不同。文化生态的主体是文化，自然生态的主体是自然界。二是形成的原因不同。自然生态指自然资源的分布、排列、结构、现状等，反映了自然环境的状态和水平，其形成的原因以自然原因为主，以人类干预为辅。而文化生态主要是人类主体的创造，其形成的原因以人类自身为主，自然的限制和影响是次要的原因。三是制约的规律不同。一方面，二者适用于不同的规律，其中自然生态受自然规律的支配，而文化生态受社会规律的制约；另一方面，它们即便有着"生态学"的共同规律，也有二者不同的表现形式，如优胜劣汰规律，自然生态与文化生态都遵循这一规律，但在表现形式上是不同的。四是评价的标准不同。自然生态是否优化，主要看其纵向比较即在历史变迁中的状况是否得到改善，横向比较即与环境和其他自然条件相似类型的地域比较其状况孰优孰劣。而文化生态的评价则复杂得多，要看社会文化背景如社会政治制度、意识形态、经济水平、民族风俗习惯等传统，具有地域性、历史性和政治性等特点。相对而言，自然生态评价的客观性较强，可以用一些数据进行测量。而文化生态评价的主观性、主体性因素较强，难以用数据测度。五是建设的方式不同。自然生态的开发、保护和建设，应当符合自然规律，尽可能地减少人为干预，开发要有序和适度，注重生态平衡，保护和恢复性建设则应当主要通过自然系统的自组织能力。文化生态则主要运用社会规律，其开发、保护和建设应当考虑民族文化传统、社会制度和意识形态、文化价值取向和社会需求的状况等，应当充分发挥人的主观能动性特别是文化人才的作用。

（三）综合性和交叉性的新兴学科

文化生态学是综合学科。如果说生态学、文化学都属于综合学科，作为子学科的文化生态学也属于综合学科，且比文化学和生态学更加具有综合性学科的特点。

文化生态学是交叉学科。最为基本的交叉结构就是以文化学和生态学为源，二者交叉构成一门新的学科即文化生态学。在这一交叉结构而形成的新学科中，文化学是对象，生态学是方法，对象和方法的结合，萌生出新的学科体系。

文化生态学是新兴学科。作为新兴学科的特点，主要体现在以下几个方面：一是文化生态学具有创新性。从时间上来说，它正式形成于 20 世纪中期，而引进我国的时间才 20 多年，具有鲜明的新颖性；从内容上来说，其理论和方法的统一所形成的新的研究领域，得出新的原理和结论，是学科的新突破，作为被国际公认为新兴学科，其影响力正在逐步扩展。二是文化生态学具有时代性。正由于文化在当今时代的地位十分突出，文化学已经成为显学并催生了文化学的众多子学科如雨后春笋般涌现。而文化生态学的内容也具有强烈的时代色彩，是社会在一定历史时期的真实本质、价值取向和民族精神的体现。三是文化生态学具有应用性。新兴学科的一个普遍特点就是强调应用，而文化生态学的目的主要在于应用。文化生态学要求人们用生态学的理论和方法对待文化，注重文化资源的保护、文化环境的优化、文化发展的繁荣和平衡，科学地指导文化建设，促进文化的进步和发展。四是文化生态学具有发展性。一方面，文化生态学尚处于未成熟的稚嫩期，无论是定义还是体系均未定型，目前的著述都属于探索性的，其中难免存在不确切甚至错误之处；另一方面，文化生态学正在蓬勃发展，与时俱进是一门新兴学科的重要特征，也是文化生态学应有的品格。

三、文化生态学的基本任务

文化生态学是一门具有鲜明的应用性的“实学”，是具有实用功能的文化建设学。文化生态学的主要目标是寻求人类文化不断演化和进化的规律性知识，以期促进文化朝着人类文明方向不断生长和繁衍。

（一）学科建设的任务

1. 研究总结文化发展规律

文化生态学以研究文化存在的状态为任务，需要进行大量的调查研究和数据统计并上升到规律性的认识。文化生态学的任务有四个方面：一是从文化与整体环境的关系中，研究文化的产生、发展、变异规律。二是研究文化自身的生长和衰亡的内在机制，寻求具体的某种文化的微观结构和特有的功能，及其在整个文化生态系统的地位和作用。三是研究人类文化的传播和交流的规律。传播和交流是文化价值实现的手段，更是文化发展的前提，文化是在传播和交流中实现其同化和异化的过程。四是研究文化生态平衡，保障文化的可持续发展，保持文化的多样性，保护文化的积极成果。

2. 形成文化生态学的体系

目前，文化生态学的体系仍然是不完备的，几乎所有的著述都是偏重于某一学科，而专门的以文化生态学为研究核心的著作并不多见。例如，斯图尔德的《文化变迁理论》侧重于人类学与生态学的交叉，阐述了“文化内核”说，涉及环境对文化的影响，由此研究不同种族、宗教的地域环境制约因素。

3. 纠正文化生态学的偏误

文化生态学自创立以来，其发展存在着许多偏误。文化生态学新体系的创建，应当纠正这些偏误。一要突破以斯图尔德为代表的传统文化生态学仅从某个学科（如人类学、地理学、历史学等）与生态学的联姻来研究文化生态学的局限性，使文化生态学真正成为多学科的综合性学科和文化学与生态学的交叉性学科。二要突破长期以来文化生态学侧重研究环境对文化的影响的单向性，而转变为既要研究环境对文化的影响，也要研究文化对环境的影响；既要研究文化的外环境，又要研究文化的内环境。三要突破目前文化生态学特别是国外的文化生态学仅研究新文化与传统文化之间的生态关系等问题的狭隘性和凌乱性，从“大文化”的宏观角度建构文化生态学新体系。四要纠正目前国内许多学者将文化生态与生态文化相混同的偏误，使文化生态学取得自身独立的学科地位。

（二）发展文化的任务

文化是推进人类社会发展的重要因素，文化生态学作为时代精神的精华，是时代和实践的产物并反作用于时代和实践。文化生态学具有鲜明的实践性，它能够指导文化建设，促进文化发展。在当今和未来的时代，文化问题愈加凸显，各种文化的矛盾和冲突层出不穷，更加需要文化生态学发挥其独特的功能和作用。

1. 认清文化系统

要遵循系统的观点进行文化建设，特别是要从整体与要素的辩证关系中把握文化建设的关键。但在现实工作中，存在着忽视文化的系统性的情况，许多文化主管单位仅从单一的文化类型来建设文化，并不从文化的整体上、结构上使各种文化类型有机配合、相互平衡、协调发展，其效果往往是短期的和事倍功半的。

2. 认清文化资源

文化资源具有传统的继承性、地域性、不可再生性、共享性以及由无到有的创新性等特点。因而要像重视自然资源一样重视文化资源，并依据文化资源的特点，发挥文化资源在文化建设中的作用。文化资源的理论和方法是文化生态学中最有现实应用价值的部分。要按照文化生态学的资源观，充分保护和建设好文化古迹、历史名城，发掘历史文化景观的潜力，使文化资源的综合优势和价值得到充分发挥。

3. 认清文化环境

在文化生态学中，文化环境也是不可忽视的文化生态条件。其中，决定文化生态的环境即条件有许多因素，最为关键的是人的主体需要、民族传统、风俗习惯、地域、文化政策、经济水平以及科技教育程度等。在文化建设中，常常出现脱离文化环境谈文化的现象，使文化孤立发展，甚至使文化环境不断恶化。文化生态学的任务就是要帮助人们树立文化环境的观念。首先，要十分重视人民群众的文化需求，这是文化发展的不竭动力。其次，要给予文化宽松的发展环境，这是文化发展的政治条件。最后，要给予文化一定的经济资助，并努力促使文化与市场紧密结合，使之有雄厚的经济支撑，这是文化发展的制度条件。

（三）研究文化的任务

1. 研究文化系统

生态学建立在系统论、系统工程的基础之上，从一定意义上说，文化生态学就是文化系统论、文化系统工程。要使文化系统与自然和社会系统形成良好的互动关系，使文化系统的存在和发展形成良好的功能态。

2. 研究文化环境

文化生态学是研究文化的存在和发展的内部及外部环境的科学，它不仅要研究文化与外部经济、社会和自然环境的互动关系，也要研究文化的内外各种不同形式及它们之间的互动关系。把“环境”纳入文化研究之中，是文化生态学研究对象的显著特点，也是文化生态学应用自然生态学理论和方法的主要方面，是文化研究的崭新视角。

3. 研究文化资源

这也是用生态学的理论和方法研究文化问题的主要体现。文化资源的特点是既有有形资源，又有无形资源；既有历史资源，又有现实资源；既有有限资源，又有无限资源；既有有价资源，又有无价资源。生态学对于资源的保护，已经有了较为成熟的理论和方法，使人们对于自然资源的重要性的认识已经成为共识。用生态学的理论和方法，以文化资源为研究的主要对象，对于保护和合理地、有效地开发利用文化资源，具有重要的意义。

4. 研究文化状态

生态就是生存状态，文化生态就是文化的生存状态。文化状态是衡量、评价和预测文化存在的重要方面，也是文化生态学应用性、可操作性的重要体现。

5. 研究文化规律

任何一门学科只有上升到对研究对象的规律性的认识，才是科学的、成熟的。文化生态学要研究和总结文化存在和发展的规律。认识和掌握文化生态的规律，是文化生态学的任务，也是文化建设实践的最为重要的理性指导。

（四）社会进步的任务

文化生态学要研究文化对外部环境的影响，就是要使“大文化观”与“大生态观”有机结合，更好地让文化成为推动社会进步的促进力量，让文化生态学造福人类社会。

如果一个社会的文化健康，积极向上，就会引导整个社会向前发展。因为文化生态作为人类主观行为的结果，体现了人类的价值观念和精神质量，具有极强的政治性。人类社会已经逐渐步入信息化时代，当代经济已经是文化经济的观念也成为人们的共识。一方面，文化产业的发展使文化本身已经成为经济的重要组成部分；另一方面，文化也不断地向经济的各个方面渗透，如产品不断增加文化含量，经济与文化的融合以前所未有的广度和深度拓展，文化向社会其他领域的渗透也呈现出蓬勃发展的势头。文化生态学就是要运用其理论和方法，认清文化与社会各领域的互动关系，从而更加重视文化对社会的促进作用。文化生态的形成往往是非组织性的，它固然有其自身的规律性和逻辑性，但通常是由社会结构的自然作用，其形成带有很大的自然性，其对社会的影响方向也是不确定的，其功能往往具有多重性、利弊兼有性，其正向作用可能被负向作用抵消，或者二者相互销蚀。因而，要把文化生态学的理论和方法运用于社会实践，通过人们对文化生态的自觉，避免文化对社会的消极影响，变文化的自然作用为能动的自为作用，提高文化对社会的促进作用及其效益。

总之，文化生态学的目的在于自觉地维护社会文化生态的平衡，克服文化生态危机，发挥文化生态的作用，促进社会的文明和进步。

第三节　文化生态学研究

自从斯图尔德提出文化生态学概念及其理论体系以来，文化生态学研究在文化人类学、文化社会学、文化哲学、景观生态学以及文化地理学等学科领域都得到了广泛运用与深入发展，但是由于受各自的学术视野局限，其操作的文化生态学概念体系与理论要义有较大差别，体现出系统性差、兼容性弱的问题。文化生态研究既是一种对社会现代化的深刻反思，又是一种系统全面地观察自然、科技以及社会的整体方法，其研究目的是实现人与自然、人与社会、人与人、人与自我的和谐。

一、文化生态学的研究综述

文化生态理论是借用生态科学的概念、理论、观点和方法研究文化现象的理论。1955 年由美国人类学家斯图尔德所著的《文化变迁理论》的问世标志着文化生态学的诞生。文化生态学的鼻祖斯图尔德将其定义为研究人与自然环境关系的学科，之后，R. 内廷、R. 拉帕波特、萨林斯、J. 贝内特、霍利大大深化了斯图尔德的研究范围并取得了一定的成果，文化生态学的研究范围扩大到了地域文化生态、唯物观文化生态、后现代文化生态等。在 20 世纪 80 年代文化生态呈跨学科、多国合作发展趋势，文化生态学成为一门独立的学科，目前国内外学术界对文化生态问题的研究，主要有文化人类学（主要研究文化与环境的关系）和文化哲学（主要研究文化具体形态之间的关系）两个视角。由于有国外长时期的理论积淀，文化人类学视角下的文化生态研究成果相对较多，并且形成了文化生态学；而文化哲学视角下的文化生态研究仅仅在国内有一些发展，成果很少，还远远没有达到形成一门学科的程度。

（一）文化生态理论来源的研究

1. 源于文化人类学的文化生态理论

美国文化进化论学者斯图尔德 1955 年出版的《文化变迁理论》专著中完整阐述了其主张的“文化－生态适应”理论。他认为文化变迁就是文化适应，这是一个重要的创造过程，称为文化生态学，重点阐明不同地域环境下文化的特征及其类型的起源，即人类的文化方式如何适应环境的自然资源、如何适应其他集团的生存，也就是适应自然环境与人文环境。他主张通过分析技术与环境的相互关系、分析用特定技术开发特定地区的行为方式以及确定环境开发中行为方式影响文化其他方面的程度等途径检验文化核心的环境适应，依此解析文化差异和相似，并试图概括文化规律、文化变迁的原因，其理论核心是环境、技术与社会制度的因果关系理论。

斯图尔德首次将生态学原理引入文化研究中，发现了文化与环境因果关系并系统论证了其对于人类社会组织的作用、类型与意义，具有重要的实际指导意义。他所确定的以特定环境下特定行为模式关系作为文化生态学研究主要内容观点，尤其是确定区域“文化内核”是与生存和经济行为关系最密切的那部分文化，并认为对其必须进行详细研究的指导思想，都极具前瞻性。自 20 世纪初叶起，我国学者李大钊、冯友兰、梁漱溟等在探讨文化生成机制时，就力图从生态环境角度说明文化差异性、民族性，进而进行优劣比较与选择。20 世纪五六十年代我国曾出现民族调查高潮，文化生态研究一度活跃。

林耀华等撰写的《中国的经济文化类型》成为当时的典型之作。近年来，相关的实践研究迅速增多，一定程度上充实了文化生态学理论研究，文化生态学研究意义日益显现。

2. 源于生物生态学的文化生态理论

斯图尔德创立的文化生态学带有更多文化史或文化进化的特征，作为文化生态学重要理论与方法来源的生物生态学是从其另一横断学科（景观生态学）中展开对其研究的。景观生态学（Landscape Ecology）是 1939 年德国学者特罗尔（C. Troll）提出并在中欧得到传播的，主要研究由不同生态系统所组成的景观空间结构、互相作用、协调功能以及动态变化。

由于现代社会环境中景观的文化意蕴越来越鲜明，因此景观生态学加强了这方面的研究。伴随国际景观生态协会（IALE）于 1989 年成立文化与景观分会，相关方面的理论研究与应用研究日渐增多。文化特征总是与一定的景观相联系，文化建造各种景观，景观又影响着文化。以色列的纳沃（Z. Naveh）、德国的葛尔斯曼（W. D. Grossmann）是较早重视文化与景观关系的学者。日本与加拿大等国的有关研究人员关心景观的心理效应与生理效应，研究了景观美学以及景观的感知。美国纳索尔（J. I. Nassauer）提出了景观生态研究中文化方面研究的四条主要原则：人的景观感知、认识和准则影响景观并受景观的影响；文化习俗强烈地影响着居住景观和自然景观；自然界的文化概念不同于科学的生态功能概念；景观外貌反映文化准则。

生态学作为一种环境关系美学、一种主体间性思维哲学，具有平等对话、循环再生、自然进化、能量守恒等基本原则。我国学者对民族文化景观研究的实践表明，由于历史等原因，不同民族的人口质量、结构和生产技能呈现较大差别，但都通过长期的环境感应，建立了自己利用、改造生态环境并使之与人类社会本身协调发展的知识体系及其相应的文化生态系统。由于景观生态学不仅仅借鉴生态学的理论，还充分吸收系统论、控制论、耗散结构理论，定量分析景观空间组成、空间构型、空间相关，这对建设完整的文化生态学理论具有方法论上的借鉴意义。

3. 源于哲学社会学的文化生态理论

20 世纪中后期，随着文化研究向多学科的渗透以及全球生态危机意识的增强，社会学家重新审视人类行为的生态学基础，他们与文化哲学学者一致认为，从宇宙整体性看，人类的社会文化创造仍是宇宙中的一种自然力；从自然界的普遍存在与联系上说，人类既是创造活动的主体，又是对象世界的客体；超有机体的文化因素的引进，形成以人类为核心，人类文化为层次，外围是自然环境的文化生态系统结构模式。司马云杰运用不同类型的历史文明、村落文化生态系统以及城市文化生态系统的实例说明了文化生态系统的客观存在。有关实证研究表明，生态失衡并非相关民族文化正常运作结果，而是族际关系失衡或相关文化转型而诱发的灾变。在如何从文化理论与文化建设的实践结合层面探讨文化生态问题，梁渭雄、叶金宝、袁国友、王海生等的研究是有益的尝试。

文化哲学认为，文化的历史是人与自然不断实现双向适应、不断完成本质统一的过程。由于文化的现象与文化的本质是同一的，从文化现象与地理环境关系研究中就可能找到认识文化本质的途径。人类是以实践途径、文化的方式而使人与自然发生关系，同时自然通过对文化的选择实现对人类的制约。人类生态文化系统的能量流动、物质循环与信息传输存在普遍的联系之中。人类社会必将进入生态文明社会，其对应的新文化就是生态文化。生态文化的核心思想是倡导尊重自然的文化，建立人与自然和谐发展的价值观，实现人与自然的共同繁荣。文化社会学与文化哲学中文化生态理论具有全景透视性与方向指导价值，其中有关文化生态系统的结构模式、有关文化价值与自然价值相对性观点，辩证发展与普遍联系的思想对文化生态学学科建设有着深远的意义。

4. 源于地理环境学的文化生态理论

人地关系一直是传统地理学的研究主旨所在。文化在人地关系地域系统演变过程中具有重要作用，表现为文化调控人们的生产方式，制约人们的生活方式并最终成为构成地域特征的重要因素。为此，文化被看作是人与自然的契合点，被理解为人类在环境中形成的行为习惯和思想观念的复合体。生态观点被理解为人类及其行为与环境，加之时间、空间和生产关系的三角态势的评判。

地理环境与人类生存息息相关，是“文化创造的自然基础”。文化生态学与地理唯物论有着内在联系，美国新进化论者斯图尔德等人所提倡的文化生态学不过是从一个新的角度阐释地理环境的重要作用。因此，文化生态学立于坚实基础之上并超越“地理环境决定论”，就必须澄清地理环境与文化间错综复杂的关系。武汉大学历史学教授冯天瑜指出，“地理环境决定论”失误有三：一是把地理环境对人类文化的影响从特定的时间范畴抽象出来，加以无限制发挥，因而难免偏颇。地理环境对文化创造影响的深度和广度，取决于人类历史发展不同阶段的特性，尤其取决于生产力发展的水平。二是“地理环境决定论”忽略了自然借以作用于人类社会及其文化的若干“中介”，其结论难免陷于“直线化、简单化、夸大化”。冯天瑜强调："人类历史和文化的发展，是多重因素相互作用的结果，地理环境只是形成人类历史和文化的复杂网络中的一个重要成分，它对民族性格和文化风格的建造，在大多数情况下都不是直接起作用，而主要是通过提供生产力的物质条件间接发挥效力的。"三是"地理环境决定论"把地理环境视作决定人类文化特征的一种"外力"。经过人类的社会实践，地理环境已经演化为"人化的自然"，成为文化发生发展的内在因素。冯天瑜重申了地理环境的重要性，认为历史的及文化的研究必须重视对地理环境的考察，他指出了地理环境与文化创造间的关系：物质生产构成地理环境影响人类文化发展的中介；地理环境为文化发展提供多种可能性，而人文因素是转变为现实性的选择动力。

现在文化生态研究已成为文化地理学研究中的主要研究内容之一。迄今为止，地理学界已出现的文化生态理论有地理环境决定论、适应论、感应论和文化决定论。近20年来，谋求自然环境与人类社会协调的和谐论成为主流趋势。

5. 源于经济环境论的文化生态理论

文化生态学与人类学和社会生态学不同，它寻求阐明不同地域的特定文化的特征和形式的起源，而不是导出适用于任何文化环境情势的一般原则。文化生态学既是一个问题也是一种方法。问题是要肯定人类社会对其环境的适应，是需要特定的行为形式，还是允许可能的行为形式的一定范围的活动自由。这一问题还将文化生态学与"环境决定论"及其相关理论"经济决定论"区别开来，一般理解为在一个问题内包括了这两种理论的结论。文化的一切方面在功能上是彼此相互依存的，相互依存的程度和种类在一切特征上都不一样。与生计活动和经济安排有最密切关系的特征丛（即文化核心），包括像社会、政治和宗教那样的形式，都是凭经验决定的，与这些安排密切相关。文化生态学主要关注在文化规定的方式下与环境密切相关的那些特征，它们是依据经验进行分析所表明的。

文化的变迁十分缓慢，但经过千百万年的较长时期，不同环境中的文化常常发生巨大的变化，这往往是由于技术变革和生产安排要求新的适应的结果。在农业出现之前的时代，狩猎、采集和捕鱼的技术已广泛传播，对它们的使用达到了最大限度。棍棒、梭镖、陷阱、弓箭、火、容器和许多其他文化特征传遍了许多地方，有些遍布于全世界。而后，驯化了的动、植物在环境限度内很快散布开来。然而新技术是否具有价值，是涉及社会文化水平和环境潜能的功能问题。一切前农业社会均发现狩猎和采集技术是有用的，在放牧和耕作的地理界线内，这些技术都被采用了。更先进的技术，如冶金，只有出现某些先决条件，如稳定的人口、闲暇时间以及内部专业分工等，才是可以接受的，而这些条件只能从一个农业社会的文化生态适应中发展起来。

文化生态学这一概念与技术起源和传播的关系较小，更着重这些技术在每一环境中的不同使用和不同社会安排。就这些技术而言，环境不仅起许可或阻碍的作用，而且特定地方的特征可能需要具有深远后果的社会适应。当引用农业技术时，有一部分人从紧张的狩猎和采集中解放出来，使相当规模的聚居体共同生活成为可能。由于人口的增长和定居的共同体，可能形成较大的聚居体，提供一个较高水平的社会文化的一体化。适应过程是指生态学的过程，但并非单纯指向作为生命网部分的人类共同体，同时也指向由适应所影响的那些文化特征。这就需要将主要注意力放在有关的环境特征上，只有地方文化赋予重要性的那些环境特征才须加以考虑。

（二）国外文化生态问题的研究

国外关于文化生态问题的研究主要侧重于文化人类学的视角。最初的文化生态学是作为人类学的一个研究领域出现的，它主要探讨人类文化与其所处的自然环境之间的关系。

西方学者对于文化生态的研究多依托于人类学，最初也是将文化生态视为人类学的一个分支，由于这个历史渊源，造成了国内外研究者在研究文化生态时的视角差异。1950 年以前，是文化生态的萌芽阶段。文化生态只是人类学研究的一个分支。以美国人类学之父弗兰兹·博厄斯和阿尔弗雷德·克罗伯为代表，他们是“进化论”和“环境决定论”的信仰者，深受进化论、功能主义和环境决定论的影响，同时也受到有关“超有机体的”文化特征和文化传播等多种思潮的影响。所以当他们研究文化生态时，不自觉地就会受到这两种理论的影响。在研究北美土著民族印第安人时，认为他们之所以和美国人有着很多差异的原因是他们生存的自然环境和现代人有所不同且这种不同导致了人种进化上的差异，由此得出了“文化区”或叫作“决定论”的结论，即由于不同的种族生存的自然环境差别性很大，所以衍生出的种族文化也具有相当的差异，这是由他们所在的自然环境决定的。这就意味着文化生态学从人类学领域中分化出来成为一门新的学科。

1955 年美国人类学家斯图尔德发表了《文化变迁理论》，阐述了文化生态学的基本理念，他认为文化与其生态环境是不可分离的，它们之间相互影响、相互作用、互为因果。环境适应的概念构成了文化生态学的全部基础，相似的生态环境下会产生相似的文化形态及其发展线索，而相异的生态环境则造就了与之相应的文化形态及其发展线索的差别。由于世界上存在多种生态环境，所以形成了世界上多种文化形态及其进化道路。在斯图尔德的影响下，文化生态的研究蓬勃崛起。20 世纪 60 年代末，专注于文化生态的研究而非依附于人类学的有三部重要的文化生态学著作，它们是 R. 内廷的《尼日利亚的山地农民》①、R. 拉帕波特的《新几内亚：一个民族的生态礼仪》② 和 J. 贝内特的《北方平原的居民》，这三人连同斯图尔德成为第一代名副其实的文化生态学家。70 年代是文化生态的发展时期。霍利对赞比亚的多加人（Toka）继承模式的变化进行研究，美国人类学家马文·哈里斯（Marvin Harris，1927—2001）提出"文化唯物论"，认为技艺、经济因素是形成一个社会特质最基本的角色，社会下层建筑研究应优先于基础建筑和上层建筑，下层建筑由生产模式、人口结构以及宗教仪式构成；基础建筑是指家庭经济、政治经济；上层建筑由娱乐、美学的产品及服务构成。这些文化生态问题的成果，大大地深化和拓展了斯图尔德的研究。70 年代建设性后现代主义的崛起也为文化生态的研究带来了新的思路。因为建设性后现代的理论论调有助于建设总体平衡、健康有序的文化生态环境。建设性后现代主义兴起于美国，以英国数学家、哲学家阿弗烈·诺夫·怀特海（Alfred North Whitehead，1861—1947）的过程哲学为研究基点，反思现代社会工业高度发展所带来的种种弊端（如环境破坏、霸权主义倾向等）③，主张各国本着求同存异、兼容并进、共荣共兴、欣赏差异、去争尚和的态度去建设新的全球秩序。这个领域的代表人物及代表作有：大卫·格里芬的《后现代科学》《后现代精神》《建设性后现代的哲学奠基者》《怀特海另类后现代哲学》等④，约翰·科布的《后现代公共政策——重塑宗教、文化、教育、性、政治和经济》，乔治·瑞泽尔的《后现代社会理论》，彼德·科斯洛夫斯基的《后现代文化》⑤。80 年代以后，文化生态学已基本成熟，影响也相应扩大，从美国人类学家的狭小范围扩大到全世界和多学科领域。它的理论基础不仅仅局限于人类学，教育学、工程学和文化学等都对其有所启示和支撑⑥。当前文化生态学家的分布改变了多年来以美国学者为核心的状况，逐渐向多元化方向发展。

---

① R. Bill. The Farmers Who Lived Nigeria Mountain [M]. Beijing: Chinese Visions of Nature, 2010.

② R. Rapaport. Dedicated to The Ancestors: A New Guinea National Ecological Etiquette [M]. Beijing: Chinese Visions of Nature, 2010.

③ Peter Koslovskiy. Postmodern Culture [J]. Modern Philosophy, 2011 (2).

④ John Huizinga. Human: Players [J]. Aldershot: Dartmouth Publishing, 2010 (1).

⑤ Michael Polanyi. Personal knowledge [M]. Beijing: Chinese Visions of Nature, 2008.

⑥ Charles Wright Mills. The Sociological Imagination [M]. New York: Oxford University Press, 2009.

（三）中国文化生态问题的研究

目前中国文化生态研究尚处于初创阶段。文化生态只是在某些文化学、文化人类学、社会学的著作中有简单介绍，以及有数篇有关文化生态主题的论文。周膺、吴晶的《城市文化生态学》专著问世，标志着城市化进程中对文化生态学研究的专业化程度的提升。戢斗勇的《文化生态学——珠江三角洲现代化的文化生态研究》以区域文化生态为对象进行了研究。从文化生态研究内容来看，中国关于文化生态的研究除了文化人类学视角之外，还有文化哲学的视角。这种多视角的研究拓展了文化生态研究的空间。

1. 文化人类学视角下的文化生态研究

人类要生存发展，就需与其周围的自然环境相互作用，并对其周围自然和生物环境作出不同的反应，各自形成特定环境下的行为和生活方式。由于地球表面自然条件差异，人类的生活和生产方式千姿百态，并占据地球某一部分。这种叠加在自然景观上的人类活动差异，则会反映到文化形态上具有差异性。文化人类学是人类学的分支学科，它以人们自己创造出来，又受其濡染、约束的文化为研究对象，基于自然环境的变迁来探讨人类文化的起源和演变规律，比较各民族、各地区由于自然环境的不同造成的文化异同，研究其意义，揭示人类文化的本质。文化人类学视角下研究文化生态，其主要目标和任务就是揭示出各民族、各地区的文化形态与自然环境的关联，即研究“文化－自然环境”的相互关系，把文化作为自然生态系统中的一个因子，探讨人的文化活动与自然环境的相互作用、相互关系，其灵感主要来源于自然生态中所研究的生物有机体与其周围环境的关系。

（1）对国外文化人类学著作的解读、诠释。黄育馥的《20世纪兴起的跨学科研究领域——文化生态学》主要研究了早期美国的文化人类学著作，探讨了文化人类学领域内的文化生态的概念、研究方法，在此基础上对前辈的理论作出评价，包括早期文化人类学者们的研究成果对后世文化生态学的贡献及其存在的局限性等。戢斗勇的《文化生态学论纲》[①] 也侧重于解读和评论国外文化人类学者们的著作，但打破时间规制，将这些理论按照研究内容分门别类地进行探讨，分别对文化资源、文化环境、文化规律等国外研究成果进行了介绍并加以点评。

（2）对文化生态学学科的定义、原理等的探究。文化生态学的基础性概念源自“文化”术语，冯天瑜正是从对文化的内涵澄清开始的。他通过对古

① 戢斗勇．文化生态学论纲［J］．佛山科学技术学院学报（社会科学版），2004（5）．

典进化学派、传播学派、功能学派、符号学派等西方有代表性的文化学派及前苏联与中国学术界对文化的众多定义的剖析，发现已有各文化学派虽然各有建树，但似乎都未能提出一个明朗的、论证充分的关于文化本质的定义。他们共同的弱点就在于未能充分统合文化的“主体”和“客体”“内化过程”与“外化过程”，因而难以准确把握文化的本质。冯天瑜认为文化的实质性含义是“人类化”，是人类价值观念在社会实践过程中的对象化，是人类创造的文化价值，经由符号这一介质在传播中的实现过程，而这种实现过程包括外在的文化产品的创制和人自身心智的塑造。司马云杰指出：“文化生态学是从整个自然环境和社会环境中的各种因素交互作用研究文化产生、发展、变异规律的一种学说。”① 邓先瑞认为：“文化生态学是以人类在创造文化的过程中与环境的相互关系为对象的一门学科。”② 潘艳、陈洪波指出：“文化生态学是就一个社会适应其环境的过程进行研究，它的主要问题是要确定这些适应是否引起内部的社会变迁或进化变革。”③ 王玉德指出：“文化生态学研究文化的生态背景、文化的多样性、文化的群落、文化的组成结构、文化的网络和链条、文化的变迁等。”④ 王东昕认为：“文化生态学理论给予环境和文化充分的重视并强调了文化自身及环境发展的规律以及二者之间的互动关系。”⑤ 梁渭雄、叶金宝提出：“文化生态学是研究文化与环境的互动关系的理论，环境包括影响文化生存发展的一切因素，大体上包括外环境和内环境。外环境如社会经济制度、政治制度和自然地理状况等；内环境是指文化范围内的各种不同文化，如不同民族、不同宗教、不同学派和不同地域的文化等。”⑥ 陈淳阐述了文化生态学的基本原理：人类作为生物界的一员是整个自然界生命网络的一部分，但是人类并不像其他生物那样以自己的器官来适应环境。人类的文化特征不是遗传的，整个文化可以被看做是人类社会对特定环境相互作用的一种生存系统。原始文化的发展是缓慢的，但是经过长期的发展，不同环境中的文化可能会变得差异很大。一种新的技术和文化特征的价值取决于社会发展水平、文化功能以及环境条件的潜因。环境条件决定了

---

① 司马云杰．文化社会学［M］．山东人民出版社，1987.

② 邓先瑞．试论文化生态及其研究意义［J］．华中师范大学学报（人文社会科学版），2003（1）．

③ 潘艳，陈洪波．文化生态学［J］．南方文物，2007（2）．

④ 王玉德．生态文化与文化生态辨析［J］．生态文化，2003（1）．

⑤ 王东昕．环境与文化互动关系的文化生态学反思［J］．云南民族大学学报（哲社版），2007（6）．

⑥ 梁渭雄，叶金宝．文化生态与先进文化的发展［J］．学术研究，2000（11）．

原始社会的生存方式、群体大小和相互关系①。

（3）从文化人类学视角界定文化生态的概念。邓先瑞指出，文化生态旨在研究文化与生态环境的相互关系，它是生态学产生并发展到一定阶段后与文化嫁接的一个新概念②。管宁认为，文化生态是指就某一区域范围中，受某种文化特质（这种文化特质是在特定的地理环境和历史传统及其发展进程中形成）的影响，文化的诸要素之间相互关联、相互作用所呈现出的具有明显地域性特征的现实人文状况③。王玉德主张："文化生态指文化的多样性、文化的链接，即在特定的文化地理环境内一切交互作用的文化体及其环境组成的功能整体。"④ 罗曼和马李辉提出，民族文化生态是由特定民族或特定地区各民族的生产方式、生活方式、风俗习惯等文化因素构成的统一体，是追求人与自然协调发展，维护人类与自然界共存的共同利益，使人口、环境和资源良性循环的文化体系⑤。柴毅龙区分了"广义"和"狭义"两种文化生态。他认为广义的文化生态，首先是一种世界观（文化观），是一种文化的生态学。它和一般生态学一样，也是建立在人类对生态系统的依赖性这一基础上的。狭义的文化生态主要是指精神文化与外部环境（自然环境、社会环境、文化环境）以及精神文化内部各种价值体系之间的生态关系⑥。国内文化生态学还处在发展之中，理论体系尚不完善，侧重于具体问题的研究而忽视理论体系的建构。从理论的应用而言，文化人类学所致力研究的自然环境的变化在人类早期文化的发展中曾是一种主要的影响力。因为人类早期改造自然的能力有限，所以必须适应自然环境的变化，因而也就要矫正自己的文化，创造新的文化。而现在人类并不是简单而消极地适应环境，文化发展的实际过程也并不仅仅受自然环境的影响，而会受到多种因素的影响，如文化的内部矛盾、文化传播、文化惰性等。所以文化发展的内在动因更多地在于人类力求最大限度地满足自己的更高层次需求的本性。另外，如果将文化人类学理解的自然环境对人类文化的影响扩大化，认为人类的身心特征、民族特性、社会组织、文化发展等人文现象受自然环境决定与支配，就陷入了地理环境决定论的泥潭，因此对文化生态的把握应该有更加宽广的视野，即文化哲学的视野。

---

① 陈淳．考古学文化与文化生态［J］．文物季刊，1997（4）．

② 邓先瑞．试论文化生态及其研究意义［J］．华中师范大学学报（人文社会科学版），2003（1）．

③ 管宁．文化生态与现代文化理念之培育［J］．教育评论，2003（3）．

④ 王玉德．生态文化与文化生态辨析［J］．生态文化，2003（1）．

⑤ 罗曼，马李辉．西部大开发加强民族文化生态保护的几点建议［J］．中共伊犁州委党校学报，2006（1）．

⑥ 柴毅龙．生态文化与文化生态［J］．昆明师范高等专科学校学报，2003（2）．

（4）文化生态三层次学说的形成。人们习惯将文化划分为物质文化和精神文化两部分。冯天瑜从文化形态学的角度，将文化视作“一个包括内核与若干外缘的不定型的整体”。文化诸层次在特定的“结构－功能”系统中融为统一整体，这一整体一方面是历史“遗传”“累积”的结果，另一方面又是在变化着的生态环境的影响下不断“递变”和“重建”的产物。文化的深层结构或“内结构”，大体包括大文化的行为文化层和心态文化层；其文化生态环境则是指大文化的浅层结构或“外结构”，即物态文化层和制度文化层，再加上整个大文化的生存环境——自然。由此可见，经典的文化生态学往往只考察文化的物态层面（物质生产活动方式和产品的总和）与自然环境之间的关系，冯天瑜却将文化与自然以及文化各层面之间的关系一起纳入其研究视野。人类赖以创造文化的环境即文化生态，冯天瑜将其划分为“自然场”和“社会场”，前者指人的生存与发展所依托的自然界，它是人类生活的“外在客体”；后者指人在生存与发展中结成的全部社会关系的总和，可大略分为经济和社会组织两方面，这就构成了文化生态的三个层次：自然环境、经济环境（包括工具、技术、生产方式等）与社会制度环境（包括各种社会组织、机构、制度等结合而成的体系）。文化生态三层次与人类及其文明间的关系是互动的、变化着的。一方面，随着文明程度的提高，人类可以从自然环境获得“日益广泛的自由度”，从而“社会场”强有力地影响文化生成；另一方面，借助人类的实践活动，“自然场”的影响力更加深刻、更加广泛地渗透进人类生活。

2. 文化哲学视角下的文化生态研究

文化哲学属于哲学的范畴，但在理论层次上则又居于一般哲学与具体的文化形式之间。文化哲学是从哲学的视角出发，用哲学所包含的世界观与方法论去研究一般文化原理的综合思想体系。它的研究对象是文化的社会本质、特征、作用与发展规律。其主要任务包括：揭示不同文化形态发生发育的社会历史基础和一般动力条件，阐释一定文化形态的阶级实质与主要特点，研究文化与社会经济、政治的矛盾互动关系以及文化本身构成成分之间相互影响与制约的辩证关系，总结不同时代、民族、地域的文化间相互接触、冲突、融合、创新的一般机制与特点，探讨世界文化发展的历史趋势以及文化取向和发展目标的正确选择等。

文化哲学视野中的文化生态研究，致力于对一定社会文化大系统内部各种文化关系的探讨，试图把特定社会的总体文化构成看做是多个子文化的有机集合，注重它们之间的融通和互动，并以此作为解读文化演进和文化变迁的重要依据。作为对生态学的借鉴，文化生态研究固然可借用生态学既有的概念和命题，但同时也要有自己的特殊着力点，即必须在文化哲学的框架内找到属于自己的研究领域。

国内学者在文化哲学视角下对文化生态的研究比较零散。张汝伦将文化理论与哲学理论结合在一起，在文化哲学的视角下谈文化生态，认为大众文化的过度泛滥已经导致了中国文化生态的危机①。梁渭雄等认为现如今形成的多样文化是由各种不同文化相互碰撞和融合造成的，把多样的文化生态看做是“各种文化类型和文化因素相互影响、相互冲突、相互融合”的关系，指出先进文化的发展离不开社会主义核心价值体系的弘扬②。方李莉认为人类所创造的每一种文化都是一个动态的生命体，它们互相关联成一张动态的生命之网，其作为人类文化整体的有机组成部分，都具有自身的价值，为维护整个人类文化的完整性而发挥着自己的作用。当今中国主导文化、精英文化和大众文化的不平衡发展就是造成我国文化生态失衡的原因③。钟淑洁认为我国社会主义文化生态系统是由主导文化、精英文化和大众文化三者构成的，这三者之间存在着相互依存、相互影响、相互促进的关系。主导文化规定了精英文化和大众文化的性质和发展方向，精英文化提升了大众文化的品位并受主导文化引导，大众文化丰富了前两者的内涵并且最为人们所接受，具有传播速度快的优点。她提出，要以主流文化引导大众文化，以精英文化提升大众文化，以大众文化滋养主流文化与精英文化，实现文化生态的健康互动、良性循环④。

孙兆刚认为，文化生态系统各组成要素之间也是互相作用、互相影响的，政治文化、经济文化、军事文化、科技文化、道德文化、宗教文化互相联系，共同推动文化生态系统的演化⑤。谢洪恩、孙林指出：“中国先进文化即中国特色社会主义文化是当代中国社会中的主流文化或主体文化，在整个社会及其成员的文化实践和文化生活中居于核心地位，起着主导作用。但是，在当代社会的文化构成中，除主流文化外，还有各类相伴生的、不同层次、不同能级的非主流甚至反主流文化以及若干形态的亚文化。”⑥ 孙卫卫认为：“文化生态应是指一定时期一定社会文化大系统内部各种具体文化样态之间相互影响、相互作用、相互制约的方式和状态。文化哲学视野的文化生态研究，

---

① 张汝伦．大众文化霸权与文化生态危机［J］．探索与争鸣，1994（5）．

② 梁渭雄，叶金宝．文化生态与先进文化的发展［J］．学术研究，2000（11）．

③ 方李莉．文化生态失衡问题的提出［J］．北京大学学报（哲学社会科学版），2001（3）．

④ 钟淑洁．积极推进文化生态的健康互动［J］．文化生态学，2009（1）．

⑤ 孙兆刚．论文化生态系统［J］．系统辩证学学报，2003（3）．

⑥ 谢洪恩，孙林．论当代中国小康社会的文化生态［J］．中华文化论坛，2003（4）．

试图把特定社会的总体文化构成，看做是多个子文化的有机集合，注重它们之间的融通和互动，并以此为解读文化演进和文化变迁的重要依据。"① 吴圣刚认为："这些不同特质、不同品种的文化并不是孤立的，它们和其他文化相互比较而存在，相互吸收而发展，每一种文化都是一个动态的生命体，各种文化聚合在一起，形成各种不同的文化群落、文化圈，甚至类似生物链的文化链，并共同构成了人类文化的有机整体，这就是我们理解的文化生态。"② 可见，许多学者都看到了文化哲学视角下进行文化生态研究的重要意义。

戢斗勇的《文化生态学——珠江三角洲现代化的文化生态研究》的哲学基础是辩证唯物主义，方法论依据则是系统论、信息论、控制论，贯穿了全面与发展的观点：不仅注意文化要素的内部关系，而且注重文化与外部环境的联系，把文化的不同要素及结构层次看成是普遍联系的整体，并把它置于整个社会结构的有机体中进行省察；不仅以变化发展的眼光研究文化生态态势，更从中创造性地总结出文化生态规律。一是提出了文化生态学的定义、特点和体系。关于"文化生态学是研究文化的存在和发展的系统、资源、环境、态势及发展规律的科学"的定义比较确切地揭示了文化生态学的内涵。他还指出了该学科的综合性与交叉性的特点，概述了该学科的基本框架。二是阐明了文化生态系统的结构。将文化的内部关系构成的系统称为"文化系统"，而将文化系统及其与外部的关系构成的系统称为"文化生态系统"。即把文化系统置于其与自然系统和社会系统相互联系所构成的整体中进行考察，对文化生态链、文化生态环、文化生态节点等重要概念作出了科学的界定，对文化系统的整体性、相关性、有序性、动态性、主体性等特性进行了细致的描述。三是提出了文化资源具有传承性、地域性、共享性、创新性等特点，主张将潜在的文化资源变为现实的文化资源。四是阐述了文化生态的内部环境和外部环境。在探讨环境在生态中的地位和作用的基础上，从宏观、中观、微观层次对文化生态环境的恶化问题如文化压抑、文化污染、文化入侵等提出了一些思考，对文化生态环境的优化提出了多方面的可操作的建议。五是提出用文化生态学的"态势"观进行文化建设，强调按照科学发展观建构文化生态运行的长效机制。六是提出了文化生态学的八条规律，即存在决定律、环境协调律、兼和共荣律、主体需求律、叠加增值律、基因制约律、优胜劣汰律、企事互促律。

从总体上看，目前国内文化哲学视角下的文化生态基本理论的研究和建构显得薄弱。当代中国的文化研究，在经历了一个半世纪的中西文化碰撞与

① 孙卫卫．文化生态——文化哲学研究的新视野［J］．江南社会学院学报，2004（3）．

② 吴圣刚．文化的生态学阐释和保护［J］．理论界，2005（5）．

最近20多年中西文化的紧密接触之后，面对现今中国纷繁复杂的文化现象和文化生态失衡的状况，已经有了一些解决办法和发展模式。当代中国文化语境远未能达到一种堪称多样有序的状态，文化哲学视角下文化生态理论的提出，表明学者已经开始对文化形态的多样化进行思考，也试图通过文化生态的调适达成文化系统有序的状态。相当多的学者将文化生态看做是具体文化的“场”，即具体文化形态所处的氛围，如上海三联书店出版的丁晓原的《文化生态与报告文化》就是研究在中国不同历史时代的文化生态语境下报告文学这种具体文化形态的演化。还有一些作者对具体领域的生态问题进行研究，其中，“教育生态学”“政治生态论”已经有多部专著和较多的论文问世①。这些研究充分体现出文化生态在具体的、实际的问题上所具有的应用价值，因此有必要开展对当代中国文化生态问题的系统研究，共同学习了解我国文化生态的现状、文化失衡的原因及调整方案，靠每个人的努力维护社会主义核心价值体系，营造健康的文化生态环境。

二、文化生态学的理论构架

文化生态学汲取相关学科有关文化生态理论研究的精髓，并进行一定程度的综合，构建新的文化生态学理论体系。

（一）概念体系

1. 文化景观

文化景观最初属于人文地理学的范畴。1927年，美国伯克利学派文化地理学家卡尔·奥特温·苏尔（Carl Ortwin Sauer，1889—1975）在《文化地理学的近今发展》一文中，将文化景观定义为附加在自然景观之上的各种人类活动形态。20世纪90年代，美国国家公园管理局（NPS）对文化景观这一概念进行了界定，指出它是代表一个联系着历史事件、人物、活动，或显示了传统的美学和文化价值，包含着文化和自然资源的地段或区域。1992年世界遗产委员会第16届大会正式提出“文化景观”（Cultural Landscape）的概念，即“一种结合人文与自然，侧重于地域景观、历史空间、文化场所等多种范畴的遗产对象”。

（1）文化景观的定义。景观可以分为自然景观和文化景观两大类。自然景观指完全未受直接的人类活动影响或受这种影响的程度很小的自然综合体。文化景观是指人类为了满足某种需要，利用自然界提供的材料在自然景观之

① 任凯，白燕. 教育生态学［M］. 辽宁教育出版社，1992.

上叠加人类活动的结果而形成的景观。文化景观是人们基于自然环境的开发利用而形成的具有文化要素叠加的客观的地域存在，是在特定文化背景下和具体的自然环境基础上，在人的作用下形成的地表文化形态的地理复合体。文化景观的实质是自然景观上叠加了文化要素，从而使其作为系统单元时，不只是自然要素之间的关系，而且存在文化要素内部关系以及文化要素与自然要素的关系。文化景观的表象可以是直观的实体（如物质文化景观），也可以是抽象的存在（如精神文化景观）。文化生态学的研究核心之一就是透视文化景观两种表象的关系。

（2）文化景观的划分。文化景观按形态可以分为物质文化景观和精神（非物质性）文化景观。物质文化景观是物质文化的外在表现，主要是指人造的实物景观，与人类生活和生产活动相关，是在大自然提供的物质基础上，创造出来的那些看得见、摸得着的文化凝聚物，与人类的生产、生活是密切相关的，如农田、道路、城市、乡村、建筑、园林等。精神文化景观是在客观物质环境的作用下，人的文化行为所创造的那些虽看不见、却可以感知的文化创造物，如语言、法律、道德、宗教、价值观、某些艺术如音乐等，它所形成的独特的文化氛围，如同文化区的个性一样，是一种通过联想实现的抽象而真切的感觉。精神文化景观可帮助人们认识世界的语言、科学思想、哲学、教育等，约束人们社会行为的道德、法律、信仰等内容，体现人们美学感受的文学、美术、音乐、戏剧等，反映社会组织形式的制度、机构、风俗习惯等。物质文化和精神文化是紧密相连且不能截然分开的，如法律制度属精神文化，它的物质形式表现为法律文本、律师事务所和法院等。

（3）文化景观的特性。一是功能性。文化景观对人类社会具有功能意义。例如，城市雕塑具有美学享受功能，寺庙是宗教活动的场所。许多文化景观具有多种功能，如城市既是人们居住的聚落，也是人们从事各种经济活动的场所，中国故宫既反映了当时封建等级、皇权，也反映了当时的建筑、艺术、科学文化水平等。二是空间性。任何文化景观都占据一定的空间，不同文化景观占据的空间大小不一，甚至相差很大，如城市与烽火台。同类文化景观，彼此也可能相差很大，如雕塑景观，美国拉什莫尔山的雕塑高约百米，是上海市雕塑之一“金钥匙”的许多倍。每个文化景观所处的空间位置是相对固定的，人们可以看出不同地区相对稳定的文化差异和自然环境差异，如北方旱作与南方水田景观。三是时代性。每个文化景观都是特定时代的产物，必然带有创造或生产它的那个时代的特点，文化景观就如同社会文化史的“化石”。文化景观功能的变化反映了所在地区文化的变迁。例如唐诗《枫桥夜泊》中提到的苏州城外寒山寺，作为宗教文化景观，佛教文化在当地一直在延续，如今，作为佛教圣地、历史文化旅游资源的寒山寺的功能更为丰富。而北京的居庸关，历史上是长城沿线的重要关隘，即军事功能的文化景观，现在是作为旅游观赏的对象，即军事功能消失，而具有新的功能（即旅游景观）。

（4）文化景观的构成。文化景观既是一种实体对象，又具有相应的人文内涵。19 世纪末，德国地理学者把地理学定义为景观科学，并对景观及其组成进行分类。由于景观构成的复杂性，划分文化景观类型的方法很多，例如根据可视性可以分为物质文化景观和非物质文化景观；根据人口密集程度、就业构成、建筑物密集程度等可分为乡村景观和城市景观，此外，还可以将文化景观分为农村聚落景观、人口景观、政治景观、语言景观、宗教景观、建筑景观、流行文化景观、大都市景观等较具体的类型。由于文化景观是任何特定时间内形成某地基本特征的自然和人文因素的复合体，是附加在自然景观之上的各种人类活动形态，因而文化景观由自然和人文两大类因素组成。自然因素为人类物质文化景观的建立和发展提供了各种条件，有时自然因素本身的独特组合也能形成奇特的自然景观，在此基础上形成独特的文化景观。自然环境具有地带性规律，文化景观包含许多人文因素，如民居等，因而文化景观具有明显的地带性。构成文化景观基底的自然因素包括地貌、动植物、水文、气候和土壤等。构成文化景观的人文因素可以分成两类，即物质因素和非物质因素。物质因素是文化景观的最重要组成要素，指具有色彩和形态，可以被人们肉眼感觉到的、有形的人文因素，包括聚落、人物、服饰、街道、交通工具、栽培植物、驯化动物等。非物质因素主要包括思想意识、生活方式、风俗习惯、宗教信仰、审美观、道德观、政治因素、生产关系等，这些因素是文化景观的无形之气，其作用不容忽视，对它们进行研究，就可以透过景观的物质外貌，深入文化景观内部，使文化景观研究深入深层机制的水平上。

根据文化景观的特点，用演绎的方法从其所呈现出的物质形式和表达的文化内涵两个方面进行分析，将其构成要素划分为“物质”和“价值”两个系统。文化景观的意蕴是以物质载体为媒介在人类社会历史中传承的，即使相同的文化内涵也会有不同的表现形式。文化景观物质系统的构成要素按照特点和空间规模可具体分为五种：行为是指地方原住民语言、礼俗、仪容、动作形态的表现，它可被视作地域心理文化的直接显示和书面文化的外在形态。在文化景观中，行为模式是长期积淀下来的社会心理、思维方式和风俗习惯的外在形式，包括日常行为、节庆仪式和传统技艺等。建筑是历史遗留下来的建筑物、构筑物以及遗址，它反映了地域的建筑文化、社会职能或与特殊的历史事件和人物相关，是文化景观的重要载体形式。空间是由山体、水体、植被等自然要素或建筑、构筑物等人工要素所围合或限定的物质空间，具有材料、形状、质感和色彩等性状。它不仅意味着抽象的地点，而且是关于环境特征的一个具体表达。结构是聚落、街巷、建筑群、山体、水系等自然和人工要素构成的整体格局和秩序，不仅反映了文化景观空间布局的基本思想，更印刻着一定地理、历史条件下人们的心理、行为与自然环境互动、融合的痕迹。环境是指文化景观中的山川、农田、果园、植被等自然环境要素，是文化景观生成和发展的背景和基础，并且融入景观的整体构成之中。

除可见的物质形式之外，文化景观还包括载体中蕴含的无形文化内涵，这部分内容称为价值系统。按照所反映出的不同人地文化关系，价值系统可分为人居文化、产业文化、历史文化、精神文化等要素。人居文化是指受山川地理、气候条件影响而形成的人居理念和生活文化，在文化景观中的地方习俗、乡土建筑、聚落空间等物质要素中得以体现。我国各地具有地方特色的民居，就反映了人们因自然地理条件、人文历史禀赋差异所形成的不同生活理念。历史文化是文化景观在其形成和发展过程中都与一些重要的历史事件或历史人物相关联，并赋予其历史内涵。名人故居、历史遗址、牌坊等纪念性构筑物，以及为纪念历史事件和人物而产生的民俗活动都是文化景观历史内涵的重要体现形式。产业文化是与文化景观职能相关的要素，集中反映了文化景观的区位条件和资源禀赋。聚落景观中的传统工艺、职能建筑（会馆、商铺等）及遗址、与产业职能相关的环境资源，以及区域景观中与古代商业贸易相关的文化遗址，都反映了文化景观的产业特征。精神文化是指山川地理、气候条件、区域位置、资源禀赋以及历史上发生的事件和诞生的著名人物对地域的思想文化产生重要影响，形成各地不同的文化观念、审美情趣、精神信仰。人们可以从民俗行为、祭祀仪式、宗祠神庙、书院以及聚落的风水格局等方面去理解和体验文化景观的这种精神内涵。

表 1－1　文化景观类型与构成要素分析

类型	主要构成要素	
	物质系统	价值系统
设计景观	建筑：历史建筑、构筑物 空间：空间构成、空间形态 结构：空间结构、景观结构 环境：山水环境	人居文化：生活理念、生活文化 历史文化：历史背景、历史人物 精神文化：审美情趣、艺术风格、文化观念

续表

类型	主要构成要素	
	物质系统	价值系统
遗址景观	建筑：建筑遗址、遗迹 环境：自然环境	历史文化：历史背景、历史事件、历史人物 产业文化：产业历史、产业发展、产业特征 精神文化：文化观念、精神信仰
场所景观	行为：行为模式、节庆仪式、传统技艺 空间：空间形态 环境：自然环境	人居文化：地方习俗、生活理念、生活文化 历史文化：历史沿革 精神文化：文化观念、精神信仰
聚落景观	行为：日常行为、节庆仪式、传统技艺 建筑：历史建筑、乡土建筑 空间：空间构成、空间形态 结构：空间结构、景观结构 环境：山水环境、田园风光、绿化植被	人居文化：地方习俗、生活理念、生活文化 历史文化：历史沿革、历史事件、历史人物 产业文化：产业历史、产业发展、产业特征 精神文化：文化观念、审美情趣、精神信仰
区域景观	建筑：历史古迹、建筑遗址、遗迹 结构：区域布局、景观结构 环境：山水环境、区域环境、绿化植被	历史文化：历史背景、历史事件、历史人物 产业文化：产业发展、产业特征 精神文化：文化观念、精神信仰、审美情趣

2. 文化群落

文化群落（Cultural Community）是文化生态系统的重要组分，是由具有衍生联系的多种文化或一种文化中多种文化要素组成的文化有机复合体。文化个体对超越其上的超越价值作向上的文化认同，在此个体性的文化认同中，个体自由发展并生成意义，以此达成个体之间以此超越价值为号召的相互认同，这种个体之间相互认同产生的集体形态就是文化群落。文化现象虽然表面上杂乱无章，实际上相互间存在着千丝万缕的联系，形成一个有机的整体，即文化群落。由于外来文化的渗透、自身新文化的产生，文化群落的形态、结构和功能也会发生有序的变化，这种变化的最终结果可能是一种性质的文化取代另一种性质的文化，导致文化形态的更迭，即文化的演替。我国文化的近代化与现代化，以及现代世界文化的一体化趋势等，实际上都是文化演替的实例。任何一种文化发展到稳定状态时，就形成了文化顶极，其发展与进化潜力降低，文化处于相对停滞的状态。在相对封闭、缺乏交流的条件下，在文化单元化（包括宗教化、神化等）条件下，在国家和政权强制力的作用下，更容易形成文化的顶级。如在政教合一的国家，文化顶级现象往往明显而持久。生物群落顶级成立之前，群落的演替过程持续进行。与此相似，文化顶级之前，文化也是处于不断发展和持续变化之中的。同样，如果人为地要求文化的演替停留在某一阶段，就必须投入相应的人力、物力和财力，给予压制、阻截和控制。文化是一个民族的身份标志，传统文化是一个国家和民族历史创造的集体记忆与精神寄托。人类所创造的每一种文化，都是一个动态的有机体。各种文化在文化的交流互动中吐故纳新，形成不同的文化群落、文化圈、文化链，并不断地演变。具有自身价值的每一文化群落，作为人类文化整体的有机组成部分，参与整个人类文化的流动和演化，显现其独特的作用。

3. 文化生态系统

文化生态系统是指由文化群落及其所在的地理环境（含自然环境与社会环境）构成的有机统一体，人、文化与物质环境构成的有机整体中的各部分（要素）以受制整体又牵制整体的方式发生作用。文化生态系统是在特定的文化地理环境内一切交互作用的文化体及其环境组成的功能整体。特定的文化生态系统均由特定的人群及其文化群落、自然环境与文化环境组成。

文化生态学是从生态学的视角，运用系统科学方法，研究文化系统的结构和功能及其演化的规律。文化这种永不停息的互动中，同化和异化与遗传和变异是最基本活动和过程。在文化整体中，每一种文化都在与他种文化的互相作用中，不断地进行同化和异化，互相滋养，并通过遗传和变异，不断演化。建立文化生态系统就是为了保持文化的可持续发展，强调人与自然要和谐相处，主张人类社会的一切制度和行为方式应当注重生态性、系统性原则。正确处理自然系统、社会系统、文化系统以及活动主体的思维方式、价值观念、心理特征之间的关系，从自然、人类社会、思维三个角度探讨宇宙演化、发展的未来，有利于揭示自然界与人类社会协调发展的规律性以制定合理发展战略及对策。

文化生态系统是人类主体与自然环境相互作用过程中生成的影响文化产生、发展的科学技术、经济体制、社会组织和价值观念等变量和人类主体及自然界构成的完整体系。文化生态系统的各个部分、各因素普遍联系相互作用，系统内部存在不同等级和层面，并且大系统中包含小系统；在文化生态系统内部同自然生态系统一样存在着物质、能量与信息的流动，具有交互、反馈、循环以及自我调节等特征。

文化生态系统的结构模式特点是：与自然环境最近、最直接的是科学技术，它与自然环境强相关；其次是经济体制和社会组织；最远的是价值观念，与自然环境的关系显示出弱相关，它是通过经济体制、社会组织等中间变量来实现的。反过来也能说明人类活动、自然生态以及社会生态之间的关系：对人的社会化影响最直接的是价值观念，即风俗、道德、宗教、哲学、艺术等观念形态的文化，二者表现出强相关；其次是社会组织、经济体制及科学技术；最远的是自然环境，它对人类的影响主要通过科学技术、经济体制、社会组织一类中间变量来实现。文化生态系统规范着人们的行为方式，它从人类活动的思维、世界观、人生观方面改造人的主观方面，进而影响人的客观活动，作为人类生存方式的文化生态系统由多个要素组成，一般包括技术、制度和观念三个子系统。每个子系统都可以进一步划分，观念子系统可以区分为信仰观念、理性观念和价值观念等。文化生态系统运行的终极目标是实现求真、至善、臻美高度统一的自由境界，促进人的个性解放和个性自由并获得全面发展。文化生态系统作为动态的开放系统，把自己与周围环境紧密联系起来，不断与周围环境进行物质、能量和信息的交换。文化环境中的文化单元各有自己的位置，彼此相生相克，保持着生态平衡。文化的多样性是文化生态系统生命力和活力的表现，如果文化的种类减少，不断灭绝，人类文化生态环境遭到破坏，人类的文化生存就要受到威胁。

文化生态系统的平衡，是文化生态发展和繁衍的基础。文化生态系统强调系统内部各文化因子之间的多样共生以求平衡，强调各文化因子之间的整体协调以求和谐，强调系统的动态开放、循环更新以求持续发展。某种文化类型既受自然环境的影响，是自然环境的产物，同时又受到文化自身因素的影响，而并非是自然环境和物质活动单方面的产物。自然环境影响了文化的创造活动，同时社会文化的宗教信仰、价值观念、道德伦理、风俗习惯等又影响了文化的发展，二者是相互影响、相互制约的。另外，由于社会制度、组织形式等也为文化的产生、发展提供了不同的社会环境，影响了文化的创造，所以文化生态学主张从人、自然、社会、文化的各种变量的交互作用中研究文化产生、发展的规律，用以寻求不同民族文化发展的特殊形貌和模式。

文化生态是在特定的文化地理环境内一切交互作用的文化体及其环境组成的功能整体。文化生态是客观存在的，而且就全球而言，各个民族、各个国家和地区以其各具特色的文化存在不同的大大小小的文化生态系统，构成了世界文化生态大系统。即使在“罢黜百家，独尊儒术”的中国封建专制社会和“神权至上”的欧洲中世纪，在各民族文化生态系统内部，形形色色的民间子文化系统仍然或隐或现地顽强存在着，并和主流文化一起构成其民族特色的文化生态景观。不同层次的理念、价值观以及制度文化、行为文化、物质文化与其他因素形成了环环相扣的“文化链”，表现出自我调节、自我完善和自我更新的能力。文化生态系统内部的各种文化形式和文化因子不可避免地交互融会贯通，其中一个因素、一个环节的变化，往往会带来一连串的反应，甚至导致社会总体文化结构的深刻变革。因此，文化生态概念适用于任何时代、任何社会的文化研究，文化发展也不可能脱离其特定的文化生态系统。

文化生态系统作为动态的开放系统，与社会环境紧密联系起来，并不断与社会环境进行信息和能量的交换。文化生态系统是与自然生态系统相对存在的一个有机体，它们之间存在着内在联系，人类是文化的主体，文化生态系统以主体的思维和行为方式作用于自然生态系统，自然生态系统以物质、能量、信息等方式反馈给人类以影响其再活动的方式。文化生态系统各组成要素之间也是互相作用、互相影响的。政治文化、经济文化、军事文化、科技文化、道德文化、宗教文化互相联系，共同推动文化生态系统的演化。

文化生态系统作为一种知识体系有自身的矛盾运动，有自身的发生发展过程。它像生命的起源和生物的进化那样，经历了萌芽时期、产生时期和由简单到复杂、由低级到高级的演化过程。中国文化的生态化演进过程是紧随着人类文化发展进程的，先后经历了蒙昧时代的原生态文化（公元前21世纪夏代建立之前的原生态文化），直到初创了生态文化体系（即传统文化，自夏、商、周以来至鸦片战争前中国奴隶社会和封建社会时期的传统文化），发展到生态文化多样性体现（即封建制度消灭以后的文化，也可以指“五四”新文化运动以后的现代文化），最后形成独立的文化形态即现代生态文化。

4. 文化遗传与变异

文化生态系统的遗传是指文化的传播过程中保持其固有特征的演化。文化遗传是人们共享文化的过程，它是使社会观念不断被传递、强化和人们接受社会习惯的过程，具有强烈的社会学和心理学性质。文化遗传是人们根据各自的经验、知识、兴趣、爱好等主观意向重新解释、估价，确定文化价值的心理过程，在这个过程中人们不仅估价和确定某种文化的价值，而且还会增殖和繁衍出许多新的文化和意义。在文化遗传中，文化的价值和意义被夸大、扩张，新的价值和意义不断被繁衍、生长。文化遗传的选择、组织、接收、反映等是各种社会文化心理交互作用，是对文化信息不断解释、注译、附会的社会文化活动。文化信息的选择、制作、组织、传递都受文化主体的知识、信念的支配。文化遗传并不是传播者与接收者的两极互动，而是多种社会因素的互动和参与过程，是一个信息开放的体系，无数群体和个体参与的过程。文化增殖和观念衍生不仅存在于文化传播之中，也同样存在于文化信息的接收者的整个反应过程，文化传播就是人类文化交往活动中的文化遗传。

文化变异是指社会结构中技术、社会、政治、经济、组织以及行为准则的变化，这种在团体和全体居民中观察到的行为和结构模式的变化，是许多小变化积累的结果，是各种因素长期作用的产物。传统文化总是千方百计扼制新生文化的传播，或在一定限度内调整其结构，修补自身的某些缺陷，协调与新生文化的冲突，而保持稳定。文化生态系统之所以存在变异，是因为人类所创造的一切文化，从它被创造的时刻起，就存在着不合理性，存在着自我相关的矛盾性，存在着价值和功能上的冲突。文化是人创造的，是人在某一时空阶段上的意愿和追求的表达，但是在人的需求得到某些方面的满足的同时，就产生了对另一些方面的扼制，从而付出了代价。文化是人类为了满足自己的需要而创造的，是为了摆脱环境控制和实现自由而创造的，文化的存在应该是满足人类的需要，帮助人类摆脱环境控制和实现自由，文化的根基是人类的物质生产活动，文化并不是按人类创造它的动机和愿望来发展的。如果某种文化已完全不能满足现实生活的需要，文化生态系统终将发生变异，不管变异的时间有多长，但它将被历史所淘汰是无疑的。

文化遗传使得某一文化生态系统持续稳定地按照自己的轨迹演化，使得各种文化圈诸如儒家文化圈、基督教文化圈、伊斯兰教文化圈、印度文化圈等逐步形成，并成为与其他文化圈相区别的特征而不断繁衍。文化变异使新质文化不断产生并保持文化的活力。历史证明，文化生态系统不断地进行着的遗传和变异，是文化生生不息之源。

（二）基本理论

现代文化生态学理论，除进化论、人地关系论、文化时空耦合理论外，还主要包括系统结构理论、生态功能理论以及景观感知与映射理论。

1. 系统结构理论

将系统论运用于文化生态学理论构建，集中体现为承认文化是一个系统整体，由文化亚系统与其地理环境亚系统组成了文化生态系统，系统组分之间互相影响、互相作用。其中文化亚系统及地理环境亚系统均有自身的系统结构，最活跃的部分是人群。特定的人群集文化生产、文化消费、文化分解（破坏）于一身。文化生态系统的环境既有自然环境也有文化环境。随着文化生态系统的演进，文化环境在其结构中的地位愈益强化。在文化生态系统中，文化链或文化共生有重要意义。自然生态系统主要是通过食物链而产生动态变化，而文化生态系统则主要通过文化链、文化共生使其各组分发生关系并产生动态变化。系统结构的维护是任何文化生态系统平衡与演进的基础，系统结构的优化则是文化生态学研究的根本目标。

2. 生态功能理论

文化生态系统有其生态功能，分为基本功能与特色功能。文化生态系统基本功能类似于自然生态系统的功能，即为物质循环、能量流动以及生物间的信息流，表现为人类大规模生产性的参与。文化生态系统的特殊功能是文化信息流、调节规范功能、社会与人的发展功能等，体现了文化生态系统的根本属性，是文化生态学研究的重点之一。

3. 景观生态理论

这一理论主要从心理学，尤其是心理人类学家卡丁纳（A. Kardiner）的“基本人格论”拓展、引申而成。在文化生态学中其主要思想是感知主要是文化的，绝非纯本能属性，即感知直接与文化相连；人群对景观的不同感知会在一定程度上导致对景观不同的评价与不同的开发模式；由于感知是主观的，不同人群对相同景观的感知结果并不同一；感知又受景观的影响，它们交互影响的结果是景观被感知所印染；受感知印染的景观像镜面一样能映射出其制造人群的文化特质。文化与其环境具有共生与互相写照的关系。景观感知与景观映射理论已被广泛运用于文化生态系统中文化景观的形成、文化群落结构以及区域文化生态系统的特征阐释。

（三）研究定位

“文化生态”的概念来自自然生态，按照德国著名动物学家厄恩斯特·赫克尔（Ernst. Haeckel，1834—1919）于1866年提出“自然生态学是研究生物有机体与其周围环境（包括生物环境与非生物环境）关系的科学”，文化生态是指一定时期、一定社会文化大系统内部各种具体文化样态之间相互影响、相互作用、相互制约的方式和状态。文化生态对文化的总体特质、价值指向和未来发展等有着不可忽视的影响。

1. 文化多样性与生态平衡

对任何一个健康的生物群落来说，物种多样性都是其必不可少的重要特征。“多样”意味着丰富，意味着在生态系统内部可以进行必要的能量与信息的交流，从而实现系统的良性演进。同样，在文化群落（或文化圈、文化区）内部，也存在着多种多样的子文化或亚文化，文化多样性也是良好文化生态的必备前提。一个健康的文化生态，必须包含丰富多样的文化样态和文化形式，文化的“大一统”并不利于文化的总体发展；如果某一文化圈或文化区内缺乏必要的子文化或亚文化，文化之间形不成足够的融通和互动，其结果必然是走向衰竭。因此，文化哲学研究可以从文化多样性的视角，对文化圈（区）进行考察，作为判断其机体活力和未来走势的依据之一。

多样性并不一定意味着杂乱无章，更不等于茫然无序，只有达到生态平衡（Ecological Balance），即多样性的物种相互联系、相互制约、实现系统结构与功能的相对稳定，才能对生态系统产生正面影响，也才能为系统演进提供良好前提。文化的多样性是文化生态健康的必要条件，但并非充分条件。只有当这种多样性的文化构成了相对的均衡，其各自的文化价值和文化功能都能通过相应的渠道得到体现和发挥，文化生态系统的信息交流才能充分进行，并为以后的文化选择和文化变迁打下坚实的基础。

2. 文化样态的权能及关系

在特定文化圈（区）内，各种具体文化样态的地位和作用是不一样的。根据生态学的理论，一定生态环境中的生物物种有优势种、关键种和从属种之分，它们相互需要，又相互排斥，构成了环环相扣的生物链。文化圈（区）内同样存在着优势种（即主导文化或主流文化）、关键种（通常是精英文化）以及从属种（即某些亚文化），它们之间也存在着相互联系、相生相克的复杂关系。主导文化在整个文化生态中占据支配地位，控制着大量的社会资源，其影响大，覆盖面广；精英文化虽然经常曲高和寡，但却是文化生态平衡的重要支柱，失去了精英文化这一“关键种”，文化生态就可能严重倾斜，原有文化系统就可能变质；而各种亚文化或隐或显地存在，也不同程度地发挥着各自的作用，潜移默化地校正着文化航向。在一个稳定、和谐的文化生态中，诸多具体文化样态应该都能充分体现它们各自的权能；特别是处于优势地位的主导文化，应既发挥自己的强势作用，又允许其他文化种类的存在和发展，防止话语霸权；而精英文化在强化“终极价值”和“人文关怀”的同时，不宜无限放大，防止构成对“世俗关怀”的威胁。对文化哲学而言，对文化危机、文化变迁等的研究，不能只注重社会政治经济的作用，还要看到各种文化样态之间隐秘的关联，在特定情况下，这种关联对文化态势的形成及未来的文化走向可能会起到举足轻重的作用。

3. 文化生态的演替与重组

文化变迁是文化哲学研究的主题之一，但文化哲学对文化变迁的理解，往往局限于文化模式和文化价值，而没有看到文化生态的演替与重组同样是文化变迁的重要内容之一，不同的文化生态对文化价值的确立、文化模式的构建、文化理念的实现等，其作用是大不相同的。文化生态的转变对文化总体到底构成什么样的影响？由一种文化生态演替为另一种文化生态，其内在的机理到底是什么？在文化生态演替的过程中，具体文化样态应起到什么样的作用？是否需要人为的外在干预？这些显然都是需要文化哲学回答的问题。生态学的“中度干扰理论”（Intermediate Disturbance Hypothesis）明确，在生态演替的过程中，来自外界的中等程度的干扰将使多样性最高，有利于更多的物种入侵和建立种群。对于文化变迁而言，是否意味着与系统外界的交流也要保持“中等程度”，以防止仓促间颠覆了原有文化生态？所有这些，都需要文化生态学进行研究。

（四）研究内容

文化生态学是以文化生态系统为研究对象，着重研究文化群落与其地理环境之间关系的发生、发展及其演变规律的科学。传统文化生态研究强调文化与其外部环境关系研究，现代文化生态研究则同时也重视文化之间关系研究。

1. 文化生态学研究的核心

文化是人群的文化，它只有通过人们的社会实践才能形成与发展。现代文化生态研究的目的是研究区域人群（族群）在创建区域文化过程中，如何通过感知地理环境、开发与利用资源、改造自然界形成区域文化特质与风格的；这一过程的不同阶段，以区域文化为中介，人地关系的协调程度如何；在肯定和谐一面的同时，主要揭示不和谐一面的文化潜因，为地方政府在资源利用、文化建设、产业规划等方面提供决策参考，从而有益于区域社会、经济、文化可持续发展目标的实现。

文化生态学是由人类学中的功能主义观点发展而来的概念。文化生态学研究文化的生态背景、文化的多样性、文化的群落、文化的组成结构、文化的网络和链条、文化的变迁等，诸如文化的主次、兴衰消长、有序无序、文化系统内各种亚文化的互相作用。文化生态学涉及面很广，诸如世界的文明形态、国家内的诸多文化、民族文化、宗教文化，都存在文化生态。

文化生态学研究文化的生态背景即文化环境，文化生态学强调文化的条件，其任务在于把握文化生存与文化环境的联系。文化环境体现了各种社会关系的群体构成，包括由人们的物质生产活动、人与人之间的物质关系等构成的物质生活环境和由语言、思想、观点、理论、制度、伦理、风俗、文学艺术、大众传播等构成的精神生活环境。文化生态学是就一个社会适应其环境的过程进行研究，确定这些适应是否引起内部的社会变迁或进化变革，并通过结合变革的其他过程来分析这些适应。这一方法要求对社会和社会机构之间以及它们与自然环境之间的互动进行考察。文化生态学既关注文化体制与总环境的适应，又关注各项文化制度之间的相互适应。

文化生态学除研究文化对于自然环境的适应外，更主要的是研究影响文化发展的各种复杂变量间的关系，特别是科学技术、经济体制、社会组织及社会价值观念对人的影响。现代文化生态学立足区域，从宏观、中观和微观三个层面探讨区域文化群落与其地理环境的发生、发展及其内在规律。宏观研究层面考察区域文化与其所在的地理环境关系。文化在这种双向关系中扮演着双重角色。因此，一方面要研究地理环境对区域文化特质形成的影响，另一方面研究区域文化在其发展阶段中对地理环境的不同影响。既关心这种关系对区域文化变迁的积极意义，又关注它对区域文化变迁的消极影响。阐明这种双向关系、双重作用对区域文化成型与其变迁的不同效应，是地理学研究文化生态特色所在，也是文化生态学传统的研究领域。区域文化赖以形成的地理环境背景研究是文化生态学基础研究之一。由于文化生态系统有明显的历史积淀性，文化生态的宏观研究也必须以区域文化生态的历史演进为基础。现代文化生态学的中观研究，以文化群落为载体，探讨物质文化、精神文化与制度文化的三大层面相互渗透、互为表里的关系，揭示它们通过地理环境的作用所形成的有机联系性与系统整体性，为宏观研究提供材料与佐证。文化生态微观研究面向物质文化、精神文化或制度文化个别文化层面，研究其内部各文化景观产生、发展的互相影响及其各自特质的形成与地理环境的感知、影射密切关系，着力分析区域人群对景观感知以及景观所影射的区域文化特质。正是个别文化景观所蕴含的文化特质的抽象概括拟构区域文化特质，微观研究对宏观研究的贡献在于抽象出最基本的文化质素，成为提炼与认识区域文化特质的基础，对中观研究的意义表现为文化景观的深描夯实着三大界面文化研究内容。可见，现代文化生态学三大研究层面是逐层递进和深化的。

2. 文化生态学研究的重点

（1）文化生态学重视文化核心研究。文化核心的概念是斯图尔德在研究美国西南部土著人群体的基础上提出的（即文化中与自然界关系最直接的部分）生存或生产策略。斯图尔德认为随着时间的推移，文化核心因为其所利用的特定环境而发展，同时特定环境又反过来促使其他文化特征形成。他认为构成文化核心的是与人类生存活动和经济行为最为密切的那部分文化，主要是技术经济文化，也包括与之有密切联系的社会、政治和宗教等。环境和文化之间在形成文化变迁的过程的各种变量的交互作用中研究文化产生、发展的规律，用以寻求不同民族文化发展的特殊形貌和模式。人类是一定环境中总生命网的一部分，与物种群的生成体构成一个生物层的亚社会层，它通常被称作群落。在这个总生命网中引进文化的因素，在生物层上建立起一个文化层。两个层次之间交互作用、交互影响，它们之间存在一种共生关系。这种共生关系不仅影响人类的生存和发展，而且也影响文化的产生和形成，并发展为不同的文化类型和文化模式。山脉、河流、海洋等自然条件的影响，不同民族的居住地、环境、先前的社会观念、现实生活中流行的新观念，以及社会、社区的特殊发展趋势等，都给文化的产生和发展提供了特殊的、独一无二的场合和情境。

（2）文化生态学重视系统性研究。文化生态学采用互动的、整体的、联系的观点看待特定历史背景下的问题，寻找并保持研究对象与其所依存的社会生态环境之间的动态平衡。文化生态的含义不是简单的人类文化和行为与其所处的自然生态环境之间相互作用的关系，人类文化生态在人的生存中呈现出一个有机的整体，人类所创造的文化本身是如同生物链一样的文化链。在文化生态系统中，人类作为社会活动的主体，在自然环境中进行一系列文化创造活动，把人类创造的文化依据它们与自然环境的关系的密切程度划分为科学技术、经济体制、社会组织和价值观四个层次。文化生态系统结构中，主体直接作用于自然环境，即人类在适应、改造自然生态环境的过程中产生的最直接的文化就是科学技术类文化，人类在劳动过程中创造的劳动工具、总结的经验知识、制定的天文历法、科学发明等都与自然环境的变化规律有直接的关系。而离自然界比较远的，更多地倾向于主体自身的活动创造的文化是价值观念一类，这类文化虽然对自然界的影响比较小，但也是主体与自然界相互作用的结果，它对人类社会化有着最直接的影响。价值观念具体包括风俗、道德、宗教、哲学等观念形态的精神文化，它们直接决定着人类主体的思维模式、行为方式等，在人类与自然界的活动中起着激励和导向的作用。在主体作用于自然界和主体社会化的过程中还产生了社会组织和经济体制。

文化生态学是从人类生存的整个自然和社会环境中的各种因素交互作用来研究文化产生、发展、变异的规律的一门学科，运用生态学研究方法去分析、研究文化现象，把文化放到它所存在的整个环境中，分析它的发展历程及其对环境的影响，即人如何适应环境而创造了某种特性的文化，这些文化现象又如何适应环境的变迁而不断向前发展的，以及文化对生态环境的反作用。文化生态学主要是研究某一环境背景中人类的行为和文化，考察人类如何与其周围环境相适应以及环境如何在一定程度上塑造着文化，人类文化如

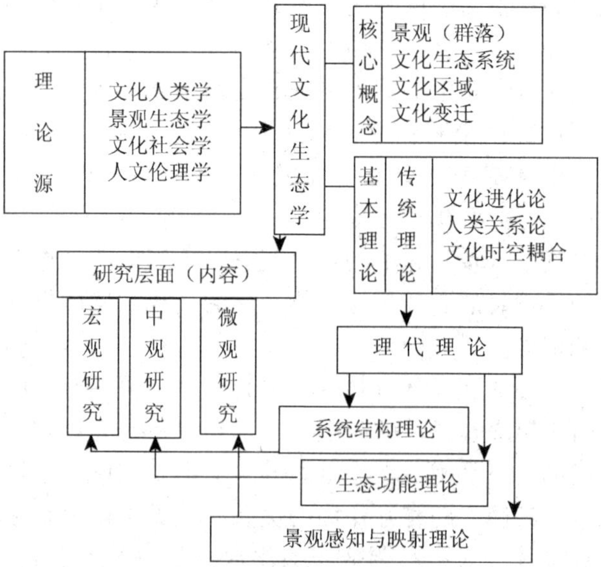

图1-1　现代文化生态学的理论构架

何在其环境背景中取得发展，而人类的谋生方法又在如何影响着其文化的其他方面。

（3）文化生态学重视适应性研究。适应在生物学上是指有机体对其生存环境的改造与环境使有机体发生的变化之间的相互影响关系，即“双向调适”。如果出现阻碍文化发展的不规则、不合理趋势，则有必要对影响文化发展的重要元素进行分析和调整，从而确立正确的方向，确保文化得以传承与发扬。外来文化侵入本土后，便在一定范围内顺应原有的文化结构，同时也同化原有的文化，文化生态学的具体方法则是在这种适应中产生的。适应的过程包括边界理论、时间空间性原理、生态演替、开拓适应原理，适应的结果则包括连锁反馈原理和循环可持续原理。边界理论是文化生态学从自然生态学继承而来最具特色的理论之一。根据文化的历史进路，明确文化核心、边界、结构的变化，从而标示出文化所拥有的领地，体现文化的连续性。生态演替（Ecological Succession）是指生态系统受环境压力遭到破坏后，一旦压力撤去所进行的恢复过程。按照“生态演替”的学说，一个被毁坏掉的生态系统承受的“风险”与“压力”一旦撤除，它将努力恢复曾经拥有的那种生态景观。开拓适应原理与连锁反馈原理共同表现了这样的过程：文化的领地随着文化的发展而不断扩张，在外来文化侵入本土之后，便有一个开拓适应的阶段，在这个阶段，外来文化对本土文化产生影响，本土文化又会对入侵者产生一种同化的作用。与此同时，这种相互的作用会逐渐扩展到其他领域（包括经济、政治、风俗等）。文明的进步在于相互借鉴，互相取长补短。文化生态学让人们认识到生态环境不仅包括自然生态环境，还包括社会生态环境，和谐有序、健康发展的社会生态环境同样需要加以保护。人们应当认识到社会文化生态同样是十分脆弱的，当危机存在时，其生态恢复成本（时间成本和资源成本）将是巨大的。因此，善待社会生态环境同保护自然生态环境一样必要。

（4）文化生态学重视整体性研究。斯图尔德把文化生态学的研究方法看做是真正整合的方法，认为如果孤立地考虑人口、居住模式、亲属关系结构、土地占有形式及使用制度、技术等文化因素，就不能掌握它们之间的关系及与环境的联系；只有把各种复杂因素联系在一起，进行整合研究，才能弄清楚环境诸因素在文化发展中的作用和地位，才能说明文化类型和文化模式怎样受制于环境。文化生态学要求在进行科学研究时要整体地、相互联系地、动态地看问题，把被研究的事物放在特定的不可复制的历史背景之下进行研究。整体平衡问题是文化生态学研究的重点，平衡是一种生态意义上的动态的平衡，是相对稳定，并伴随着新旧元素的增减、更替而发生变化。生态系统的本质特性就在于对动态平衡的自我维持。事物在自身与环境的"平衡—不平衡—新的平衡"中发展。

总之，文化生态学研究关键在于对于"文化"和"生态"的把握，实现文化系统的生态平衡，对事物采取整体性、互动性、关联性研究，整体性体现了对生态场的把握，互动性体现了文化生态场中各种元素间的相互作用，关联性体现了文化生态场中变量间的具体联系。

三、文化生态学的基本研究

文化生态学是研究文化的生成和发展与环境（自然、社会、文化环境）的关系，所运用的是一种整体观和共生观的思维和研究模式。文化生态学采用互动的、整体的、联系的观点看待特定历史背景下的问题，寻找并保持研究对象与其所依存的社会生态环境之间的动态平衡。

（一）文化生态学的研究方法

文化生态学是一门研究文化适应环境的过程和由这种适应性所导致的文化习俗之间的相互适应性的学科。在先进社会中，文化核心的性质是由复杂的技术和本身具有长期文化历史的生产安排决定的。文化生态学作为一种方法论的工具，用以决定一种文化对其环境的适应怎样需要某些变化。由于在任何特定环境中，文化可以产生自环境适应，体现一体化的相似水平。现代文化生态学研究，可以用生态学的眼光来发现和思考历史发展各个阶段的社会生态中存在的问题，并针对性地提出解决问题的方法。

1. 归纳分析的方法

文化生态学作为一个新兴学科，其具体研究范式的总结才刚刚起步。国内对于文化生态学的探索还主要停留在学科介绍和文化生态学的具体理论分析上。对其研究范式，如文化生态学立场，具体能够推广至人文社科领域的方法论以及具体运作模式的总结，都有待提炼。

2. 比较分析的方法

有比较才有差别，文化生态学研究范式运用于文化生态学的探索，首要问题是它的独特能否在文化生态学领域切实应用，其次是该研究范式比起文化生态学研究领域已有的研究路径有多大的优势，是否能够有所突破。

3. 例证分析的方法

以具体文化现象为例证，进行特例研究，从而表现事物发展的具体脉络。

另外，区域文化对比法、田野调查法、历史文献研究法、抽样调查方法、系统综合法、结构分析法等也成为常用方法。近年来，个案研究、统计分析成为定性分析补充的重要方面。内容决定形式，现代文化生态学研究具体研究方法的选择依据于其具体研究内容。文化生态学跨学科高度综合的学科属性，使其必然借助 SPSS、GIS 等定量研究手段。

（二）中华文化生态总体分析

文化的发展与生物一样离不开其所在的环境，文化适应是文化生态的重要内容。文化生态学作为文化人类学中新出现的一门学科，从人类生存的整个自然环境和社会环境中的各种因素交互作用研究文化的产生、发展和变异规律，即研究某一环境背景中人类的行为和文化，考察人类如何与其周围环境相适应以及环境如何在一定程度上塑造着文化。

中国文化属于典型的内倾性农耕文化，在宇宙观、人生观、思维行为方式以及学术上等各个方面都具有向内收敛的特点。中华文化拥有一个较之其他古文化“更为辽阔的发展基地”，为“文化中心的转移”创造了前提；中华文化的发育地气候类型完备，地形、地貌、流域繁复，这为中华文化的多样化发展提供了空间条件；中国位于地球上最辽阔的大陆（亚欧大陆）东侧，其东南濒临最浩瀚的大洋（太平洋），北部、西北部、西南部则深居亚欧大陆的中心，可谓陆海兼备，是一个“右高原、左大海”的“大陆海岸型”国度。这种独特的地理环境塑造了中国传统文化的大陆性性格，使中华文化既有可能“比较完整地保留民族传统，获得前后递进、陈陈相因的延续性”，同时也使中国人“逐渐染上了自我中心主义的痼疾”。

1. 中华文化植根的经济土壤

“农耕”与“游牧”是东亚大陆两种基本经济类型。中华文化是农耕人与游牧人在长期既相冲突又相融汇的过程中整合而成的。在农耕与游牧两大经济类型中，农耕经济占据优势，构成中华文化赖以生存和发展的主要经济基础。这种农耕经济大体经历了两个阶段，即殷商、西周的“土地国有及公社所有、集体劳作的自然经济阶段”和东周、秦汉至明清的“土地私有、个体劳作的自然经济阶段”。前一个阶段“养育了殷商西周神权至上的官学文化”，后一个阶段则“养育了崛起于晚周的以民本思潮和专制主义为两翼的百家争鸣的私学文化，秦汉以后又定型为以儒学为正宗、兼纳百家、融汇释道的帝国文化”，宋明以后在商品经济有较充分发育的基础上才繁衍出“市民文化”来。与此同时，中国前资本主义生产方式又具有“城乡经济同一性，城市对乡村的经济依赖”以及“生活资料生产与人口再生产比例的周期性失调”两大特点。前者与中国自然经济难以解体、社会在“恢复—高涨—危机”间周期性循环而迟迟不能迈入新的运行轨道、资本主义生产方式萌芽发展迁缓、市民阶层晚成、市民文化单弱等现象直接相关。后者则造成中国社会文化进程的“周期性破坏”。此外，古代中国的农业文明也深刻地影响了中华文化的观念层面，塑造出中华文化“务实精神”“恒久意识”“中庸之道”“尚农重农”等若干独特的精神品质。

2. 中华文化依托的社会结构

宗法制度的遗存与君主专制制度“互为表里”，共同构成了“与农耕自然经济相适应、相应援”的“宗法－专制”社会系统。一方面，社会结构的宗法特征导致中华文化形成伦理型范式，主要表现为对血缘关系的格外注重、浓烈的“孝亲”情感，对传统的极端尊重，伦理学说成为突出的文化门类，德性文化充分发育，等等；另一方面，社会结构的专制特征导致中华文化形成政治型范式，表现为“君主专制政治统摄之下的两千年一贯制的思想大一统”“专制主义的政治论高度发达与早熟”“伦理－政治型文化的架构”等。

通过对中华文化古典形态的系统、深入的生态分析，冯天瑜透见到中华文化之所以具有如此“顽强的再生力”与“无与伦比的延续性”的奥秘，这就是中华文化的“内结构”（“伦理－政治型”的行为、心态文化）与“外结构”（“大陆－海岸型”地理环境、“小农业与家庭手工业相结合”的自然经济、“宗法－专制”的社会组织）的高度和谐，以及由此而导致的文化结构与功能的高度统一。中华文化的这种结构与功能的统一性，在近代随着西方工业文明的楔入，受到严峻的挑战，中华文化从此便开始了艰难的历史性转型。

在人类学的发展过程中，研究者在对人类自身和人类社会进行深入观察之后，开始通过生态学的知识进行考察和反思，特别是人类对自然的开发、利用与保护之间的关系，人类活动对自然界的影响及环境对人类社会和人类文明发展的作用等问题。在研究视角投放到人类文化上之后，生态学知识已不仅仅是以生物界为主体，而是以人类社会为主体，其目的已从生态系统的保护转化为解决全球可持续发展问题和人类困境。因此，文化生态学成为以人类在创造文化的过程中与环境的相互关系为对象的一门学科。人类赖以生存、文化得以生成的环境，不仅仅是单纯的自然因素，也并非简单的社会、经济与政治因素，而是自然与社会的复合生态系统所构成的复杂环境。

（三）文化生态学的现状分析

随着计算机信息技术的飞速发展，数字网络技术越发完善，文化研究也趋于多样性。随着生态文化研究向多学科的渗透以及全球生态危机意识增强，社会文化学家也重新审视人类行为文化与生态学之间的联系。

1. 现代文化生态学的标志

自 1980 年以来，文化生态学逐渐成熟且影响也相应扩大，主要标志体现在以下四个方面。

一是系统论被纳入文化生态学，成为学科基础，使文化生态学的理论更为科学和完整。

二是以往文化生态论将环境因素纳入文化研究范畴，注重从环境与文化的双向互动中研究文化。随着资源短缺和环境危机成为世界难题，自然界与文化的关系被重视，从文化的角度研究自然界和环保已成为学术潮流，生态伦理学、环境伦理学等成为文化研究的显学。美国加利福尼亚大学伯克利分校教授卡尔·奥特温·苏尔（Carl Ortwin Sauer，1889—1975）发表了《景观的形态》和《历史地理学序言》等，对自然景观和人文景观的结构进行研究，被称为“伯克利学派”，甚至直接称为“文化生态学派”。

三是突破了以往仅重视自然环境的文化生态观，把文化环境特别是信息环境作为文化生态环境。传统的文化生态学对环境的理解主要指自然环境，信息革命浪潮使文化生态学的研究范围和方向发生了相应的变化。20 世纪 90 年代，人们把目光投向了新旧媒体的文化生态关系，出现了一个研究“媒体环境”（包括电视、数字广播、个人计算机、因特网和移动通信等）的新热点。

四是文化生态学研究者从美国人类学家扩大到全世界和多学科领域。目前，一些来自工程学、社会学、教育学、信息和传播学、经济学等学科的学者也纷纷加入了文化生态学研究的行列，以 1999 年在吉隆坡召开的“文化生态学国际讨论会”为代表的对文化生态学的研讨，在美国、日本、印度等许多国家开展，呈现出一派多国家和地区、多学科合作的景象。

2. 现代文化生态学的特点

现代文化生态学认为，人类通过有意识地改变着环境而去适应环境，强调文化对环境的影响和文化与环境双向作用的协调性。人类是生态环境的一部分，人类开发利用自然环境应以不破坏生态环境为原则。文化的历史是人类与自然生态环境之间不断实现双向适应、不断完成本质统一的过程。文化与环境各个因素在总体的综合变化中，既呈现变量的性质，也呈现自变量的性质。即每一因素的自身变化是其他因素变化的结果，而这个结果又成为其他因素继续变化的原因。

在全球化的背景下，随着我国改革开放的不断深化和经济迅速发展，我国的文化生态学得到了很快的发展。冯天瑜从唯物史观出发，界定文化生态学是“以人类在创造文化的过程中与天然环境及人造环境的相互关系为对象的一门学科，其使命是把握文化生成与文化环境的调适及内在联系”。他将文化生态划分为自然环境、社会经济环境和社会制度环境三个层次，认为：“文化生态三层次彼此之间不断通过人类的社会实践（首先是生产劳动）进行物质和能量的交换，构成一个浑然的整体，同时，它们又分别通过复杂的渠道，经由种种介质对观念世界施加影响。”他完成了对“文化生态”这一核心概念的内涵和外延的深化和扩展，使文化生态学在研究时限上包容人类文化的全部进程，在研究对象上贯穿文化的所有层面，进而运用该理论体系对中华文化进行纵向和横向的解析与综合分析，其研究规模庞大、体系完备、论证严密，从理论建构的角度和应用研究的角度创立了文化生态学的中国学派。

3. 文化生态学的发展趋势

随着人类学的发展，尤其是跨文化的比较研究，文化的多样性和复杂性远远超出了基于环境因果关系论的文化生态学所能提供的解释，于是，在文化生态学内部发生了分化，形成了“生态系统生态学”和“民族生态学”两个理论流派。“生态系统生态学”借助生态学中的生态系统原理和研究方法，把包括人在内的生物群落和环境之间不断进行物质循环和能量流动所构成的功能单位看成一个完整的系统（即生态系统），其主要目的是研究人作为一个普通的捕食者在生态系统中的作用和地位，尤其是对大尺度生态系统的影响。“民族生态学”从理论来源上讲属于认知人类学，是认知人类学的一个亚领域，它是研究原住民族对其生活的周围环境的感知与理解模式的学科，也就是从“主位”的视角研究原住民族的生态知识。生态系统生态学和民族生态学途径成为20世纪80年代以来对文化的生态研究的发展方向，它反映了人类学对环境问题和生态文化多样性的关注。总之，作为一种研究视角和方法论，文化生态学研究有助于人们对文化的生态本质和生态文化多样性的理解，对人们在多层次的时空上明确人类文化对自然生态系统的影响，从而实现生态系统的可持续利用具有十分重要的意义。

第二章　殡葬文化生态学概要

殡葬文化源远流长、博大精深，广泛而顽固地影响着人们的殡葬行为。树立和谐的殡葬文化观，构建科学的殡葬文化体系，既能促进殡葬事业的健康发展，又为建设和谐社会营造一个良好的社会氛围。

第一节　殡葬文化生态的理论

殡葬文化承载着厚重的传统文化印记，既反映了历史长河的不同历史层面，又突出反映着现代社会的经济文化内涵。殡葬作为人类特有的对已失去生命的同类所采取的意味深长的特殊活动，其间积淀着深厚的文化内涵，是一定文化的特定存在形态。

一、殡葬文化生态的主要内涵

作为围绕个体自然生命死亡而展开的殡葬活动这一具体的文化现象，其文化内蕴丰富而深刻，体现了人对生命价值的认识、理解与把握。

（一）殡葬文化的基本内涵

在我国古代，“文化”是指人类对物质财富、道德修养、精神生活的创造成果。现在的“文化”一词有广义和狭义之分。广义的文化是指人类在社会历史发展过程中所创造的物质财富和精神财富的总和，包括语言、宗教、哲学、科学、艺术、技术、国家、政治、法律、手工业等，以及个人和社会的生活方式、行为方式、思想方式等。狭义的文化指精神财富，如文学、艺术、教育、科学等。

人类文化可以分为生存文化和殡葬文化两类。殡葬文化是广义文化的一个分支，专指人在其自然生命终结及终结后回归自然时举行系列活动所体现的文化品位。殡葬文化是指相对人类生存文化而言，与死亡相关的人类创造的社会活动中多种特质文化的复合体，其涵盖内容涉及实物、信仰、心理、伦理、道德、艺术，由此而延伸展开形成了诸如临终关怀、遗嘱文化、死亡教育、死亡观念、殡仪习俗、殡仪文化、祭祀文化、殡葬经济、殡葬科技以及其他有关活动等。就其本质而言，殡葬文化是人们在观念形态、操作形态和实物形态中所表现的一整套价值认知系统，体现了人的自我意识的觉醒，其中隐喻了对人生归宿和生命价值的理解，对永生的追求、对现存社会的反映等，集中了对人类本源问题的深刻思考。

文化是人类存在所特有的社会属性的表现形式之一。因此，当人的自然生命终结时，其所赖以自豪的、与其自然属性互为表里的社会属性必然获得充分的表现，虽然这种表现不是由失去自然生命的人，而是由与其有着特定历史关系的同类来完成，但是其本质意义是相同的。因此，对人的自然生命终结后尚存留的躯体的处理活动，也就充分体现着殡葬的本体意义，并且由个别上升到一般，构成对人类的认识从而进入哲学，体现了人的自我意识的觉醒和对存在价值的肯定，这事实上构成了殡葬文化的核心，其重要意义在于决定了整个殡葬活动凝重、压抑的气氛和与该活动相关的形式的单调、呆滞及所用物品色彩的阴冷基调，从而成为殡葬文化的重要组成部分。

殡葬文化是一种丰富而多样的具体存在，特别明显地表现在与丧事活动相关的礼仪规范上。成书于2000多年前的儒家经典之一的《礼记》，作为我国古代一部文化哲学著作，对殡葬活动的礼仪就有明确、具体的记载与要求，并确认了这些规则所具有的文化的、伦理的、道德的意义与价值。如丧服制度在于通过不同的服饰以区别宗亲关系；居丧之礼在于尽哀，且哀在其中形变之于外；奔丧之礼、问丧之礼、丧事礼仪次序及祭祀之礼，核心在于通过丧事礼仪把失去亲人之痛提升为人的心性修养，进而养成孝亲敬老的良好品德。这样由图腾崇拜、祖先崇拜而形成的殡葬礼仪就具有了更多的理性内容而成为一种文化规范。此外，殡葬文化还体现在与安葬死者相关的物品上。殡葬活动中的用品，其品位与特点都是一定民族的、时代的、政治的、经济的、地域的文化在丧事活动上的特定存在形式，是传统殡葬文化的历史延续。

殡葬文化寄托了人类最丰富、最深厚的情感活动。殡葬文化作为大文化的组成部分，从目前我国的情况来看，是“唯心主义唯一占上风”的一个文化领域，腐朽的东西在个别地区的民间殡葬活动中还相当严重地存在。

（二）殡葬文化的基本形态

殡葬是原始思维上升为观念存在并通过必要的外化形式实现的，其间人类精神文明与物质文明发展以历史积淀的形式得到充分体现。作为一种文化现象，因不同时代、不同民族等因素造成的差别与变化，使殡葬活动丰富多样且永远处于动态之中。殡葬文化大致分为情感形态、观念形态、物质形态和行为形态。

1. 情感形态

由于人所具有的强烈的生命意识和在进化中所形成的高度发达的情感，以及人对不可重复的生命现象的深刻眷恋，因此失去亲人会给人情感上以沉重打击并会在殡葬文化上留下鲜明印记。《礼记》所载居丧哀而变形、痛哭流涕、悲痛欲绝等，都是情感强烈爆发的具体表现。现代人在悼念亡者仪式上常说的“寄托哀思”，即“思者理性，哀者情也”。情感在中国传统殡葬文化中比较普遍的表现之一，就是对白色与黑色的应用。如白色的孝服、孝幛，白色的花圈、花篮，以及现代葬礼上佩戴的白花和黑纱，这种对冷调色彩的选择，体现并符合情感在压抑、低沉、迟钝状态下的特色与需要。因此，殡葬文化寄托了人类最丰富、最深厚的情感活动。

2. 观念形态

殡葬观念是殡葬文化的核心。殡葬观念是指人们对死后归宿也就是对死后世界的认识及其生活的愿望。殡葬观念即人们对生与死的看法，也就是通常所说的生死观问题。殡葬方式是由观念决定的，而殡葬观念则是由人的生死观决定的，因此殡葬文化的首要本质是人的生死观的反映，不同的个人或不同的民族由于受不同的外部环境以及对自然界、人类、社会乃至自身认识的不同，生死观有极大差异。例如，我国古代殡葬观念的演变，基本上遵循了“生死如一”“神人相通”“厚葬”“孝道和宗法”等基本原则。一般来说，生与死是每一个自然人都必须面对的问题，个体的生死观从属于民族的、国家的、社会的、宗教的乃至某个集团的，也不排除个体独立的生死观。在人类社会漫长的发展过程中，受生产力和科学知识水平的限制，人们对生命的形成和死亡感到十分神秘，于是从原始的图腾崇拜发展到祖先崇拜。鬼神世界事实上是在对死亡恐惧与无奈之际，把世俗社会虚幻化以企求生命形式在愚昧中获得永恒存在的表现。但是，人类社会历史发展长河中也不乏对死亡的理性认识，于是就形成了不同的生死观，并由此导致了殡葬文化的不同存在形态，也构成了殡葬文化不同的品位与格调。如秦始皇修建阿房宫显然与他渴望长生不老的生死观是一致的，曹操的薄葬是他崇尚现实存在的观念的反映，而无产阶级革命家周恩来的骨灰撒向大地则是唯物主义生死观的具体体现。

观念形态的殡葬文化还包括道德与伦理的要求。中国儒家文化中“孝”的原则性要求，虽然在不同历史时期有不同的具体指向，但其核心始终是强调生命延续过程中后代对给予自己生命并把自己养育成人的血亲的尊敬与尊重。但是，当这种合理的理性认识被纳入宗法制、家长制的封建政体之中，就以提升族类的共同性来削弱、甚至否定个体的个别性而成为人们用来指导、规范行为的准则，并以道德的、伦理的形式成为封建统治思想的重要组成部分，这在殡葬文化中表现得极为明显。如丧事活动规格、礼仪、程序的适用等，都是社会用来判断某一丧事活动是否规范圆满的尺度。

3. 物质形态

殡葬作为人们生活的一个重要组成部分，也是人类的一种适应，并与人类社会的其他文化特质和文化形态构成人类总的适应体系，因此殡葬很自然地涉及这三种关系。殡葬各个环节都离不开物质文化。人们借助药物器具保存遗体、布置厅堂悼念死者、寻觅墓地构筑坟墓或者将骨灰撒向大自然，无不涉及人与自然的关系。殡葬活动主要是一种群体活动，人与人的关系在殡葬活动中得到集中体现，人与人之间的各种情感在殡葬过程中可得到充分展现。殡葬活动中，人的心理始终处于一个调适平衡过程，并控制在殡葬文化所允许范围内，从而形成了一种特有的适应方式。殡葬总是通过特定的有形存在和一系列具体的、可操作的活动来完成的，其中无不体现一定的文化观念。如殡葬活动中的丧服制，规定了不同辈分的亲属各自具有不同标志的孝服，由此严格而又明确地区别长幼尊卑。现存完整的帝王陵寝中，宝顶、明楼、神道、石象生等，完整地体现了一个时代对建筑、服饰、饮食、雕刻等方面的文化追求。而清东陵中慈禧陵的凤戏龙，更能充分地体现出封建社会末期一个至尊的女性统治者的骄傲心态。至于唐代一个同样至尊的女性统治者武则天，则只留下一块没有标记的无字碑。殡葬的物化形态即殡葬实物，如墓葬及其附属物，是人们殡葬观念和殡葬礼俗的物化表现。我国古代的墓葬不仅体现了古代的思想观念、礼制风俗、殡葬观念和礼俗，而且反映了古代社会的演进过程，墓葬浓缩和凝聚了古代社会历史文化的精髓，从墓葬中可以找出它所蕴含的历史的、文化的、民俗的，乃至政治经济方面的丰富内涵。因此，殡葬文化总是通过实物或有形活动来实现，礼仪规则一定要体现在人们的一系列具体活动上才有价值，是文化与应用的统一。据此原则，又形成殡葬文化中另一重要现象，即必要时文化的因素必须顾及一定的物质条件、一定的具体时代背景。如史载朱元璋丧父后用芦席裹尸并在风雨交加之际因山体滑坡掩埋而找不到墓地，而朱明王朝建立后，又大造陵墓，隆重有加，其文化品位大不相同，皆因物质条件变化所致。此外，如棺木、碑铭、遗诏、祭品等，都属于殡葬文化得以存在的物质形态。

4. 行为形态

殡葬文化需要通过人们的一系列具体行为表现出来。例如，一定的安葬方式：土葬、火葬、水葬、天葬、海葬、悬棺葬等；一定的殡葬礼仪和葬后祭奠活动：初终、殡殓、出殡、埋葬、祭祀等。在这些行为中，有传统的或现代的，文明的或愚昧的，铺张浪费的或节俭的。殡葬的操作主要体现在殡葬礼俗中，它是殡葬观念的外在表现，即人们殡葬观念所表现的种种意识行为。历代统治阶级十分重视从思想上教化民众，将殡葬礼俗制度化、规范化和等级化，演绎出形形色色的神秘、隆重而繁缛的殡葬礼俗，形成了“殡葬之礼”。《礼记》中对奔丧到家时的面向方位、跪拜形式就是规则（理性）对情感制约下的行为，丧亲之痛必须化作符合规则规定的具体行动才具有文化的意义。某些殡葬行为，起初往往是个别行为，在一定历史时期内形成人们的共识从而达到理性时，便固化为制度而成为制度文化，在制度的规范下又使这些行为泛化。因此，殡葬行为文化从属于殡葬制度文化，直接受殡葬制度文化的制约。

在殡葬文化的四种形态中，观念形态居于核心地位。人的情感、行为等是由思想支配的，殡葬观念支配、制约着殡葬文化的其他方面，殡葬文化的发展、变革也是从观念变革开始的。

（三）殡葬文化的主要特征

殡葬文化有着多种形式和形态，不仅不同民族、不同文化背景、不同宗教信仰的人之间存在着差别，即使同一民族处于不同时代、不同地域、不同经济条件、不同文化氛围之下也会有不同的表现。

1. 民族性

殡葬文化的民族性特征是由人的民族性决定的。民族是“人们在历史上形成的一个有共同语言、共同地域、共同经济生活以及表现于共同文化上的共同心理素质的稳定的共同体”。这就决定了不同民族必然具有不同的殡葬文化，并决定了殡葬文化是随着民族的形成、发展而形成、发展起来的。不同的民族，其民族殡葬活动中的文化品位、文化特征也各不相同。如《周礼》《礼记》中关于华夏民族以土葬为主的殡葬文化的描述，突出地表现出这个民族对血缘关系、等级观念、尊卑次序的高度重视，表现出华夏民族较早地进入农业文明时代，因而其观念中的崇高与神圣、其生命的价值总是与土地联系着。可见，殡葬文化是民族生产方式、生活方式在漫长发展过程中历史积淀的结果。

2. 地域性

生活于不同地域的不同民族在殡葬文化上有不同表现，同一民族生活于不同地域，其殡葬文化的形式与内容也有相异之处。《宋史·礼志》载，河东（今山西地区）“地狭人众，虽至亲之丧，悉诣焚弃”。而沿海居民，因特殊的生存条件缘故，多有实行海葬的。可见，殡葬文化在不同地域会受到地理条件、生存条件的限制，从而发生某些变化形成新的存在形态，既能充分体现出殡葬文化的价值和属性，又便于在具有不同自然条件与人文基础的环境中推行。

3. 延续性

殡葬文化的延续性首先是由人类社会历史发展的继承性决定的。人类社会的发展是一个循序渐进的历史过程，每个时期都形成了适应该时期需要的经济的、社会的、文化的存在，这种存在必然要同过去时代保持着联系而表现出历史的连续性。作为人类文化重要组成部分的殡葬文化，它在任何一个时代的存在状态，都是一定社会历史现象的合理延续。意识形态的相对稳定性特征导致殡葬文化必然保持某些相对稳定的特征，并以此对社会发展包括文化发展产生影响。殡葬文化体现了文化的这一普遍性原则。原始社会时期，“昔帝尧之葬也，窾木为椟，葛藟为缄，其穿下不乱泉，上不泄殠”；禹葬会稽，“树不改其列，农不易亩”；周之文、武、旦三葬“皆无丘陇”。《周礼》《礼记》对殡葬活动、礼仪规则的规范，进一步肯定了殡葬文化在政治、道德、伦理方面的积极意义和重要作用，并使之获得了一个完整的存在形态，延续了2000多年之久。现在人们尚能看到的奢华、肃穆、宏大的明十三陵、清东西陵，都是远古时期简陋的殡葬文化的继续和发展。

4. 变异性

人类社会在不断发展和进步，文明程度日渐提高。殡葬文化必然随着社会经济的、政治的变化而处于发展变化之中，不能适应新的生产方式、生活方式的活动内容、活动形式要摈弃、要改造，同时也必然产生能够适应新的生产方式、生活方式需要的新形式、新内容，由此构成殡葬文化的变异性。社会生产力的发展推动了民族之间的文化交流，也会引发殡葬文化模式的变异。殡葬文化的变异更充分地体现人的意识的觉醒。山顶洞人的安葬方式，很难确定其民族属性，只能将其视为人类早期比较有共性的安葬方式。随着族群的形成、发展、迁移，族群生存条件、地理环境等因素的影响，导致安葬方式、礼仪规则、殡殓情调等的差异，形成多种多样的殡葬文化。

5. 趋同性

趋同性是现代殡葬文化的一个具有重要意义的特征，是人类发展到现代文明阶段出现各种各样文化互相碰撞、整合、交融，进一步朝着共同方向发展的表现。趋同性特征的形成主要是基于殡葬文化作为一种社会历史现象，一方面是历史积淀中不可避免地受时代的局限，因而带有文化的功利因素，而随着人的意识觉醒程度的提高，一些失去时代意义的内容必然要摈弃；另一方面各种以人为本的文化模式又要不断吸纳社会文明发展的成果，展现人类文明的进程，体现殡葬文化由低级向高级、由愚昧向文明发展的规律性要求。这样的发展历程必然导致各国、各民族的殡葬文化朝着更加文明的同一个方向发展，呈现出趋同性。殡葬文化是人类社会博大精深文化体系的一个分支，属于主文化序列，它主要体现一定民族的、时代的、社会的主文化的属性与品格，从而既是主文化的必要延伸，又以其个别性丰富着主文化的内容。在历史的进程中，殡葬文化作为传统文化的重要组成部分，它不仅继承和承载了中华文明的发展历史，而且对现代文明产生着极其强大的影响力。

二、殡葬文化生态建设的分析

（一）殡葬文化发展的历史回顾

殡葬文化源远流长，数万年前随着一定的殡葬形式的出现，相应地也就产生了殡葬文化。在距今万年以前的旧石器时代晚期就已形成了一套程序相对固定的殡葬模式——以居所为墓地的埋葬方式，这是自北京周口店洞穴中发现山顶洞人三人合葬墓后，迄今为止人们所知最早的殡葬形式。受中国传统思想观念影响，殡葬习俗在中华几千年历史的积淀中，逐步发展成为一种以殡葬仪式为中心，包含社会经济、政治、民族、民俗等多种因素在内共同作用的思想文化体系，成为社会构成与社会文化的一个重要组成部分。

古人推崇“事死如生”的理念。“灵魂不死”是传统殡葬观念的核心，人们安葬尸体的最终目的是安葬灵魂。随着社会经济文化的发展，人类在殡葬上经历了弃尸、草藏、浅埋、公共墓葬、等级墓葬五个阶段。国家产生后，由于生活方式或文化背景的不同，各自在殡葬方式上有所不同，出现了土葬、火葬、水葬、风葬、崖葬、树葬、天葬等多种形式，形成了一系列的规则制度和文化礼仪。尽管其附加的社会意义有所不同，但都体现了人类对人生的思考，反映了一个时代经济和社会的发展状况，成为社会文化的积淀。

从历史上看，在一些落后的殡葬习俗方面存在着斗争，一些具有朴素唯物主义观点的思想家、政治家提出了殡葬节丧、丧事从简的主张，像先秦的思想家墨子就严厉抨击厚葬久丧是“缀民之事，庸民之则”，提出“薄葬节财”。我国战国末期思想家、法家代表人物韩非提倡死者“冬日冬服，夏日夏服，桐棺三寸，执丧二日”。东汉唯物主义哲学家王充批评厚葬“重死不顾生，竭财以事神，空家以送终”，认为“薄葬省用”，提出“可薄葬矣”。曹操担任济南相时明令“不准厚葬”。明代李贽一向主张“俭葬”。由此可见，尽管在长期的奴隶社会、封建社会中，土葬厚葬占据统治地位，然而薄葬和厚葬的两种思想斗争却没有停止过。

纵观殡葬文化历史发展过程，其矛盾主要体现在传统观念上的“入土为安”与节约资源的冲突、以“灵魂不灭”为哲学基础的传统殡葬礼仪与“以人为本”为指导的尊重生命的殡葬礼仪的冲突。受传统“孝”文化的影响，在早期的奴隶社会、封建社会中，土葬厚葬占据统治地位，但同时厚葬、薄葬之风又交替变更。火葬具有节约资源、对环境污染小等优势，已经成为目前世界公认的处理遗体的主要方法。

（二）殡葬文化生态的现状反思

“文化生态”是科技、经济、文化现代化的背景下产生的观念，是对现代化的一种反思，它需要借助生态学的相关理论，并将生态学作为一种方法，超越了生态学对于自然和科技的研究范围，将自然科学与人文科学相结合，是一种系统全面地观察自然、社会与人类文化的整体方法。文化生态是借用生态学研究文化及人类所处的整个自然环境和社会环境的各种因素交互作用所形成的生存智慧。

中国是一个古老的文明大国，几千年来已经形成了一种独特的殡葬文化生态系统。殡葬文化生态包括有形的文化资产与无形的文化传承，涵盖着文化与自然环境的关系、民众生活方式之间的关系等方方面面，在中国社会中，已普遍渗透在人们的观念、行为、习俗、信仰、思维方式、情感状态等之中，自觉或不自觉地成为人们处理各种事务、关系和生活的指导原则和基本方针。殡葬文化生态是殡葬存在的历史文化基础。中国传统文化有其久远的历史渊源和传统，积淀厚重而广博，更为切合人性的不同层面的生存需要。中国殡葬文化的延续性、传承性和包容性较强，是特色的传统文化储存库。实行殡葬改革，并不是摒弃传统殡葬文化，而是在延续、传承优秀传统殡葬文化的基础上，建设现代殡葬。

现代殡葬建设不仅是经济政治建设，而且也是文化生态构建。殡葬文化作为一项社会性建设，涉及基础、教育、科技、文化建设许多方面的综合性建设，因此，其现状局限性涉及各个方面：一是殡葬基础设施建设较差。现有的殡葬设施和过于简约的现代化殡葬礼仪难以满足人们日益增长的殡葬物质文化需求和精神文化需求。二是传统殡葬观念根深蒂固。在一些落后的地区仍然受传统观念的影响，导致火化率低且不稳定，火化后的骨灰二次装棺土葬现象也极为严重。三是传统殡葬陋俗死灰复燃。尽管国家推行火葬已多年，但目前一些农村对死者遗体根深蒂固的处置方式依然是传统土葬，而在经济较发达的农村从传统土葬到火葬的改革中，二次葬现象较为普遍，严重浪费资源。四是殡葬服务缺乏文化底蕴。由于缺乏对殡葬文化载体的深入挖掘，人文服务、个性化服务项目不丰富，缺乏既能抒发情感又适合大众的殡葬礼仪方式。五是殡葬消费攀比之风盛行。殡葬活动大操大办屡禁不止，攀比浪费现象惊人，厚养薄葬观念尚未深入人心。总之，由于现代殡葬业还处于初级阶段，各种文化、习俗、宗教相互激荡，这些客观存在决定了殡葬改革和殡葬文化建设的长期性、艰巨性和复杂性。

殡葬文化生态系统中具有丰富多样的文化种类，这些具有多样性的文化资源正是现代人所需要的，在建设和弘扬殡葬文化生态的基础上，要实现传统与现代的衔接与融合，构建具有中国特色的殡葬文化生态系统。殡葬文化生态建设，是为了适应公众殡葬文化心理的需要。殡葬文化生态的建设主体和受益主体都是广大公众，公众主体性作用的发挥，直接关系到殡葬文化生态建设的效果。殡葬文化生态是公众精神情感、道德传统、个性特征的载体。通过殡葬文化生态建设，实现传统文化的现代转换与提升，不仅可以调动广大公众参与殡葬文化生态建设的主动性和积极性，而且能够使传统文化得到有序的保护和合理的开发而可能成为持续创造经济价值的文化生产力，促进经济、政治、文化、生态建设的协调发展。殡葬文化生态建设的目的在于实现文化生态的总体平衡。在日益趋同和现代化的现实世界里，建设殡葬文化生态，能够保持整个文化生态的总体平衡，满足现代人对拥有丰富多彩的精神世界和文化生活的需求。

三、殡葬文化生态建设的对策

文化生态是文化的自然生态和人文生态的综合，即自然环境和社会人文环境对文化构成共同的影响和制约。文化生态是文化与其环境之间的互动系统，是文化主体从事文化创造、文化传播等活动的环境和条件，也指文化适应其生存环境而产生的不同形貌，即文化的生态景观。人类的文化活动既受环境的制约，又影响和改变着环境，两者的双向互动构成文化的生态系统和创生机制。文化生态系统是主体系统和环境系统组成的有机整体，是一种开放性的组合状态。它是一个兼容自然、社会、政治、经济、文化、主体等诸多因素的复合生态系统。文化生态环境是指相互交往的文化群体借以从事文化创造、文化传播及其他文化活动的背景和条件，是人类主体文化活动得以进行的自然环境和人文环境的统一体。按照文化生态系统理论，作为文化活动主体的人本身，也可以构成文化生态系统的因子，因而同样可以成为文化生态环境的组合因素。文化生态环境建设，既包括自然生态环境的保护，又包括人文环境建设。文化生态环境建设的重点和难点是着眼于文化本身的人文环境建设，而文化和文化环境又是人文环境的核心和主体内容。

（一）殡葬文化生态建设的基本理念

殡葬改革的关键是破除人们的传统殡葬观念，而观念的改变需要先进文化的引领。现代和谐的殡葬文化观应更能体现人生命的价值，体现对生命的敬畏与敬重。具体体现在多方面的和谐：一是体现生者与逝者的和谐。逝者安详逝去，生者在追思中更加珍惜生活，平静对待生活，更加热爱生命。这种和谐高尚的生命意识和圣洁的殡葬理念，体现人生命的价值以及对生命的敬畏与敬重，使逝者更有尊严，形成对逝者和生者的双重尊重与双向抚慰。二是体现人与社会的和谐。社会对死亡更加宽容，既是对逝者的宽容，也是对生命的尊重，同时也是对生者的理解和支持，为生者构建和谐的生活空间。三是体现人与自然的和谐。死亡是自然规律，现代殡葬文化应更加体现对逝者回归自然的引导，对逝者的殡葬过程更加符合现代自然理念的环保观念和可持续发展，实现生命的过程终结与自然的和谐融合。

1. 现代殡葬文化的特点

现代殡葬文化特指现代这一特定历史阶段的殡葬文化建设，是具有时代角度的现实性。新中国成立后，党和政府对殡葬业制定了一系列管理法规、制度，开展了一系列移风易俗的活动，为现代殡葬文化建设奠定了政治基础。

（1）特色的文化。中国现代殡葬文化建设，势必要牢牢把握住中国特色。无论是殡葬精神文化、制度文化抑或是殡葬物质文化，都应立足中国国情，创造出符合中国广大民众社会心理、风俗习惯、经济水平的现代殡葬文化。

（2）先进的文化。现代殡葬文化应代表先进文化的发展方向，对广大公众有正确的导向作用，用先进文明的科学思想充实人们的头脑，以文明的殡葬方式、殡葬活动去影响人们的殡葬习俗，让人们接受更多的思想教育和优秀文化的熏陶感染。

（3）融合的文化。殡葬文化应该具有民族特色，同时也要广泛地与国外先进的文化进行交流，融合世界上一切先进的文化。越是走向现代化，文化交流、融合、分化的趋势越是明显。现代殡葬文化更充分显示出文化的这一特点，在世界性的交流融合中快速发展，达到民族性与世界性的统一。

（4）建设的文化。现代殡葬文化正处于有组织、有领导、有计划部署的建设中。现代殡葬文化的建设性体现在有明确的主体，即广大公众，他们是现代殡葬文化建设中真正的创造主体。现代殡葬文化的建设性还体现在有明确的战略目标。我国各个管理层次都制定了殡葬文化的发展战略，充分体现了各个层次对现代殡葬文化建设的重视。现代殡葬文化的建设性也体现在随着各殡葬服务机构的软、硬件建设的进行，其殡葬文化的现代化也迈上了一个新的台阶。

2. 现代殡葬文化的类型

现代殡葬文化是一种复合文化，可以按照不同方法进行分类。按时代分为传统殡葬文化和现代殡葬文化，按性质分为积极的、先进的殡葬文化和消极的、腐朽的殡葬文化，按殡仪活动内容分为死文化、殡文化、葬文化、祭文化，按文化形态分为殡葬观念文化、殡葬制度文化、殡葬风俗文化、殡葬器物文化、殡葬消费文化、殡葬艺术文化、殡葬组织文化、殡葬科技文化等。

（1）殡葬观念文化。殡葬观念是人们对于死亡、殡葬活动以及祭祀追思活动的思想、看法，其思维活动取得的成果便是殡葬观念文化。殡葬观念文化具有抽象性、依附性、相关性等特征。殡葬观念文化是殡葬文化的灵魂和精华，处于殡葬文化的核心层，决定着殡葬文化的发展方向。先进的殡葬观念文化将推动人类殡葬文化沿着正确的方向发展。

（2）殡葬制度文化。殡葬制度文化处于殡葬文化结构的中间层，是联系内层殡葬精神文化与外层殡葬物质文化的纽带。殡葬制度是保证制度制定者目标实现的重要手段，具有不可替代的作用。殡葬制度包括国家和地方政府为了对殡葬活动、殡葬业进行管理制定的一系列制度，殡葬企业、事业组织为了开展经营活动而制定的一系列制度。殡葬组织制定的管理制度又可分为工作制度、责任制度、其他制度等。

（3）殡葬风俗文化。殡葬风俗是人们在殡葬活动中崇尚、施行的风俗习惯，具有传统性、非强制性、产生的偶发性、可塑性、程式性和包容性。殡葬风俗可按普遍性分为一般风俗和特殊风俗。一些地域相近、民族习惯相似的民众群体往往具有类似的殡葬风俗。有些则是某一特定地区的人群在某一独特活动中沿袭存在的风俗。前者称为一般殡葬风俗，而后者称为特殊殡葬风俗。

（4）殡葬器物文化。殡葬器物文化是殡葬文化的一个分支，它是以器物形式存在的文化形态。殡葬器物是指同祭祀活动相关的器物，与殡葬有直接的相关性。殡葬器物除了具有一般器物的特性外，还有自身的特点，如殡葬器物的专用性、殡葬器物使用对象和使用场合的特殊性、殡葬器物作用的多元性、殡葬器物消费方式的特殊性等。

（5）殡葬消费文化。殡葬消费文化是人们在殡葬活动中的消费文化，是指人们在殡葬活动过程中产生的消费观念、消费心理、消费价值取向以及殡葬用品及消费行为模式等经济文化因素的总和。殡葬消费文化可以通过消费者、消费品、消费方式表现出来。殡葬消费文化可以发挥促进社会经济发展的功能，优秀的殡葬消费文化可以培养人们科学的殡葬理念、高雅的情操，促进和谐殡葬的开展。

（6）殡葬艺术文化。殡葬活动是人类现实生活中极为重要的一部分，它以有力的渗透性、深刻的折射性反映着历史、社会、时代、地域和特定人群的现实。殡葬活动反映现实生活和精神世界的现状，以殡葬为题材创造的艺术——殡葬艺术，具有形象性、典型性和独特的美感。殡葬艺术按表现手段和方法分为表演艺术、语言艺术、造型艺术和综合艺术，按艺术表现的时空特性分为时间艺术、空间艺术以及时空艺术。

3. 现代殡葬文化的评价

现代和谐殡葬文化如何界定，不同的国家、民族和时代有着不同的要求或判断标准。确立一个较为系统全面的评价体系作为参照，有助于殡葬文化建设的全面科学和谐发展。

（1）科学性。主要体现在：树立科学的生死观念和唯物主义的观点，消除或缩小唯心主义影响。采取科学文明的殡葬仪式、祭奠仪式和追思仪式；使用科技含量较高的殡葬设备、设施及遗体处理过程中具有较高的科技含量和科技水平；殡葬管理的科学化程度；殡葬服务及商品的科技含量；科学合理的殡葬组织结构；等等。

（2）人文性。主要体现在：对逝者实施终极关怀，让逝者安详地离开人世，有一个完美的结局；维护逝者的尊严，如殡葬工作者要树立以人为本的意识；殡葬设施设备体现人文化设计和人性化操作；要善待遗体，遗体清洗、更衣要在专门隐蔽之处；抚慰客户哀痛心理，满足其心理需求。

（3）环保性。主要体现在：现代殡葬文化在殡葬服务的各个环节中推广清洁生产；各类殡葬产品的生产、使用、报废都不会污染损害环境；最大限度地减少土地、木材、水资源的消耗，最好实现循环使用；积极采用先进的有利于生态平衡的高新技术。

（4）审美性。主要体现在：建立在现代物质基础上的人际关系和伦理道德的美；有条不紊地按应有程序进行殡葬活动，体现理智美；殡葬活动中因人际关系不同，而表现出不同程度的情感美；殡葬文化的艺术形态诸如园林艺术、墓雕艺术、殡葬文学艺术、墓志铭艺术、殡葬音像艺术、美容化妆艺术体现出艺术美。

（二）殡葬文化生态建设的基本原则

殡葬文化生态建设必须借力于我国所拥有的文化生态优势，在尊重与研究文化生态的适度差异和历史传统中，进行整体的融合与战略部署，从而构建一种新的文化生态系统。殡葬文化生态建设既要遵循文化生态的内在规律，又要符合殡葬发展的实际，必须坚持以下基本原则。

1. 多元共存原则

多元共存的文化生态是指各种文化类型和文化因素相互影响、相互冲突、相互融合而有序的文化生存发展环境。我国自然环境各异，在长期的历史过程中，形成了各自与自然环境相适应的一套独特的文化生态系统。在殡葬文化生态建设中，必须尊重各地文化生态的适度差异，无论是文化的选择与发展，还是文化的冲突与融合，必须以尊重文化的多元性和多样性为前提。文化生态地域分工与自然环境是相融合的，对生态环境起了积极的保护作用，不能以其他地区的文化生态类型来简单地代替。殡葬文化生态建设只能在坚持多元共存原则下，结合各地文化的实际，输入先进殡葬文化理念，构建各具特色的殡葬文化模式，形成文化生态和谐发展中的文化地域分工与合作。

2. 系统开发原则

殡葬文化生态环境与经济发展有着极强的相关性，殡葬文化生态建设应立足于各地文化生态环境，合理开发和利用文化资源。殡葬文化生态环境与经济、社会是相互联系、相互制约的整体。殡葬文化生态建设必须在尊重异质性的同时，强调不同地区的文化与经济的充分耦合，强调社会－经济－文化生态系统水平的总体提高。

3. 科学发展原则

科学发展就是可持续发展，持续就是在时间过程中保持价值的达成态。殡葬文化生态建设就是夯实殡葬历史文化基础，以文化的可持续性来维护殡葬精神链的持续发展。殡葬文化生态的可持续发展最终所着眼的应当是文化的未来。一方面，必须从整体上把握殡葬文化的具体规律，通过建构起系统的符合殡葬文化生态规律的观念体系，引导并规范文化向着符合其合理发展的理想道路行进；另一方面，殡葬文化生态必须能够促进社会进步，必须适应社会历史发展和进步要求，否则，它必将游离于人类文化活动之外，丧失自己作为一种独特文化活动方式的独立性和前导性，甚至在某种程度上将重新造成殡葬文化生态的失衡。

（三）殡葬文化生态建设的主要策略

殡葬文化生态是一个由多种不同的殡葬文化生态位构成的系统，殡葬文化生态建设是一项殡葬文化生态系统内各种文化生态位建设的系统工程，它涉及社会的各个方面。其中最主要的是基于科技、观念、制度、传统等不同文化生态位切入，寻求经济与文化的结合点，寻求传统文化与现代生活、人文历史与经济建设的结合点，大力推进特色文化建设，发挥殡葬文化生态的独特作用和巨大潜力，为和谐殡葬建设服务，为广泛开展群众性的殡葬文化活动服务。

1. 立足现实，加强殡葬文化生态保护

殡葬文化生态的破坏与失衡，不仅使得殡葬文化凋零、失落，而且将使现代殡葬文化成为无本之木、无水之源。立足现实，加强殡葬文化生态保护，是构建殡葬文化生态的基础。首先，做好殡葬文化生态的普查与记录。殡葬文化生态，尤其是口头流传、无文本或音像记载的文化是不可再生的资源，一旦消失就成为历史性的遗憾，造成无可挽回的损失。面对殡葬文化生态系统的日益萎缩，要利用现代高科技对殡葬文化生态进行考察和保护，建立各具特色的殡葬文化生态遗产目录。其次，采取保护性的策略，在挖掘、搜集、整理、研究上，对殡葬文化生态投入必要的专项资金进行抢救性保护，支持和鼓励民间文化组织开展公益文化活动，奖励地方为保护优秀民间文化而进行的文化保护、开发和研究项目。特别是保护好殡葬文化生态的优秀项目、绝技、传人和名作；用音像、文本或者超文本等形式将事物以静态或动态的方式表现出来；用博物馆的形式将原貌保存下来；加强殡葬文化生态保护的立法工作，明确殡葬文化生态保护的法律地位，健全和完善相关法律法规政策，制订殡葬文化生态保护的总体规划。

2. 继承传统，弘扬殡葬文化生态特色

殡葬文化的多样性和各种文化的独特性是殡葬文化生态良性发展的重要特征。殡葬特色文化是人们应对现代文明文化冲击的有效缓冲机制。发展殡葬特色文化，既可以让人们在特有的文化体系中实现生活的科学意义，又可以为现代文化的发展提供源泉。在对传统文化全面的挖掘整理的基础上，从中选择确定具有区域特色的文化，比如能够完整地反映某一历史时期的殡葬风貌、民族风情、殡葬习俗，具有较高的历史、文化、艺术和科学价值的成片的殡葬建筑遗产、文物古迹和传统文化设施，对它们继承、弘扬和发展，并赋予时代精神，将其作为特色文化的重点品牌推向社会，建设独具特色的文化生态。

3. 改善条件，优化殡葬文化生态环境

营造适于殡葬文化生态良性发展的政策及社会环境，是殡葬文化生态建设的重要保证。从文化形态学的角度来看，文化还包括由人类在社会实践中组建的各种社会规范构成的制度文化层，即文化生态系统中的制度文化生态位。社会在不断向前发展和变化，作为社会规范的制度也总是要不断进行改革和更新的，否则就不能跟上社会发展的节奏和步伐，甚至阻碍社会向前发展。目前，我国殡葬文化生态系统中的制度文化亟待完善。殡葬制度文化建设意味着社会各项制度的创新，是一项复杂的系统工程。法律是人民意志的体现，要依靠法律权威保障殡葬文化生态政策有效执行。殡葬文化生态建设，必须完善文化生态法律制度，运用法律制度和法律手段管理各项殡葬事务，使殡葬活动做到有法可依、有法必依、执法必严、违法必究，为殡葬文化生态建设提供强有力的法律保障。

4. 宣传教育，强化殡葬文化生态意识

在文化的所有层面中，最具有内在性、最能体现文化的超越性和创造性本质特征的是观念文化。作为殡葬文化生态系统的核心层，殡葬的思想观念需要通过创造而得到更新，通过重建而获得提升，要用先进的思想观念和价值理念催化殡葬文化生态系统中观念文化的更新与提升。因此，观念文化生态位的建设是推进殡葬文化建设的有效途径。道德是文化生态的核心内容，是文化生态内在的自然规范，主要依靠社会舆论、内心信念和传统习惯来维持，用善恶标准去评价人们的行为，是对社会成员关系和行为的柔性规定。夯实殡葬文化生态政策道德基础，有利于殡葬文化生态政策的制定和实施，为殡葬文化生态建设创造了一个民主法治、公平正义、诚信友爱、充满活力、安定有序、人与自然和谐相处的环境。

公民是殡葬文化生态的主体，他们的观念意识直接关系到殡葬文化生态健康发展。当前，殡葬文化生态失衡和危机日益严重，从某种程度上说，就是殡葬优秀传统文化观念意识逐渐淡化乃至丧失的结果。殡葬文化生态建设必须强化公民的优秀传统文化观念意识。首先，通过对传统文化中生态意识的挖掘整理和宣传教育，使公众能从全局和长远出发，以发展和动态的眼光看待和处理人与自然、人与社会、人与人、人与自身的关系，对传统文化资源进行适度的、有节制的开发，在满足文化需求的同时注重保持传统文化生态的可持续发展。其次，充分考虑民众的文化心理，开展各种面向公民的传统文化活动，激活潜藏于公民心底的传统文化情愫和意识，让人们自觉成为殡葬文化生态建设的主体，进而发挥传播基层优秀文化的战斗堡垒作用。最后，不断提高公民的思想道德水平和科学文化素质，积极引导人们将传统文化与现代文化有机融合起来，既适应当代社会发展的潮流，又能够自觉地传承、保护与发展传统文化，从而促进健康的生活方式和社会风尚的形成。

5. 注重实效，完善殡葬政策实施机制

殡葬文化生态建设不只是美好的构想，其精髓和意义在于指导实践，将殡葬文化生态建设的内容转换为殡葬发展智慧。把殡葬文化生态建设措施落到实处有赖于文化生态政策实施机制的健全。一是明确文化生态政策的总体目标。构建殡葬文化生态政策体系关键在于定好位，找准目标，避免文化生态政策环节上的脱节。二是改进文化生态政策的执行策略。要实现殡葬文化生态建设的政策目标，关键是分步实施、强力推进，在中央政策精神的指导下，因地制宜、灵活有效地执行各项文化生态政策。三是加强文化生态政策的有效监督。应当通过对殡葬政策执行过程的监督，使文化生态政策的规范作用得到充分发挥并及时发现和调整文化生态政策偏差，以确保文化生态系统的生机和活力，进而推进殡葬文化生态建设。

（四）殡葬文化生态建设的基本途径

中华民族的优秀传统文化是中华民族生生不息、薪火相传、历经磨难而不倒、饱经风霜而弥坚的强大精神支柱，也是国家文化软实力的重要组成部分。在殡葬文化建设方面，通过加强优秀传统文化的教育，加强民间殡葬文化的建设，是弘扬优秀殡葬传统文化的重要途径。

1. 通过总体策划提升殡葬文化

现代殡葬文化建设是殡葬业全体人员甚至是同全社会有关的重大活动。为了尽快提高现代殡葬文化水平，缩小与发达国家在殡葬文化建设方面的差距，应努力提高现代殡葬文化建设的策划力。对于许多重大的殡葬文化建设活动，要像市场营销、广告宣传那样，列入科学策划的轨道。现代殡葬文化建设是文化建设中的一项，始终要聚焦于人，既包括各级殡葬组织中的殡葬工作者，也包括相关组织和社会公众。对不同的人以不同的方式进行现代殡葬文化教育，传播先进的殡葬文化理念、殡葬习俗知识与殡葬科学文化艺术，这是现代殡葬文化建设的又一重要途径，也是建设的基础性工作。

2. 通过文化创新充实殡葬内涵

文化创新主要包括文化观念、文化内容和文化传播方式的创新，文化创新是建设先进文化的前提。综合运用文化创新的基本手段是现代殡葬文化建设的基本途径之一。文化创新的基本手段多种多样，包括典籍的发掘、整理与提炼，文化的交流、融合与升华，以及文化赋予手段，即通过人的创造力，在殡葬物质和精神文明建设过程中赋予殡葬活动、殡葬设施、殡葬用品、殡葬理念以更新、更美、更充实的文化内涵，以此不断丰富和发展现代殡葬文化。

3. 通过企业运作参与市场竞争

现代殡葬文化建设是全面系统的巨大工程，是殡葬物质文化、制度文化、精神文化的全面协调发展。完成这一艰巨任务不仅要靠殡葬管理部门和殡葬工作者的努力，还要直面殡葬市场化的现实问题。殡葬市场化使一些殡葬服务机构由事业单位转为能使殡葬服务机构企业化运作，从根本上解决过去殡葬体制下殡葬事业机构难以办到的诸多问题。

实施殡葬组织企业化经营是现代殡葬文化建设的必由之路。殡葬企业化运作，能使殡葬服务机构充分承担起现代殡葬文化建设主体的职责，把现代殡葬文化建设的各类主体集中统一起来，形成合力。政府殡葬管理部门的各项方针、政策、管理措施可以及时通过殡葬企业去贯彻实施，并对其成效予以验证。

通过企业化运作可形成现代殡葬文化建设的动力机制。殡葬企业有一种内在的追求发展的动力，在现代殡葬文化建设中同样存在着这样的动力机制(包括经济动力、精神动力、技术支持、信息动力)，所以能有效地推进这一建设取得成果。

（五）殡葬文化生态建设的关键环节

现代殡葬文化建设的意义不是局限于社会的某一层次上，而是涉及社会的各个层面，是现代文明的有力支撑点，对殡葬业的发展具有直接的作用和重大影响。

1. 重构殡葬价值体系

一个行业没有文化事业底蕴，就难以发挥强烈的感召力和社会影响力，就会造成工作范围狭小、矛盾难以化解的情况。价值观是殡葬事业发展的人文支撑。殡葬文化作为一种古老文化，有着广泛的经济、政治、群众基础。构建殡葬行业价值观，一是要根据中国文化，富含中国文化元素，传承中华文化价值理念；二是要紧密结合国际发展和中国社会变化，形成稳定的殡葬行业价值观；三是要根据社会分层、贫富不同确定较为详细的价值观，形成符合各个社会分层利益又能为大众所接受、所认可的价值观。这样构建的价值体系，旨在满足各阶层公共利益。

观念创新是殡葬文化创新的出发点。每当殡葬观念前进一步，都会引发葬式、葬仪、祭奠等活动一系列创新。针对公众对殡葬行业的理解程度还比较低，其观念还未得到很大的更新的现状，加大宣传工作力度，更新公众的观念极为重要。要充分利用广播、电视、图书特别是互联网等媒体打好宣传仗，同时又要深入实际开展形式多样、公众喜闻乐见的节目方式，如戏曲、歌舞、相声小品等进行宣传，可以借助现代远程教育平台广泛宣传，不断扩大宣传面。具体包括：大力宣传火葬、生态葬等比较科学的殡葬方式；着力宣传健康的殡葬文化，使公众对殡葬文化有一个全面深刻的认识；积极宣传殡葬法律法规，使公众深刻理解，全面贯彻；全貌展示殡葬行业，重点宣传殡葬行业先进人物，标榜树优，使公众理解认同殡葬行业；加强宣传展示现代科技信息化成果；有针对性地做好贫困地区先进殡葬方式的执行、先进理念的输入，富裕地区文明节俭、厚养薄葬等理念的宣传工作；抓住清明节等殡葬文化节日有利时机，宣传现代殡葬，唤起人们对死亡以及生命的更深刻的体悟和理解等。

2. 加强基础设施建设

殡葬设施建设要注重整体规划，体现合理性、艺术性和审美性，充分发挥殡葬设施的功能作用，通过优美的景区环境、精美的建筑艺术、科学的景观设置、和谐的殡葬氛围使殡葬消费者心理得到抚慰。殡葬设施作为自然与人文景观的融合，在安置死者的同时，还承担着缅怀先人、寄托哀思的任务，同时又是文化传承的场所。殡葬设施建设是和谐社会建设的重要内容，殡葬设施建设与发展要进行科学合理规划，把殡葬文化艺术建设与人文殡葬结合起来，与绿色殡葬结合起来，与提升服务水平结合起来，与理论创新结合起来，与需求性服务结合起来。做到生者与逝者的和谐、殡葬设施与环境生态的和谐以及殡葬设施自然景观与殡葬文化的和谐，使其在满足人们基本殡葬需求的同时，发展成一个集安葬、祭奠、纪念、休闲、人文教育等功能为一体的多元化的现代殡葬设施，彰显人文关怀。

互联网的空间是无限的，利用现代网络信息技术，对传统殡葬文化是一种继承和扬弃。一方面，为逝去的人设立一个虚拟的网上家园，可以放上逝者的影像资料、文字记载等，建立逝者与生者的虚拟联系。逝者的音容笑貌，亲人的不尽哀思，友人的深切怀念，都可化为多媒体文件，永久保存，无限扩容，不因岁月的流逝而磨蚀，使他们永生在互联网上，蕴含着人类孜孜以求的“永生”的最深刻的内涵。另一方面，可以设立网上祭奠网站，引导人们从传统的现场扫墓到网上祭奠，从传统的祭扫的特定时间（清明节等）和特定地点（墓地）的双重约束中解脱出来，同时又满足人们祭扫的心理需求。这样，给因生活节奏和工作节奏的加快或身在异国他乡、无暇亲往墓地祭扫的人们，提供了一个便利、快捷的祭扫方式，也为人们提供了一个新的追忆和思索的空间，使扫墓这一古老的传统在网络时代得到更好的延续和升华。从社会角度看，这样会让逝者的精神融入永恒，让每一个生命的故事永远流传。

3. 构建殡葬人才体系

人才培养与教育体系是实现殡葬事业科学发展的支柱。结合我国实际，构建该体系可以分为三个方面：民政系统殡葬事业的综合管理者的培养；殡葬企事业一线服务技能型人才的培养；推动殡葬事业科学发展的骨干力量——殡葬专业人才的培养。殡葬人才教育体系的三个方面之间是相互通融、不断提升的阶梯结构，具有适度灵活性与高度的发展性，共同支撑殡葬人才培养平台。着力构建殡葬人才培养的课程体系与教育体系，适应殡葬行业岗位需求，设计科学的殡葬专业人才培养方案，形成优势人才培养队伍，为推进殡葬事业科学发展奠定良好的人力资源基础。

传承和创新殡葬文化必须由人来实施，所以，必须强化现代殡葬文化的理念，提高殡葬行业从业人员自身的文化素质。殡葬文化的传承与创新不仅是对外的，也不仅是物质文化、制度文化、精神文化的理论研究与普及，它要求拥有大量与之相适应的殡葬从业者。作为团队，要向同行的先进学习，向跨行业的类似行业学习，引入社会各行各业，尤其是服务行业先进的服务、管理理念以及方式、方法等。作为个人，要从思想根源开始，改变外观形象、改变行为方式，真正成为先进殡葬文化的载体。要切实加强行业企业内部管理，提高服务品质，建立以岗位责任与绩效考核为基础的综合评价制度和服务问责制度，实行规范、文明、诚信、优质服务，增强社会认同感和满足感。

4. 着力开展生命教育

殡葬教育密切结合哲学、文学、宗教学、艺术、音乐、环境科学等领域的研究成果，致力于改变生死观念与习俗，带动具有中国特色的生命哲理、生命教育与殡葬文化的研究，推动殡葬事业快速、健康、协调发展，朝着人性化、现代化、专业化、制度化的方向发展，提升人们从生到死、养生送死、生死无憾的整体生命质量，消解死亡处理方式的工业化和技术化操作造成的负面影响，使殡葬过程人性化、人文化，真正提升中国殡葬业的品质与水准。殡葬教育延伸到生命教育是改变人们生死观念的重要途径之一。生命教育的本质是尊重生命及其存在的价值，表现为珍惜生命和保护生命。推动生命教育普及化与全面化，补足教育体制的空隙，使殡葬场所转化为生命教育的重要园地，成为生命教育的重要途径。

在教育正由精英型向大众型转变的新时期，生命教育更体现出人文性教育，通过教育人们从生死必然性过渡到对亲人及自我生死的理性及感性的接受，让民众能以正常的心态来讨论有关“死”的各方面的问题，即“以死观生”。生命教育是围绕有关生命问题、生活问题、人生问题进行的知识传授过程，目的是让人们理解生命、珍惜生命、关爱社会和他人之生命，并获得生命发展的正确方向。所以，一方面，要注重对死亡和生命意义的教育，增强公众对生命的认知，引导人们认识生命的独特性、生命的可贵和人与自然的关系，感受生命的喜悦，体验生命的意义，树立正确的人生观和价值观，促进人们在成长过程中正确认识生死悲欢，珍爱生命，乐观向上。另一方面，应引入并提倡“生死规划”的概念，推动人们生前规划死后之事的新风尚。要合理吸收传统殡葬文化的追思怀念的内核，重视人生的生命价值，并且结合现代科学技术，提供现代人对逝者以及死亡的合理的宣泄渠道，特别具有现实意义和可行性。

第二节　殡葬文化生态学基础

殡葬文化生态学是文化生态学概念在殡葬领域的延伸，殡葬文化生态学既具有与文化生态学相似的原理、法则，又具有自身鲜明的特性，不仅汲取文化生态学的精髓，充分重视殡葬文化生态系统的主体能动性，而且还依据殡葬文化的特殊性对文化生态学进行创新，把殡葬作为一种文化生态系统来研究，以文化生态学为基础推导出殡葬文化生态法则。

一、殡葬文化生态的产生

伴随着人类的出现和发展，人们对地球的改造愈演愈烈，自然界从一个按照自己规律进行演化的纯粹的自然系统演变成了由人类意识主宰的人化的自然系统。随着人类生活水平的提高，人们对自然的需求越来越大，又伴随着科学技术的飞速发展，人类改造自然的能力也越来越强。人类社会进入文明时代后，以人工生产系统改变了自然生态系统，至今已超出了地球生态载荷的极限。农业革命大范围改变了地表生态系统，导致全球性的荒漠化，使地球循环系统特别是所有生物系统的循环不断恶化，出现严重的生物灭绝灾变。继饥荒、瘟疫、战争之后，人类正面临有史以来最大的灾难即生态危机，这场人为造成的新的灾难取代了自然灾害而成为人类社会的主要威胁。由于人类违背自然规律而对自然界进行不断的索取与改造，最终使人类赖以生存的自然环境逐渐失去了某种平衡，人与自然的矛盾日益突出。

殡葬文化生态学的产生得益于城市文化生态学的研究和发展。文化生态学思想发源很早，西方的古希腊思想家、中国的先秦思想家早就有丰富的表述，但现代或后现代意义上的文化生态学思想产生于工业革命初期，即现代城市兴起的时期。现代化对生态环境的超常规破坏促进了文化生态学思想的系统发展。其中在20世纪中叶以前其批判的矛头主要指向农业污染和工业污染，此后逐渐指向整个城市社会存在，因为人们认识到城市的存在方式才是问题的根源，文化生态学也逐渐演化为城市思想运动。无论从现实直观，还是从思想发展线索来看，现代或后现代意义上的文化生态学都在向城市文化生态学归约，整个现代或后现代思想也在极大程度上向城市文化生态学归约。20世纪90年代，全球的文化格局发生了巨大的转变，与此相对应，中国文化也发生了巨大的转型，即由“新时期”向“后新时期”的文化过渡。文化断裂后新时期中国文化的发展脉络是：为适应新环境孕育而生，经历多元与迷乱的发展阶段，最终将达到趋同与多元相统一的文化生态平衡阶段。

人、文化、城市和自然四者共同组成一个互动的城市文化生态系统。研究这一系统互动关系的理论称之为城市文化生态学。城市文化生态系统的结构可分为四个圈层：圈层的核心是人，具有改造环境与适应环境的能力；第二圈层是广义文化，包括思维、组织与技术；第三圈层是城市空间，是城市文化的外在表现和载体，由地理环境、人工环境、生物环境三个层次构成；最外部的圈层是城市空间的外部支持环境，维持整个系统运转所需的新陈代谢。城市文化生态系统具有复杂系统的特点，它由诸多相互独立的因素组成了一个有机整体，在外界变化的条件下处于动态平衡之中。

除了生态学、人类学、地理学、文化学、社会学、经济学等以外，城市文化生态学还将哲学、神学、政治学、伦理学、美学等纳入学术视野，旨在以城市为根基使文化生态学最大限度地实现社会还原和全面的思想整合。城市文化生态学是一种哲学社会学，它强调哲学意义上的主体间性，主张人在精神上成为自然的倾听者、内在体验者和对话者，在多主体、共主体、互主体的互动境域中探寻所有理解方式共有的东西，从而使社会关系具有一种主体间参与和分享的性质。城市文化生态的发展明显带动了殡葬文化生态的发展并深刻影响着殡葬文化生态。

二、生态文明的文化生态

随着我国社会经济迅速发展，生态环境问题已经成为公众最为关心的切身利益问题。伴随出现的生态环境和资源压力日渐增大，社会发展的可持续性问题逐渐显现。为了达到经济社会可持续发展这一最终目标，满足人们日益增长的物质文化需要，人们开始反思造成生态危机如此严重的思想观念及价值理念的问题所在，都试图找到一条真正实现人与自然、人与社会和谐的、可持续发展的生态文明之路。

（一）生态文明的内涵

中国特色社会主义事业总体布局由包括经济建设、政治建设、文化建设、社会建设在内的“四位一体”格局拓展为包括生态文明建设在内的“五位一体”布局，建设生态文明是中国特色社会主义伟大实践提出的一个战略目标。只有清楚认识生态文明概念的内涵和外延，并同时把处于理念阶段的生态文明概念转化为现实的生态文明实践，才能真正建设一个惠及全民的生态文明。

一些学者从哲学角度进行解释，认为："生态文明是指人们在改造客观物质世界的同时，不断克服改造过程中的负面效应，积极改善和优化人与自然、人与人的关系，建设有序的生态运行机制和良好的生态环境所取得的物质、精神、制度成果的总和。"张云飞秉持马克思主义哲学观，认为："生态文明是人们在社会实践的过程中处理人（社会）和自然之间的关系以及与之相关的人和人、人和社会之间的关系方面所取得的一切积极、进步成果的总和。"王朝全认为："生态文明是指人类遵循人、自然、社会和谐发展这一客观规律而取得的物质与精神成果的总称；也指以人与自然、人与人、人与社会和谐共生、良性循环、全面发展、持续繁荣为基本宗旨的文化伦理形态。"系统论和协同论的观点也占据一定的比重。丁开杰等认为："生态文明是指人类在改造自然以造福自身的过程中为实现人与自然之间的和谐所做的全部努力和所取得的全部成果，它表征着人与自然相互关系的进步状态。"尚杰和于法稳指出："生态文明是指一种超越工业文明观、具有建设性的人类生存和发展意识，它跨越了自然地理区域、社会文化模式，以人类与生态环境的共存为价值取向进行自然资源的开发与利用，使现代经济社会发展建立在生态系统良性循环的基础之上，有效地解决人类经济社会活动的需求同自然生态环境系统供给之间的矛盾，从而保证了人类自身和'自然－社会－经济'复合系统的协调发展。"刘湘溶认为："生态文明是一种人类与自然协同进化，经济社会与生物圈协同进化的文明，是人类在处理人与自然关系上的进步。"伍琪指出："生态文明是指人类在开发利用自然的时候，从维护社会、经济、自然系统的整体利益出发，尊重自然，保护自然，致力于现代化的生态环境建设，提高生态环境质量，使现代经济社会发展建立在生态系统良性循环的基础之上，有效解决人类经济社会活动的需求同自然生态环境系统供给之间的矛盾，实现人与自然的共同进化。"因此，生态文明是社会文明在自然环境中的扩展，是一种比工业文明更进步、更高级的文明形态。

生态文明是人类生存发展的基础。生态文明是人类按照生态系统和社会系统的客观规律建立起来的人与自然、人与社会的良性运行机制与和谐发展的社会文明形式。生态文明以全新的视角审视人与自然的关系，强调以人为本，以尊重和维护生态环境为主旨，以可持续发展为根据，从维护社会、经济、自然系统的整体利益出发，强调人类在改造自然的同时必须尊重和爱护自然生态，遵循自然的客观规律，把人与自然的相互依存、共同发展作为基本宗旨，注重提高生态环境质量，把物质生产、物质消费、资源消耗和污染水平控制在生态系统所能承载的限度之内，以有效地解决人类活动的需求同自然生态环境系统供给之间的矛盾，既追求人与生态环境的和谐共处，也追求人与人的和谐发展，实现人与自然的相互依存、相互促进、共处共融，促进经济社会、自然生态环境的可持续发展。

生态文明是一个高度复杂的系统。广义的生态文明是人类社会继原始文明、农业文明、工业文明后的新型文明形态，它以人与自然协调发展为准则，建立健康有序的生态机制，实现经济、社会、自然环境的可持续发展，体现了人类物质、精神、制度成果的总和。狭义的生态文明与物质文明、精神文明和政治文明是并列的文明形式，是协调人与自然关系的文明，着重强调人类在处理与自然关系时所达到的文明程度，它包含人类保护自然环境和生态安全的意识、法律、制度、政策，也包括维护生态平衡和可持续发展的科学技术、组织机构和实际行动。

生态文明是社会主义文明体系的重要组成部分，它同物质文明、政治文明、精神文明交互作用而形成四位一体，共同支撑起我国文明建设体系的大厦，推动社会文明的发展。生态文明在人与自然关系方面所创造的生态环境为物质文明、精神文明、政治文明建设提供了必不可少的生态基础。生态文明不仅改造人与自然的关系，消除社会不公，使人与人的关系协调发展，而且还把许多新观念、新内容引进精神领域，全面推进人类文明的发展和进步，充分体现了物质文明、精神文明和政治文明建设的升华。生态文明理念下的物质文明，致力于消除人类活动对大自然构成的威胁，逐步形成与生态相协调的生产生活与消费方式；生态文明理念下的精神文明，包括价值观、伦理观、道德规范等，提倡尊重自然，建立人自身全面发展的文化与氛围；生态文明理念下的政治文明，包括社会政治体制、法律体系、社会结构、科学文化技术结构、经济结构等，尊重利益和需求多元化，注重平衡各种关系，避免由于资源分配不公、人或人群的斗争以及权力的滥用而造成对生态的破坏。

生态文明是生态文化的价值体现及主旨方向，是生态文化的最终目标，生态文化为生态文明的发展提供理论基础。生态文明所倡导的是“人是自然的一员”的哲学观点，在现实生活中以生态学规律为基础，寻求一条人与自然和谐共生、持续发展的道路；合理地开发利用自然资源，在自然的承载力范围内对自然加以改造；建立良好的生态秩序，进行适度的生产与消费引导，满足人们不断增长的物质文化需求，不断提高人们的生活水平与方式，实现人与社会的持续发展。生态文明认为人类是自然生态系统中的一个组成部分，人类社会的发展在某种程度上只是地球进化系统中的一环，文明的发展必然是在生态系统内进行的，必然是以维护生态系统的完整为最终目的的，否则，它就会成为一种不可能持久的文明形态。生态文明就是这种建立在生态系统完好基础上的先进文明，它所提倡的是人与自然和谐发展，追求的是生态系统的和谐与可持续，以人类活动必然与自然生态协调发展为最终目标。

生态文明所追求的是人与自然的和谐共处，致力于建立一条由自然通向人类社会的桥梁，而这正是生态文化所倡导的价值理念，是生态文化所追求的最终目标。生态文化的发展与生态文明的前途是相辅相成、不可分割的，生态文化是生态文明建设的理论基础与渊源。在生态文明的建设实践中，可以深入探讨挖掘生态文化建构所需的理论、观点、思路和途径，发展完善生态文化的核心（即生态文明建设）。

（二）生态文明的特征

1. 和谐性

这是生态文明的最本质的特征，也是生态文明的核心之所在，因为生态文明的实质及价值追求就是体现人与自然的和谐，人与自然的和谐共处应以人与人以及人与社会之间的和谐相处为导向。自然是人类赖以生存与发展的土壤，人类的发展离不开自然，必须尊重自然、善待自然，自觉肩负起保护自然的重任。生态文明建设必须以人与自然之间的和谐相处为基础，人类在进行物质生产消费活动时，必须充分考虑自然以及生态环境的承载能力，努力实现经济、社会、资源、环境的协调可持续发展。在社会关系上，生态文明推动社会走向和谐。人与自然和谐的前提是人与人、人与社会的和谐。随着环境污染侵害事件和投诉事件的逐年上升，人与自然之间的关系问题已成为影响社会和谐的一个重要制约因素。只有建设生态文明，才有利于将生态理念渗入经济社会发展和管理的各个方面，实现代际、群体之间的环境公平与正义，推动人与自然、人与社会的和谐。

2. 科学性

生态文明的科学性体现在其总体目标是实现人类社会的可持续发展。生态文明以可持续发展为准则，认为人与自然之间是相互平等的，人类发展必须与生态环保相结合，在生态环保的基础上发展，在发展的过程中改善生态环境，既达到生态环境的良性循环，又实现人类与社会发展的共同进步，最终实现人与自然、社会之间的和谐相处以及人类社会的可持续发展。在实践途径上，生态文明体现为自觉自律的生产生活方式。生态文明倡导人类克制对物质财富的过度追求和享受，选择既满足自身需要又不损害自然环境的生活方式。生态文明追求经济与生态之间的良性互动，坚持经济运行生态化，改变高投入、高污染的生产方式，以生态技术为基础实现社会物质生产系统的良性循环，使绿色产业和环境友好型产业在产业结构中居于主导地位，成为经济增长的重要源泉。

3. 全面性

生态文明发展观是系统、整体、全面的。一方面因为它的对象是整个生态系统，人－自然－社会三者之间是不可分割的统一整体，生态文明建设必须实现三者之间的和谐统一；另一方面因为生态文明关心的是人类社会的整体长远利益，而不是局部短暂利益，它始终将人类社会整体的生态最优作为最高的发展目标。生态文明不仅注重空间上的代内公平，还强调时间上的代际公平，更加重视社会整体的全面发展。

4. 人本性

生态文明是一种以人为中心和主体的发展理念，它以人类可持续发展为最终目标，所解决的是人类发展所带来的对自然的无限需求与有限资源之间的矛盾。生态文明着眼于自然，最终的落脚点依然是人类自身的生存发展，即如何能从合理利用自然的角度使自然最大限度地为人类服务。生态文明的核心理念是“以人为本”。在价值观念上，生态文明强调给自然以平等态度和人文关怀。人与自然作为地球的共同成员，既相互独立又相互依存。人类在尊重自然规律的前提下，利用、保护和发展自然，给自然以人文关怀。生态文明价值观从传统的“征服自然”，向“人与自然协调发展”转变；从传统经济发展动力——利润最大化，向生态经济全新要求——福利最大化转变。生态文明作为对农业文明和工业文明的超越，代表了一种更为高级的人类文明形态。生态文明建设立足于建立人与自然的和谐关系，不仅包括人类在生态问题上所有积极的、进步的思想观念建设，而且包括生态意识在社会各个领域的延伸和物化建设，建设目标是实现生态与社会系统的和谐共荣，进而实现人与自然的协调发展。

（三）生态文明的研究

1. 国内生态文明的研究

（1）对生态文明的定义、特征和理论的探讨。虽然学者们的定义各不相同，但人与自然的和谐发展是共同的核心，生态文明的基本内容包括人类伦理价值的转变、生产方式和生活方式的进步。越来越多的国内学者接受了西方生态马克思主义思潮，他们把马克思主义的生态思想与中国自身国情相结合加以研究，指出：马克思主义的现代化必须“通过重新认识市场方式重新认识资本主义”，“重新认识落后国家社会主义现象重新认识社会主义”，以及“重视时代条件的变化重新认识生态危机对人类的意义”来实现。

（2）对生态文明学科基础和研究对象的探究。余谋昌认为：“生态文明的哲学基础来源于环境哲学，中西哲学观念的差异性决定了中国环境哲学天人合一、和而不同的整体性思维。”潘玉君则认为：人地关系、地域系统协调共生理论是生态文明的地理科学基础，生态科学是生态文明的基础，而其中的生态系统原理最为重要，文明过程的环境影响、地域生态文化资源的保护与开发、生态文明建设是生态文化与生态文明研究的主要课题。

（3）对中西多样的生态文明观及作用的讨论。部分学者从中国古代传统思想角度对生态文明进行了研究。儒家思想中的“仁、义、礼、智、信”被认为是现代生态文明建设的重要历史资源。不但孔子思想中存在“敬畏自然”的生态观念，而且道家思想中也有“顺乎自然”的生态伦理。在“天人合一”观念的统合下，中国历史上还出现了如“太极化生”“生生为易”“天人合德”“厚德载物”与“大乐同和”等极有价值的生态智慧内涵。甘晖和叶文虎则对中国古代社会环境中的人与自然关系，以及人与人的关系进行了剖析，认为：“只有合理利用它们间的相互作用，才有助于新时代的生态文明建设。”刘水芬等则结合中西文明，认为：“现代生态文明意识是对中国传统生态意识和西方现代环保意识的批判和吸收，必须通过转变实践方式来求得人与自然的新和谐。”

（4）生态文明建设中的经验总结和问题探讨。冯飞龙提出：“在当代中国建设生态文明，必须摒弃人类中心主义、立足社会主义初级阶段的特殊国情和贯彻科学发展观。”田启波提出：“全球化时代的生态文明建设，必须构建生态文明、物质文明、政治文明和精神文明四大文明协调发展的战略；正确处理全球化背景下生态文明发展的世界性与民族性的辩证关系；协调法治与德治双重维度；通过制度创新，以社会主义、共产主义的全球化取代资本主义主导的全球化。”特别是对于观念和价值取向已发生转变的中国西部地区人民来说，其生产方式和生活方式更值得关注。

还有学者提出以发展循环经济促进生态文明建设的思路。此外，网络生态文明、生态文明教育等内容也得到了关注。已有的研究点多面广，涉及哲学、马克思主义、地理学、生态学、民族学、社会学等学科视角，但大多是着眼于价值观层面的宏观研究和粗线条的理论性研究，相对而言，应用层面的实证研究较少。

2. 国外生态文明的研究

20 世纪下半叶，生态危机已经成为资本主义国家的主要危机。西方学术界很早以来就对生态文明高度关注，产生了环境伦理学、深层生态学和生态神学等诸多分支学科。西方环境伦理学将人类社会伦理扩展到自然界，形成了现代人类中心主义、生物中心主义、动物解放论和生态中心主义四大理论派别。深层生态学秉持后现代哲学观，以生态学的整体论观点解释人与自然的关系，将人类的自我实现放在整个生态系统中加以考虑，认为所有生物都享有平等的权利和内在价值。生态神学则通过对《圣经》的重新诠释，将人类与自然界的一切生物和非生物共同视为上帝的创造物，享有同等的地位，而人类不过是上帝创造物的看护人。尽管这些理论道德目标、道德原则和规范不同，但它们都对人类包括子孙后代利益表示关心，承认生命和自然界的重要价值。

在众多关于生态文明的研究当中，生态马克思主义具有较强的独特性。20 世纪 90 年代，西方学者从马克思对资本主义经济的分析入手进行研究，认为资本主义的挥霍性生产和过度性消费是生态危机产生的根源，只有把现有的资本主义社会集中的大机器生产方式改造为小规模的、民主控制的和非官僚化的社会主义生产方式，才有助于解决现在的生态危机。以辩证唯物主义和自然辩证法为哲学基础的生态马克思主义的研究对解决资本主义生态危机有着很大的促进作用，对生态文明的发展与生态文化的构建具有理论借鉴意义。

一些学者肯定了蕴含在中国儒家、道家思想中的生态智慧。著名生态经济学家、美国国家人文科学院院士、美国过程研究中心主任、中美后现代发展研究院院长小约翰·柯布（John B. cobb，Jr.）发现了英国数学家、哲学家和教育理论家阿弗烈·诺夫·怀海德（Alfred North Whitehead，1861—1947）的哲学思想与传统中国文化中的生态维度的联系，认为古代中国的生态观念要比西方机械论思维更能促进当代科学发展，因此，他提出一种“怀海德”式的建设性后现代主义模式。

3. 生态文明的主旨方向

（1）生态文明满足生态文化建设的诉求。文明是文化之精华，文化是文明赖以产生与生存的土壤与源泉。生态文化是生态文明的基础，生态文明的形成与发展离不开生态文化，它代表着生态文化的发展需求。生态环境危机主要源于人类的行为失范，而人类的行为失范则根源于文化这一支配人类行为的观念出现问题。社会的发展需要文化的支撑，生态文明与生态文化之间的关系是具体的正在变动中的现实关系，是正在和准备确立的人类与自然之间的新关系。生态文化要求人类抛弃“人类中心主义”的错误文化观，改变人与自然之间割裂甚至对立的思维方式，重新确立起人与自然之间和谐相处、互惠共生的可持续发展关系，培育并提倡生态价值观。生态文化作为人类社会一种全新的文化选择，它将生态文明的内涵与理念赋予人类社会发展领域的每一种文化现象之中。生态文明作为一种独立的文明形态，它将生态文化作为自身生存与发展的理论基础。人类文化的发展与创新方向必将是生态化，而人类文化生态化所追求的宗旨就是生态文明。总之，生态文明作为建立在生态文化基础之上的一个目标，是生态文化建设的核心与精华之所在，也是生态文化建设的宗旨与目标。

（2）生态文明引领生态文化建设的方向。生态文明的发展必须以生态文化的思想作为观念指导。生态文化作为一种价值取向，主要讲求人与自然的和谐相处、互利共生，它标志着人与社会发展的新阶段，要求实现人与自然和谐共生的可持续发展。在经济上，生态文明强调集约型的经济增长方式，否定传统的粗放型模式；在政治上，生态文明倡导民主决策，提倡广大公民的广泛参与。建立在这种生态文化观念基础之上的价值观念是一种互利型的价值观，讲求努力克服传统人本思想文化观念之中的反生态性质，积极追求一种适用于人与自然和谐发展、共同持续进步的价值体系。这种价值观的基本原则是既要承认和肯定人类的基本需要以及合理消费，又必须要充分考虑到生态发展的客观需求，走生态型的生产发展方式，也就是人与自然和谐相处、互利共荣的可持续发展之路，最终走上以生态文明发展为方向的可持续发展道路。

（3）生态文明体现生态文化建设的价值。随着社会发展而带来的一系列资源与环境的危机，使人类从祖先那里继承下来的绿色意识开始觉醒，人们开始意识到必须创造新的生态文化来挽救支撑人类文明的环境，生态文化也正是在人类这种意识的觉醒之中才得以形成与发展。生态文化在人类庞大的文化体系中占据着举足轻重的地位，文化的发展必然伴随着文明的进步，农业文明以及工业文明已经证明了人类以牺牲生态环境为代价而换取的经济社会发展模式是不正确的。通过生态文化，人类必将重新审视自身的所作所为，抛弃过去忽视生态环境而片面追求经济增长的发展模式，积极推进建立一个与大自然和谐共处的生态文明。

（4）生态文明建设体现文化生态学意蕴。文化生态是人在融合了生态智慧的自我构建和社会构建过程中所展现出来的生存状态。文化生态的发展变化必然导致社会的转型。良好的文化生态为生态文明建设提供着丰富的资源给养，生态文明建设促进了文化生态的繁荣与发展，文化生态的繁荣与发展使生态文明建设得以实现，最终实现人的全面发展。生态文明建设本质上就是一种文化生态建设，是以人的全面发展为其出发点和归宿，体现了可持续发展的基本理念。生态文明建设是一种现代社会建设模式，更是一种现代社会发展理念。这一理念充分映射出社会构建视角的逐渐转换，强调改善人的发展环境和优化人的生存状态，表现出更加重视人、文化与环境的相互作用问题，社会发展理念由此进入文化生态学视域。作为物质环境构成的自然生态是社会发展的前提和基础，作为精神价值构成的文化生态则是社会发展的核心内容。社会发展意味着新的生产方式的形成，新的知识、信仰、艺术、法律、制度、伦理道德系统的构建，也就是新的文化生态系统的形成与发展。文化生态的发展变化必然导致社会的转型，而生态文明建设就是社会转型的体现，这就需要对生态文明建设进行文化生态学考察。文化生态是文化与其环境之间的互动系统，人是这一互动系统的主体，人的生存状态是这一互动系统的本质内容。人与自然、人与人、人与社会的互惠共生关系就是文化生态系统的结构组成，文化生态的多维网络系统就是由这种多层次关系构筑而成的立体式“文化生态圈”。生态文明建设意在改善人的生存状态从而促进人的全面发展，生态文明建设就是优化文化生态环境的文化生态建设，生态文明建设的终极目的就是改善人的生存状态和促进人的全面发展。

三、生态文明建设的理论

生态文明是面对资源环境代价过大的严峻现实，以可持续发展理念为基础，从人类社会文明形态演进的角度，以中国传统文化为背景，在对人与自然、人与人及人与社会之间本质关系的认知过程中形成的理论成果。生态文明是现代社会文明系统的重要组成部分，建设生态文明，要求把经济社会发展与人口、资源、环境，人与自然、人与人、人与社会之间的关系纳入一个有机的框架之下，通过发展来实现人与自然的和谐和人的全面发展。

（一）生态文明建设的主要内容

生态文明建设是我国解决生态环境问题的必然选择。生态文明主要包括生态意识文明、生态制度文明和生态行为文明三个方面。生态意识文明是人们正确对待生态问题的一种进步的观念形态，包括进步的生态意识、生态心理、生态道德以及体现人与自然平等、和谐的价值取向。生态制度文明是人们正确对待生态问题的一种进步的制度形态，包括生态制度、法律和规范，强调健全和完善与生态文明建设标准相关的法制体系，重点突出强制性生态技术法制的地位和作用。生态行为文明是在生态文明观念和意识指导下，人们在实践中推动生态文明进步发展的活动，包括清洁生产、循环经济、环保产业、绿色建设以及一切具有生态文明意义的参与和管理活动。

1. 经济层面

生态文明建设要求人类活动要符合人与自然和谐的要求，即人类活动的“绿色化”、无害化以及生态环境保护产业化。要着重维护生态平衡，保障人类生存基础的生态安全，实行节约生产、清洁生产。要在全社会倡导节约资源的观念，建立科学合理的能源资源利用体系，努力形成有利于节约资源、减少污染的生产模式、产业结构和消费方式，把建设资源节约型、环境友好型社会放在现代化发展战略的重要位置，并具体落实到单位、家庭、个人。要通过生态道德教育，引导人们转变传统生产观念，使采用清洁能源、预防和减少污染成为政府、企业、社会的自觉意识和行为。

2. 政治层面

党和政府要重视生态问题，把建设生态文明作为构建和谐社会的重要内容。要加强生态法制建设，调动人民群众主动自觉地进行生态环境保护、参与生态环境保护监督管理的积极性，明确生态环境保护的职责、权利和义务，通过建立和实施生态环境违法违规责任追究制度，激发和强化各级领导干部和人民大众的生态文明建设责任意识。要推进生态民主建设，发挥人民大众的主体作用，保证公众生态文明建设的知情权、参与权和监督权，从而激发其参与生态文明建设的热情。

3. 文化层面

一切文化活动（包括指导人们进行生态环境创造的一切思想、方法、组织、规划等意识和行为）都必须符合生态文明建设的要求。生态道德驱动着人们的生态意识和行为的自觉性、自律性与责任感，通过生态教育，提高人们对生态文化的认同，增强人们对自然生态环境行为的自律，牢固树立生态文化意识。要广泛动员公众参与多种形式的生态道德实践活动，努力形成防止污染、保护生态的社会文明新风尚，在普及生态文明观的基础上，不断优化人与自然、人与社会以及人与人之间的关系，促进社会和自然生态系统共同和谐繁荣，共同进步。只有人们的生态文化理念提升，人们对环境保护的意识才会逐渐加强。因而，要在反思对自然造成破坏的基础上，以生态学规律为基础，以生态文明为导向，加强全社会的生态文化教育，确实做到从观念上指导行为，实现人与自然的和谐相处，促进经济、社会和文化的可持续发展。

4. 社会层面

建立法制化、民主化的秩序以及高效率的社会治理体系，形成以生态文化意识为主导的社会潮流，树立以文明、健康、科学、和谐生活方式为主导的社会风气，创造和谐的社会发展环境，推动人们生活方式的革新。

生态文明建设以科学为依据，运用生态学理论统筹人与自然的和谐发展，给自然以人文关怀，走人性化、生态化的道路，重视和实现法制保障和道德教育的结合、科学技术与人文内涵的结合、经济增长与资源保护的结合、近期成果和长远效益的结合、政府主导和社会参与的结合，促进经济、社会、自然的全面与协调发展。

（二）生态文明建设的文化价值

生态文化为生态文明这一综合的文明形态提供了肥沃的土壤并孕育着生态文明。生态文明的不断发展，也促使生态文化逐渐摒弃传统文化中诸如征服自然、统治自然的糟粕观念。生态文化是生态文明的灵魂，生态文明是生态文化的核心。生态文化是人类在实践活动中不断构建和沉淀的，在不断发展过程中沉淀出最为核心的精华就是生态文明。在生态文明不断变化的过程中，生态知识得以播种，人民的生态伦理教养和审美教养得到全面提高，逐渐树立起热爱自然、尊重自然、善待自然的理念，使得生态文化的建设工作力度不断加强。生态文明与文化生态处于一种互惠共生的建设关系。生态文化作为生态文明的基础而存在，没有生态文化的思想支撑，生态文明就无法形成与发展。生态文明建设优化了文化生态环境，促进了文化生态体系的繁荣与发展，是发展文化生态之指针。

1. 文化生态是生态文明建设的母体

文化生态孕育着人类社会，是人与社会存在的文化基础。文化生态在生态文明建设的构建过程中也起着基础性作用，良好的文化生态体系为生态文明建设提供着可靠的环境依托和丰富的资源给养，催化着生态文明建设的建设进程，为生态文明建设提供丰富的资源给养，是构建生态文明建设之母体。

文化生态为生态文明建设供给优质的人才资源。人是文化的主体，是文化生态体系的创造者。人自身就作为一种“生态”的存在而存在着，人自身的这种存在是文化性的存在，体现出的是一种素质水平。人的素质水平直接决定着整个文化生态体系的发展水平，文化生态体系的发展水平也直接影响着人的素质水平，两者是相辅相成的关系。良好的文化生态体系能够孕育出优质的人才资源，从而为社会建设提供可靠的人才保障。

文化生态为生态文明建设提供丰富的科技资源。科学技术是人、文化与环境相互作用、相互影响的产物，人类在利用环境和改造环境的过程中创造了包括科学技术在内的一切文化成果。反过来，科学技术的进步也加速了人类改造环境的进程，并在这一进程中提升了人的精神境界，促进了人的全面发展。“科学技术活动中所形成的科学精神，可以陶冶人的情操，净化人的心灵，提高人的素质，并内化为人的品格，使人得以发展和完善。”科学技术是构成文化生态体系的极为重要的文化因子，良好的文化生态体系能够为生态文明建设提供丰富的科技资源。

文化生态为生态文明建设提供优良的人文环境。以苏联建国时期卓越的心理学家维果茨基（Lev Vygotsky，1896—1934）为代表的社会建构主义者强调："只有当个人构建的独有的主观意义和理论跟社会和物理世界相适应时，才有可能得到发展。因为发展的主要媒介是交互作用导致的有意义的社会建构。"优良的人文环境就是与构建生态文明建设相匹配的"场"，这种人文环境"场"能够向周围辐射出巨大的人文精神能量，处在这种"场"内的人们潜意识里会受到与"场相"基本适配的感召作用，从而激发出建设生态文明建设的无限潜能。

2. 生态文明建设是文化生态的指针

生态文明建设通过优化文化生态环境来提高人的生活质量和改善人的生存状态，体现了可持续的社会发展理念。生态文明建设是一个涉及产业发展、消费方式、文化观念的综合性系统工程，要求从资源开发和环境保护的层面着力建设节约型社会，从人与自然、人与社会全面和谐的层面着力建设环境友好型社会，本质上就是优化文化生态环境的建设。生态文明建设的发展预示着文化生态的发展，生态文明建设就是文化生态"天平"上的指针，其摆动变化是对文化生态体系发展变化的最明晰表述。

生态文明建设的指针作用能够带动文化生态的发展。生态文明建设是经济高效、生态良性循环、社会和谐的人类居住形式，是自然、社会与人融合为一个有机整体所形成的互惠共生结构。生态文明建设发展孕育于文化生态系统且融于社会文化生态圈，是一种环境友好、人和自然协调发展、生态良性循环的社会形态，是文化生态体系发展与繁荣的必要条件和构成要件。生态文明建设就是在当下社会进程中所面临的巨大环境挑战而作出的应战，在这种挑战与应战的过程中促使人的生存状态得到改善，从而带动文化生态的繁荣，促进人的全面发展。

生态文明建设着眼于人与环境的建设，通过生态文明建设来全面提高人的生活质量和促进社会的可持续发展。文化生态建设关注人的生存状态，通过促进文化内外部诸要素的互动交流来优化文化生态环境和改善文化生态系统的结构层次，从而达到人的全面发展和社会的全面进步。生态文明建设和文化生态的建设都是走在可持续性发展的道路上，两者能够在科学发展观的指导下实现同步构建。

3. 生态文明建设推动文化生态发展

生态文明建设就是要通过资源节约和环境保护来重新构建人与环境的平衡关系。资源节约和环境友好是生态文明建设之两翼，是实现经济社会可持续发展的根本所在，也是推动文化生态不断发展与繁荣的关键所在。

资源节约是优化文化生态的推手。建设资源节约型社会，要求进行科学合理开发、综合利用、集约使用资源，把社会发展与保护生态结合起来，提高在社会发展过程中的资源环境承载力；要求彻底转变经济发展的路径和模式，扭转“高投入、高消耗、高排放、不协调、难循环、低效益”的粗放型经济增长方式，逐步建立起资源节约型产业体系和消费体系；要求积极推动节约资源的科技创新和开发，建立促进资源持续利用和环境保护的产业技术创新体系，加快科技成果转化，从整体上提高资源节约的科技水平。作为生态文明建设的举措，生态环境的保护、发展模式的转变和科学技术的创新也是文化生态的建设内容，资源节约型社会建设优化了文化生态，为文化生态系统输入新的文化因子，提高了文化生态系统的质量水平，激发了文化生态系统的活力。

环境友好是建设文化生态的内容。环境友好体现于人在自我构建和社会构建过程中所采用的一切有利于环境的生产方式和消费方式，建设环境友好型社会要求实施符合生态条件的生产力布局和产业结构，形成关爱环境的社会风尚和文化氛围；要求充分开发利用再生资源、新能源和可再生能源，保护和发展生态环境；要求统筹城乡发展，扎实推进新农村建设，逐步实现区域公共服务均等化，破解城乡二元结构的发展难题，促进城乡文化生态的平衡发展。建设环境友好型社会通过调整人与环境的关系，改善人的生存状态，从而推动文化生态的发展与繁荣。

4. 文化生态发展促进生态文明建设

文化生态系统是一个文化与环境相互作用的关系系统，主要包括价值观念、道德规范、法制规则、经济体制、科学技术、社会制度等要素以及这些要素与环境之间的相互关系。文化生态与生态文明建设相互依存，处于一种互惠共生的建设关系，这种关系在社会与文化生态的动态发展过程中凸显出来。随着现代工业文明的发展、市场体系的构建等，社会文化生态系统发生了急剧的变化。目前，文化生态系统受到了落后文化或反生态文化（庸俗、堕落、愚昧、欺诈、邪教）的侵染，文化生态系统的结构与功能遭到破坏，文化生态面临着保护、发展、重构的考验。因此，改善文化生态环境已成为生态文明建设的现实目标，建设新的文化生态系统也必然要纳入资源节约和环境友好的建设内容。

文化生态所蕴含的丰富的历史意义、文化意义和社会意义，对于人性的形成、人的素质和品格的培养，对于生态文明建设的构建，具有决定性作用。文化生态的功能主要体现于孕育人的生存环境，催生人的精神家园，塑造人的行为准则和价值取向，催化人的自我构建和社会构建等方面。文化生态具有创生物质文明与精神文明的深层文化基因，其所催生的最直接的“果实”就是对人的生存质量的高格定位与追求，其所显示的生态智慧与能量为构建生态文明建设提供丰富的资源给养。文化生态是人的精神情感、个性特征、凝聚力、亲和力的载体。

四、传统文化的生态理念

中国传统文化中蕴含着丰富的和谐思想，倡导人与人、人与社会、人与自然和谐相处。中华传统文化独具特色的民族生态文化范式包括了“无情有性”“道法自然”“天人合一”等核心理念，强调尊重自然、顺应自然、保护自然，深刻地影响了人们对待自然的方式，为中华民族的繁衍生息、永续发展奠定了生态基础，对于生态文明建设具有重要意义。

（一）“无情有性”的自然平等观

区别于工业文明的征服自然、人定胜天的思维模式，尊重自然、敬畏自然是民族生态文化范式的基础。这种尊重与敬畏，不是仅仅体现在对“天”的人格化、道德化和崇拜，更体现在承认自然万物的生命性，万物与人生的平等。儒、释、道文化中都富含这一思想，其中尤以佛教文化倡导的“无情有性”最具代表性。

在儒家思想中，无论是先秦儒家还是宋明理学、明清实学，都始终贯彻了尊重自然的思想。孔子的核心思想“仁”中，除了“爱人”，还要求“爱物”。《论语·阳货》中孔子与子贡对话，子曰：“予欲无言。”子贡曰：“子如不言，则小子何述焉？”子曰：“天何言哉？四时行焉，百物生焉，天何言哉？”“天”作为最高的主宰者和道德范畴，也具有爱护自然、呵护万物的品质，天虽然不说话，但是春夏秋冬四季照样更替，自然万物照样生长。孔子正是基于对天地之道（生长万物）作出深刻的思考和感悟之后，才推导出了人道主义思想“仁”。孟子提出了“仁民爱物”的思想，“亲亲而仁民，仁民而爱物”，将爱分为爱护自然、仁爱百姓、亲爱亲人三个层次，其中对自然的爱是“仁”的前提和基础。朱熹对孟子思想进行了诠释，认为物是禽兽草木，主要是爱惜。爱惜的具体表现就是要“取之有时，用之有节”。这种思想具备了环境保护、珍惜自然资源的意识。

在道家看来，“以道观之，物无贵贱”，人与自然是平等的，甚至采取了“天地父母”的家庭伦理方式表达尊重自然、敬畏自然。“道”作为最高的道德范畴和最初的哲学本体，化生出天地自然，“道大，天大，地大，人亦大。域中四大，而人居其一焉”。人只是这个宇宙中的一个组成部分。至于天地与人类的关系，道家比喻为父母和子女的关系，讲求“天地父母”，要求人们像尊重父母那样尊重天地自然，与自然和谐相处。《庄子·达生》：“天地者，万物之父母也，和则成体，散则成始。”充分表达了道家对天地自然的尊重。《庄子》：“吾在于天地之间，犹小石小木之在大山也。”意即人不是高高在上的万物之主，不是自然的征服者，而是犹如在大山之间的小石小木。这些思想形象地表述了人与自然和谐的基本方式，甚至以家庭伦理中的父母与子女的和谐关系为喻，表达了人与自然应当达到和谐境界的主张，以父慈子孝的传统伦理观念来引导人们善待自然、尊重自然、敬畏自然。

佛教文化中的“无情有性”把尊重自然、敬畏自然发挥到极致。佛学思想可以概括为人生论和宇宙论两大部分，其中宇宙生成论的基础是“缘起论”，认为世间万物都是因缘和合、诸法无我、诸行无常，所以印度佛教中对自然万物并不十分看重，但是这一倾向在中国却有一个非常明显的理论转向。佛教最高的理想和修行境界就是成佛，印度佛教中能成佛的只能是有生命的个体，甚至局限为一部分人。佛教中国化后却突破了这一局限，在天台宗、华严宗、禅宗看来，既然世间万物都是“缘起则生、缘尽则灭”，万物都应该是平等的，都应当具备成佛潜质，甚至没有生命的万物也同样具有佛性。《华严经探玄记》认为成佛具三世间，佛果遍通非情，无情之物也具佛性，草木也可成佛。自然之物既然可以成佛，当然需要加以尊重。华严宗、禅宗这一思想为宋明理学所吸收，儒、释、道三教合流，“无情有性”与“众生平等”“因果相依”结合起来，对传统的人与自然关系产生了重大影响。

（二）“道法自然”的自然规律观

建设生态文明是关系人民福祉和民族未来的长远大计。面对资源约束趋紧、环境污染严重、生态系统退化的严峻形势，必须树立尊重自然、顺应自然、保护自然的生态文明理念，坚持节约资源和保护环境的基本国策。

在中华文化的道家思想中，“道法自然”是一种基本的行为准则，应用于人与自然关系时，成为追求人与自然和谐的原则。“道法自然”要求在处理人与自然关系的时候，认识并顺应自然界自身的规律。老子说：“人法地，地法天，天法道，道法自然。”王弼注为：“法自然者，在方而法方，在圆而法圆，于自然无所违也。”这里的自然指的是不加以人为的强制力量而顺应其自身的规律。庄子继承了老子“道法自然”的思想，并且作了进一步的阐述：“夫至乐者，先应之以人事，顺之以天理，行之以五德，应之以自然。然后调理四时，太和万物。”只有顺应天理自然，适应自然规律，才能使万物和谐。庄子同样强调人应当顺应自然，其精神实质就是尊重自然规律，依自然而为。

认识自然、顺应自然体现在儒家思想和代表性观念是荀子的“天人明分”思想。荀子一改孔孟“天”为主宰之天、义理之天的传统脉络，认为“天”

为自然之天，提出“制天命而用之”，指出人如果掌握自然规律，就能够使天地万物为人服务。荀子把“天命”理解为具有必然性的自然法则，认为“从天而颂之，孰与制天命而用之”，即不能消极地顺从自然，而要主动地认识和利用自然。荀子认为：“天有其时，地有其财，人有其治。”主张人类能够根据对于天时、地利的认识来利用自然，强调了人在认识自然利用自然中的主观能动作用。荀子主张人们在“制天命而用之”的过程中，必须顺应自然发展规律，并且提出具体措施：“草木荣华滋硕之时，则斧斤不入山林，不夭其生，不绝其长也；鼋鼍鱼鳖鳅鳝孕别之时，罔罟毒药不入泽，不夭其生，不绝其长也；春耕、夏耘、秋收、冬藏，四者不失时，故五谷不绝，而百姓有余食也；污池渊沼川泽，谨其时禁，故鱼鳖优多，而百姓有余用也；斩伐养长不失其时，故山林不童，而百姓有余材也。”实际上就是在认识自然、保护自然的基础上使环境得到休养生息，从而实现可持续发展。佛教的宇宙生成论——“缘起论”，认为自然万物按照自身的规律发生、发展以至消亡，是“缘起则生，缘尽则灭”，否定万物背后有神灵主宰的同时充分体现了对自然规律的认识。世间万物都是“和合共生”，人类只有爱护环境，才能保证自身不会重蹈物种灭绝的覆辙。佛教对于自然规律的认识与顺应不仅表现在理论上，更融会于实践中。佛教戒律中很重要的一条就是“不杀生”，戒杀护生充分体现了对生命与自然的尊重和热爱。古代僧人为了保护嫩芽不受伤害、生命可以自然生长，特意制定了“雨季安居”制度。历代高僧结庐于名山大川之中，所在之处都是林木葱郁、鸟语花香，这些都是对顺应自然的回报。

（三）“天人合一”的和谐发展观

“天人合一”是中华民族生态文化范式的核心理念和基本精神，从现代自然生态学的角度来讲就是人与自然万物具有一致性，所以，人应当与自然和谐相处，成为一个和谐的整体。

老子从本体论的角度对“天人合一”进行了阐述：“道生一，一生二，二生三，三生万物。”说明人与天地自然同源同构，都具有“道”性。庄子则指出“通天下一气耳”，人与天地自然都是由“气”构成的，所以“天地与我并生，而万物与我为一”，人应当追求与自然的和谐相处。道家思想认为人与自然具有同一性，强调对自然价值特别是生命价值的尊重，倡导人们努力追求“天人合一”的和谐境界。

佛教基于“缘起论”，认为世间万法同质同构，同类同向，人与自然万物之间本身并无本质区别，“天人合一”思想在佛教中具体表述为“依正不二”，佛教认为自然界本身是维系独立生存的生命的一个存在，人类只有和自然（即环境）相融合，才能共存和获益。佛教“依正不二”的原理正是立足于这种自然观，明确主张人和自然不是对立的关系，而是相互依存的。汉儒董仲舒继承和发扬了《周易》天地人“三才之道”的思想，同时吸收庄子思想，将人与天地三才并立，兼以“天人相参”，明确提出“天人之际，合而为一”，将“天人合一”思想推到另一个高峰，构建起了儒家的生态哲学体系。这一体系创立了天人和谐、天人相依、天人合一、人与自然和谐发展的生态文化范式。中华传统文化中的“天人合一”，是人自觉地追求与自然同一，是人对与自然和谐的追求。

生态文明是工业文明发展到一定阶段的产物，是超越工业文明的新型文明境界，树立尊重自然、顺应自然、保护自然的生态文明理念，充分发掘中华传统文化中的生态智慧，有利于弘扬民族生态文明，实现中华民族永续发展。

第三节　殡葬文化生态的建设

从人类殡葬发展史来看，殡葬本身就是人类文明的产物，殡葬活动以尊重自然规律、顺应自然为前提，以实现和谐、共生为原则的生存哲学和人类价值观为基础。殡葬文化生态的建设，在于把生态文明的理念贯穿到殡葬文化生态的设计、调整和培育等关键环节中。

一、现代殡葬文化生态的设计

作为人类一项重要的创造性活动，设计始终贯穿于人的生产、生活当中。文化生态作为人类文明与社会可持续发展的重要内容，体现了自然生态与人、社会与人、文化与人的多重化的生态关系，存在于现代设计的方方面面。在重大的社会文化转型期中，从文化生态的视角剖析现代设计，有利于提升设计的生态水平和价值。

（一）现代设计的文化生态特性

设计源于生活，又服务于生活。现代设计在讲究功能的前提下，更加关注设计的文化、生态、心理、美学等多方面的生活需求。设计作为一种关注当代社会与生活世界的文化创造活动，它的创造性和艺术性都基于人类生活世界的可靠性和丰富性的需要，它的一切活动都离不开周围的生态环境。在中国古代，人、自然、社会、设计作为一个充满活力、生生不息的整体，它从天、地、人的大生态系统出发，体现的是一种蕴含生态整体性与生命有机性的审美创造方式。

从设计作为一种赋予人类的生存世界以形式和秩序的创造性活动来说，它所要解决的是一种自觉地在创造性的众多可能性中理性而又艺术审美地塑造自己和周围世界的问题，也就是理性而又艺术地赋予人类的生活世界以丰富多彩的形式、秩序和结构以及价值定向的重要问题。现实中并不是所有的设计活动都能为人类的生活世界创造美好的生活方式。从工业革命到信息革命，每次技术的进步，每个新产品的诞生，都影响了人类生存的环境。在环境污染、能源危机、生态危机并存的今天，人类已真正意识到正是盲目的设计破坏了人类自身及其生存环境。过于单纯追求人的需求的满足和生活水平的提高，导致设计产品的过度开发和大量浪费，不仅造成大面积植被被破坏和许多自然资源枯竭，同时也威胁着人类的生命健康。当前，确立了人与环境和谐、统一、发展的文化生态理念，现代设计必将起到至关重要的作用。

从设计的本体构成上看，现代设计的发展和生态环境及人类生活水平是分不开的。它不仅是人类的一种生存状态，也是人类创造性的文化构成物。文化生态是现代设计得以生长的环境与土壤，而现代设计本身又是文化生态的构成因子和鲜明的体现形式。文化生态的变化必然导致现代设计的变化，而这种变化则往往为现代设计的文化生态环境带来新的景观。设计的文化生态内涵十分丰富，它是一个社会的物质文化、精神文化、制度文化等诸方面因素共同构成的结构系统，它与本地域的自然环境、人文地理相依相成，有历史沉淀的成分，也受现实因素的濡染，不仅具有相对的平衡性与延续性，也具有一定的开放性与可变性。在现代经济、文化具有全球化取向的现代化进程之中，受来自经济、科技、观念形态等多方面因素的作用和影响，使得构成现代设计的文化生态的诸多因素以及其文化生态的整个结构系统都程度不同地在发生着变化。针对现代设计所面临的困境，如何积极调适与优化设计的文化生态，强调现代设计的生态性与时代性和建设性的整合，是现代设计不断获得新的生存活力，实现持续发展的最为重要的前提条件。

（二）现代设计与文化生态适应

人与自然的和谐统一既是一种自然生态关系，又是一种社会生态关系。人们对自然生态的认识是随着一定的社会实践活动的逐步提高而更加理性的。“生物适应环境”是生态学的重要规律，适应是生物与环境的一种本质联系，它的主要表现是和谐。环境作为一种先在条件，往往对生物形成一定的压力，而生物为了生存与发展，就要通过自己的调节能力，或是调节自己的生理结构，或是调节自己的行为方式，主动地去适应环境，这是生物的一种生存智慧。春秋末期的《考工记》作为一部经典的手工艺技术典籍，大量地论述了工艺制作技术与自然生态的关系，如“审曲面势，以饬五材，以辨民器，谓之百工”，实际上就是把器物的设计和制作与观察自然和阴阳五行联系起来。明代宋应星的《天工开物》所记载的工艺技术方面的内容，也都广泛涉及了造物与自然的关系。

现代设计受自然生态环境的影响，大量的设计是在遵循、受制于自然生态环境的前提下进行的积极能动的创造活动，它突出地表现在人们的物质生产和社会文化的各方面，体现出人与自然相惜、相适的生态观。随着时代进步与科学技术的发展，人类认识自然和改造自然的能力在不断加强，对自然界的强大干预超过了自然界的承受力，人类自身的存在与发展遇到了巨大的挑战。面对人类自身面临的生态危机，设计界提倡人与生态环境协调相适的设计，将人类生态学和文化生态的研究以及可持续发展的研究融合到现代设计中，使生态设计成为环境和产品设计领域的主题。例如，早期的生态建筑美学观认为：建筑是人的生态环境的有机组成部分，它从属于自然生态环境，并创造景观融入整体自然环境中，建筑与自然生态环境共生存、同发展。20世纪末开始的一种追求设计与文化生态深层次相互协调和共同发展的“天人合一”设计理念已蔚然成风。在工业产品设计领域，为减少资源和能源的消耗，并减少对环境的污染以及废旧材料的回收利用等，重新采用天然材料，立足于人与自然的生态平衡关系，设计过程每个决策都考虑防止或减少对人类生态环境的破坏。在城乡环境（包括殡葬环境）设计领域，人们更加关注环境的生态效应与景观的统筹规划。

现代设计着眼于人与生态环境的协调和谐及由此导致的可持续过程，不仅是遵循自然的规律，也是一种最高的智慧，因而也是文化得以繁荣与发展的关键。探索并揭示现代设计与文化生态的相适性问题成为人类文化的重要命题。

（三）现代设计与文化生态资源

造成人与自然之间关系紧张的根本原因不在于现代科学技术本身，而主要在于潜隐于人性中的贪欲，因而需要设身处地地去反省人类自身，并进行合乎人性需求的积极有效的调适，以更好地开发和利用有益的文化生态资源。设计作为人类的一种创造性实践行为，并不是封闭在自身之内的自足系统，它的创造活动取决于许多不同的因素，如自然因素、地理环境、文化传承、经济与技术等各项综合因素。这些综合的文化生态因素是可以通过一定的方式和合法手段获取、利用的设计参考或依据的东西的来源，包括物质资源、精神资源和精神与物质资源（例如艺术、设计类资源）。在设计活动中可以被利用作为参考或依据的文化生态材料来源，即设计的文化生态资源。不同时期，不同文化系统的人们在对自然界认识的基础上，通过一定的物质手段和有目的的社会实践活动所创造的精神文化财富，尤其是它蕴含的科技理性、生态理念和人文精神，都会成为设计的文化生态资源。

科学技术的进步和发展增加了设计所创造的巨大可能性空间，已有的设计历史和设计资源所展示的物质性实在方面和话语性文化方面，都成为现代设计更富有设计自觉意识和理性思考的重要文化基点。科学技术应用的人文化趋向，使得设计的文化生态观念进一步渗透到现代设计的各个领域。随着社会政治、经济和科技文化的发展以及人类对生存环境的意识增强，设计越来越成为一种综合性的创造性活动。设计师一方面从原有的技术和设计中吸取经验，同时还要听取和满足来自公众的反映和要求，在新技术条件下尽量设计出注重人与自然和谐共生、注重环境的生态效应的产品，使得传统的文化生态资源被蕴含在新设计中而得以继承和流传，以满足消费者在产品消费中的生态文化要求。现代设计的生态文化资源就是一种科学技术的实践性和物质性运用的结果和产物。正是不断发现和发明的科学与技术的运用，才真正开创了融合生态文化设计观在内的现代设计的广阔空间，并提供了巨大的物质性的现实可能性。

设计不是一种纯粹的艺术和美学行为，而是一种实实在在地影响人类的生存和生命的活动，它必须具备有高度的社会责任意识。设计作为一个负有高度社会责任的实践性领域，它要求设计师充分意识到自己所肩负的道德的、文化的和美学的社会责任。现代设计应该是基于人类在工业化进程中对生态的破坏反思的基础上的，设计的美和功能的评价标准也发生了改变，除了产品的造型，更多的是看它环保的道德因素。美国工业设计师协会一年一度的卓越产品设计奖的评选标准“创意新颖、功能良好、符合生态保护、具备美学品质”，就是把人文生态作为评价的首要标准之一。目前，许多国家都把设计中对生态理念的重视上升到道德的层面，把环境保护纳入政策法规中，制定了严格的政策来限制那些不符合环保要求的产品的生产。在现代中国，生态设计的理念要求把中国传统的天人合一思想和园林美学观念融入其中，尊重自然生态和尊重历史文化及重视环境艺术成为“生态设计”构思的核心。

一个成功的殡葬设计作品应该是关注人类文化，关注人类生存环境，关注人类未来的以人为本的设计理念的展现。人文作为人类与历史文化的交流、对话、融合后的行为再现，它自始至终贯穿于现代殡葬设计的整个过程。在一定程度上，人可以改造环境，环境也可以改造人，环境与人是互为前提的关系，没有人与环境的和谐就不可能有社会的和谐。构建现代殡葬设计的文化生态观，就是要在生态和谐的视野及氛围中促成人的和谐生存状态。

二、现代殡葬文化生态的调整

创造健康的文化生态环境，强化社会主义文化生态秩序，是实现中华民族伟大复兴的社会总体目标的重要一环和战略步骤。解决现代殡葬文化生态存在的问题，可以从思想意识、政策法律和具体实践三个层面进行。

（一）思想意识层面

1. 树立核心价值观念

只有始终把目光放在现代社会建设上，把出发点和落脚点放在深化改革开放上，才能把社会主义文化生态建设落到实处，达到优化社会主义文化环境的目的。首先，把科学发展思想贯穿到文化生态建设的整个过程之中。文化的科学发展实际上是将可持续发展贯穿到整个文化生态建设过程中，这就要求将文化生态问题放在重中之重的位置上，秉承着协调、可持续的理念解决好文化生态问题。其次，建设社会主义文化生态的主体必须时刻注意充实自己的思想，以适应文化发展的需求，充分认识科学发展对建设社会主义文化的重大意义，转变思想，树立科学的文化发展理念。

2. 培育先进文化意识

中国特色社会主义文化，就是发展面向世界、面向现代化、面向未来的、民族的、科学的文化，目标是不断丰富人们的精神世界，为人民生活助力。弘扬社会主义先进文化对全球化背景下的社会建设具有十分重要的意义，我国文化生态建设还存在诸多问题，当务之急是弘扬自己的先进文化并且有培养并保持自主学习先进文化的意识，强化自身责任意识，培养历史使命感与责任心，全面推进文化生态的建设，完成时代赋予的伟大任务。

3. 强化文化生态保护

创造和谐社会主义文化生态的前提是增强文化主体的文化生态保护意识。这些文化主体包括政府部门、文化学者和工作者还有普通民众。文化生态建设的重中之重就是提高文化主体的文化生态意识，所以，根据我国文化生态的现状，大力培养公民文化生态保护意识，是文化生态建设的根本途径。在加强文化主体文化生态意识的过程中，必然会涉及自然生态观，所以培养文化生态意识首先要培养正确的自然生态观。这就要求以可持续的观念看待自然的发展特性，用整体性的眼光看待人与自然的关系问题，做到客观科学地认识自然生态和文化生态。此外，全社会都应该营造一种良好的保护文化生态氛围，为文化主体增强文化生态保护意识提供精神动力，为主体树立正确的自然生态观和文化生态观助力。

4. 理性对待外来文化

中国传统文化反映了中华民族特征与精神风貌，由中华民族的祖先所创造、为后世子孙所继承并发展的，具有鲜明民族特色的、博大精深、历史久远的传统文化体系，除了儒家这个中国传统文化核心之外，还有道、法、墨、佛等文化形态，这些各异的文化植根于中华民族的精神内核之中，形成了独有的民族文化思想体系。鸦片战争后，西学东渐之风袭来，世界各国也开始了规模宏大的相互融合、相互影响的一体化进程。外来文化开阔了国人的视野、活跃了人们的思想，也对传统文化造成了冲击。合理对待传统文化和外来文化是明智之举。

一要用扬弃的观点弘扬传统文化。全球化的背景之下，对于传统文化要能够分清精华和糟粕，做到取其精而自用，大力弘扬传统文化的优秀成果，使其更好地为社会主义文化生态建设服务。重视文化的继承性，根据国家或个人的实际情况，对原有优秀文化成果要有所保留的基础上进行改造，使之符合自身实际情况，促进民族文化的发展。

二要用理性的目光看待外来文化。全球相当一部分国家都秉承着谦虚借鉴外国优秀文化的态度，将本国文化与外国文化兼容并蓄、求同存异、欣赏共荣地相互融合着。对待外来文化，要将其作为社会主义主导文化体系的补充，从中国国情和个人实际出发，处理好社会主义文化、传统文化与外来文化的关系，把社会主义和谐价值体系摆在首要位置，广泛吸收、引进、整合优秀的洋文化，从而达到提高我国文化软实力的目的。

（二）政策法律层面

我国文化正呈现多元化发展趋势并急需转型，面对全球一体化给我国文化生态建设带来的巨大挑战，就需要坚固的政策法律体系。

1. 完善文化生态法律体系

在实践过程中，许多文化生态问题缺乏法律上的依据，在没有法律强有力约束的情况下，仅依靠群众的自觉和人们的道德底线去保护文化生态，许多保护措施不到位。一是要充分发挥政府的调控力和公众的监督力，加快完善现有的文化生态保护的法律体系。二是要在现有法律体系的基础上，细化法律法规，使之更好地与文化生态实际相吻合，防止文化法律漏洞的产生。三是坚守正确的舆论导向，激发民众应有的文化生态保护的监督力量，以督促政府加快完善法律体系，在解决实际问题时做到有法可依，从而在全社会形成良好的政府和公众共同管理的氛围。

2. 建立文化安全预警体系

文化安全预警机制，指的是国家运用行政的、法律的、经济的、市场的及其他的安全管理手段，对可能危害国家文化安全的因素和力量进行识别和鉴定，准确并及时地作出预先警示的反应机制，从而维护社会主义文化核心价值体系，树立中国社会主义先进文化的国际形象。建立和完善文化安全预警体系是全球一体化背景下营造中国特色社会主义和谐文化的重要举措。一是政府应该根据我国文化发展的实际情况，制定一系列的文化管理制度。分析国内外可形成并威胁我国社会文化安全的势力，加强自身文化管理，增强与国外文化不安全力量相抗衡的实力，从而把文化不安全的危害程度降到最低、维护社会主义文化生态安全。二是要借鉴国外先进的文化安全预警经验，做到科学预警，提高准确度和权威性。三是要对文化产业坚持不懈地进行调控、规划和组织，对存在的问题要做到及时发现、及时纠正，使其不断地朝着先进文化的方向前进。

（三）具体实践层面

1. 坚持社会主义核心价值观

社会主义文化核心价值体系主要包括以马克思主义为指导理论，以中国特色社会主义为共同理想，以爱国主义的民族精神和改革创新的时代精神、社会主义荣辱观为现代化建设核心。社会主义核心价值观，是指人们对社会主义价值的性质、构成、标准和评价的根本看法和态度，是人们从主体的需要和客体能否满足主体的需要以及如何满足主体需要的角度，考察和评价各种物质的、精神的现象以及主体的行为对个人、无产阶级、社会主义社会的意义。社会主义核心价值观是社会主义核心价值体系的内核，体现社会主义核心价值体系的根本性质和基本特征，反映社会主义核心价值体系的丰富内涵和实践要求，是社会主义核心价值体系的高度凝练和集中表达。2012 年 11 月，党的十八大报告明确提出“倡导富强、民主、文明、和谐，倡导自由、平等、公正、法治，倡导爱国、敬业、诚信、友善，积极培育社会主义核心价值观”的“三个倡导”。富强、民主、文明、和谐是国家层面的价值目标，自由、平等、公正、法治是社会层面的价值取向，爱国、敬业、诚信、友善是公民个人层面的价值准则。2013 年 12 月，中共中央办公厅印发《关于培育和践行社会主义核心价值观的意见》，明确提出，以“三个倡导”为基本内容的社会主义核心价值观，与中国特色社会主义发展要求相契合，与中华优秀传统文化和人类文明优秀成果相承接。坚守社会主义核心价值体系，一是了解中国特色的社会主义理论，领悟其精神实质，自觉增强践行社会主义文化核心价值理论的决心和意志力；二是学习社会主义文化价值理论的同时，要将社会主义主导文化、精英文化与大众文化相结合进行研习，通过坚持主导文化与文化多样性文化的统一，支持先进文化的发展，努力改造落后文化并坚决抵制腐败文化，提高自身文化鉴赏品位，为社会探索出一种新的、健康的文化发展途径。总之，坚持社会主义核心价值体系就是把它的理论寓于其各种文化活动、精神活动之中，达到增强民族凝聚力和提高精神境界的目的。

2. 创造良好的社会主义文化氛围

创造良好的社会主义文化氛围主要是调整自身角色定位，推动社会主义文化产业发展。要将政策落到实处，形成植根于民众心中的一种理念，营造良好社会文化氛围。要强化媒体正确舆论导向作用和宣传功能。政府的文化政策在满足民众基本利益需求的基础上，还要大力对其进行宣传、讲解，使群众了解政府的初衷，并支持、认同政策的实质，自觉提高文化政策的践行意识，直接提升政策的执行力度。要促进社会主义文化健康发展、保障文化生态处于平衡有序状态，需要加强对文化市场的监管，规范执法行为，增大执法力度，打击扰乱文化生态秩序的违法和不正当竞争行为，净化文化市场环境，保障经营者的合法权益，营造良好的社会主义文化氛围，为社会主义和谐社会的建设创造条件。

3. 保持文化生态格局的总体平衡

社会主义文化生态布局总体平衡，关系一个国家文化多样性的保持，涉及民族核心文化凝聚效应的强弱，与社会主义和谐社会的建设息息相关。

首先，平衡社会主义文化生态格局，巩固主导文化的地位，即巩固社会主义核心价值体系的地位。社会主义核心价值体系决定着各种文化形态之间的相互关系、性质和主要作用。巩固社会主义核心价值体系需要坚持马克思主义道路，把它当作行动指南，指导实践；采取正确的政策和处事方法，建设文化事业，将社会主义文化生态向百花齐放、百家争鸣的趋势引导，进而为社会主义和谐社会的建设铺路。

其次，平衡社会主义文化生态格局，协调多元文化之间的关系。大众文化和精英文化是民族生存和发展必不可少的两种文化形态，一片欣欣向荣、生机勃勃的景象才是文化生态该有的状态。要处理好传统文化与现代文化、外来文化的关系。对于传统文化要取其精华，继承并发扬，对于外来文化、现代文化，要去其糟粕并与传统文化相融合，处理好两者的关系。要本着对国家的责任心，分清外来文化的优劣，将有利于自身的文化兼容并蓄、消化吸收，将不利于可持续发展的文化坚决摒弃。外来文化是本土社会主义核心价值体系的补充，中国文化有海纳百川的气魄，可以将其优秀部分吸收成为创新发展的助力。要规范和引导大众文化、流行文化和通俗文化。大众文化、流行文化和通俗文化健康发展的前提是深入群众实际并从群众生活中吸收营养。要把与时俱进的思想意识融入大众文化、流行文化和通俗文化。随着群众物质生活的提高，人民的精神需求也在日益增强，为了满足日益增强的精神需求，符合现代化建设的时代要求，大众文化必须随着时代的变化而变化，必须日益丰富其精神实质，必须做到反映现代生活的特点，还必须保障文化生产的经济效益和社会效益的双丰收。只有这样，大众文化才能朝着积极、健康、有序的方向发展。

4. 加强保护社会主义文化的主体

人是社会主义文化的主体，是文化的拥有者、继承者，更是创造者。社会主义文化构成要素中最不可分割、最无法替代的部分就是文化主体，对文化主体的认识在保护文化多样性、调整文化生态间失衡的问题时起着非常重要的作用。只有认识到了文化主体的价值，才能有保护文化主体的意识和行动。所以，有必要制定法规制度，保护文化主体的地位和权益，更好地把文化传承下去，造福于民。一是给予文化传承人一定的财政补贴，让他们有力量去支撑自己所传承的文化；二是通过媒体宣传，使群众认识到保持文化多样性的意义，发动全社会的力量共同保护文化的多样性，解决文化生态失衡的问题；三是媒体向文化主体倡导一种自觉保护的意识，调动他们的文化主人翁意识，加强其主导作用。不论是保护文化传承人，还是保护一个地区的文化生态，或是维护一个区域的文化生态环境，都可以达到保护文化主体的目的，有效地维护好社会主义文化主体。

总之，我国文化生态失衡的原因有西方文化的传入和对传统文化的颠覆，也有后现代主义的兴起的不良影响。在法律层面，要完善法规并建立有效的文化预警机制；在意识层面，要加大文化生态的教育力度，并通过媒体的有效宣传达到全民共同维护文化生态平衡的目的；在实践层面，要加大执法力度，通过全体人民共同努力，保护文化生态的多样性。

三、现代殡葬文化生态的培育

（一）统筹发挥和谐殡葬文化的综合作用

随着改革开放的展开特别是由于外来文化的进入，主导文化的一元格局被打破，中国文化生态也发生了根本性的改变，形成了主导文化（主旋律）、精英文化（知识分子文化）和大众文化的多重分制局面。如果主导文化、精英文化和大众文化三者之间能够保持必要和合理的张力，形成平衡对等的有效互动，就能较好地实现整体文化的良性发展。从文化生态的完善和培育入手，一方面，要积极发展优秀、开放和富有活力的主导文化。主导文化重构的过程，不仅是其自身不断发展、走向完善的过程，同时也是文化生态不断调整、重新整合的过程，为文化生态平衡提供必要的条件。另一方面，精英文化也需要面对挑战，不断发展和完善。因此，要以高度的热情关注时代的变革，切实做到思想性和现实性相统一，学术性和人民性相结合，通过脚踏实地的努力，为文化生态的改善作出自己的贡献。

1. 和谐殡葬文化建设的力量来源

实现和谐文化的途径就是保持社会主义文化生态的平衡。中国文化生态系统是一个由各要素组成的、相互联系的有机整体，这个整体内部各个要素按照一定的规律、依照特定的组织原则有秩序地呈现出内部一致性，和谐文化的态势才能出现。

（1）主导文化。主导文化本质上就是主流价值观和核心价值体系。主导文化以一种强势的、主导性的话语力量支配着文化发展，对整个文化系统的发展具有重大的导向、规范与控制作用。主导文化是社会主义和谐社会的核心价值体系、价值导向。主导文化的建设就是建设中国特色社会主义文化，这种博大精深的中国特色的现代文化具有四个特征：一是独具特色、体现风格。因为主导文化带有着独特的中国文化气质，是我国民族特点的体现。同时，和谐文化蕴含着很强的地域特色，是区别我国文化和外来文化的名片符号。二是开拓创新、博采众长。这是对主导文化的品性定位。开拓创新是因为其包含的传统文化在一体化的进程中不断丰富着自身，兼容并蓄，更新自我，使其有着熠熠生辉的活力。博采众长是因为它有海纳百川的气魄，能将不同种类的有益文化加以整合吸收形成自己的特色。三是引导主流、蓬勃向上。这是对主导文化的角色定位。它是一种积极向上的文化，在不断发展的过程中，引导着其他文化形态向它的思想体系内核靠拢。四是面向大众、服务人民。这是对主导文化的功能定位。主导文化的性质决定了它必须应该具有广泛的群众基础，作为先进文化，它代表着人们的精神要求，涵盖了社会主义价值观的道德尺度和价值观念。社会主义主导文化，是一种以马克思主义为指导，以实现共产主义为理想，以建设和谐社会为导向的具有统一思想、指引方向、鼓舞精神、凝聚力量的价值体系。主导文化对社会主义建设提供了强大的精神支撑力量。精神支撑是保证性的、基础性的，实现中华民族的伟大复兴，势必要靠主导文化的力量来激励自己、调整自己。主导文化为社会主义建设提供了坚实的道德基础。总之，社会主义和谐社会是一个充满民主法治、团结友爱、公平正义、安定有序、充满活力的人与自然和谐相处的社会，是一项需要全民携手共同努力的伟大事业。

（2）精英文化。精英文化是知识分子阶层中的人文科技知识分子创造、传播和分享的文化，在价值取向上蕴含着深厚的人文情怀，负责向人们传播人文价值理想和理性精神，承担着社会教化、改造国民素质、建设人文社会的历史责任。精英文化是知识分子的文化，具有专业性、规范性和高雅性的特点。精英文化是社会主义和谐社会建设的内在动力，具有以下几种功能：一是认知功能。哲学为人们提供了一套世界观与方法论，让他们了解了事物普遍发展过程，用哲学观点指导自己的实践。物理学、化学、生物学等使民众了解了物体运动、发展变化的内在动因，拓宽了人们的视野和认识领域。二是价值功能。哲学向人们揭示了世界的本质，伦理学规定了人的道德规范等内容，激发了人们的正义感、上进心，社会学增强了民族的凝聚力，为和谐社会建设作了有益的铺垫。三是技术功能。社会科学的发展为人类提供了先进的管理方法，促进了信息交换，进而提高了劳动者的素质，提高了机械生产的劳动生产率。自然科学的发展，为人类改进了劳动工具，提高了生产效率、拓宽了劳动对象的范围。精英文化的技术功能逐渐成为社会经济发展的决定性因素。

（3）大众文化。大众文化是在现代工业社会中所产生的、与市场经济发展相适应的一种市民文化。大众文化主要指一般民众的自在的文化模式或社会文化心理，与人们日常生活的传统、经验、习俗、常识、天然情感等密切相关，在价值取向上以世俗性为特征。大众文化具有净化灵魂、陶冶情操、娱乐身心、激发斗志、开拓认知的功能。大众文化最主要的一个功用就是娱乐身心，这是主导文化和精英文化都不具备的功能，人们在工作之余，往往可以享受到大众文化带来的身心愉悦体验。大众文化的特点具有群众性、民族性和业余性。大众文化是劳动者在业余时间创造出来的文化，以满足自身的精神需求，它以民族精神为基点，植根于人民群众的生活之中，反映着人们的劳动生活实践内容，是群众生活的最真写照。体现着建设社会主义和谐社会的群众基础，传递着大多数人的情感与欲求，反映着社会生活的善与丑、进步与保守、腐朽与先进，在社会时尚趣味的形成中起着决定性的作用。

2. 和谐殡葬文化建设的实现途径

（1）坚守与把握主导文化。中国社会主义主导文化是社会发展的精神动力，它引领着社会的前进方向，决定着各个文化要素的性质和相互关系，培养了民族精神和民族性格。首先，坚持主导文化需要做到理论与实际相结合、相符合。在实践过程中，要把人们关心的文化问题放在首位去解决，坚守社会主义核心价值体系。其次，坚持社会主义主导文化必须采取正确的方法，秉承“百花齐放、百家争鸣”的正确方针。建立在相当基础上的文化繁荣，有利于国家文化事业朝着蒸蒸日上的方向发展，有利于人们思想境界的提高。要把大力弘扬爱国主义、激发个人精神斗志、优化精神面貌、健全法制规范作为坚持主导文化的目的。

（2）认同与繁荣精英文化。首先，知识分子要意识到自己的时代使命，通过积极参与社会活动、密切关注群众生活，传播有益的科学精神和人文价值，勇于承担社会良知的角色，在社会存在问题时，要适时地为社会发出正义的声音，并为提高全民文化素质教养而不懈努力。其次，政府要加大对教育的投资，使那些最基本的社会文化常识、自然文化常识得到广泛普及与认知。最后，媒体要鼓励群众融入精英文化中来，形成大众文化和精英文化的有机互补融合。

（3）引导与规范大众文化。首先，大众文化要从人们的生活中汲取营养，深入实际，提高人们的文化品位，使大众文化向着健康的方向发展。大众文化建设应该深入生活实际，深入群众的思想深处，站在人民的立场，感他们所感，历他们所历，只有这样才能创造出有人文主义精神的、有血有肉的优秀大众文化。其次，要把科学精神和现代意识融入大众文化之中。在大众文化的创造中，要始终贯穿着现代生活中正确的人生观和价值观，将平等、法治、环保观念作为大众文化的表达内容。同时，还必须在大众文化中注入科学精神，有效克服那些违反理性、盲目虚无的思想观念。再次，大众文化应融入科学手段，提高大众文化产品的品质、表现水平和社会效益。科学技术的发展能够很好地为文化助力，科学技术不仅是第一生产力，也是文化产业发展的助推者。最后，要处理好大众文化产生的经济效益与社会效益。在文化的发展中，社会效益是第一位的，经济利益永远居于其后。因此，对于文化拜金主义、享乐主义、个人主义，政府和民众要给予毫不留情的批判和揭露，以此来保持大众文化的品位和生命力。

（二）强化社会组织的殡葬生态民主意识

当代美国政治学家吉恩·L. 科亨（Jean L. Cohen）、安德鲁·阿拉托（Andrew Arato）通过对20世纪在发展过程中遇到的各种问题的深刻反思，提出了“重建公民社会”的理论主张，认为应该把经济领域从公民社会中分离出去，把社会组织和民间公共领域当作公民社会的主体，并系统提出“政治社会－经济社会－公民社会”三分的社会生活划分模式，从而完成了将公民社会指向社会文化领域的当代转型。

1. 中国社会结构变革的社会组织

在当代语境中，社会组织被当作国家或政府系统和市场或企业系统之外的所有民间组织或民间关系的总和，它的组成要素是各种非政府和非企业的公民组织，包括公民的维权组织、各种行业协会、民间公益组织、社区组织、利益团体、互助组织等。人们把它们看作介于政府与企业之间的“第三部门”(The Third Sector)。只有社会组织充分发育，才能使生态政治文化得到公众的认同，公民才能有效地参与政治过程，才能推动整个生态文明的发展，从而形成社会、市场、政治间相互制约的有效的生态治理结构。丹尼尔·C. 艾斯蒂（Daniel C. Esty）和斯蒂芬·查诺维茨（Steve Charnovitz）认为公民社会可以通过以下形式参与生态治理：专家咨询和分析，比政府更有效的分析和技术技巧以及更迅速的反应，动员公众舆论，代表弱势群体提供服务、监测和评估，提高全球决策机制的合法性。

中国社会结构模式的变革之路，就是从传统的“乡民社会”实现向现代“公民社会”的过渡。对中国社会组织的界定应关注如下因素：社会价值观念的多元性与交融性，社会成员主体意识的独立性和自主性，社会成员公意观的确立，社会自治组织的结构分化与功能专业化，社会身份的平等性与社会流动的开放性。这些要素的实现有赖于中国社会结构的进一步改革与变迁，也有赖于对传统社会结构的解构与反思。近年来，一些学者开始探讨形塑中国社会组织的必要性和可能性，包括社会组织发展的驱动理论、发展阶段、建构特征及目标模式等，并赋有较多的积极意义。由于中国目前是在现代性、反思现代性和全球化复杂交织的情境下发展现代化，肩负着建构、反思和超越的多重使命，这就使得中国社会组织的发展必然既是演进的，又是建构的。一方面，随着改革开放后“中国社会的自由空间不断加大，资源流动不断加速，整体性、同质性社会开始解体，世俗化欲求以及自由、平等和自主性意识日益上升”，社会组织已经在某些发达地区初具规模；另一方面，这一新生的社会结构模式存在着“自发性与人为性、民间性与官方性、自主性与依赖性、分离性与合作性相并存”的四个特征。此外，还带有传统社会的大量痕迹，需要政府部门通过理性的设计和建构加以引导和推动。

2. 推动中国社会组织建设的途径

一是以法治构筑社会组织的理性规则秩序。西方社会组织是一种以利益、权利和契约为纽带的自治社会。社会组织的理性规则秩序是一种基于“公民认同”的自主自律的“内生秩序”，社会组织把守法精神的形成以及其内化作为其存在和成立所不可缺少的条件并使之现实化。在中国社会发展模式转型的过程中，需要在大力加强民主和法制建设的前提下，稳步而长期地推进基层民主建设，促进公民主体意识的普遍提高，增强社会组织的自主自律能力，塑造公民的理性自由精神，从而建构起中国社会组织的理性规则秩序。

二是努力促进传统社会组织的制度性变迁。在中国传统社会中，国家与社会之间的“第三领域”主要由地方乡绅来把持，民间自治组织虽然存在，但无论从规模还是影响看，都与西方的社会组织相距甚远。要实现传统“第三领域”的制度性变迁，首先要求政府转变职能，把原有的政府职能领域还原为社会成员普遍的平等自由权利，使公民为着自己的利益重新掌握自己的社会生活。其中，保障社会组织的权利尤为重要，它将构成国家权力回归为社会权力、回归为群众民主自治权利的重要桥梁。社会组织的发展是建立社会组织的重要标志，在普遍利益与特殊利益不再分离、对立而取得根本一致性的社会主义条件下，社会组织在很大程度上已是国家公共权力的重要补充，扮演着群众自主自律管理的重要角色。

三是完善公民身份与地位的自由转换机制。经济的转轨推进了城市化进程的迅猛发展，社会的转型要求在法律上保障公民的迁徙自由，保障一切公民在社会身份和地位上的完全平等和自由转换。随着经济全球化进程的不断加强，政治全球化和文化全球化思潮必然导致国家边界和政治权力产生一定程度的消解，以及社会公共领域地位和功能的不断加强和提升。中国社会发展模式的变迁必将顺应这一潮流而向前发展。只要以积极开放的姿态吸收人类文明的一切优秀成果，努力消解中国文化强烈的个性特征与内在惰性对外来文化的抵触效应，完成从“乡民社会”到“社会组织”的彻底转型是完全有可能的。

（三）充分发挥社会组织的桥梁纽带作用

社会组织是人们为了实现特定的目标而有意识地组合起来的社会群体。社会组织是国家治理体系和治理能力现代化的有机组成部分，是社会治理的重要主体和依托。政府、营利性组织、社会组织被称为现代社会的“三大支柱”。由于社会组织具备政府和营利性组织所没有的独特属性，即非营利性、非政府性、志愿性、互益性或公益性，因而在社会治理中扮演着特殊角色，可以发挥重要作用。充分发挥社会组织在公共服务供给中的独特功能和积极作用，有利于加快转变政府职能，创新公共服务供给方式，提高公共服务供给水平和效率；有利于培育和引导社会组织，加快形成政社分开、权责明确、依法自治的现代社会组织体制；有利于推动整合利用社会资源，增强公众参与意识，激发社会发展活力。在殡葬事业科学发展中要充分发挥殡葬行业协会和红白理事会等社会组织的桥梁纽带作用。

1. 加强社会组织建设，协助政府实施管理

优化社会组织发展环境是加强社会组织建设的有效途径。要结合殡葬体制改革和政府职能转变，将适合由社会组织提供的殡葬公共服务交由社会组织承担，为社会组织发挥作用提供空间。作为社会组织的殡葬行业协会应积极参与制定和推行行业标准与规范，对会员的工作进行业务指导，对从业人员进行教育和培训。要切实加强殡葬行风建设和纠风工作，坚持把以人为本、服务大众作为行风建设和纠风工作的主要内容，重点治理殡葬乱收费，坚决纠正利用行业特殊性损害公众利益的突出问题。维护会员和从业机构的合法权益，调解行业内纠纷，为会员依法开展经营活动提供公平公正的竞争环境，维护市场秩序。殡葬行业协会要了解和反映殡葬从业机构、从业人员和公众的要求，向政府部门提出殡葬行业改革、发展的建议，协助政府实施殡葬行业的行政许可，协助政府部门进行殡葬经营机构的检验和评估，承担殡葬服务机构等级的评审和认定，圆满完成政府委托的各项工作，促进殡葬行业健康有序发展。

2. 支持社会组织发展，形成良性互动局面

随着我国社会组织的蓬勃发展，非营利组织积极参与殡葬服务有利于推动公民自治、破除思想桎梏，更好地满足公众殡葬服务需求，也促进了非营利组织的良性发展。

一是建立新型的殡葬服务社会组织。加快培育一批独立公正、行为规范、运作有序、公信力强、适应社会主义市场经济发展要求的社会组织。统筹利用现有公共服务设施，大力支持社会组织积极参与政府购买公共服务活动，提升社会组织承接政府购买服务的能力。鼓励建立起一些专门配套殡葬服务的社会组织，通过政策支持与财力支持，完善非营利组织的建设。政府应该通过多种方式来吸引社会组织参与殡葬服务，对民生服务类非营利组织进行关注，从中挑选优秀的社会组织进行培训与提供支援，吸纳其参与一定的殡葬服务。

二是确立殡葬服务社会组织的地位。殡葬服务领域所需要的并不仅仅是社会组织的参与，而是社会组织与政府的良好的合作，这就意味着需要政府划定社会组织与政府服务的边界，以确保非营利组织的良性发展。政府可以先将殡葬服务中的心理辅导等外层工作作为试点交由社会组织进行服务，再逐渐放宽社会组织与政府服务的边界，逐步将殡葬工作交给社会组织进行管理。

三是支持殡葬服务社会组织的发展。要进一步加大政府购买服务力度，通过发挥市场机制作用，把政府直接向社会公众提供的一部分公共服务事项，按照一定的方式和程序，交由具备条件的社会力量承担，并由政府根据服务数量和质量向其支付费用。通过政府购买的方式将殡葬服务交由社会组织，具体表现在可以通过财政拨款方式要求社会组织进行服务供给，还可以通过项目审批方式要求社会组织竞标。政府也可以通过提供社会福利给逝者家庭提供一定量的消费券，殡葬消费者凭消费券到注册的社会组织接受殡葬服务，而社会组织再通过所回收的消费券向政府领取经费。这种反向的政府购买的方式，在促进社会组织发展的同时还能引导他们进行良性竞争，以更好的服务来吸引更多的消费者。

3. 注重实行自我管理，引导公众文明治丧

要按照现代社会组织体制要求，围绕强化自治功能，推动完善社会组织法人治理结构和民主机制，引导社会组织依法按照章程开展活动，独立承担法律责任。社会组织要按照国家有关殡葬政策和法规，为居民提供便利的殡葬服务，协助符合条件的居民享受各项殡葬惠民待遇，帮助居民妥善处理殡葬事宜，切实减轻居民殡葬负担。要充分发挥基层红白理事会在公众中的组织、管理、监督作用，通过自我管理、自我教育、自我服务，引导公众树立绿色殡葬理念，采用绿色环保的生态葬法，促进生态文明建设。

第三章　绿色殡葬的文化生态

绿色殡葬作为一种全新的殡葬形态，它强调全局和长远的利益，强调全方位对环境的关注，形成一种能促进经济和消费生活健康发展的殡葬系统。发展绿色殡葬旨在通过殡葬科技与文化创新，以促进殡葬安全、生态安全、资源安全的协调统一为目标，减少殡葬对自然资源的消耗和对自然环境的污染与破坏，通过殡葬全程的无污染、无公害的安全控制，为实现殡葬与社会、生态、科技、文化、经济的协调提供技术支撑，培育出人与自然、人与人以及人与社会和谐的生态文明，实现社会的可持续发展。

第一节　绿色和谐文化的理论

良好的生态环境是人类赖以生存、发展的基础条件。随着经济的快速发展，过度掠夺的消费方式和不可持续的生产方式破坏了生态环境的自然平衡，导致人与自然的矛盾日益恶化，使人类正面临着生存的危机。和谐社会的构建离不开绿色和谐文化的支撑。绿色和谐文化是对传统的工业文明变革和扬弃的先进文化，是追求人与自然、人与社会、人与人协调、人类当前与未来的可持续发展的文化。绿色和谐文化强调人与自然的统一性、人与社会的统一性、现实与未来的统一性和社会系统的有机整体性，弘扬绿色文化，增强人们的绿色意识，引导绿色生产、绿色消费和绿色科技创新，建立和实施绿色制度，最终促进经济的绿色转型都有极其重要的意义。

一、绿色和谐文化的基本概念

（一）绿色和谐文化的基本内涵

文化是人类更好地生存和发展的一切设想、设计、创造，而文明则是这种设想、设计、创造的成果。绿色和谐文化是指为改善人类生存和发展的条件而进行的设计、创造并使之产生积极成果的一种文化，其基本观点是把人与自然、人与人、人自身的和谐作为人类应有的追求。

广义的绿色和谐文化是人类与自然环境协同发展、和谐共进，并能使人类实现可持续发展的文化。它包括持续农业、持续林业和一切不以牺牲环境为代价的绿色产业、生态工程、绿色企业，也包括有绿色象征意义的生态意识、生态哲学、环境美学、生态艺术、生态旅游，以及绿色运动、生态伦理学、生态教育等诸多方面。狭义的绿色和谐文化是指人类适应环境而创造的一切以绿色植物为标志的文化，包括采集－狩猎文化，农业、林业、城市绿化，以及所有植物科学等。

绿色和谐文化以崇尚自然、保护环境、促进资源永续利用为基本特征，以人与自然和谐发展为准则，把人与自然是否和谐作为一种新的思维方式来指导人们的社会实践活动。绿色和谐文化要求人们树立绿色道德的社会意识形态，要具有爱护并尊重生命和自然界，与自然环境相互依存、相互促进、共存共融的观念，要树立人类平等观和人与自然的平等观，在追求平等和公正，强调自然生态和环境保护的同时，寻求经济、社会、生态协调发展。

1. 绿色思想

绿色思想是建立在充分认识生态平衡、可持续发展、环境保护的重要性基础上的思想意识。绿色和谐文化作为一种自然观，是用生态学的基本观点观察现实事物和解释现实世界的一种理论框架。

2. 绿色科技

绿色浪潮的兴起加深了人们对科学技术的思考，科学技术在为人类创造一定财富的同时也会给生态环境带来严重后果，以牺牲环境为代价的科技是“反生态”的、“反绿色”的，而促进可持续发展、有利于保护环境的科技是绿色科技。绿色和谐文化把道德研究从人与人关系的领域扩大到人与自然关系的领域，研究人对地球上生物和自然界行为的道德态度和行为规范。

3. 绿色经济

绿色和谐文化是在市场经济基础上发展起来的一种经济文化。绿色和谐文化是人们面临生态失衡、环境危机和生存危机时所选择的一种文明经济。绿色和谐文化强调要以可持续发展为人类社会活动的宗旨，实施合理开发和生态环境建设，在考虑当代人的生存与发展的同时，考虑子孙后代的生存与发展。绿色经济关键指标之一的环境标志标准对绿色产品在环境保护、资源消耗、人类健康等方面提出具体的要求，旨在全球范围内形成一股保护环境的绿色冲击波。

4. 绿色消费

绿色和谐文化要求人类按照生态保护的要求，以适度消费代替过度消费，过一种简朴、方便和丰富的生活，符合人的尊严和幸福的生活。绿色消费的含义是多重的，它包括：人类的消费活动无害于环境；人类的消费活动应做到对自然资源的“适度”和综合利用；人类一切消费活动应符合生态系统物质和能量流动的规律，不能因畸形消费而破坏生态系统的“食物链”。

总之，绿色和谐文化的核心内容，就是倡导以人为本的发展观、不侵害后代人生存发展权的道德观、人与自然和谐相处的价值观。

（二）绿色和谐文化的主要特征

绿色和谐文化除了具有民族性、时代性等文化的普遍属性外，还具有统一性、继承性、稳定性、传播性等基本特性。

1. 绿色和谐文化的统一性

绿色和谐文化引进系统的观点和普遍联系的观点，强调社会系统是个有机的整体，人、自然、社会等都是这个系统的重要组成部分，人的所有活动对这个系统都有影响。同时，系统内的自然、人和物也具有普遍联系的特点，系统内还会有很多小系统，要加强它们之间联系的研究，共同维护系统的稳定性。绿色和谐文化就是强调社会系统的整体性，将人的活动的影响与自然、社会等统一起来考量，克服狭隘的人类中心主义。

（1）强调人类与自然的统一性。从历史的视角看，工业文明的出现是一种人类历史的进步，但也加速了地球资源的消耗，多次造成巨大的生态灾难，威胁到了人类自身的生存。绿色和谐文化以崭新的人类应有的文化观和生存观为基础，强调人类应该尊重包括人、社会在内的整个大自然的存在方式和存在状态，人类的所有活动都应在维护这种有机系统的整体性存在。

（2）强调人类与社会的统一性。传统的经济学在客观上激发的是极端功利主义和利己主义的动机，甚至通过损害别人和社会的利益来满足自己的私利。绿色和谐文化强调人与社会的统一，以公平、和谐、效率为着眼点，要求个人利益的满足须以社会利益的实现相统一，将人的“外部性”也纳入价值核算中，强调人的社会活动的最终价值是主体创造的价值与主体活动对主体以外影响的价值之和，体现主体的价值与社会价值的共赢。

（3）强调现实与未来的统一性。传统的发展观以当前的物质财富的增长和经济增长为目标、为核心，既造成了代内的不公平，更造成了代际的不公平。绿色和谐文化的理念认为，人的活动作为一种自然生态的因变量，必然影响生态平衡，人类为了自身的永续生存和发展，在自身的活动中，必须将人类现在的发展同未来的发展结合起来，把自身的活动限制在自然生态能够容许的范围内，为子孙后代留下必要的发展资源和空间。

2. 绿色和谐文化的继承性

绿色和谐文化充分继承了中国传统文化的精粹。一方面，它是经过人的世世代代的互动形成的；另一方面，它又是在个别精英人物超越自身利害，直接体悟人与自然、人与社会、人与思维世界的过程中形成的。这两方面的结合形成了“代际公平”的理念，即在时间上，绿色和谐文化公平对待每个世代的人。

3. 绿色和谐文化的稳定性

绿色和谐文化一般和传统联系在一起，经过世世代代的互动与积淀而留下精华。这种互动侧重于人与人的交往，其中也包含了人与环境的关系。在人与自然的关系上，儒家主张“天人合一”，道家主张“道法自然”，而佛家认为“众生平等”。这些都修正了人类中心论的弊端，从而缓解经济发展与生态环境、人类与自然之间的紧张关系。

4. 绿色和谐文化的传播性

随着现代技术特别是网络技术的快速进步，文化的传播更为方便和快捷，世界各国文化的求同存异正成为当代文化发展的趋势与要求。绿色和谐文化的传播性又衍生为渗透性。一种文化可以潜移默化地渗透到其他文化中去，这种渗透的结果是文化间的相互影响、相互交融、相互弥补。绿色和谐文化可以对人类产生长期的、潜移默化的影响，决定着人的价值取向，现代科技特别是信息技术的迅猛发展使得绿色和谐文化的传播比以往任何时代都迅速得多，影响面也大得多。

（三）绿色和谐文化的主要内容

绿色和谐文化是以生态学和可持续发展理论作为思想基础的新兴文化，是倡导人与自然和谐相处的思想体系，是人们根据生态关系的需要和可能，促进开发绿色技术和进行绿色技术创新，有效地解决人与自然关系问题所反映出来的思想观念的总和。绿色和谐文化作为和谐社会的理论基石，包括生态和谐、人态和谐和心态和谐三部分。

1. 生态和谐是构建和谐社会的必然要求

绿色和谐文化中的“生态和谐”，即人与自然的和谐，是和谐社会及其构建的生态文明基础，是实现社会和谐的重要条件和前提。

（1）实现人与自然的和谐是地球生态系统的必然要求。人是自然界长期发展的产物，自然界是人类赖以生存与发展的前提和基础，同时，地球生态系统的“承载能力”存在确定的极限，如果超出这个极限，它就可能走向崩溃。因此，人类必须与自然和谐相处，其发展必须保持在地球承载限度之内。

（2）实现人与自然的和谐是构建和谐社会的基本内容。和谐社会的建构不能离开人与自然的和谐。一方面，人与自然的尖锐冲突本身在一定程度上反映出社会的不和谐；另一方面，只有在人与自然和谐的基础上，才有可能建立真正而长久的和谐社会。人与自然和谐相处蕴含着人类可持续发展的最高价值理念，在实现可持续发展中起着决定性作用。通过“转变经济发展方式”“改变消费模式”“节约能源资源”“保护生态环境”等做法，可有效地推进经济社会全面协调可持续发展。

（3）环境的污染和破坏严重地妨碍了和谐社会的建设。人类对大自然的长期掠夺、侵害和破坏，带来了全球性的生态危机问题，从而导致对和谐社会构建的挑战和风险。人类如果仍然日益加剧破坏已被严重污染了的环境，不仅不利于和谐社会的建设，而且还会加速人类的灭亡，甚至有可能毁灭整个生态系统。

2. 人态和谐是构建和谐社会的根本保证

（1）要素和谐。这是人态和谐的第一维度，即个体和谐，包括生理和谐、心理和谐和身心和谐，其要义是个人的全面发展。要素和谐是社会和谐的基础、前提和重要目标。人的本质属性是社会性，人是和谐社会最基本、最主要的构成要素，因此，人的自身和谐是整个社会和谐的基础。要素和谐能为构建社会主义和谐社会提供智力支持，同时也是社会主义和谐社会建设的重要目标。只有要素和谐了，个人得到了全面发展，人们自身的素质得到了全面的提高，才能为构建社会主义和谐社会提供智力支持。和谐社会的核心就是强调以人为本，促进人的全面发展。因此，提高人的素质，实现要素和谐，是建设社会主义和谐社会的首要任务和重要目标。

（2）关系和谐。这是人态和谐的第二维度，即人与社会的良性互动。和谐的人际关系是指人与人在社会交往过程中，基于基本利益的一致而形成的双方距离的拉近、心理的相容和彼此感情的认同。人际关系的和谐是最基本的和谐，追求和谐的人际关系，就是要引导人们树立和谐的思想观念和思维方式，正确对待存在的利益冲突和社会矛盾，从而有效地调节各种社会关系，化解各种社会矛盾，形成全体人民平等友爱、融洽相处、社会安定团结的和谐局面。和谐的人际关系有助于形成轻松的工作氛围，提高人们的工作热情，进而提高工作效率，为社会创造出更多的财富。

（3）系统和谐。这是人态和谐的第三维度，即群体人的和谐发展。系统和谐主要表现在全体社会成员拥有共同的理念和精神追求，是构建社会主义和谐社会的重要条件。系统和谐具有强大的社会凝聚力和社会整合功能，是维系民族团结、形成民族凝聚力的基础，是推动经济发展、促进社会和谐的纽带。追求系统和谐，就是要营造和谐的社会氛围，为和谐社会培育必需的社会环境，有利于社会形成绿色价值观，从而使绿色和谐理念成为全社会的重要价值取向，进而调动人们建设和谐社会的积极性、主动性和创造性，进一步推进社会主义和谐社会的建设。

3. 心态和谐是构建和谐社会的精神动力

人是社会发展的主体，是和谐社会最基本、最主要的构成要素。个体和谐是社会和谐的前提和基础，而个体和谐最重要的则是心态的和谐，并且在很大程度上取决于心态的和谐。心态和谐包括尊重平等、客观公正、诚信友爱、大度宽容、谦虚乐观、淡泊节制、自强不息，其基本特征是心态的相关要素结构合理，发展水平正常，即人们通常所说的心理健康。心态和谐是社会和谐的重要稳定基础。在现代社会中，竞争的危机感和紧张激烈的工作、生活节奏已经成为一种普遍现象，而这些往往成为一种巨大的精神负担和心理压力，造成人们心理的不平衡状态，甚至导致心理病态，对社会成员的心态进行积极、正面的调整和疏导，构建和促进社会成员和谐的心理状态，成为构建社会主义和谐社会的重要任务之一。心态和谐是实现和谐社会的思想道德基础。当人们进行实践活动时，其道德观念会以“意图”“目的”等形式充当着行为方向的主导力量，而人是否具备相应的道德和法制观念，与人的心态是否处于和谐与健康的状态是密切相关的。社会主义和谐社会建设，需要全体人民都具有健康、和谐的心态和共同的道德遵循，这是实现社会和谐的重要思想前提。

二、绿色和谐文化建设的意义

绿色和谐文化对推进经济绿色转型，实现从传统发展模式向科学发展模式的转变，从人与自然、人与社会相分离的发展形态，向人与自然和谐共生、经济与社会协调发展形态的转变发挥着重要作用。

（一）实行绿色生产

文化作为意识形态，具有相对独立性，可以引导、影响、制约人们对包括社会生产模式在内的经济活动方式的选择，因而，人类在经济活动中对生产模式的选择，不仅是基于经济利益的选择，也是基于理性的文化的选择。绿色和谐文化作为对传统工业文明的扬弃和深度反思，以崇尚自然、保护环境、促进资源永续利用和社会协调发展为根本特征，是克服传统工业文明的种种弊端的必然选择。弘扬绿色和谐文化，可以使生产者能够全面认识生产经营的环境义务和责任，从而将绿色理念内化为自觉意识，使他们在选择生产经营方式时，可能选择更加有利于节约资源和保护环境的绿色生产模式，将生产经营对环境的负面影响减小到最低，使生产行为与社会和环境更加协调。绿色理念的普及，还有助于经营者加快对传统工业生产模式的改造升级，引导生产者大力发展循环经济，实现对传统工业生产改造升级，为绿色产业的发展创造良好的条件。

（二）引导绿色消费

消费作为经济活动的起点和终点，是最稳定的最终的拉动因素，对于经济发展具有十分重要的意义。消费是引导企业经济活动的方向盘和最重要的力量源泉。要实现经济发展的绿色转型，必须实现消费结构的升级，扩大绿色消费的比例，以绿色消费来引导绿色经济的发展。绿色消费是一种以绿色的理念为指导，有益于身心健康、有利于环境改善的新的消费方式。绿色消费的健康、节约、环保、重复利用等绿色理念一旦被广大消费者接受，崇尚自然的绿色消费意识将会促使他们对绿色产品的认知程度的期望比较高，从而形成绿色产品取代非绿色产品的良好局面，引导企业由传统产品的生产转向绿色产品的生产。绿色和谐文化的推广，还可以使消费者在绿色消费理念的引导下，推动绿色需求的高级化和多样化，创造出新的绿色需求，拉动经济发展实现绿色转型，带动相关绿色生产的发展壮大。

（三）创新绿色科技

绿色科技作为有利于节约资源消耗、减少环境污染，促进社会、经济与自然环境协调发展的科学与工程技术，受绿色和谐文化，尤其是绿色的世界观、方法论和道德观的影响和制约。绿色和谐文化有利于推动科技的绿色化进程，引导科技朝着有利于绿色经济的方向发展。绿色和谐文化的普及必将强化大众的绿色环保意识，从而对绿色技术创新的激发起到积极的支撑作用。人们的环境意识和绿色消费要求日益提高，带动了绿色生产、绿色流通、绿色消费等经济运行环节的发展，这些为绿色技术创新提供了最重要的动力，使绿色技术创新成为企业技术创新的必然选择。绿色技术创新是指符合可持续发展需要的一种技术创新。它建立在绿色技术发明基础之上，其目的既有改善生态环境，提高人类健康生活质量的社会效益，又有获得潜在利润的经济效益；既是一项使绿色技术成果商品化的经济活动，又是使绿色技术成果公益化的社会活动。

（四）建立绿色制度

绿色制度是在绿色和谐文化及绿色价值观指导下形成的，促进绿色经济发展的各种制度体系，是要求社会成员共同遵守的规范性文化。绿色制度是制度形态的绿色和谐文化，靠约束力、强制力发挥作用的绿色和谐文化。绿色制度的内容直接反映人们对绿色生产方式和生活方式的认识水平，因而，绿色和谐文化是建立绿色制度的基础。公众绿色意识的提高可以为绿色制度的实施提供强有力的保证，公众参与到绿色制度制定和实施的活动中，可增强维护自身合法权益的自觉性，提高选择绿色生产方式和生活方式的自觉性，大大提高绿色制度的实施效果。绿色制度是一种需要由政府、公众和社会各界共同讨论协商制定，最后由国家提供的公共产品，主要包括生态保护制度、绿色文明制度、国民绿色教育制度、绿色和谐文化建设公众参与制度、绿色文明评价考核制度、绿色科技制度以及绿色宣传制度等。

总之，弘扬绿色和谐文化，增强人们的绿色意识，对于引导绿色生产、绿色消费和绿色科技创新，建立和实施绿色制度，最终促进经济的绿色转型都有极其重要的意义。

三、绿色和谐文化建设的途径

绿色和谐文化的培育和营造是一项艰巨而复杂的工作。构建绿色和谐文化，就要把绿色和谐观念从一种理念、一种提倡变成能够进入并巩固于人脑的一种世界观或者世界观的一部分，借助教育、法律等多种手段来构建绿色和谐文化。

（一）建设绿色和谐价值文化

价值观是指一个人对周围的客观事物（包括人、事、物）的意义、重要性的总评价和总看法。一方面表现为价值取向和追求，凝结为一定的价值目标；另一方面表现为价值尺度和准则，成为人们判断价值事物有无价值及价值大小的评价标准。绿色和谐文化最核心的内容是传播和普及绿色和谐价值观。绿色和谐价值观就是在几种价值的选择和排序中，社会成员能够在价值判断上将追求生态文明排在满足人的欲望、对自然的开发和经济的发展前面。构建绿色和谐价值文化，就是要使社会成员形成一种自觉的价值判断，在物质生活中以较少碳排放作为自身的价值取向。

（二）建设绿色和谐科技文化

科技影响着社会的发展。一方面，科技推动了社会的进步，给社会带来了物质文明，推动社会进步；另一方面，科技的发展速度已经呈几何状地超越了自然界的新陈代谢，科学技术和科技产品都能够极速地消耗自然资源。因此，科技的创新应该以绿色和谐为前提。科研工作者应树立绿色和谐的科研观念，明确科技的最终目的是推动社会的进步。

（三）建设绿色和谐教育文化

教育是人类文明的传承，知识的传播、品德的培育以及价值观的构建都是教育活动。绿色和谐教育文化就是将绿色思维、绿色意识、绿色理念融合到传统教育中，帮助受教育者形成绿色的世界观、价值观。建设绿色和谐教育文化，应该发挥绿色和谐教育的作用，使人们不仅树立绿色环保的观念，还要将绿色意识落实于自身的行为中。建设绿色和谐教育文化，要特别重视教育者对受教育者的情感激励作用，激发人们对地球、对环境、对身边的人、对子孙后代、对国家和民族的情感。

（四）建设绿色和谐消费文化

绿色和谐消费文化所提倡的是适度、理性的消费。适度、理性的消费是指在资源与环境约束下的一种消费方式。绿色消费文化的内涵可以概括为以下几层：在能源消耗上，绿色消费是一种较低能源耗费的消费，绿色消费应当是“节能”的；在风险评估上，绿色消费是低风险的，这种低风险的评价不仅仅是对消费主体自身，对环境的损害风险也要降到最低，绿色消费应当是“安全”的；在持续消费上，绿色消费是一种消费主体此时消费了，未来还可以有这样的消费行为，甚至子孙后代依然具备这样消费的可能，绿色消费应当是“可持续发展”的。

绿色和谐消费文化的形成，需要消费者有一种认同绿色消费的态度，形成一种选择绿色消费的习惯，定型为一种绿色消费价值观。要形成绿色和谐消费文化，需要在舆论导向上改变目前不健康的“消费至上”的主流消费文化和个体的消费惯性，形成一种绿色消费舆论。政府从税收等方面鼓励绿色消费，企业加强绿色产品的研发，媒体推广和倡导一些绿色产品的消费，使绿色消费文化成为社会消费文化的主流。

第二节　绿色殡葬文化的建设

殡葬源于人类祖先依赖自然、敬畏自然，为保障人类生存环境而选择的遗体处理方式和一系列的礼仪，殡葬活动的基本目的是更好地保护人类生存空间。殡葬改革的目标是正确分析和处理殡葬与自然环境之间的关系，建立可持续发展的殡葬体系和保持与之相适应的可持续利用资源和环境基础。当今人类面临全球生态恶化、资源危机、人口膨胀等威胁人类存续的外部环境灾难带来的严重挑战，如何解决殡葬领域一系列的人口、资源和环境问题，使生者、故人与环境能友好和谐地相处，成为建设社会主义和谐社会面对的严肃课题。殡葬业必须充分考虑环境资源承载能力，将殡葬活动和消费规制在生态承载力、环境容量限度之内，采用资源节约型和环境友好型殡葬模式，最大限度地减少殡葬对资源的消耗和环境污染。

一、绿色殡葬文化的核心价值

绿色发展模式是以绿色新政为引领，以绿色能源为基础，以绿色消费为导向，以绿色设施为载体，以绿色经济为核心的可持续发展模式。

（一）绿色殡葬的定义与内涵

绿色殡葬理论是全球生态意识觉醒的产物。狭义的绿色殡葬是指在殡葬过程中，以及在受殡葬直接影响之后的一段时间里，自然环境和生态环境能与人类社会协调发展，也就是充分体现环境保护意识、资源节约意识和社会责任意识，尽可能满足殡葬消费者的绿色需求，以实现可持续发展。广义的绿色殡葬是指与殡葬相关的物质和意识上的绿色环保。

初期的绿色殡葬观念是环境问题强化的产物，是“将环境管理认知作为事业发展的义务和成长机会的殡葬活动”。绿色殡葬倡导在殡葬的各个环节中采用环保技术，提高资源利用率，最大限度地降低殡葬活动对环境的影响，要求在殡葬活动中时时处处考虑环保与可持续发展，采取与环境和谐相处的态度和全新理念去建立和管理殡葬系统。随着绿色殡葬实践的深入，不仅强调了环境保护，还强调了可持续发展以及在此基础上的社会、经济、人口、资源、环境等的协调发展。因此，绿色殡葬是指以促进可持续发展为目标，为实现社会经济利益、消费者需求和环境利益的统一，殡葬服务主体根据科学性和规范性的原则，通过有目的、有计划地开发殡葬商品（包括产品和服务）来满足殡葬市场需求的一种殡葬管理过程。从殡葬服务机构角度讲，绿色殡葬是指殡葬服务机构利用先进的殡葬技术和工具，通过科学的殡葬操作与管理全程的绿色化，以不损害人类自身及后代的未来需求为条件，既减少殡葬活动对资源的消耗和对环境的污染，又满足社会和消费者现实需要的殡葬活动。

从社会消费角度看，绿色殡葬是一种既对消费者负责，又对殡葬服务机构和环境负责的管理行为，它具有独特、崭新的内涵和顽强的生命力，定位于环境保护与节约资源和能源，放眼于社会经济的长远利益和全球利益，旨在实现可持续发展。绿色殡葬不仅要满足当代人的殡葬消费需求和安全健康，还要满足子孙后代的殡葬消费需求和安全健康，主要包含三个宗旨：一是节约材料消耗，保护地球资源；二是确保产品安全实用、卫生和方便，以利于人们的身心健康和生活品质提升；三是引导绿色消费，培养人们的绿色意识，优化人们的生存条件。绿色消费也称可持续消费，主要包括消费无污染的物品、消费过程中不污染环境、自觉抵制和不消费那些破坏环境或大量浪费资源的商品三个方面内容。绿色殡葬消费要求殡葬服务机构提供对环境影响最小的绿色商品，以减少危害环境的消费。

总之，绿色殡葬就是指充分运用先进科学技术、先进设施设备和先进管理理念，以促进殡葬安全、生态安全、资源安全和提高殡葬社会效益、经济效益、环境效益的协调统一为目标，以倡导殡葬标准化为手段，推动人类社会协调、可持续发展的殡葬新理念和殡葬新模式。绿色殡葬要求在殡葬过程中抑制殡葬对环境造成危害的同时，从环境的角度对殡葬体系进行改进，实现对殡葬环境的净化，减少殡葬对资源和能源的浪费，形成一个环境共生型的殡葬系统。这种殡葬系统建立在维护地球环境和可持续发展的基础上，改变原来经济发展与殡葬、消费生活与殡葬的单向作用关系，在抑制传统直线型殡葬对环境造成危害的同时，采取与环境和谐相处的态度和全新理念，设计并建立一个资源节约型、环境友好型的殡葬系统。

（二）绿色殡葬新理念的提出

1. 殡葬改革是社会发展的基本要求

构建社会主义和谐社会是政府实现社会管理和公共服务的目标和要求，殡葬事业作为体现政府公共服务职能的特殊行业，保障公民的合法权益是构建和谐社会的应有之义。火葬和土葬作为我国目前殡葬管理政策中较为普遍的葬法，在不同程度上影响着社会、环境和生态。

以实行火葬为主要内容的殡葬改革，每年节省数万亩耕地、百万立方米木材和数百亿元殡葬费用，在一定程度上缓解了资源不足的压力，保护了生态环境，推动了经济与社会的协调发展，促进了人与自然的和谐相处，为社会主义生态文明建设作出了积极贡献。火葬作为一种生物燃烧，是使用能源（电力、柴油、煤炭等）将遗体在高温给氧条件下快速焚化的过程。相对于土葬来说，火葬节约森林和土地资源，却消耗了电力、石油、煤炭等能源；火葬能消除遗体细菌病毒等生物污染，减少遗体土葬对土壤、水资源的污染，限制了占用耕地的问题，却又增加了空气污染。我国现阶段火化及消烟除尘设备还比较落后，减少火化对能源的消耗和对环境的污染，成为推行火葬过程中亟待解决的重要问题。

火葬政策实施多年来，大部分地区实行了火葬，但由于一些地方对火化后骨灰装棺二次土葬问题制止措施不得力，致使殡葬费用居高不下；有的地方民政部门把火化率作为衡量殡葬工作好坏的首要指标，过度推行火葬，激化了干群矛盾；实行火葬而直接产生骨灰处置问题并形成骨灰数量的大量累积，出现了“骨灰占地”的新问题，增加了骨灰安置设施（骨灰寄存、骨灰公墓等）的压力，而火化后骨灰土葬，仍占用耕地，还增加了殡葬费用等负担。这些都有悖于推行火葬政策的初衷，尤其是受传统殡葬习俗的影响，集中祭奠引发的交通、安全、环境等社会问题也日趋明显，所有这些问题都严重影响了火葬政策所预期的实施效果。

土葬是遗体自然氧化分解的缓慢过程，土葬后的遗体在微生物作用下分解，对环境产生化学污染和生物污染，而遗体内有毒重金属元素会随降水的地下渗透作用溶入地下水，对土壤和水体造成污染。为改变乱埋乱葬、占用耕地的状况，全国兴建了7万多个农村公益性遗体墓地、200多个城镇遗体墓地和40多个为土葬服务的殡仪馆。各地还因地制宜地推行了植树葬、深埋不留坟头等少占或不占土地的遗体安葬形式，逐步改变了千百年来沿袭的葬法。受中国传统文化“入土为安”的影响，根深蒂固的土葬习俗仍然在一定的深度和广度上影响着人们的殡葬行为，遗体火化后骨灰再行土葬的方式极为普遍。土葬的改革并非仅仅是少占或不占土地的问题，更重要的是解决遗体污染环境的问题。尤其是土葬改革区大多交通不便、经济欠发达，安葬前对遗体的无公害处理成为土葬改革的难点。

在实行火葬、改革土葬的同时，国家倡导葬礼、葬法和祭奠方式的改革，新兴的文明殡葬礼仪正伴随着和谐社会的构建逐步为人们所接受。尤其是在城市被普遍采用的遗体告别、追悼会等简洁的葬礼形式正在广大农村推广，因大大缩短了停灵时间而减少了遗体对环境的污染。

殡葬设施的环境建设问题已经成为城乡建设的重要内容之一。近年来，国家加大了火化过程中环境污染的治理力度，强化了殡葬设施环境建设，积极倡导节约资源的殡葬方式和健康文明的殡葬消费模式，推动了社会可持续发展。

2. 绿色殡葬是和谐社会的理论创新

绿色殡葬是全新的殡葬理念。绿色殡葬富有人与环境和谐相处的内涵，具有开放性、标准化和持续性的鲜明特征。开放性，即充分利用人类文明进步特别是科技发展的一切优秀成果，依靠科技进步来满足人类殡葬活动的需求。标准化，即实行殡葬的标准化全程控制，特别强调殡葬过程中对遗体和骨灰处理的标准化，把殡葬对环境的污染降到最低限度。如有的殡葬服务机构实施了ISO9000质量管理体系、ISO14000环境管理体系和OHSAS18000职业健康安全管理体系的三项认证。持续性，即在合理使用设施设备的前提下，重视资源的合理利用和保护，并维持良好的生态环境。

绿色殡葬是科学的殡葬方式。提高科学殡葬意识，改变遗体处理和骨灰安置方式，构建与社会经济环境协调发展相适应的殡葬文明，是社会文明发展的时代要求，也是重塑优秀传统殡葬文化中的以“厚养薄葬”为主题的节约文化的迫切需要。殡葬方式的改革要求人们在殡葬活动中合理地使用各种资源，为人类的生存留下必要的空间。绿色殡葬主张“回归自然”，主要葬法有植树葬、花葬、草坪葬、海葬等。植树葬“深埋地下，不留坟头，以树代碑，节俭治丧”。在农村鼓励采用骨灰（或遗体）深葬不留标记不影响耕作的方式，这些改革已经在我国普遍展开，并正向深度和广度发展。

绿色殡葬是全程的科学环保。我国每年死亡人口约900万，以每人70千克计，全国每年就有63万吨遗体需要妥善处理，采用原始的殡葬方式根本无法避免遗体本身的化学污染和生物污染，只有采取科学的殡葬手段，才能减少和消除其潜在的危害。由于人口年龄结构的原因，死亡人口总量将持续增长，殡葬服务需求巨大。基本的绿色殡葬就是环保科技在殡葬全过程中的运用，即按照环境保护的理念，以解决殡葬与环境问题为核心，将生态学、环境学、卫生学、土壤学等多学科的原理综合运用到遗体的接运、保存、整容、防腐、火化、安置和悼念等各项殡葬活动中，进行殡葬的全程无污染、无公害的安全控制，在殡葬服务的过程中节约资源，清洁实施殡葬服务和相关的生产，减少资源消耗，降低并控制污染排放，实现殡葬与社会、生态、科技、经济的协调和可持续发展。

绿色殡葬是时尚的人生消费。倡导绿色消费，就是要制定统一的消费政策和引导措施，促进绿色消费数量的增长和产品结构的优化，确立科学的、有益人类健康和环境保护的殡葬消费模式。殡葬业应在减少殡葬对自然资源的消耗和对自然环境的污染与破坏的基础上，建立可持续发展的殡葬体系并保持与之相适应的可持续利用的资源和环境。如减少火化耗能量、节约墓葬用地、严格限制墓位占地面积和使用年限，以减缓墓地扩展的速度和形成墓地循环使用机制，不保留骨灰或遗体骨灰的处理不占用土地资源等。

绿色殡葬是创新的社会治理。社会治理的主要途径是提升政府的公共服务能力，使政府、组织和公民形成良性的上下互动。殡葬改革体现“以人为本”的思想，殡葬工作是为“逝者安息，生者慰藉”而服务的。推进殡葬改革的力度要适应公众的接受程度，要让公众了解殡葬改革的初衷和意义，注意工作的方式方法，不能简单粗暴、激化矛盾，制造不稳定因素，从而影响整个殡葬工作在公众心目中的位置。

3. 绿色殡葬是生态文明的实践创新

殡葬改革的基本出发点就是要减少殡葬对自然资源的浪费和对自然环境的污染及破坏。绿色殡葬作为迄今为止人类殡葬文明发展的最高阶段，它以人与自然、人与人、人与社会和谐共生、良性循环为宗旨，强调在殡葬改革和管理进程中，尽最大可能地节约资源和保护生态环境，是当代人类社会应对生态环境危机挑战和反省自身行为结果的重要修正和选择。

用社会治理方式解决殡葬与社会的矛盾。环境是人类赖以生存的基础，殡葬的实质是如何处理人类遗体与环境的关系，殡葬改革的目标和人与自然和谐是统一的。生态文明要求全社会都采取有利于环境保护的生产方式、生活方式、消费方式，建立人与环境良性互动的关系。要寻求一条能够使殡葬改革取得重大突破、殡葬管理取得重要成果的道路，就要认真对待当今社会对殡葬管理与改革以及对殡葬行业所提出的质疑并解决问题，与时俱进地调整现行殡葬改革政策，以实行火化为主，改革土葬为辅，实现殡葬模式的多元化，逐步建立以集人文关怀、生态保护和不占土地、节约殡葬费用为一体的绿色殡葬新体制和殡葬管理新格局。

殡葬改革有利于解放和发展生产力。殡葬改革在解放生产力、发展生产力方面具有不可忽视的间接作用。在以建立资源节约型、环境友好型社会为主要内容的社会主义和谐社会建设进程中，我国已明确提出把节约土地、保护生态环境作为基本国策，因而要顺应时代要求，认识到殡葬改革和管理的最终目标是不保留遗体和骨灰，殡葬改革的方向和重点是构建体现社会主义生态文明的殡葬文化，引导人们树立科学、文明、节俭的殡葬消费观，做到文明节俭办丧事。

殡葬文化的创新是殡葬改革的基础。殡葬改革不仅仅是殡葬方式的改革，更重要的是殡葬文化的改革，殡葬文化的创新更有利于殡葬改革的推进。一是通过殡葬观念创新，引发葬式、葬仪等殡葬活动一系列创新。如“网上祭奠”把现代技术和传统殡葬观念结合在一起，利用无限的虚拟空间来完成人们寄托哀思的需求，缓解了集中实地祭奠引发的一系列社会压力等矛盾。二是殡葬活动形式的创新应朝着多样化方向发展。如传统的祭奠活动演化到家庭追思会。三是殡葬服务创新要以满足公众需要为出发点。如把公墓建成集墓葬、祭奠、游览、休闲、教育为一体的人文纪念公园。

4. 绿色殡葬是社会治理的重要举措

绿色殡葬与传统殡葬方式相比，无论是在组织者、范围还是实施工具上，都具有多元化、层次化和广泛化的特点。绿色殡葬是借助利益分析的理论范式来维护相关方合法丧葬权益的工具和手段，是通过引入绿色生态的系统论视角来评估殡葬过程对社会的影响，进而实现殡葬整体事业和谐发展的一种理念、一种格局和一种机制。

（1）初见成效的现实意义。推行绿色殡葬，为社会提供方便实惠、节能环保、健康文明和可持续发展的殡葬服务，利国利民，意义重大。

一是提供基本殡葬公共服务，是以人为本、保障改善民生的需要。殡葬服务涉及千家万户，关系到公众的切身利益。社会建设的重点是保障和改善民生，其基本要求是解决人民最关心、最直接、最现实的利益问题，发展社会事业、扩大公共服务，实现基本公共服务的均等化。政府应以人为本，为公众提供基本的殡葬公共服务，包括遗体运送、遗体存放、遗体火化以及骨灰安放等内容，满足公众基本服务需求。这些基本服务应完全具备公益性质，使人民大众能以较低的价格享有方便、实惠的殡葬服务，解决公众反映强烈的“治丧难”“治丧贵”等问题。

二是更新改善殡葬设施设备，是节能减排、建设生态文明的需要。据统计，我国每年因遗体火化和遗物焚烧共产生固体物质 1.13 万吨，向空气排放烟尘及废气 8.27 万吨。传统的火化机制造工艺落后，环保技术水平低，污染严重。如果更新设备并加装尾气处理设备，全国每年可节省柴油 6750 万升，仅此一项每年即可节约 4 亿元，若将节约的资金用于更新改造，按火化机通常使用寿命平均 8 年计算，则节约的成本即可满足更新换代的需要。同时，技术改造还可减少烟尘、废气排放，特别是减少含硫含碳类污染物和二噁英等有毒物质。

三是遗体和骨灰处理多样化，是节约资源、实现持续发展的需要。通常火化遗体比土葬遗体可以节约一半的费用，而目前徘徊在 50% 的火化率还有很大的提升空间。实行火葬极大地解决了传统土葬污染土壤、地下水和空气，诱发传染病的问题。另外，公益性骨灰安置设施占地少、耗用资源有限，如果普遍采用，土地节约效果非常明显，对于解决我国人多地少、死人与活人争地问题具有重要意义。

（2）民政部门的行动举措。继续巩固提高火化率，推广节地葬法，实现骨灰安葬多样化。积极推广树葬、花葬、草坪葬等节地葬法，鼓励倡导深埋、撒散、海葬等不保留骨灰方式，推动绿色殡葬。民政部确定 2011 年为“绿色殡葬推进年”，目的是进一步树立绿色环保理念，推动绿色殡葬改革创新和政策创制，破解殡葬领域热点难点问题。

（3）良好口碑的社会反响。绿色殡葬的提出和实施有着深刻的时代背景，同时也产生了良好的社会反响。如上海推出的“丧葬费托底套餐”举措切实减轻了人民群众的丧葬负担，促进了社会建设、树立了政府形象。北京市“零百千万”工程荣获了市政府“创新项目奖”，同时也被评为全国殡葬惠民政策先行地区予以通报表扬。

可以说，绿色殡葬已经由部门行为上升为政府行为，绿色殡葬在殡葬事业整体改革中扮演了“突击队”的角色，为整体改革的稳步推进“铺了路、搭了桥”，呈现出民政部门主导和地方政府自发创新并存的发展态势。

二、绿色殡葬文化生态的分析

在和谐社会建设中树立绿色殡葬理念，实施绿色殡葬发展战略，注重殡葬科技创新，建立以绿色殡葬为主题的殡葬新文化体系，实现殡葬过程中人与自然、人与人的和谐，可以更好地促进社会和谐发展，具有重要的现实意义和长远的历史意义。

（一）绿色殡葬发展现状分析

1. 殡葬事业发展的突出问题

在我国现有经济社会发展形势下分析我国殡葬事业发展，明显存在以下几方面问题。

（1）政府投入不到位导致殡葬生态性缺失。政府资金投入的不到位，使我国殡葬基础设施极其薄弱，不仅满足不了公众日益上升的殡葬需求，也无法满足政府为推行绿色殡葬进程的变革需求。一些殡葬经营管理者“逐利本性”引发资金移位，其社会目的不断受到经济目的的侵蚀，殡葬服务从准公共物品逐渐表现出商品的特征，公众的多元需求不是靠公共服务水平体现，而是靠个人经济水平，因此绿色殡葬公益性宗旨受到巨大挑战，导致殡葬生态性的缺失。

（2）政府监管不到位导致殡葬科学性偏低。我国现行的殡葬服务供给虽由政府主导，但有很大一部分内容以承包的形式外包给市场主体，却又由于市场化不足、权力不恰当干涉等原因造成了整个行业的垄断格局，而政府部门又缺乏对不规范内容的监管，没有做到对殡葬设施建设、殡葬服务价格、殡葬用品定价机制的充分市场化。因此，殡葬服务的社会公益目标在经济目标吞噬下一再沦丧。另外，滞后的法律法规为绿色殡葬发挥公益保证作用时表现出承受不起历史之重的病症，法制的不健全没有为公众真正从绿色殡葬中得到实惠提供保障。

（3）政府宣传不到位导致殡葬多元化不足。推行绿色殡葬本身就是一项重要的公益性事业，而近年来我国绿色殡葬虽然在对于移风易俗、革除丧葬陋俗，形成健康、文明、科学、环保的殡葬习俗方面卓有成效，却没有从公众视角及殡葬消费者的角度，也未能从现实意义与实际利益出发为公众提供便利与实惠。正因如此，绿色殡葬并没有在为公众提供更多殡葬选择方式与更科学环保的殡葬理念，也未能为自身的全面推广打开更多突破口，而绿色殡葬又恰恰是殡葬公益化中民本思想的体现，也是和谐社会的要求。

（4）公众监督不到位导致殡葬绿色化衰弱。殡葬服务特殊性决定公共参与的非普遍性与非经常性。因此，服务受众在缺少广大社会公众这一坚实后盾的庇护下往往无奈接受难以接受的“殡葬服务”，从某种意义上纵容了殡葬行业中非理性和功利目的的滋生。另外，现有法律法规和行政管理中，问责制度缺失，事后救济不完备，公众监督作为向政府施压的有效方式和途径，没有对完善法律依据承担起作用，因此公众接受殡葬服务过程也得不到法律对公共权益的有效保障。

2. 绿色殡葬法规与制度建设

殡葬法规是指由国家制定的、用以规范殡葬活动中的各种社会关系的法律规范的总和。1997 年 7 月 21 日国务院颁布实施的《殡葬管理条例》作为我国现行效力最高的殡葬法规，就有很多规定蕴含和体现了保护环境和维护公共卫生安全的绿色精神。这些规定适合我国人口众多、人均自然资源少、生态环境脆弱的国情，对我国殡葬业的可持续发展发挥了很好的作用。

改革开放以来，随着我国法制建设的不断加强，殡葬立法工作也得到了推进，殡葬环保立法取得显著成绩。但是，相对于发达国家，我国的殡葬环保立法总体上还相对落后，保护环境还没有成为殡葬法规的基本原则，人们还没有全面从环保的角度去审视殡葬管理和殡葬活动的各个方面和各个环节。殡葬法规现有涉及环保的规定还比较松散，未能形成严密的体系。在殡葬设施、殡葬设备、殡葬用品、殡葬活动等方面的环保立法还很不完善，有的环节还完全处于空白状态。

当前，我国社会主义市场经济体制不断完善，尤其是在行政许可法全面贯彻实施的新形势下，殡葬市场的全面开放步伐越来越快。但在市场开放初期，多样化的市场主体为了达到各自经济利益，往往忽视社会效益和环境保护。因而，要在殡葬法规中明确环境保护和公共卫生安全基本原则，并尽快完善相关的殡葬环境保护法律制度。目前，我国已基本形成以宪法为核心，以环境保护法为基本法，以环境与资源保护的有关法律、法规为主要内容，以我国缔结参加的有关国际环境与资源保护的条约、公约、协定为辅的较为完备的环境与资源法的法律体系。同时，还存在一个包含传染病防治法等法律法规在内的公共卫生健康安全法律体系。在建设殡仪馆、火葬场等殡葬设施时，按照环境保护法的相关规定，环保设施与其他设施应该同时设计、同时施工、同时投入使用。在火化遗体和燃烧祭奠用品时，要注意避免造成大气污染。殡葬活动的过程中要避免对公共卫生造成危害和带来声音、视觉污染。在殡葬生前患有传染病的人的遗体时，应该严格执行传染病防治法等相关专业法规的规定。海撒骨灰时要符合海洋环境保护法、水污染防治法等相关法律的要求。建设公墓时要注意保持自然植被，防止水土流失。

殡葬活动是一项永恒的人类活动。殡葬因死亡而开始，以遗体的处理为中心。现代科学研究表明，人亡故后，寄生在遗体上的各种细菌和微生物开始以几何级数增长，对公共卫生和公共健康构成威胁。如何有尊严地、安全卫生地处置亡人的遗体，确保不对公共卫生造成危害，不带来环境污染，成为各殡葬行为中所应考虑的首要的、基本的问题。除了注意遵守环境保护和公共健康卫生方面的法律法规外，还应该针对殡葬涉及的特殊问题和具体情况，加强殡葬环保立法以及标准化工作的推进。为贯彻执行《中华人民共和国传染病防治法》《殡葬管理条例》和《公共场所卫生管理条例》，创建卫生、安全和文明的殡葬环境，《殡仪场所致病菌安全限值》（GB19053—2003）标准规定了各类殡仪场所致病菌安全限值、卫生要求及监测检验方法，适用于殡仪馆、火葬场、骨灰堂、公墓、殡仪服务站、殡仪车等固定和流动殡仪场所。《燃油式火化机污染物排放限值及监测方法》（GB13801—2009）标准规定了燃油式火化机大气污染物排放的浓度限值、总量限值、烟气黑度限值、等级划分及其监测方法。

随着我国殡葬改革步伐的加快，殡葬业作为一个特殊的国家公共服务行业，环境污染问题已逐步引起社会各界的关注，殡葬行业节能减排的相关文件连续出台。2007 年，在国务院批准的《中华人民共和国履行国家实施计划》中，殡葬业（遗体火化）已经被作为优先开展二噁英减排的重点污染源之一。2009 年，民政部把“殡葬领域节能减排工程”列入《全国民政科技中长期发展规划纲要》，作为落实“十二五”时期殡葬改革主要任务的重要手段之一。近年来，政府关于殡葬节能减排政策逐步升级，明确了绿色殡葬理念，自觉地把节能减排工作落实到管理运营的每一个环节上来。殡葬节能减排有利于节约资源，保护和改善环境，实现殡葬行业发展与资源环境相协调；殡葬节能减排是建设资源节约型、环境友好型社会的必然要求；殡葬节能减排是殡葬服务机构履行社会责任和增强自身竞争力的现实需要。殡葬节能减排作为建设绿色殡葬的重要组成部分，在推进行业可持续发展上将发挥举足轻重的作用。

随着我国进入老龄化社会，殡葬服务需求量不断上升，面对人口与资源的矛盾，绿色殡葬必将成为一种趋势。推行绿色殡葬是推进中国殡葬事业科学发展的必然要求，也是世界性的殡葬改革发展方向。各级民政部门在“十二五”时期把建设绿色殡葬放在更加突出的位置，在殡葬设施建设、遗体处理、遗物焚烧、骨灰安置等方面，树立绿色低碳理念，以节能减排、保护环境为重点，加快完善资源节约、环境友好的葬式葬法。

（二）绿色殡葬关键环节分析

殡葬是一种具有特殊目的的社会活动。殡葬活动是借助一定物质形式而进行的精神活动，通过殡、葬、祭三个环节来表达人们对逝者永远离去的悲伤和怀念之情。我国绿色殡葬的实施主要在殡、葬、祭三个主要环节中体现绿色化的。

1. 殡葬礼仪的绿色化

殡葬礼仪是殡葬活动的主要表现形式，也是殡葬消费的具体体现。我国每年约 3 亿人参加殡葬仪式，约 4 亿人参与祭扫活动，遗体装殓、礼厅布置、车辆出行和祭品焚烧等产生的浪费与碳排放也相当惊人。遗体存放、守灵、吊唁、告别成为现代殡葬活动的重要礼仪内容。遗体存放需要耗费大量的电能，部分地区通过防腐技术大大降低了遗体存放期间能源的消耗。据对目前殡葬业巨大消费进行的调查显示，85% 以上的殡仪馆出售花圈，在追悼会现场摆放后烧掉，存在着巨大的资源浪费现象，严重污染环境。相比之下，北京、上海、沈阳、石家庄等市早已于 20 世纪 90 年代就开始实行出租花圈等祭奠用品，既节省资源，又可以保护环境。殡葬礼俗是精神文明与物质文明相互结合与作用下的文化形态，全面实施殡葬用品租赁制是殡葬礼仪绿色化的重要举措之一。

2. 遗体处理的绿色化

殡葬业属高排放、高污染的行业。人类遗体是一个超级污染源，遗体滋生的病原体和传染病遗体携带的病原体将直接危害人们的健康；遗体保存与火化需要消耗大量的化学药剂与燃料；遗体土葬不仅浪费土地、木材等资源，还对土壤、水源造成污染。殡葬行业污染控制的重点是火化和遗物祭品焚烧过程的污染控制。遗体火化是将遗体在高温给氧条件下快速焚化的过程，虽然能消除细菌病毒等生物污染，但会产生严重的大气污染，遗体、火化燃料、随葬品及遗体包装物等燃烧产生大量的烟尘、二氧化硫、氮氧化物、硫化氢、氨气、一氧化碳等主要大气污染物，还产生二噁英等强致癌、致畸、致突变物质。

殡仪馆作为以火化遗体为主要内容的公共服务设施，焚化遗体时火化机排放的烟气成为十分重要的环境因素。

控制遗体在火化过程中产生的烟气，使其达标排放，降低和减少污染，对以环境保护为主旨的绿色殡葬有着重要的意义。要确保火化烟气的排放达标，最重要的是在遗体焚烧过程中的调节控制，使氧化氮、硫化物、二噁英等在高温下有效分解，通过燃烧控制和烟气后处理技术实现遗体火化过程中的污染控制，在炉体结构设计、控制随葬品、烟气处理装置上下功夫。市级以上殡仪馆和大部分县级殡仪馆能够在遗体焚烧过程中通过保持两次燃烧室的温度，使氧化氮、硫化物、二噁英等可以被充分氧化分解，达到烟气处理效果。此外，不同的焚烧阶段，调节燃料、助氧风、炉膛压力，使遗体正常燃烧，达到控制烟气排放的效果。

广东省政府要求“推动殡仪馆（火葬场）节能减排，重点对落后火化设施设备进行更新改造，推广使用环保节能型火化机，实行节能减排，减少环境污染”。《广东省持久性有机污染物污染防治规划（2011—2015 年）》已将遗体火化列为广东省持久性有机污染物污染五大重点防控行业之一，把二噁英排放值作为全省等级殡仪馆评定的指标之一，促进殡仪馆火化设备升级改造，提出“倡导文明殡葬，推广环保节能型火化机，完善废气净化装置，减少遗体火化行业二噁英排放”。

3. 骨灰处理的绿色化

骨灰处理是体现殡葬改革效果的主要环节，做好骨灰处理工作是火葬工作圆满完成的标志。近年来，政府加强了对绿色殡葬的管理，民政部多次对推行绿色殡葬提出明确要求，北京、上海、天津、重庆、浙江等地强化了绿色殡葬的行政管理。各地在探索实现骨灰处理多样化的基础上，因地制宜，进一步推行骨灰处理的生态化，骨灰植树葬、草坪葬、骨灰撒海等不保留骨灰或一次性处理骨灰的绿色安葬新形式、新方法得到了大力推广。

在政府推行绿色殡葬理念的感召下，人们开始逐渐转变“入土为安”的传统观念，选择树葬、花葬、草葬、海葬等少占地或不占地生态葬法的人越来越多。植树葬的基本形式是将骨灰深埋于地下，地上植树作为墓的标志。植树葬能满足人们入土为安、回归自然的愿望，缓解骨灰安置设施的压力。花坛葬是一种将绿化与安葬融合在一起的葬式创新，它将骨灰埋入土里，用美丽的花坛覆盖，代替土葬的墓碑，是一种很好的环保葬式。草坪葬是把骨灰深埋在草坪土壤内，并在上面镶嵌一块典雅的小型标志物。把骨灰埋于树下、花下、草坪下，或者撒向大海等“低碳”绿色殡葬行为，在“无地可葬”的一线大城市越来越流行。

2008年6月3日，山西省太原市率先在全国制定《太原市绿色殡葬标准》，推出了树葬、花葬、草坪葬、深埋、撒散等绿色环保的葬式，促进了绿色殡葬的标准化、规范化进程。2010年，北京市推出系列惠民殡葬新政，包括植树葬、花坛葬、草地葬、骨灰墙等环保型的60多种万元以内的骨灰安置方式已开始实施，引导市民改变殡葬观念、节约殡葬用地，越来越多的市民开始认可和选择绿色殡葬。植树葬、草坪葬、花葬等殡葬方式充分表现了中国人入土为安、回归自然的传统殡葬习俗，体现了生命在大自然中延续的人文观念。但受传统观念和成本影响，植树葬、花葬、草坪葬等绿色环保的殡葬方式推行并不容易，绝大多数人仍倾向于为已故亲人选择传统的墓葬方式。

土地资源日益紧缺，壁葬这种节地环保型殡葬方式走进了人们的视野。壁葬是用建筑材料筑成的墙体分隔成若干独立空间，内置骨灰盒，密封后刻上碑文。壁葬以墙代墓，在一堵墙上设立一层一层的小格子，将骨灰盒封存于墙体内，非常节约土地资源，也是较为经济节约的方式。

土地资源的紧缺、环境容量的压力，以及人们生态环保意识的提高，让绿色殡葬的发展呼声逐年高涨。不留任何骨灰、被喻为最环保的“海葬”，作为沿海发达城市逐步推广的简约型骨灰处理方式，以不占土地资源、绿色环保、具有象征纪念意义等优点，近年来受到民众认可。

辽宁省大连市是国内最早倡导并开展海葬、树葬等绿色殡葬的城市之一。从1997年开始，大连市积极倡导骨灰多样化处理，大力推行少占地、不占地骨灰处理方式，率先在全国开展骨灰撒海活动。近年来，大连市加大了以绿色殡葬为主题的殡葬宣传活动，大力推行少占地或不占地的骨灰安置方式，引导市民树立健康文明的殡葬理念。大连市现已实施了对本地市民免费海葬的惠民政策，政府免费将逝者的骨灰撒入大海，让生命重回大自然，得到了广大市民的积极响应。目前，大连市参与海葬的比例已占死亡市民人数的1%，居全国前列。

采用绿色生态葬法多样化处理骨灰，最大的好处就是节约土地资源，同时因其环保、节能和成本低，必将会被更多民众接受，而成为未来中国殡葬的主流趋势。

4. 祭奠过程的绿色化

北京、上海、深圳、长沙等大中城市的各个墓园，近年来陆续推出“鲜花换纸钱”“祈福卡”“天堂信箱”“天堂寄语”“网上祭扫”等低碳祭扫方式，过去焚烧纸钱、燃放鞭炮、点香烛、摆放实物祭品等传统祭扫方式逐渐被鲜花祭扫、网络祭扫等新型环保祭奠方式取代，“魂系生态、回归自然”的绿色殡葬环保理念正获得越来越多人的认可。

作为一种彻底的环保生态葬法，不保留骨灰的网络祭奠（又称“网葬”）已经逐渐被人们认可。网络祭奠是指通过登录在计算机和网络通信技术基础上建立纪念馆，对逝者进行祭奠。在殡葬网站上为逝者建立纪念馆，可以将逝者的生平事迹制作成图文声情并茂的信息资料，人们可以通过登录网站，在这个跨越时空的虚拟祭拜空间就可以为逝者点烛、献花、点歌、留言、撰写纪念文章等，完成一系列的祭奠活动。网络纪念馆可将逝者的音容笑貌、亲友的深切怀念、人们祭奠的痕迹等用多媒体文件形式永久保存，使逝者精神融入永恒，给人们提供一个常祭常新的追忆和思念的空间。网络祭奠跨越时空，打破传统祭奠的空间阻隔和时间限制，比较符合现代人们的生活节奏。这种便利、快捷、环保、节能的祭奠方式，作为科技含量较高的殡葬文化，其生命力在于尊重习俗、提升习俗、改变习俗，它用现代高科技手段为亘古不变的终极人文关怀注入了新的时代气息。推行绿色殡葬是世界性的殡葬改革发展方向，作为一种新型、绿色的祭奠方式，网络祭奠不仅能够避免社会与自然资源的浪费，而且便捷满足了人们的祭奠需求，丰富了殡葬文化的内涵。网葬打破了祭奠的时空限制，拓宽了人类情感抒发的空间，由于网络空间的无限巨大，网络祭奠还将保存并延长人类的历史记忆，为传统的殡葬文化增添新鲜内涵。目前，低碳祭奠方式主要有音乐祭奠、鲜花祭奠、社区公祭、签名祭奠、放飞思念、家庭追思会等形式。

5. 绿色殡葬的实践性

建设绿色殡葬、促进生态文明，是破解殡葬改革阻力的有效途径，是促进生态文明建设的客观需要，也是增强可持续发展力的必然要求。综合我国各地所开展的绿色殡葬实践，较为典型的特点包括以下几个方面。

一是挖掘土地潜力，破解发展难题。绿色殡葬的改革实践，多以挖掘土地资源潜力为抓手，积极探索葬式改革，引导人们逐步由保留骨灰到不保留骨灰的葬法过渡，提供“合理布局、满足需要、功能适宜、节约资源、保护环境”的新型安置服务形式，大力推行生态葬式（植树葬、草坪葬、花坛葬等）和节地葬（塔葬、壁葬、骨灰撒海等），以延缓土地存量的消耗，破解土地资源匮乏难题。

二是拓展服务项目，提升发展动力。绿色殡葬的改革实践，多以拓展殡葬服务项目为重点，引导人们重视殡葬消费的精神需求，提供多样化、上档次的殡仪增值服务和后续延伸服务，采取利民惠民措施，减免服务费用，凸显人文关怀。最大限度地满足殡葬消费者核心产品、基本产品的现实需求，最大限度地开发殡葬消费者期望产品、延伸产品、潜在产品的需求空间，使其公平享受到殡葬文明的成果。

三是开发绿色品牌，提升发展形象。绿色殡葬的改革实践，多以开发绿色品牌为亮点，启动VI形象工程建设，加入文化元素，提高品牌影响力；既为逝者提供一个环境幽雅的安息之地，又为生者寄托哀思提供一个清静之所，努力建成集安葬、休闲、生态保护等多功能为一体的园林式场所，形成文化传承的纽带、生命教育的基地和风景区。

（三）绿色殡葬发展问题分析

分析我国绿色殡葬的发展过程和现状，会发现存在一定的问题：战略上，政府推进绿色殡葬的主导地位尚不明确；思想上，发挥绿色殡葬统领作用的认识尚不充分；观念上，全面科学理解绿色殡葬的内涵存在偏差；方向上，绿色殡葬清晰明确的系统发展思路缺失；科技上，殡葬科技成果运用范围和程度比较欠缺；建制上，绿色殡葬全面发展的政府保障难以满足；落实上，绿色殡葬的科学管理体系尚未真正形成。

1. 绿色殡葬思想相对落后

首先，领导和政府的观念未得到根本转变，系统的绿色殡葬思想尚未确立。社会管理的广度和深度决定了只有政府才能担当起绿色殡葬总规划师和最高监管者的重任，由于目前我国环境保护体制的原因，政府对殡葬的发展前景缺乏前瞻性的思考、环境教育的力度不强。绿色殡葬的地位和意义没有被政府部门充分阐释，绿色殡葬常常被片面化、低层次化地理解，难以发挥其本身高层次的统领作用和指引作用，给各地区本就错综复杂的殡葬管理服务加大了工作难度。特别是部分政府领导没有从根本上推进殡葬的发展，与国际水平存在一定的差距。

其次，殡葬服务的提供者和消费者对绿色殡葬理念仍很淡薄，系统的绿色殡葬思想不健全，多数殡葬服务机构目前尚未明确绿色殡葬的概念，也没有建立完整的绿色殡葬体系。因此，在发展现代殡葬的同时，把绿色殡葬作为殡葬事业的重要组成部分，将绿色殡葬上升到社会可持续发展战略的重要组成的高度来认识。

此外，殡葬服务机构经营理念影响绿色殡葬的推行。部分殡葬服务机构环保意识薄弱，特别是部分经营性公墓服从、服务于殡葬改革大局的思想意识比较淡薄，重经济利益、轻社会效益，重短期效应、轻长期效果，把建设公墓设施作为获取最大利润的砝码，既助长了奢侈之风，又误导了公众。

2. 绿色殡葬技术水平较低

绿色殡葬的贯彻实施，不仅依赖于绿色殡葬理念的树立和政策的规制，还离不开绿色技术的支撑。殡葬技术落后严重阻碍了绿色殡葬推行。遗体处理涉及的各个环节，由于技术的落后造成了环境污染，如遗体火化设备及配套的消烟除臭设备比较落后，普遍存在火化机与净化设备不配套等问题，造成许多殡仪馆火化废气的污染相当严重，直接危害殡葬职工身心健康并污染了环境。殡葬污染的控制必然要求有先进科技的支撑，但殡葬行业还处于相对科技投入少、科技含量低的状态。目前，我国殡葬行业还是一个比较稚嫩的行业，殡葬基础设施的配套性、兼容性还比较差，殡葬技术装备水平低，机械化、自动化、信息化水平不高，殡葬的综合效益不高，存在着明显的资源的浪费，严重影响殡葬效率。

一是殡葬服务设施不能满足需要。由于缺乏基本的政府公共殡葬服务，公众的基本殡葬需求得不到满足，增加了推进殡葬改革的难度。同时，因公益性骨灰安置设施严重不足，遗体火化后骨灰大多数暂时寄存在殡仪馆或者墓地安葬，乱埋乱葬、修建豪华墓地现象严重。

二是现有殡葬设施设备陈旧落后。现有殡葬设施设备中 2/3 以上使用时间超过 20 年以上，有些设施甚至建于 20 世纪 50 年代，整体规模小，治丧环境差。大多数高污染、高耗能的火化机超负荷运转，现有殡葬设施设备与每年火化约 450 万具遗体、接待近 2 亿人参加殡葬活动的要求很不适应。

三是现行绿色殡葬方式缺乏人性化。我国现在推行不占土地或者少占土地的骨灰处理方式，仅仅注重土地的节约，而忽略了人们的心理需求，所推出的绿色葬式因缺乏人性化而导致公众不容易接受，推行困难。目前，各地推行骨灰撒海，大多注重了骨灰撒海、回归自然的宣传，但却很少考虑人们祭奠的需求，为已经撒海的骨灰提供一个人性化的祭奠平台。虽然一些地方推出网络祭奠，但远远满足不了公众的心理需求。这也是我国推行骨灰撒海多年，政府一直加大宣传，甚至许多地方政府实施海葬补贴奖励方式甚至免费，都不能使海葬成为我国主流葬式的重要原因。

3. 绿色殡葬发展环境不利

一是法律法规不健全。殡葬法律法规的滞后和缺失导致绿色殡葬推行缺乏保障。自 20 世纪 90 年代以来，我国一直不断地致力于完善环境污染方面的政策和法规，但针对殡葬的法律法规很不完善，国家法层面缺乏绿色殡葬的界定和规制，我国现行的殡葬法规颁布时间比较久远，已经不适应现在的殡葬行为和发展需求，缺乏对现有殡葬体制进行强制性环境管理的能力，影响到绿色殡葬的目标的实现。近年来，从国家到部分省份都相继制定与出台相关法规，对骨灰安葬、公墓设置、墓穴标准等问题，都从倡导角度作了一些原则规定，但还不完善、不配套。我国现有法规对于涉及遗体处理、仪式举行、殡葬设施设备等环节环保要求条文缺失，在实际操作中形成“无政策法规可依”的局面，从而导致绿色殡葬行为仅仅限于倡导，对于推动绿色殡葬的作用非常有限。政府在政策上应进行殡葬绿色化的引导，对清洁燃料的使用予以税收优惠，以控制污染发生源、限制和控制殡葬消耗量。

二是监督管理不统一。我国在建立绿色殡葬方面做了大量工作，但也面临着环境保护统一管理的困难。比如，绿色殡葬涉及和影响的行业众多，范围广泛，由此可以形成各种标准（国家标准、行业标准、地方标准、殡葬服务机构企业标准等），应当对这些标准进行分类管理或者合理统一。另外，由于部门间缺乏沟通，致使殡葬设施重复建设，导致殡葬资源浪费和社会殡葬系统运作的不经济，进一步加重了殡葬过程对环境的压力。

三是行业部门不协调。殡葬的运作跨越不同的行业，而管理属于不同的政府职能部门，各职能部门对绿色殡葬缺乏统一协调的战略思想。目前，殡葬市场垄断性强，市场竞争不足，服务质量差，监管薄弱，缺乏监督制约机制，影响了绿色殡葬的发展。

随着经济的全球化、绿色壁垒的出现，建立和完善我国绿色殡葬的政策和理论体系，对殡葬系统目标、殡葬设施设备和殡葬活动组织等进行改进与调整，实现殡葬系统经济效益和环境效益的整体最优化，将有利于我国殡葬管理水平的提高，对经济社会的可持续发展具有重大意义。

三、绿色殡葬文化生态的建设

绿色殡葬文化的生态建设，要通过自然科学与哲学社会科学相互渗透、哲学社会科学有关学科相互结合，综合运用调查法、文献法、归纳法、比较法、个案研究法等，统筹考虑殡葬问题，探究绿色殡葬的思想基础与核心内容，运用系统论与可持续发展等理论，分析绿色殡葬特征以及殡葬改革、管理与服务工作的各个方面的关系，强调殡葬改革与管理的系统性和科学性，以明确绿色殡葬“强调环境保护，改革殡葬方式和活动内容，改善殡葬与自然的关系”的特征，从而把握殡葬改革的基本方向。通过构建绿色殡葬体系的总体框架，使其充分体现出“环保、低碳、和谐”的特质，用科学发展观统领殡葬工作，充分利用人类文明进步特别是科技发展的优秀成果，大力发展和应用绿色殡葬科学技术，最大限度地减少殡葬活动对生态环境的负面影响，使殡葬事业朝着资源节约、环境友好的方向发展，最终实现人与自然和谐相处。

从有利于和谐社会建设角度，提出国家制定绿色殡葬发展公共政策，强化绿色殡葬意识，建立健全绿色殡葬政策法规体系，完善政府管理机制，构建绿色殡葬技术支撑体系，运用高科技手段提升殡葬整体技术含量等相应对策；从殡葬服务机构战略需求的角度，提出殡葬服务机构绿色殡葬发展战略目标、战略重点和战略对策，为社会治理背景下殡葬改革与管理提供全新的理论支撑，有利于推进我国绿色殡葬的实施和殡葬事业的可持续发展。

（一）绿色殡葬及其体系建设

绿色殡葬是指人类社会遵循环保、生态、低碳、经济的原则处理遗体（骨灰）的过程及相关活动。绿色殡葬通过殡葬科技与文化创新，以环境承载力为基础，以绿色殡葬科技为动力，对殡葬全过程进行有效监控，采取多种措施降低污染产生量，实现殡葬与社会、生态、科技、经济的协调和可持续发展。

1. 绿色殡葬核心理念的基本特征

绿色殡葬的内涵决定了在殡葬行业的建设、管理和服务过程中，要有选择地运用运营和管理手段，不断提高殡葬活动的生态性、和谐性、民生性、人文性和文化性，推动社会协调、可持续发展的行业发展形态，即绿色殡葬业态，也就是以多种服务形态建立的融生态环保、人文关怀、公益惠民、节约资源、科学文明、理念创新为一体的殡葬行业新面貌。

（1）自然属性。

一是环保性。环保是解决现实的或潜在的环境问题，协调人与自然环境的关系，保障经济社会的持续发展而采取的各种活动。绿色殡葬的环保性特征主要包括遗体处理的环保、火化设备的环保、骨灰处理的环保、土葬的环保。由于火化遗体的过程中产生大量的二氧化碳和有害气体，既消耗掉了大量燃料又污染了空气，对人体健康造成影响，按照绿色殡葬的要求，火化设备必须按照国家标准，最大限度地减少有害气体和烟尘的排放，同时要减少对能源（柴油、煤炭、电等）的消耗。处理骨灰最环保的方式当然是不保留骨灰，把骨灰深埋或经过处理，回归大自然。土葬也要符合绿色殡葬的环保的要求，防止污染，要提倡遗体深埋，不留坟头，使用薄棺和降解周期短的环保棺埋葬遗体。

二是生态性。绿色殡葬生态性要求就是人类从事殡仪活动要符合自然规律，以不破坏自然环境为原则，形成自然的良性循环。

三是低碳性。绿色殡葬要求人们在处理遗体（骨灰）过程中必须遵循减少碳排放量的原则，在遗体火化过程中，充分利用高科技，产生最少的燃料焚烧，降低碳排放；在殡葬礼仪中，要摒弃丧事大办的陋俗，以简洁、便捷的方式处理，减少人员活动带来的碳排放；在祭奠过程中，要从原来的烧纸钱、放鞭炮转向以鲜花、网络祭扫。

四是经济性。经济就是生产或生活上的节约、节俭，包括节约资金、物质资料和劳动等，也就是用较少的人力、物力、财力、时间、空间获取较大的成果或收益。绿色殡葬经济性要求是指节俭办丧事，摒弃重殓厚葬的传统观念，树立厚养薄葬殡葬新观念，在处理丧葬的过程中，要以节俭为原则，丧事办理过程中不要铺张浪费，避免丧事大操大办，以减少开支，也就是间接地减少碳排放，达到绿色殡葬的要求。

（2）社会属性。

一是文化性。绿色殡葬要求通过不断优化行业文化内涵、强化殡葬行业发展对历史文化的发掘、对人生价值和生命尊严的尊重。绿色殡葬的文化性首先表现在以绿色观念为指导，积极开发和自觉组织绿色殡葬，提倡绿色消费，进行绿色殡葬市场定位，树立绿色殡葬服务机构形象。其次是改良传统殡葬文化，强化“人”的导向和价值，“人”的安全、健康和发展。绿色殡葬更加重视人的文化，集中体现了重视人、尊重人、关心人、爱护人。绿色殡葬文化体现在尊重逝者，树立以人为本的思想，从有利于人文环境协调发展的高度出发，增加文化性、艺术性和选择性，在体现人们对自然的关怀的同时，要体现对逝者及其家属的关心，对服务对象提供温馨感、亲情感和家庭感的服务，减少由于丧事而造成的悲痛感和不愉快感，使他们尽快从丧事的不良情绪中摆脱出来，使逝者回归自然。

二是系统性。殡葬改革是一个系统工程，绿色殡葬要求用系统论的观点把绿色殡葬贯穿于殡葬决策过程和整个经营服务与管理过程，在实施整体管理原则指导下，全面协调殡葬与环境的相互关系并采取相应的行为，坚持以绿色文明和环境保护为导向的绿色殡葬，尽可能为消费者提供“安全、环保、健康”的绿色殡葬空间与服务，确保殡葬服务场所与设施无污染，实现社会效益、经济效益与环境效益的协调发展。绿色殡葬的系统性表现在整体性、全程性、多样性。整体性是指绿色殡葬业态是一个系统的、形成了完整产业链的行业发展形态，其中的不同个性化主体虽然定位不同，但共同服务于同一发展目标。全程性是指根据系统化规范体系要求，对殡葬活动全过程进行环保、人文、安全等方面全方位控制。多样性是指绿色殡葬立足地域、民族、信仰、需求、经济状况等多种因素的差异化，满足不同主体的多层次、个性化需求。

三是持续性。绿色殡葬要求在充分满足当前的消费需求，争取适当利润和发展水平的同时，从充分满足子孙后代消费需求出发，注重自然生态平衡，减少环境污染，保护和节约自然资源，维护殡葬服务机构和人类的长远利益及长远发展。生态化、持续性的绿色殡葬业态遵循破坏和影响最小化原理，在提高环境保护和环境优化、减少污染排废和人体危害、降低资源消耗方面不断加强。

四是和谐性。绿色殡葬要求殡葬过程始终重视规模、速度、效益的协调，内部关系与资源配置的协调，殡葬社会环境及自然环境的协调，经济效益与社会效益的协调。殡葬行业实施绿色殡葬，除给自己带来经济利益外，也给其他经济主体带来正面影响，包括对生态环境的保护，对其他殡葬服务机构的导向作用，给消费者带来的福利和对健康的社会文化、伦理以及可持续性发展的推动作用等。和谐的绿色殡葬是在与人、自然、经济规律、社会发展良性相互作用的状态下发展，注重协调复杂关系、化解各种矛盾、稳妥协调地推进殡葬行业发展。绿色殡葬具有民生性，即以民生为本，完善基本殡葬服务的社会公益性。绿色殡葬具有人文性，其发展立足以人为本，从人的需求出发，在发展中不断提高人文关怀水平和多层次人性化需求的满足能力。

2. 绿色殡葬体系建设的基本原则

在生态文明建设的基本框架下，绿色殡葬体系建设应坚持以下原则。

（1）以科学发展观为指导。生态文明与科学发展观都以尊重和维护生态环境为出发点，强调人与自然、人与人以及经济与社会的协调发展，要求社会经济的发展必须与自然生态的保护相协调，努力实现人与自然的和谐以及社会环境与生态环境的平衡。殡葬改革和管理过程中要落实科学发展观，积极创新殡葬科技与文化，充分考虑资源承载能力，将殡葬活动和消费规制在生态承载力、环境容量限度之内，采用资源节约型和环境友好型殡葬模式，最大限度地减少殡葬对资源的消耗。

（2）以可持续发展为目标。良好的生态环境是人类生存和发展的物质基础，又是人类文明的凝聚和体现。发展是满足人类自身需求的基础和前提，可持续发展的着眼点在于保护自然，关怀人类未来的利益和发展，不仅用整体、协调、循环、再生的生态文明来调节人与人、人与社会之间的关系，而且也用生态文明来调节人与自然之间的道德关系，调节人的行为规范和准则，最终实现人与社会、人与环境、当代人与后代人的协调发展。节约资源、保护环境是殡葬改革与管理的出发点和落脚点。人类殡葬活动要充分考虑环境、资源和生态的可承载能力，使经济发展和殡葬活动不超出自然资源的再生能力和生态环境的自我净化能力，以实现自然资源永续利用和社会永续发展。

（3）坚持平等公正的准则。社会公正能够有效地凝聚社会各领域、各阶层的力量，推动符合广大人民利益的改革。政府承担着维持社会公正的责任，在利益多元化的社会现实中，推动各项政策的有效实施，从深层结构方面提高文明水平，维护社会公正。殡葬改革和管理涉及社会每个细胞（即家庭），与公众利益休戚相关，各级政府要积极倡导节约资源的殡葬方式和健康文明的殡葬消费模式，使生态文明条件下的绿色殡葬目标从国家的意志、发展规划变成每个家庭、每个单位或组织的行动，从而实现经济、社会、环境的共赢。

3. 绿色殡葬体系的基本结构框架

绿色殡葬是自然资源消耗少、能源消耗低、无污染、具有地方特色和丰富文化内涵的健康文明的殡葬模式。绿色殡葬的实践是一项高度复杂的系统工程，不仅需要运用生态环保的理念采取相应的设计方法，还需要管理层、殡葬服务机构、殡葬活动者都具有较强的环保意识，促使在殡葬设计、运行、管理和维护过程中更多地考虑环境因素，引导殡葬向节能、环保、健康文明的轨道发展。绿色殡葬应考虑土地、能源、排放物以及对地区生态的影响，同时，还应考虑与之相应的殡葬的功能性和文化性等关键问题。

绿色殡葬体系的建立，是生态文明条件下构建社会主义和谐社会进程中殡葬理论与实践的创新，也是科学发展观统领殡葬改革和管理工作的具体实践。现代殡葬体系的空间架构可用三维图表示。在三维图中，用 X 轴表示绿色殡葬体系的子系统，用 Y 轴表示阶段进程，用 Z 轴表示层级范围，体系的基本要素就是各项具体的殡葬行动（活动）。

图 3－1 表明：绿色殡葬体系分为 4 个子系统，其代号分别依次为 A、B、C、D；推行绿色殡葬是全社会的共同行动，行动可分为个人、组织、地方、行业、国家 5 个层次，其编号分别为 1、2、3、4、5；在行动的进程上，每个周期按时间顺序分为目标制定、整体策划、运行实施、效果评估、改进循环 5 个阶段，其编号也分别为 1、2、3、4、5，当一个周期完成后，又会在新的目标指引下循环往复，持续提高。

在体系空间结构图中，每项具体的殡葬行动都属于固定的子体系、层级和行动阶段，行动代号由表示子体系的一位字母和表示层级与阶段的两位数字组成，两位数字之间用短横线连接。例如，国家监督管理目标制定的行动属于 A 子系统、第 5（最高）层级、第 1（初始）阶段，其行动代号为“A5－1”。绿色殡葬体系三维图适用于全方位描述绿色殡葬体系，在宏观的战略规划层面上具有较强的指导作用。

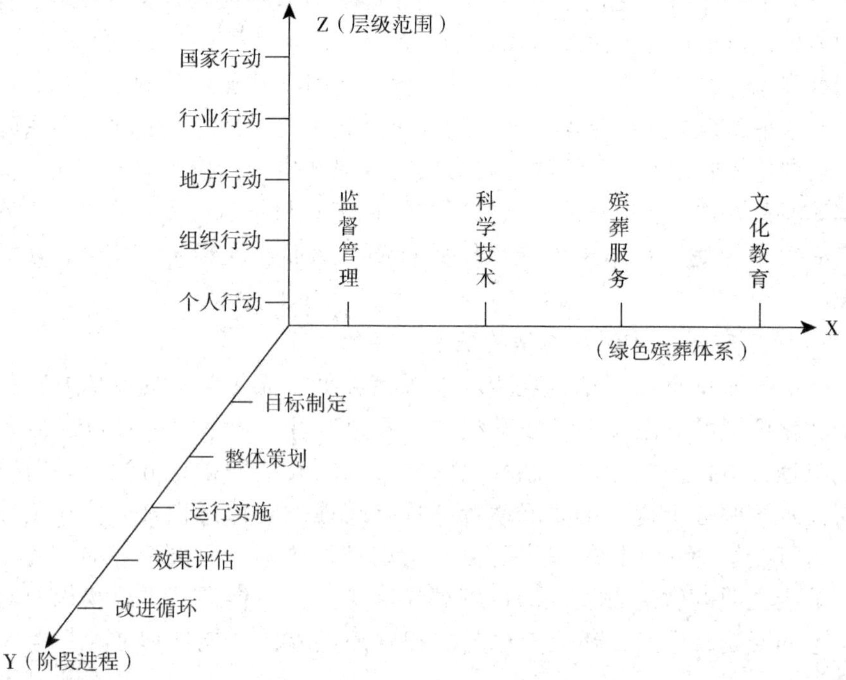

图3－1　绿色殡葬体系空间结构图

现代殡葬体系结构也可用平面图表示。在绘制体系平面图的过程中应遵守简明实用、结构合理、层次分明的基本原则。平面图采用框图的形式分层级排列，共性程度高的行动处在较高的层级，基础行动则处在较低的层级，体系内每个模块均代表属性相同的一组行动并标明对应的代号与名称。

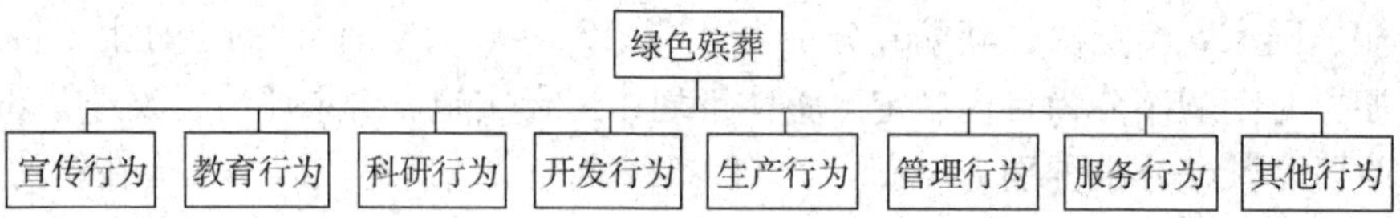

图3－2　绿色殡葬行为结构图

绿色殡葬行为结构图（如图3－2所示）、绿色殡葬阶段进程图（如图3－3所示）均属于体系平面图，既适用于国家、行业和地方创建各自的绿色殡葬体系，也适用于各类组织和个人创建自身的体系。在近期规划和计划的层面上，体系平面图具有较高的实用性。

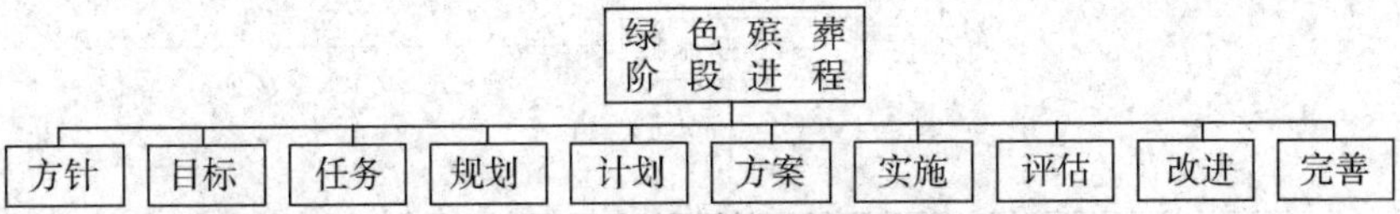

图 3－3　绿色殡葬阶段进程图

针对我国目前殡葬改革和管理与环境保护、构建社会主义和谐社会的国情，在生态文明理论的指导下统筹解决殡葬领域一系列的人口、资源和环境问题，使生者、故人与环境友好和谐地相处，构建绿色殡葬体系，确定以人与自然和谐发展为核心，以建设资源节约型、环境友好型社会两大主线为支撑的绿色殡葬体系，重点建立绿色殡葬监督管理、绿色殡葬科技支撑、绿色殡葬社会经济、绿色殡葬文化等为框架，主要包括绿色殡葬政策制度创新、绿色殡葬法律保障、绿色殡葬科技支撑、绿色殡葬标准、绿色殡葬管理、绿色殡葬服务、绿色殡葬评价预测、绿色殡葬人才教育培训、绿色殡葬文化、绿色殡葬消费等内容的绿色殡葬体系。绿色殡葬体系基本框架如图 3－4 所示。

4. 绿色殡葬体系建设的关键环节

（1）葬前遗体的处置。人死亡后的停灵、遗体接运、吊唁、告别等殡葬活动中，遗体不同程度地向环境散发出的病原体直接危害人类健康。要在现行殡葬政策基础上进一步完善和规范殡葬行为，强调对遗体进行必要的消毒处理，遗体火化（或安葬）前必须严格消毒，因甲类传染病以及非典型性肺炎、人感染高致病性禽流感而死亡的必须尽快就近火化，以减少遗体对环境的直接污染。遗体整容防腐过程中的洗涤、引流等，必须进行必要的科学处理，以免造成殡仪馆周围水体和土壤污染。

（2）葬中的技术处理。火化过程中污染物减排与控制是葬中技术处理的关键环节。遗体火化过程中，遗体、燃料、衣物、随葬品等通过燃烧产生大量的烟尘、二氧化硫、氮氧化物、硫化氢、一氧化碳等污染物，还能产生二噁英类强致癌、致畸物质，火化所排出的二氧化碳和其他废气，加剧了大气中的温室效应，成为导致气候变暖的因素之一，火化废气中有害物质最终要以干沉淀或湿沉降的形式归于地面，湿法处理火化废气产生高浓度的有毒有害废水，火化过程中污染物的减排与控制，要从产生污染的源头抓起，殡仪馆要严格执行相关殡葬技术标准，除了使用于环境和人类无毒无害的消毒防腐液对遗体进行必要的处理外，还要大力开发使用以再生瓦楞纸和可降解塑料等为原料的经济适用型葬具和遗体包装物等绿色殡葬用品。

利用生物降解技术解决遗体土葬问题是土葬改革的技术创新。在土葬改革区，要尽量缩短遗体停放时间，并对遗体进行必要的消毒处理。积极研究

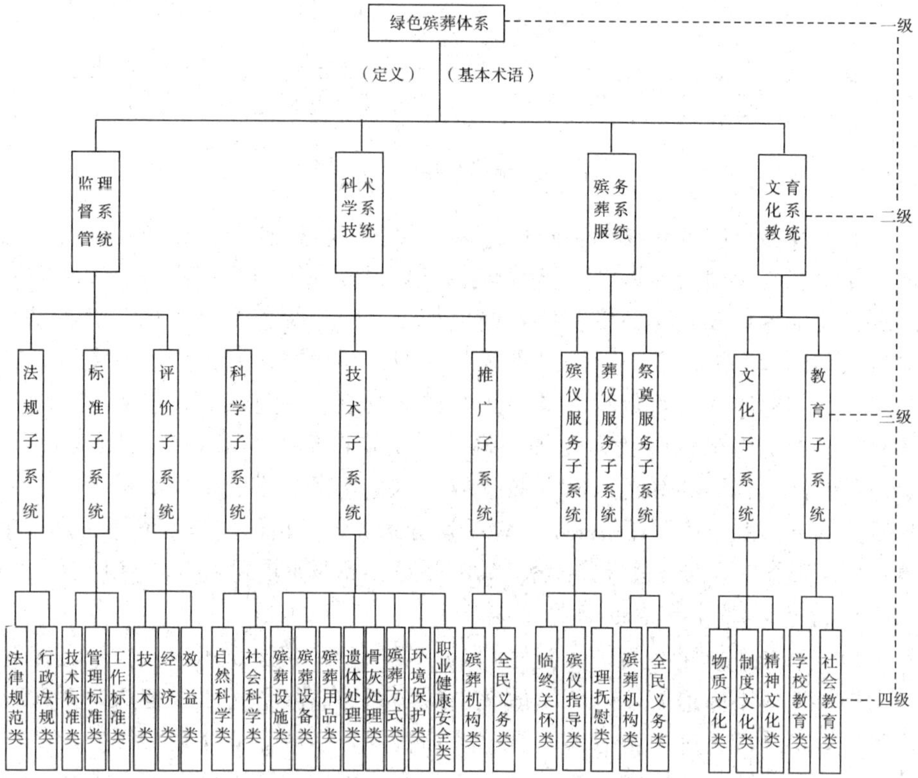

图 3－4　绿色殡葬体系基本框架

并大力推广利用生物降解遗体的科学方法，使遗体连同可降解的葬具在一定的时间内化解成植物所需要的营养物质。遗体土葬前所使用的葬具和寿衣等选用易于降解的材质，安葬时在葬具内放置降解催化剂，安葬后在地面上种植绿色植物，以减少遗体土葬对环境的影响。

（3）骨灰的生态安置。由于受传统殡葬习俗的影响，我国殡葬改革过程中实行火葬的同时，派生出了骨灰安置问题，成为当前殡葬改革的重要内容之一。目前，火化后骨灰安置方式主要有保留骨灰（将骨灰存放于楼、堂、墙、廊、塔等建筑形式的设施内），骨灰土葬（公墓安葬、深埋不留坟头和标志物等），不保留骨灰（即骨灰撒散）。不保留骨灰的方式主要有植树葬、水葬（包括在海、河、江、湖等水域内的撒散）等。

一具遗体焚化后产生骨灰（含衣物等的残余物）约为 3 千克，而死者家属取走的骨灰约为 1 千克，我国年死亡人口 900 万，其中 50% 左右在殡仪馆火化，这就意味着一年内除了殡仪馆集中处理死者家属取走部分骨灰后剩余的9000吨骨灰残余物外，还有4500吨的骨灰由死者家属进行不同形式的分散处理，因而骨灰多样化处理之前的骨灰无公害处理具有极其重要的现实意义。

骨灰无公害处理的基本方法是：骨灰处理前使用专用防腐杀菌剂对骨灰进行处理，并通过化学处理将骨灰中残留的重金属淋溶回收或转化成无公害的无机化合物；采取必要的隔离措施，避免骨灰直接撒散于土壤或水体中导致的污染；对长期存放的骨灰实行定期消毒制度。

生态墓地的建设是传统墓葬方式的改良。随着社会的发展，墓地、骨灰堂等殡葬设施已日益显现出占用土地、浪费资源、破坏环境景观等弊端，人们越来越强烈地呼吁新的殡葬方式。为了提升生态环境质量，保障生态安全，我们要将生态思想纳入殡葬改革，积极推行生态墓葬以代替传统墓葬。我国多数经营性公墓布局不合理，绿地系统生态景观效果差，综合效益偏低，纪念性景观功能缺失，艺术品位偏低，导致城乡景观破碎，产生城乡视觉污染。公墓作为城乡环境景观的一部分，应发挥城乡公共绿地的功能。公墓的规划建设应按照自然特点和经济条件，在保护城乡可持续发展的生态境域、自然风景的前提下，有计划、有步骤地把公墓建设成为景色优美、建筑协调、设施齐全的生态园区。要从殡葬环境景观角度关注生态问题，从改善生态环境、维护生态系统平衡出发，按照环境景观生态学理论营造自然空间和环境，在生态群落和审美基础上进行艺术配置，达到殡葬设施园林生态结构优化和整体协调，满足人们殡葬活动、休憩、观赏等需求，充分发挥其环境效益、社会效益和经济效益。

目前，我国农村公益性墓地普遍存在缺乏整体规划、绿化覆盖率偏低、尚未从生态和经济角度关注公墓的生态环境保护和循环经济的发展等问题，一些公益性墓地长期无专人管理的问题较为突出。积极倡导深埋不留坟头或植树作为标志并因地制宜地选用经济林木进行绿化的新型葬法，对改善生态环境，提高森林覆盖率和经济林木的良性循环利用，增加农民经济收入具有重要的现实意义。

在土葬改革区，作为传统墓葬的改革，将遗体（或骨灰）用可降解的葬具装殓后深埋地下，地面植树以为纪念，遗体（或骨灰）进入自然界的良性循环，实现能量流动和物质流动的良性循环，是殡葬文化与环保理念较为完善的结合。民政部门可会同农业、林业、国土、规划等部门，通过立法将这种以生态葬为核心的绿色殡葬作为殡葬改革的模式之一，规划建设公益性或经营性生态墓地，将公民安置骨灰（或遗体）的权利与植树造林的法定义务联系起来，使传统土葬侵占土地的“老大难”问题以及全民义务植树运动缺乏广泛群众基础和内在动力的深层次问题得以解决。

（4）殡葬过程的延续。祭奠是遗体（或骨灰）得以处理后的一系列具有连续性和长期性的重要殡葬礼仪。绿色殡葬提倡以文明节俭的方式缅怀死者、寄托哀思。如祭奠活动不设祭品，不使用污染环境的祭奠用品，而以敬献鲜花、植树栽花种草、培土浇水和整饬环境为主要内容。近年来，已有数百家殡葬服务机构推出网上公墓服务活动，创新出“家庭追思会”“代客祭奠”“网上祭奠”等方式，在一定程度上缓解了因集中实地祭奠而引发的交通、安全、环境等社会问题，新的文明祭奠形式正伴随着和谐社会的构建，逐步深入公众生活。

（二）绿色殡葬文化发展战略

1. 绿色殡葬文化发展战略的内涵

殡葬对生态环境的影响是多层次多方面的。建立绿色殡葬体系在于让决策者、殡葬服务者、殡葬活动者能从战略和战术上考虑殡葬和选择殡葬的模式，从整体上建立系统化的约束机制和保障机制，以实现人类环境可持续发展的目的。在当前全球经济绿色化、低碳化浪潮引发的新工业革命中，制定绿色殡葬发展战略、实施节能减排、发展低碳殡葬，具有极强的科学性、针对性、实用性和指导性。

绿色殡葬发展战略是指国家或地方根据社会发展的需要，依据殡葬消费者和社会对环保的要求，为实现国家或地方殡葬质量持续提升，结合国家、地方或殡葬服务机构现状及其长远目标而制定的长期性、全局性、系统性的对达到绿色殡葬可持续发展目标的途径和手段等进行全局性、长远性总体谋划和思路。从实践角度看，它是指国家或地方在绿色理念指导下，对殡葬进行绿色变革、实施绿色殡葬活动、培育绿色殡葬文化的总体规划，就是殡葬活动适应社会可持续发展的要求，把节约自然资源、保护和改善生态环境、有益于消费者和公众身心健康作为殡葬理念，采用绿色殡葬技术，协调环境保护和殡葬活动的关系，以实现殡葬事业的健康持续成长。在分析殡葬发展现状的基础上，要提出构建绿色殡葬发展战略框架，建立以绿色殡葬法律、科技、评价等为核心内容的绿色殡葬体系，将生态学、环境学、社会学等多学科的原理综合运用到遗体的接运、保存、防腐、火化、骨灰安置、悼念和祭奠等殡葬活动中，通过殡葬科技与文化创新，对殡葬全过程进行有效监控，进行殡葬全程的无污染、无公害的安全控制，采取多种措施降低污染产生量，减少殡葬对自然资源的消耗和对自然环境的污染与破坏，实现殡葬与社会、生态、科技、文化、经济的高度协调和可持续发展。

绿色殡葬发展战略在社会发展战略中的地位主要体现在以下三个方面。

一是优化相关资源的配置。在市场经济条件下，绝大多数商品都要经过流通领域才能成为实际的消费品。发展绿色殡葬，必然要使用绿色商品，从而促进殡葬服务机构开发绿色商品，包括选择有利于环境保护、生态平衡和资源节约的生产技术，选用无公害的新能源、新材料，防止殡葬过程造成环境恶化和资源的浪费等。发展绿色殡葬是优化资源配置，节约和利用资源，把有限的自然资源和生存环境运用于改善和提高消费者及人类社会福利的最有效的途径。

二是更好地满足消费需求。随着城乡居民收入水平和消费水平迅速提高，引起了消费领域的拓宽、消费结构的优化、消费质量的提升。最大限度地满足消费者需要，在满足消费需要的过程中发展，是社会永恒的主题。“安全、环保、健康”已成为消费主流，发展绿色殡葬，引导和满足消费者绿色消费需求，有利于提高绿色商品（包括产品或服务）的市场占有率，促进社会和谐发展。

三是促进和谐社会的构建。发展绿色殡葬，是实现和谐社会最有效、最重要的途径之一。绿色殡葬作为一种全新的殡葬观念和方式，是建立在最大限度地满足消费者绿色消费的基础上，对保护环境、维护生态平衡负责而进行的活动，最有效地减少殡葬行为对环境的污染和破坏，对构建和谐社会起到最重要的微观基础作用。绿色殡葬与和谐社会的构建是相互关联、相互作用的有机统一体，它们的共同目标都是实现经济与社会、人与自然的协调发展。

实施绿色战略管理，既可使国家、地方或殡葬服务机构获得综合的环境效益，又可减少来自社会和政府的压力。它对于促进社会资源的合理配置，有效缓释资源稀缺对人类发展带来的压力，促进生态社会的建立，实现人类社会的可持续发展有着极其重要的意义。

2. 绿色殡葬文化发展战略的特点

（1）全局性。绿色殡葬发展战略所研究的是指导殡葬发展全局的规律，所制定的是关系绿色殡葬发展全局的决策。绿色殡葬发展战略必定要为经济社会发展总战略服务，并为经济社会发展的全局提供全方位的殡葬支持。绿色殡葬发展战略的最主要特点在于根据殡葬发展的规律，将绿色殡葬发展战略放在经济社会发展的框架内组织，紧扣经济社会发展目标展开，并贯穿于实现目标的全过程，达到以殡葬发展战略引领殡葬发展的方向之目的。

（2）长期性。战略是基于对未来的预测和期望所制定的长远谋划。绿色殡葬发展战略的着眼点应该是殡葬在未来相当长时期内的发展问题，而不是眼前的、短期的或随时的发展问题。

（3）指导性。绿色殡葬发展战略规定了殡葬在一定时期内的发展方向和目标以及实现目标的途径和对策，从而指导殡葬的长远和全面发展。绿色殡葬发展战略是针对未来很长一段时期的殡葬工作谋划，它是殡葬工作的指导方针和方向，这就决定了对殡葬发展战略的制定与实施等管理工作必须站在战略的高度，对殡葬整体的长远发展进行总体性的管理。

（4）发展性。发展是绿色殡葬战略的本质属性，绿色殡葬发展战略旨在满足经济社会不断发展的需求，从而促进社会的可持续发展。

（5）应用性。制定殡葬发展战略的最终目的是应用。为了更好地指导殡葬实践，绿色发展战略应紧紧立足实际，科学预测社会发展的进程，根据社会发展的需求，制定相应的、有针对性的绿色殡葬发展战略。

（6）适应性。绿色殡葬发展战略一旦制定，就要在总体上保持相对的稳定性，以有目的、有计划、有步骤地贯彻执行。但在本质上，绿色殡葬发展战略只不过是对未来殡葬发展的一种愿景，殡葬发展的外部环境和内部条件时时都可能发生变化，绿色殡葬发展战略还应该具有一定的适应性。对外部而言，殡葬发展战略要适应外部环境的重大变化；对内部而言，绿色殡葬发展战略要与殡葬管理体制、殡葬的全过程、殡葬资源的效能相适应。

3. 绿色殡葬文化发展战略的目标

绿色殡葬核心理念是科学、安全、高效、和谐。绿色殡葬将市场、资源、生态等约束变量内化到殡葬体系，变事后监督为过程控制，强调殡葬全程的标准化，注重殡葬的社会效益和多功能性。

绿色殡葬发展战略的主要目标：一是实现共生型殡葬，即现代殡葬不以牺牲环境和生态为代价，而是积极有效地采取技术和措施实现殡葬与环境的共同进步；二是实现资源节约型殡葬，通过集约型的科学管理，合理配置资源，使殡葬所需要的各种物质资源最有效、最充分地得到利用，减少、降低在殡葬过程中造成的资源浪费；三是实现循环型殡葬，在通过实行以预防为主的措施和全过程控制的环境管理，使殡葬过程中的各种废弃物最大限度地减少的同时，实现再生资源的回收和利用，实现再资源化。

4. 绿色殡葬文化发展战略的实施

（1）国际环境保护形势催生了绿色殡葬的实施。绿色已经成为发达国家殡葬服务机构在市场经济条件下进行殡葬活动的一种相当重要的战略。温室气体排放带来全球气候变暖和气候异常，给地球造成严重的影响，以减少温室气体排放（低碳排）为目标的绿色战略，是全球人类保护地球、保护人类自身共同的重大行动，是每一个国家和地区在实施生产活动与改善经济生活水平过程中必须履行的义务与职责，殡葬服务机构低碳排放将逐渐成为衡量其履行社会责任的全球性最高道德标准之一。为使人类免受气候变暖的威胁，早于1997年12月，在日本京都召开的《联合国气候变化框架公约》缔约方第三次会议，通过了旨在限制发达国家温室气体排放量以抑制全球变暖的《京都议定书》，成为具有法律约束力的国际公约。绿色化发展是当今世界人类的必然选择，低碳经济、低碳产品和低碳生活方式等绿色化发展是世界各国和地区发展的必然要求与必然趋势，是衡量世界各国和地区社会发展的新标准，社会发展模式的革命给世界各国和地区殡葬服务机构提供了巨大的发展机会。应对气候变化、减少温室气体排放、保护地球这个人类唯一的家园是世界各国和地区共同的责任和目标，世界各国和地区绿色化发展目标是一致的，但绿色化道路的选择和发展重点有所不同。自“十一五”规划以来，中国把“节能减排、环境保护和可持续发展”作为国家的基本国策，与欧、美等发达国家倡导的“低碳经济、低碳生产与低碳产品时代”相比，中国在节能减排、低碳生产与低碳产品方面面临着更大的压力。提高殡葬服务机构管理者对绿色化发展的认识，使其透彻性理解绿色化发展带来的机会与挑战，已成为当务之急。绿色发展战略是殡葬服务机构发展必然之路，殡葬服务机构绿色发展可以推动殡葬服务机构当前经济效益的提高，殡葬服务机构要有应对绿色发展的使命、目标、战略、战术和有效措施。

（2）殡葬行业外部环境促进了绿色殡葬的实施。从政治、法律环境角度看，当政府在环境方面的法规日益健全，甚至直接影响到殡葬服务机构和殡葬消费者的活动时，殡葬行业有必要开展环境管理，实施绿色战略；从经济因素看，当市场呈现出绿色消费趋势，殡葬商品（包括产品和服务）必须针对绿色需求，当殡葬行业使用的资源能源面临绿色压力时，就应该考虑实施绿色战略；从社会文化角度看，当公众的环境意识日益觉醒，环境要求不断提高，对生活、工作、消费等方面发生倾向于环保的方式变更时，殡葬行业有必要理解和接受公众的变化，实施相应的绿色发展战略；从技术层面上看，当政府和殡葬服务机构对绿色技术创新日益重视，不断增加投入、研究改造，当绿色技术创新成为可能，殡葬行业有条件使用效率更高、损耗更低的改进工艺技术时，殡葬行业必须实施清洁生产，实现全过程污染控制，达到绿色化发展目标。

（3）殡葬行业内部条件推进了绿色殡葬的实施。当殡葬行业的绿色化能够使得殡葬行业从满足绿色需求方面来获得殡葬行业所追求的效益时，殡葬行业就拥有了实施绿色战略的内在动力；当殡葬行业由于环境成本的内化而感到自身发展压力的不断加重时，殡葬行业就有了进行绿色技术创新、实施绿色战略、降低环境成本的内在压力；当殡葬行业的管理者、需求方、受益方以及其他“共同参与治理”者的绿色发展要求不断明确和坚定时，殡葬行业就具备实施绿色战略的现实推动力。

（三）绿色殡葬实施效果评价

绿色殡葬系统在整个绿色殡葬建设中具有特别重要的意义。综合分析绿色殡葬的成效，主要体现在以下几点。

1. 减轻负担，赢得民心

绿色殡葬的适度普惠措施，巧妙地利用价格杠杆来降低殡葬消费的经济负担，“在工作方向上凸显公平、在工作方式上力争公益、在工作方法上体现公道”，重塑了殡葬业的规则和形象，建立起了广泛的行业共识，进而加快了殡葬事业的改革步伐，推动了整体民生改善进程，赢得了公众的广泛赞誉。

2. 保护环境，提升内涵

绿色殡葬系统协调的方法论，正确处理与分析殡葬与自然环境之间的关系，体现了“节约能源、节省资源、保护环境”的基本理念，以适应性再利用原则，创造了健康舒适、生态平衡的殡葬环境，通过平面葬向立体葬转变、单一型向多元型转变、实体型向虚拟型转变、物质型向情感型转变，实现了葬法和葬礼的双重改革，建立起了可持续发展的殡葬体系和保持与之相适应的可持续利用资源和环境基础。

3. 彰显文化，弘扬精神

绿色殡葬的政策方案设计，可以说是一场充满困难与挑战的社会风俗革命，它面对的是传承几千年的丧葬风俗。倡导“理性选择方式、回归殡葬本义”，既表达了对生命的尊重、对逝者的追思，又彰显了文化内涵、弘扬了人文精神，促进了殡葬事业的和谐、有序、科学发展。

第三节　绿色殡葬文化的发展

中国正以历史上最脆弱的生态环境承载着历史上最多的人口，担负着历史上规模空前的资源消耗和经济活动，并面临着历史上最为突出的生态环境挑战。严峻的现实要求把符合生态文明条件下构建社会主义和谐社会总体要求的绿色殡葬作为新兴殡葬文化的特质，以绿色殡葬的科学技术为手段，建立一个包含观念文化、技术范式、发展模式、经济、政治、社会制度等多个层面的绿色殡葬体系，实现殡葬过程中人与自然、人与人的和谐，使殡葬与社会文化、生态文化、生态环境相协调，更好地促进社会和谐发展。

绿色殡葬的实施是一个涉及理念、组织、制度、技术、结构和文化等方面因素的全方位的系统改造和创新过程，需要走稳健、均衡、渐进的可持续发展之路。绿色殡葬实施的关键是如何使殡葬活动更加顾及环境保护及资源的合理利用，用长远的眼光进行绿色投入，激发消费者的绿色需求，形成“绿色生产—绿色销售—绿色消费”的良性循环。在环境污染日益严重的情况下，绿色殡葬的实施、绿色市场的培育成为殡葬服务机构未来发展的一个重要方向。采取政府部门宏观调控、殡葬机构全力实施、社会各界广泛监督、社会公众积极响应的战略组合，成为绿色殡葬发展战略的主要对策。

一、完善政府管理机制，加大政府强制推行力度

政府调控是一种宏观层面的行为，而且是绿色殡葬得以实施的首要前提。随着我国进入老龄化社会，殡葬服务需求量不断上升，面对人口与资源的矛盾，绿色殡葬作为世界性的殡葬改革发展方向，也是推进我国殡葬事业科学发展的必然要求。

我国市场经济发展的历史较短，市场机制还不够完善，很难单凭市场机制来调控和实施绿色殡葬，绿色殡葬已涉及国家的发展、有限资源的合理配置、生态的安全乃至整个人类的未来。因此，必须将绿色殡葬提升到国家战略的高度，借助政府的权威性，宏观调控并有效实施绿色殡葬，真正实现殡葬事业可持续发展。在绿色殡葬发展战略体系的设计上，要体现战略思想、战略目标、战略重点、战略步骤、实施路线等内容，使殡葬发展战略体系具有较强的系统性和可行性。在绿色殡葬发展战略目标的制定上，指标要适当，既要有一定高度，对现实问题具有针对性，又要对未来具有指导性和引导性。在绿色殡葬发展战略方案的实施上，要有组织保证和调整修正等预先安排，根据殡葬面临的主客观环境的发展变化，对绿色殡葬发展战略进行适时调整，以便及时解决各种可能产生的矛盾。

（一）完善立法，规范绿色殡葬市场

绿色殡葬建设不仅需要通过对人们进行长期的教育和必要的道德标准加以规范，从而形成强大的道德推动力，更需要政府和权力机关出台必要的政策，通过相关法律法规进行硬约束，政府应健全相关法律法规，加强绿色殡葬环境立法和执法。绿色殡葬发展的政府规制主要包括殡葬与环境立法、许可证制度和绿色殡葬标准等方面。要把具有生态文明特质的绿色殡葬的内在要求以法规的形式加以确认，进一步健全各种旨在保护生态环境的绿色殡葬法律、法规，使绿色殡葬的实施得到法律上具体而切实的保障，从而保证生态文明建设的健康发展。预防和制止由于殡葬活动而威胁人类生存环境以及

对人民身心健康的损害，把殡葬对环境的污染和生活的影响降到最低程度，依法建立严格的监管制度，加大执法检查的力度，切实维护法律的尊严。在基本政策的指导下，积极出台绿色殡葬相关法律法规，形成一套完善的三维体系框架：第一维度是由主干法和相关法组成的横向体系，第二维度是由法律、法规、规章和规范性文件四个层次构成的纵向体系，第三维度是绿色殡葬政策法规的类型，除了强制性办法，还应该包括激励性办法和政绩考核办法，以推进绿色殡葬发展。

1. 绿色殡葬国家立法

绿色殡葬国家立法的实现，在价值层面来看，必须具有积极、正面、先进的价值支撑。

一是有序的社会转型。绿色殡葬立法首先要树立有序化转型观念，并在此基础上发掘潜在的同质因素，发挥同质因素的推动作用，降低异质因素的阻碍作用。不能人为地制造异质因素，比如，将土葬排除出绿色殡葬，或者与绿色殡葬相对立，就可能制造出异质因素，人为增加了社会转型的摩擦和困难。

二是社会效益的权衡。制度设计的目标和目的是形成整体效益的最大增值。绿色殡葬立法要较好地进行整体效益的多方面权衡，并在此基础上形成多种效益的良性互动，如经济效益与殡葬活动特定文明效益的良性互动，以便减小社会转型的难度系数。

三是发展成果的共享。民众公平地享受社会发展的成果至少表现在两个方面：一方面是民众公平地享受中国经济发展的成果，满足普惠制的殡葬需求，不致使民众的基本殡葬需求得不到满足，如现行的各种普惠制殡葬改革的成功探索；另一方面是民众公平地享受中国科技发展的成果，满足民众传统情感表达方式、心理需求的殡葬需求，不致使民众在技术许可的情况下还被强制在中国技术落后的人为背景之下，现实状况是民众公平地享受中国科技发展成果的回应过于匮乏。绿色殡葬立法层面、现有殡葬执法层面，仍然囿于传统土葬浪费土地和森林资源的言说之中。要运用科技手段设计出一种既对环境损害较小，又符合传统心理需求，还能体现中华文明特点的新的殡葬方式，使民众公平地享受中国科技发展的成果。

四是主体地位的尊重。民众主体地位的尊重是一种人格尊严的尊重，既是民众人格主体性的要求，也是民众人格自由的要求。现代的积极公共服务是在公众人格尊严广泛承认、日益由法律予以充实的社会状态下出现的。作为当下的公民（自然人）主体，主体性的显现、人格自由的满足是所有公共服务尤其是积极公共服务正当性的主要尺度之一。作为积极公共服务的殡葬公共服务，自然也涉及人格尊严受到尊重的问题，并且人格尊严受到尊重还需要逐渐上升到法律层面。要满足民众有尊严的殡葬需求，不致使民众的人格受到贬损，比如，避免对遗体不恰当处理导致的尊严损伤等，已经成为一个比较突出的问题。

在遵循各种价值考量的基础上，通过对殡葬改革经验的吸收，充分发挥科技水平和技术成果的作用，在确定立法目标体系之后，以殡葬行为规制为核心，立法者对殡葬事项进行当下的绿色殡葬国家立法。

一是确立绿色殡葬国家立法的目标体系，内容主要包含积极的生态效应、提升殡葬行为的理性度与和谐的文明效应等。经过持续几十年以“节约殡葬用地”为主要目标的殡葬改革，抑制土地资源迅速减少已经一定程度上内化为殡葬立法的正当性依据。“节约殡葬用地”的目标确实唤起了人们对土地资源保护的关注，但推进殡葬改革，不仅仅限于保护土地资源一个方面的内容，还进一步提出了环境保护、生态维护的要求。绿色殡葬国家立法的目标，首先要考虑在现有技术条件下，对比各种殡葬方式，采取哪种对环境、生态负面影响最小的殡葬方式，从而具有积极的生态效应。殡葬作为一种社会行为，既可能是在经过缜密的理性考量后的活动，也可能是在冲动、悲伤等状况下难以聚精会神思维时做出缺乏理性色彩的活动。绿色殡葬国家立法的目标，就要将提升殡葬行为的理性度作为自己的一个重要目标，并通过具体的制度设计诱发个人的理性思维。社会转型在一定意义上就是文明形态的转型。蕴含文明转型的社会转型要尽可能避免文明的冲突或者减弱文明冲突的烈度，是处于社会转型期的国家需要认真考虑的问题。殡葬国家立法应尽量避免形成文明的冲突，以推动文明之间的和谐共存。在文明转型的层次来看，绿色殡葬国家立法必须将包含中华文明在内的文明之间的和谐作为一个重要目标。

二是绿色殡葬国家立法的殡葬行为规制。绿色殡葬目标的实现主要是通过规制殡葬行为来完成的。如果殡葬行为得不到合理的国家法律法规规制，绿色殡葬的目标就难以实现。因此，绿色殡葬国家立法应当主要围绕殡葬行为规制来展开，绿色殡葬行为是符合法定标准要求的遗体安葬行为、缅怀追思行为与殡葬服务行为。在绿色殡葬立法时，国家法层面应当继续坚持对遗体安葬行为进行规制的立法，设计出在现有技术条件下对环境保护、良好生态影响最小的遗体处理方式及其标准，并将其作为遗体安葬行为者的国家法律规范。

缅怀追思行为在殡葬行为中也占据着非常重要的地位。遗体安葬过程中的缅怀追思行为一般表现为小规模零零星星呈现的状态，不会出现大规模集中呈现的状态，其主要关注的应该是防止遗体对于环境保护、良好生态的影响；遗体安葬后的缅怀追思行为，除部分表现为小规模零零星星出现的状态以外，还可能出现大规模集中爆发的状态，不仅可能出现燃烧可燃物对于环境保护、良好生态影响的情况，还可能出现对于人身、财产不利影响的情况，也需要在国家立法层面予以制度设计。在绿色殡葬国家立法中，立法者需要加大对于缅怀追思行为的规制力度。

作为殡葬服务提供者为接受者提供遗体安葬行为、缅怀追思行为服务活动的殡葬服务行为，从殡葬服务提供者与接受者的直接关系来看，殡葬服务行为属于一种特别的民事法律行为，由殡葬服务国家法律规范、国家技术规范、自治化行业规范、自治化契约规范予以调整；考虑到殡葬服务提供者与国家主管机关的监管关系，殡葬服务行为还要接受殡葬主管部门的行政监督和管理，也要由相关的国家法律规范、国家技术规范予以调整；除殡葬服务提供者与接受者的直接关系之外，考虑到国家购买殡葬基本服务所形成的殡葬服务提供者与国家之间的关系，其还需要由相关的国家化法律规范、国家化技术规范予以调整。由于殡葬服务行为涉及多方面的关系和利益，在绿色殡葬国家立法中，立法者应当将殡葬服务行为作为加大力度规制的对象。

2. 绿色殡葬环境立法

我国多数殡葬服务机构经营思想与提倡环保、重视远期利润的绿色殡葬是相冲突的，同时又由于生态因素的外在性，使殡葬服务机构为追求自身利益对环境所造成的损害无须由殡葬服务机构自身作出补偿，从而导致殡葬发展过程中的“越污染越发展”的殡葬服务机构行为悖论，特别是中小殡葬服务机构表现尤其明显。因而，要加强殡葬环保立法，通过法制程序，强制性地引导殡葬服务机构行为朝着有利于生态环境方向改善，以营造出一个能使国家、经济可持续发展的绿色市场。

完善殡葬行业节能减排的法律和政策，建立健全殡葬行业环保法规、政策和标准体系，把殡葬环保工作纳入法制轨道，着力实施促进殡葬行业节能减排的财税制度。政府要加强对殡葬有毒有害废物转嫁的法律控制，视不同的危害程度采取“禁止”或“限制”的措施，严格规定限制许可殡葬污染物的条件和控制程序，同时，细化我国相应的措施与法律责任制度。通过多种形式对殡葬工程项目进行环境影响评价，在项目建设期和运营期执行严格的环境监察与管理，在技术可行的基础上进行环境影响后评价；制定比较完善的国家、地方殡葬法规，强化规范的约束力，从源头上解决结构性殡葬污染转嫁问题。对现行的自然资源保护、环境污染防治和环保行政等法律法规进行认真的梳理，并根据国际社会绿色殡葬的发展趋势和我国现状，进行必要的填补和修订，形成由统一的基本法律和相关配套法规组成的完善的绿色殡葬法律体系，并督促各级执法部门加强执法监督与检查。

3. 绿色殡葬标准体系

加快国家绿色殡葬标准制度体系的建设，实行殡葬的标准化全程控制，特别强调殡葬过程中对遗体和骨灰处理的标准化，将殡葬对环境的影响从标准化的角度出发，对火化排放标准、殡葬噪声标准、殡葬固体废物标准等进行具体明确的规定。必须加快国家绿色殡葬标准制度体系的建设，加快殡葬行业节能减排技术标准的制定和修订，不断扩大标准的覆盖范围，实现殡葬的标准化全程控制，特别强调殡葬过程中对遗体和骨灰处理的标准化，直接涉及资源节约、生态环境保护、污染排放、殡葬技术进步的内容，应作为强制性条文，充分发挥标准的技术保障和引导约束作用。出台殡仪馆、公墓建设的强制性行业标准，依法建立严格的监管制度，加大执法力度。

（二）健全制度，发挥宏观调控作用

政府的权威性可规范和约束人们的殡葬行为，确保生态环境免遭破坏。要充分发挥政府综合决策作用，适时制定和完善发展绿色殡葬政策，出台财政补贴、绿色贷款、减税政策等方面的成套激励政策，用优惠的政策引导和调动殡葬行业开展环境保护和绿色殡葬的积极性，让决策者、殡葬服务者、殡葬活动者考虑殡葬和选择殡葬的模式，从整体上建立绿色殡葬体系的约束机制和保障机制。

绿色制度是指围绕社会经济可持续发展所作出的各种制度安排。绿色制度体系是一种具权威性的保障手段，是所有绿色制度的有机组合，包括绿色政治制度、绿色经济管理制度、绿色文化制度以及它们内部各项制度的集合。构建绿色制度体系的目的在于：通过重建国家制度结构，将可持续发展中的各种社会关系上升为制度关系，明确权利义务内容，赋予制度的约束效力，利用制度规范保障生态、经济、社会秩序、人口、资源协调发展，在满足当代人需要的同时，为后代人的永续发展创造条件。

1. 建立综合决策制度

用政府的权威规范和约束人们的殡葬行为，确保生态环境免遭破坏。要从源头上解决殡葬对生态的危害问题，就必须要加大投入力度，改善政府公共服务。制订城乡基本殡葬设施建设规划，加大政府财政性投入，新建和改建一批城乡基本殡葬服务设施，包括殡仪馆、火葬场、骨灰堂、公墓及殡仪服务站等，改变部分地区殡葬设施短缺甚至空白的状况，更新一批环保节能殡葬设备，提高基本殡葬服务的可及性。政府应明确殡葬公共服务保障范围，

采取低价或政府补贴的方式满足公众基本的殡葬需求，对于城乡困难群体应给予费用减免和救助。

2. 实行绿色经济制度

绿色经济制度是随着全球环境革命在经济再生产各领域的渗透而逐渐形成的可持续发展行为的初步制度框架，也是目前实施生态环境政策与经济政策决策一体化的创新结果。绿色经济制度的主旨是将自然资源和生态环境纳入规范经济行为和考核经济绩效中去，以发挥其宏观调控作用。

一是绿色制度环境。包括绿色资源制度、绿色市场制度、绿色产业制度、绿色技术制度、绿色产品设计制度等。这一系列制度的建立，为从生态环境角度规范和考核殡葬行为创造有益的制度环境。

二是绿色规范制度。包括绿色生产制度、绿色消费制度、绿色殡葬制度、绿色管理制度。这些制度的健全与实施，必然使生态环境资源在生产、交换、分配、消费经济各领域实现有效配置，并对各种经济行为进行有力的约束与规范。如绿色生产制度即清洁生产迫使经济个体加强绿色技术、绿色产品研究与开发，争先恐后占领绿色产品市场。一系列绿色规范制度也是殡葬服务机构取得市场竞争优势的必然选择。

三是绿色激励制度。包括绿色财政制度、绿色金融制度、绿色税收制度、绿色投资制度。这些激励性制度安排，必将对生态环境资源利用和保护的经济动力提供一种有效的制度保障。如通过财政补贴、减税免税等经济制度，可以鼓励和引导殡葬资源配置向无污染、少污染项目转移，以实现生态环境资源有效配置。

四是绿色考核制度。对殡葬行为实行有效的定量考核与监督，从定量上将生态环境资源的存量消耗与折旧以及保护与损失费用纳入经济绩效的考核之中，能较好地反映出人类经济行为的真实经济绩效。

绿色经济制度在实现生态环境资源有效配置中可发挥激励和遏制作用。绿色经济制度的建立与实施，可以大大鼓励那些率先实行低消耗、低污染的经济行为。这就能够激励经济个体进一步采取科学的、先进的经济技术措施，去更好地保护自然资源和生态环境平衡，把经济发展真正建立在合理利用自然资源和有效保护生态环境的基础上，从而实现生态环境资源有效配置。绿色经济制度的贯彻执行，可以迫使殡葬机构不得不放弃传统的高消耗、高污染的经济行为，有效地迫使殡葬机构采取果断的经济技术措施去转变经济行为，以利于实现生态环境资源有效配置。由此可见，目前人们各种不合理的经济行为必然在一系列绿色经济制度的制约下逐步回归到可持续发展的正确轨道上来。

3. 完善绿色财税制度

建立健全符合绿色殡葬发展的财税制度体系，可以促进殡葬行业向“低能耗、低污染、高效率”方式的转型。长期以来，绿色殡葬发展的法规和政策不健全，殡葬技术及设备水平较低，一些先进适用的技术由于缺少资金而难以推广应用，极大地影响了先进科学技术在殡葬行业的推广，严重地阻碍了绿色殡葬的发展。我国现行的殡葬行业财税制度存在许多不足，对绿色殡葬发展缺乏激励机制。

一是缺乏推进殡葬行业绿色殡葬的财税制度。现行的财税制度大都局限于增值税、营业税两个税种之中，税收优惠政策较少，而且缺乏系统性、战略性和配套性，对于绿色殡葬发展的鼓励和扶持作用有限，无法吸引殡葬服务机构和殡葬消费者对绿色殡葬的关注，影响社会资金投入规模、经营规模的扩大和技术水平的提高，从而影响绿色殡葬的顺利推广。

二是缺乏鼓励殡葬行业科技进步的财税制度。绿色殡葬的推广，要求殡葬服务机构具有较强的技术水平，并不断进行绿色创新。但多年来，我国殡葬服务机构设备比较落后，技术开发能力弱，尽管现行政策规定了对企业研发新产品、新技术、新工艺的税收优惠政策，但却没有专门的支持绿色殡葬技术研发的鼓励措施，执行中政策本身也有许多限定条件，某种程度上限制了殡葬服务机构进行绿色殡葬科技研发与更新。

三是缺乏鼓励殡葬行业更新改造的财税制度。我国多数殡葬服务机构技术和设备都很落后，工业化发展水平相对较低，资源利用效率低下，在新技术应用与新设备更新方面，亟须财税制度的大力支持。

借鉴国内外有关行业重视生态环保、走可持续发展道路的做法和经验，应制定和完善如下促进绿色殡葬发展的财税法规和政策。

一是加大殡葬节能投资比例，鼓励绿色殡葬发展低碳化。公共财政预算反映和体现了政府的政策意图，是国家宏观调控的重要工具，某个行业的财政预算体现了该行业发展的理念和宗旨。政府要加大对殡葬节能科技创新的投入力度，对殡葬相关领域的技术创新给予财政支持，通过财政补贴尤其是贷款贴息的方式支持殡葬行业环保科技创新，可以有效地降低殡葬市场主体在能效投资、新能源开发等方面的成本支出，达到鼓励整个殡葬行业主动减排的目的。同时，应明确资金额度和增长幅度，建立殡葬环保科技投入的稳定增长机制和长效机制，支持低碳殡葬技术的研发，支持新能源有效利用和低能耗、高效益的行业发展。扩大殡葬环保单位的示范、推广和试点，通过财政补贴等方式，加大财政对殡葬行业的节能工程、污染减排监管体系等节能环保工程建设的支持，鼓励殡葬服务机构推广使用节能与新能源产品和技术。鼓励社会资金投入绿色殡葬事业，形成资金投入多元、运作主体多元和服务主体多元的格局。

二是加大政府财政扶持力度，实现绿色殡葬发展公平化。绿色殡葬的推广效果和财政补贴力度呈正相关关系，因而要加大财政投入力度，使绿色殡葬的投入增长幅度高于同级财政收入的增长幅度；要按照公共服务均等化原则，加大中央财政转移支付力度，逐步缩小地区间享受公共殡葬服务的差距。通过完善转移支付制度，加大对地方政府发展低碳殡葬、推进殡葬服务机构节能减排等的资金支持力度，尤其是通过专项转移支付方式对经济落后地区推动殡葬改革和殡葬服务机构节能减排给予财政支持和奖励，同时要求地方政府安排配套财政资金。优化财政支出结构，提高绿色殡葬支出占民政支出的比例，进一步加强绿色殡葬重点环节的经费保障，重点支持加快绿色殡葬服务体系建设和普惠制城乡一体化发展。加快建立和完善面向城乡困难群众的殡葬基本服务政府补贴制度，因地制宜地探索政府为辖区居民的基本殡葬服务埋单的相关机制，逐步形成以基本殡葬服务为主体，选择性殡葬服务为补充的服务格局。

三是明确殡葬服务免税范围，推动绿色殡葬发展规范化。为支持殡葬事业的发展，《营业税暂行条例》明确了殡葬服务免征营业税，但殡葬服务机构如何缴纳营业税，需要对收费的项目和性质进行认定，这就需要有相应的税收政策进行明确：对殡仪馆服务收入明确纳入免税范围，免税的服务包括遗体接运、遗体消毒、遗体火化、骨灰寄存等。对公益性公墓（骨灰堂）服务免征营业税，而对经营性公墓（骨灰堂）应按规定征收营业税、增值税。

四是建立健全财税制度体系，促进殡葬行业发展科学化。殡葬企事业单位是发展绿色殡葬节能降耗的利益主体，要通过财政税收激励措施，运用诸如预算投入、财政贴息、财政补助、政府采购、税收优惠等措施，充分调动殡葬服务机构节能降耗和资源综合利用的积极性，激励其主动节能，发挥其在减少碳排放中的重要作用。运用与能源相关的税收和收费等措施，增加殡葬服务机构能源使用的成本，对殡葬设施设备制定能耗和限额标准，并配套实施超定额加价的政策，营造整个行业重视节约能源资源、减少碳排放的良好氛围，形成激励和约束机制相结合的绿色殡葬财政税收机制，对生产殡葬环保设备和用品的企业实行税收优惠，鼓励殡葬服务机构使用再生和速生材料的替代材料（如纸质和竹质）制作的殡葬用品。要制定有利于绿色殡葬技术进步的税收激励政策，把减少能源消耗和污染物排放作为发展绿色殡葬的核心；对有利于生态环保的殡葬技术研究、开发、转让、引进和使用予以税收鼓励，提高我国殡葬服务机构技术水平，将税收优惠政策的重心和着力点从直接生产环节转向研究开发环节，充分鼓励企业加大对研究开发的投资力度；对技术转让收入的税收减免、技术转让费的税收扣除、对引进技术的税收优惠等相关规定进行修订，为绿色殡葬发展提供强大的技术支持。要制定有利于绿色殡葬发展的设施设备更新的财税制度，加大财政对绿色殡葬生态环保技术开发资金的投入，支持一批有利于殡葬服务机构资源节约的重大项目和重大设备投入，淘汰高能耗、高物耗、高污染的落后技术和设备，做好绿色殡葬发展的硬件建设。

（三）加强管理，培育绿色殡葬典范

绿色殡葬是着眼于未来的新观念，所要实现的是人类社会的协调、持续发展。殡葬管理部门要把绿色殡葬纳入殡葬发展规划，在绿色殡葬布局、绿色殡葬设施、绿色服务管理等方面加大力度，促进殡葬行业在发展战略上将殡葬服务机构、消费者和社会三个方面利益有机统一和兼顾起来。殡葬行业必须采取面向可持续发展的管理理念或模式——绿色管理，把殡葬活动同自然环境、社会环境的发展联系起来，以实现社会效益、环境效益和经济效益的统一。

绿色管理将环境保护的思想观念融入政府殡葬管理与殡葬服务机构经营管理之中，以使殡葬服务机构降低管理成本与资源消耗和提高管理效率与水平。这一思想可概括为“5R”原则，即研究（Research，把环保纳入殡葬管理的决策要素中，重视研究殡葬环境对策）、消减（Reduce，采用新技术、新工艺，减少或消除有害废弃物的排放）、再开发（Reuse，变传统产品和服务为绿色化）、循环（Recycle，对废旧产品进行回收处理，循环利用）、保护（Rescue，积极参与环境整洁活动，对员工和公众进行环保宣传，树立殡葬服务机构形象）。这就需要用可持续发展思想创新殡葬管理和服务，开发殡葬设施绿色教育管理手段、降低管理成本，管理过程中将资源耗费降到最低，提倡以降低殡葬服务与管理过程成本与环境污染和提高殡葬质量的绿色管理。

绿色管理是适应绿色消费浪潮的必然选择。随着经济的发展，人们生活水平的提高，促使人们的健康意识大大增强，从而导致消费观念发生重要的转变，“绿色消费”逐步形成，人们开始关心消费中的环境代价，呼唤既无污染又有益健康的绿色商品。面对20世纪90年代世界范围内兴起的“绿色革命”浪潮的冲击，殡葬服务机构必须关注自身的环境行为，开发绿色商品，实施绿色管理，以提高殡葬服务机构的竞争力。

绿色管理是依法治理环境问题的必然结果。在政府的环境管制下，殡葬服务机构必须顺应环境问题法律化的趋势，对已有的技术和殡葬方式进行改

变，实施绿色管理，使殡葬服务机构的运营在法律、政策允许范围内进行。殡葬服务机构实行绿色管理，将其传统的只顾自身利益最大化而过度掠夺自然资源的殡葬服务机构管理模式，转变为谋求于殡葬服务机构、社会、环境三方共赢的绿色管理模式，才能在激烈的市场竞争中生存并实现可持续发展。殡葬服务机构自身利益也促使殡葬服务机构强化环保意识，实施绿色管理可降低单位产品资源消耗，提高资源利用率，既节约材料利用成本，又可降低污染和污染治理费用，从而提高殡葬服务机构自身的经济利益，保障消费者利益，以较少的绿色投入，取得较大的经济效益和社会效益。而那些污染严重、资源消耗大的殡葬服务机构，不仅要负担沉重的治污费用，甚至有来自政府环保部门的罚款，更严重者还遭受关门停业的风险，而且殡葬服务机构自身的运行成本居高不下，殡葬商品缺乏竞争力，最终会被市场淘汰出局。

绿色管理贯穿于殡葬服务机构运营的全过程，是一项综合性很强的工作，涉及殡葬服务机构内部的上上下下、方方面面，必须由殡葬管理机构的高层推动。殡葬主管部门应当建立专门的绿色组织来推进殡葬服务机构的绿色管理，使绿色管理系统化、标准化。殡葬服务机构绿色组织可根据殡葬服务机构的现实情况，以环保认证标准为参照，分析影响环境的因素，培养员工的环保意识。在殡葬商品的设计生产、原料采购、殡葬行为等经营管理的全过程，建立标准规范的绿色管理体系，以实现殡葬服务机构经济效益和环境效益的最优化。绿色管理战略的具体实施，涉及殡葬活动的各个层面，需要全体员工的参与和支持。绿色管理的核心内容是以保护环境、节约资源、实现可持续发展为特征的绿色文化，包括绿色殡葬服务机构精神、绿色价值标准、绿色经营理念、绿色规章制度、绿色文化生活等。它所倡导的绿色价值观将影响着管理者的决策和员工的工作态度，并推动着殡葬服务机构绿色管理战略的实施和发展。因此，要在殡葬服务机构里深入持久实施绿色管理战略，就必须从殡葬服务机构文化入手，加强绿色管理理念及战略的宣传与教育，弘扬绿色殡葬服务机构文化，通过具有层次性、针对性和可操作性的“绿色”教育，在殡葬服务机构内部进行全方位的“绿色革命”，对全体员工进行“换脑”，使之真正理解和接受绿色理念，树立全新的绿色价值观，在殡葬服务机构内营造一种“绿色”文化氛围。

（四）高效优质，完善殡葬服务体系

殡葬服务是指人们为处理死者遗体、悼念死者及抚慰丧户所提供的各种社会服务的总称。随着市场经济的发展和公众殡葬需求的不断提高，特别是在构建和谐社会大背景下，我国原本并不健全的殡葬服务体系暴露出一系列

问题，在一定程度上影响了殡葬改革顺利进行，主要体现在“法律法规尚未健全，政府监管难以到位；事业经费投入不足，基础设施建设薄弱；殡葬服务水平不高，经营行为尚需规范；从业人员素质偏低，服务质量有待提高；救助制度尚未普及，公共服务急需加强”等方面。在构建和谐社会的新时期，完善我国殡葬服务体系对于提高政府公共服务能力，加大市场监管力度，规范殡葬服务行为，不断满足公众日益增长的殡葬消费需求具有重要的作用。如何科学地构建殡葬服务体系，成为实施绿色殡葬战略、促进殡葬事业可持续发展的新课题。

1. 完善政策法律法规，规范管理殡葬服务

加紧修订《殡葬管理条例》并创造条件尽快制定殡葬法，提高殡葬市场监管法律文件的效力等级；根据殡葬市场监管的实际需要及时立法，加强殡葬市场监管相关制度之间的衔接配合，使各项监管制度具有可操作性，落实到位，确保殡葬服务机构向社会提供出服务规范、各方利益均受到保护和尊重、具有丰裕民族文化特色的殡葬活动，进而孕育一个服务规范化的殡葬业。殡葬服务规范化涉及的领域很多，如殡葬业的法律规制、行政管理、技术标准、行业自治与自律、社会公众监督问题等。将殡葬服务区分为基本殡葬服务和延伸（选择性）殡葬服务：基本殡葬服务包括遗体接运、保存、火化和骨灰寄存，只能由国有公办的殡葬服务机构提供；基本殡葬服务以外的其他服务是延伸（选择性）殡葬服务，包括遗体整容、防腐、告别、骨灰安葬、殡葬用品及其他殡葬特需服务，符合市场准入条件的主体均可提供选择性殡葬服务。

进一步明确殡葬服务市场准入、许可变更的资质条件与退出机制，依法管理殡葬服务市场。加强制度约束体制建立，不断提高科技应用的主动性和积极性，严格执行殡葬行业节能减排的法律制度和技术规范，建立殡葬行业节能减排监管服务体系，落实殡葬行业节能减排目标责任制，严肃查处违法行为。要严格实施环境保护法等法律法规，并不断完善相关环境法律法规，在宏观上加强对现有的殡葬体制强化管理，并制定优惠政策鼓励殡葬服务机构绿色化运营，构筑绿色殡葬发展的框架。建立健全殡葬技术标准宣传贯彻机制、技术标准执行过程中的监管机制和奖惩机制。研究制定殡葬服务标准，合理划分公益性和经营性服务项目，分类实行政府定价和政府指导价，依法监督服务质量。要开放殡葬市场，以管办分离、多方参与为原则，建立公平竞争的市场秩序，引导、鼓励社会力量参与殡葬服务。要在国家的整个法律体系中统筹规划，以宪法为主导，各项法规之间互为依托、互为补充，通过司法保障、体制安排和政策调控手段，明确政府、企业和公众等利益相关方

的权利和义务，赋予并明确公民和社会组织合法参与殡葬市场监管的地位，从而建立公众参与民主决策，参与国家管理，政府、企业、公众协同保护殡葬市场健康发展的长效机制。

2. 理顺殡葬管理体制，多方共同实施监管

一是政企政事分开，管办彻底分离。要把现有的殡葬市场监管机构与殡仪馆、公墓等殡葬事业单位彻底分开，将经营性、事务性等工作彻底剥离，行政单位的职责在于制定和执行政策、协调与监管；管理单位的职能在于管理与执法，确保殡葬市场监管的公开、公正、透明；而服务单位的职责在于提供优质服务。

二是转变监管职能，实行分类指导。从殡葬市场监管主体的定位来讲，主管部门对殡葬市场的监管职能应尽快实现两个转变和一个衔接：即从主管型向监管型转变，从行政本位向市场取向转变；实现市场监管与公共服务的有效衔接。对殡葬服务机构按所有制形式不同实行分类指导：对国有公办的殡葬服务机构，将遗体接运、火化、骨灰寄存服务划入公益板块，实行事业化管理，火化必须严格执行政府定价，运尸、存尸、寄存费和租赁费用则实行指导价，政府采取购买服务的方式给予政策支持和资金补贴；将延伸（选择性）殡葬服务划入经营板块，实行企业化管理，服务价格由市场调节。公办殡葬服务机构要带头降低市场调节价，发挥平抑物价的作用，规范绿色殡葬服务收费项目，保证同类殡葬商品价格不高于市场价，中低价位殡葬商品足量供应；对国有民营及民办殡葬服务机构要严格审查其资质，规范其经营行为，保障其合法权益，充分发挥其丰富殡葬服务项目、活跃殡葬市场、解决劳动就业、满足公众个性化绿色殡葬需求等方面的积极作用。

三是相关部门协作，公众参与监督。殡葬市场监管涉及多个部门，要与多个部门进行相关的合作。要积极探索民政部门与其他相关部门合作的方式，科学划分执法权限，形成多部门协调的机制，提高殡葬市场监管效率。由于现代殡葬市场的复杂性、多元性和动态性，政府不可能监管到殡葬市场的每个角落，这就需要政府大胆地向社会组织分权，将政府所承担的技术性、服务性、协调性工作，从政府职能中分离出去，交给社会组织，通过大力培育和发展社会组织，实现殡葬市场监管职能合理分化。公众本身就是一个具有实际或潜在影响力的团体，在政府的帮助下，积极拓展绿色监督方式，畅通绿色监督渠道，可以对绿色殡葬战略计划起到动态监控。建立社会公众参与的监督机制，要求各级政府要善于引导和保护公众参与的积极性。政府在制定殡葬市场政策和法规过程中，要充分听取公众的意见，保证决策的科学和民主；建立殡葬市场信息收集、整理、公开与获取的机制，形成有效的信息

公开交流平台。要进一步发挥新闻舆论的监督作用，建立举报奖励制度，公布殡葬市场监管热线，充分调动公众参与殡葬市场监管的积极性。

3. 加强殡葬经营管理，提升殡葬综合效益

一是强化内部管理，规范经营行为。殡葬服务机构要按照市场经济的要求创新管理，通过建立以产权清晰、责权明确、政企分开、管理科学为特征的现代企业制度，按照市场需求组织经营服务，健全管理制度，建立科学合理的用人机制、监督机制、分配机制和激励机制，提高殡葬综合效益。殡葬服务机构要遵守相关法律法规，严格执行统一制定的基本殡葬服务项目和标准，公开选择性消费项目和标准，实行项目和收费标准双公开。同时，规范从业人员服务行为，推行服务标准和技术标准，不断提升殡葬服务的规范化水平。殡葬服务机构要诚信经营，共同营造殡葬市场公平公正的竞争环境，保护消费者的合法权益，构建“阳光殡葬”。

二是创新殡葬服务，实施人文殡葬。由于殡葬的实质是人的精神活动，因而围绕殡葬的所有消费都是典型的精神消费。精神消费的基本特征就是个性化、多样性和文化性，要求殡葬服务机构在规范传统服务项目的同时，开展殡葬服务创新，提高服务层次和水平。殡葬服务机构要正确认识公众多层次的殡葬服务需求，严格细分不同的消费层次和服务项目，根据殡葬服务需求的差异性，准确定位，提供多样化的、可选择性的殡葬服务项目。在满足人们殡葬方面物质需求的同时，要关注其生理、心理、安全及精神等方面的高层次的需求。殡葬服务机构在开展创新服务的同时要不断增加服务的文化内涵，提升殡葬文化品位，要在继承发扬中国传统殡葬文化的基础上，融现代意识和时代色彩于殡葬礼仪中，研发创新服务项目，丰富殡葬服务内涵，引导公众建立现代、文明的新型殡葬文化观。要从人文关怀入手，积极传播现代殡葬文明，弘扬优秀殡葬文化，构建人文殡葬，在殡葬服务过程中要充分体现人本性，既要尊重逝者，又要安慰生者；殡葬服务要满足不同人员的需求，既要让经济条件优越的逝者家属办好丧事，又要让困难公众办得起丧事。

三是优化服务流程，提升服务手段。要创建涵盖服务机构、服务质量、服务信息和服务保障为主要构成部分的绿色殡葬标准体系，规范绿色殡葬行为；拓展绿色殡葬的发展渠道，丰富其发展内容，提供温馨感、亲情感和家庭感的服务模式，形成以绿色丧葬消费模式为中心，以重大殡葬项目、殡葬活动为载体，以完善绿色殡葬运行机制、优化发展环境为支撑，提升绿色殡葬的吸引力；从被动需求供给型向主动发展引导型转变，从简单集成型向复合渗透型转变，从而实现绿色殡葬的良性联动发展、辐射协同发展和层级均

衡发展。要提升绿色殡葬的发展手段，在告别仪式上引入多媒体记录手段，在火化过程中引入“3R”（即 Reuse、Recycle 和 Reduce）环保处理系统，在安葬形式上引入生态葬法，在祭奠环节里引入电子化吊唁平台，研发实用型绿色殡葬技术，在后续服务上引入经济性量化指标，使绿色殡葬朝着信息化、网格化、平台化、系统化、规范化、动态化的方向发展，抓细规范、抓实效果、抓紧创新，全面提高现代绿色殡葬水平。

4. 充分挖掘文化内涵，努力营造人文氛围

殡葬服务机构要在优化服务中倡导以人为本的属性，政府部门在以下几个方面需做好引导和保障：一是倡导殡葬行业环境的人文化发展方向，不断提高殡葬行业的环境优美度，减少悲痛的气氛，给公众以人文关怀和心灵抚慰；二是倡导殡葬行业文化底蕴和人文内涵的深化，根据不同地区、不同定位倡导殡葬场所文化性空间的定位，形成不同的风格和特色，使殡葬行业逐步荟萃思想文化、沉淀人文历史；三是倡导殡葬服务方式的人文拓展，优化殡葬服务的内涵，政府要努力引导发展多层次的殡葬人文化服务，鼓励创新行业发展模式，拓宽服务领域，实现一般性的服务和个性化的服务相结合、大众需求和特殊需求相结合、现代殡葬管理和民俗民风相结合的行业形态。

5. 立足基本殡葬服务，逐步拓展公益殡葬

一是科学合理地界定不同类型的殡葬服务。遗体接运、存放、火化和骨灰寄存（或安葬）是我国每个公民死亡后治丧活动不可或缺的最基本程序，也是基本殡葬服务的主要内容，除此以外的如防腐整容、租用礼厅、环境布置、乐队伴奏及自主选择经营性墓地等都属市场选择性殡葬服务范围。针对不同类型的服务，应采取不同的措施，逐步实现殡葬公益化。

二是积极稳妥地推行均等化殡葬福利制度。实行基本殡葬服务免费化，既是我国殡葬事业改革和发展的基本趋势，也是建立和完善基本殡葬公共服务体系、实现基本殡葬公共服务均等化的必然要求。要根据当地经济发展水平和财政支付能力，逐步将基本殡葬服务纳入社会保障的范畴，使公益殡葬制度在深度和广度上不断拓展，让人们享受到从摇篮到坟墓的均等化的社会福利。

三是因地制宜地推进公益性延伸殡葬服务。延伸（选择性）殡葬服务包括遗体整容、防腐、告别等殡葬特需服务，这些服务虽不是完成殡葬活动的必要环节，但公众受到传统观念的影响仍会选择。对延伸殡葬服务要采取不同的措施进行分类指导。对于不符合殡葬改革方向，造成资源浪费的延伸殡葬服务，如墓地，政府不仅不能实现其公益化，还应利用价格杠杆等引导公众放弃此类服务。今后的工作重点是积极推广树葬、花葬、草坪葬等节地葬

法，鼓励倡导深埋、撒散、海葬等不保留骨灰方式，推行绿色殡葬。对采用节地葬法或不保留骨灰的，实行政府奖励、补贴，引导公众共同建设资源节约型、环境友好型社会，实现人与自然和谐相处。

二、唤醒公众生态意识，激发全民参与绿色殡葬

绿色殡葬是对生态伦理和社会风俗的进一步改进和完善，蕴含着感恩和对生命价值的尊严判断。绿色殡葬是全民族的事业，必须紧紧依靠人民大众，形成社会各界齐心协力开展绿色殡葬、保护环境的局面。要把殡葬改革“实行火葬，改革土葬，文明节俭办丧事”方针的贯彻落实与“以人为本”“充分尊重传统文化习俗”等社会要求有机地结合起来，使绿色殡葬成为殡葬新文化的特质并充分发挥殡葬文化的引导教化功能，有效地推进社会管理和殡葬改革，以实现人类环境可持续发展的目标。

（一）更新观念，树立绿色殡葬理念

推行绿色殡葬发展战略的基础是树立绿色殡葬观念，充分考虑公共利益和对环境的影响，切实把环境保护贯穿于殡葬的开发、设计、使用和服务等各项环节中，保证达到社会、经济与生态环境协调发展的目标。

要坚持政策导向，强化绿色殡葬理念。只有人们思想观念得到转变，才能真正推动绿色殡葬发展进程。因此，需要政府坚持政策导向，并发挥各类宣传媒体作用，加强生态葬法、实行葬法改革重要性的宣传，加强殡葬改革先进典型宣传，将节约土地与保护环境资源重要性和紧迫感讲深讲透，以典型引导广大公众积极加入这一行列。政府必须重视绿色理念的推广以及对消费者和殡葬服务机构经营者绿色殡葬理念的宣传教育，唤醒殡葬服务机构、社会组织和公众的危机意识，为绿色殡葬的实施营造良好的舆论氛围和社会环境。强化绿色殡葬意识分为三个层次：一要有前瞻性的绿色殡葬发展理念，将殡葬与绿色化进行有机地结合；二要引导殡葬服务机构增强绿色殡葬意识，引导殡葬服务机构着眼于殡葬服务机构和社会的长远利益，树立集体协作、节能环保的团队精神，围绕绿色环保和可持续发展的理念开展殡葬活动，将节约资源、减少废物、避免污染等目标作为殡葬服务机构的长远发展目标；三要倡导绿色殡葬，鼓励、引导殡葬服务机构降低成本，消除或者避免多余殡葬活动，加大绿色宣传力度，传播绿色殡葬知识，提高公众的绿色环保和可持续发展意识，并转化为人们内在的行为指导理念。

绿色殡葬组织创新、制度创新、体系建设和管理创新是实现绿色殡葬制度目标的根本和重要保证，要正确处理好观念更新、技术创新、制度创新和

体系建设间的关系。观念更新是实现绿色殡葬目标的前提和基础。只有观念更新，才有目标、手段和方法的更新。技术创新是实现绿色殡葬的重要依托，是提高殡葬服务机构竞争力的根本途径和最有效方法。制度创新是实现绿色殡葬的关键，是改变生产方式和消费方式的前提和基础，通过制度创新可以合理整合、利用各种优势的资源，提高资源生产利用效率；通过制度创新可以调整生产结构和社会再生产的产品分配过程，通过生产结构的调整，促进资源和产品向有效资源利用的部门或产品生产的部门和方向转移，提高资源的利用率和生产效益；通过制度创新可以规范和约束人们的殡葬行为，提高绿色产品、绿色生产和绿色经营的法律意识，保护资源、保护环境，促进可持续发展。组织创新和体系建设是制度创新的重要内容，是实现绿色殡葬的重要环节。

树立人与自然和谐的人文理念，倡导生态型、环保型、节能型殡葬。科学发展观强调的是全面发展，是社会在物质、政治、精神和生态四个方面的协调发展，而不是单一发展，这是建设和谐社会在人文环境与自然环境方面展示的显著特点。殡葬长期处于空间消费、资源消费、污染消费状况，在当今时代，殡葬工作需要的是把殡葬文化的传承创新、生态环境的保护作为一项工程来对待，把握住这个阶段性发展之间的关键性连接点，在改变传统的丧葬方式方面作出不懈的努力。一方面通过依法治理、综合治理，提高火化率；另一方面通过倡导、引导，逐步改变人们的殡葬理念，摈弃“入土为安”、骨灰长期寄存的做法，接受新的、现代文明的殡葬方式。以现代殡葬文化理念为基础，以不保留骨灰为标志的殡葬第二次革命，在促进殡葬事业持续发展的同时，必将为移风易俗、保护土地和环境、促进两个文明建设发挥更加积极的作用。

（二）全面倡导，推行绿色殡葬消费

殡葬消费和其他领域的消费一样，是市场经济条件下人们社会生活的一部分，殡葬消费源于殡葬文化的形成和发展，又对殡葬文化的发展起到推动作用。殡葬消费主要是精神层面的，现实地表现为心理上的慰藉、平衡和满足，沉淀下来的是文化。殡葬消费关键问题是要考虑到多数人消费承受能力，提供不同层次的消费档次，尊重和满足不同层次消费者的意愿、选择和要求。绿色殡葬反映了殡葬行业呈现出的环境友好、资源高效、系统和谐、类型多样、社会融洽状态，这种状态实现了社会价值、社会需求和生态价值之间的和谐共赢。

1. 抵制消费主义

巨大的物质消费并不能使人更幸福、更快乐。人类对物质的需要是有限

度的，当物质消费水平达到一定程度时，会呈现出边际效应递减，物质消费和人的幸福之间的关系会变得微乎其微。人们追求物质无穷消费已经使地球生态付出了巨大的代价。以消费为主导的社会对资源的掠夺性开发，对生态环境的恣意破坏，从全球变暖、生态失衡、物种灭绝，到环境污染、食品毒化、耕地减少等，消费者都应对地球的生态破坏承担相应的责任。我国总体进入小康社会为抵制消费主义奠定了经济基础，人们的物质消费过程与人的全面发展过程的完全合一将成为未来社会消费特征之一。

2. 倡导绿色消费

满足绿色需求是绿色殡葬的出发点。根据马斯洛的需求层次理论，只有满足了温饱等最基本的生理需要之后，人们才能对消费安全问题给予足够的重视。绿色消费是指消费者意识到环境恶化已影响了其生活质量及生活方式，要求人类活动对环境影响最小，以减少环境的危害，自觉抵制对环境有危害的消费行为。绿色消费是一种观念上的革新，要改善消费者对绿色产品要求的整体水平较低的薄弱局面，就要大力倡导绿色意识。政府可以通过教育、宣传等方式培植消费者的绿色意识。

绿色消费是以维护自然生态环境的平衡为前提，在满足人的基本生存和发展需要基础上的一种可持续的消费模式。这种健康、适度的消费模式，以人的合理需要为出发点，追求绿色、环保、低耗消费，崇尚适度消费，把消费控制在自然界承载力范围之内，直接减少对自然资源的消耗和对生态环境的压力。消费者选择资源消耗少、对生态环境无害或者危害较小的环保商品而排斥非环保商品，将会引导企业甚至迫使企业减少或停止非环保产品的生产而转向环保产品的生产和清洁生产，生态消费通过对生产的引导作用，带动绿色殡葬产品和服务的生产，形成绿色消费与绿色生产和服务之间的良性互动，间接地保护生态环境，减少资源消耗。

绿色殡葬消费模式的建立是建设绿色殡葬生态文明的终极支撑，通过生态消费理念的教育和灌输，可以重新塑造并变革全社会的消费理念，把绿色消费的理念植入每一个普通消费者的观念中，在全社会培育生态文化、确立人与自然和谐的生态文明价值观，从根本上促进殡葬消费行为的转变，并最终建立符合生态文明要求的绿色殡葬体系。

3. 关注精神消费

绿色殡葬的重要基础是以人为本，使殡葬行业定位于铭记历史、收藏记忆、传承文化、情感抚慰等具有文化精神意义的工作目标。这就要求政府在深化改革中引导殡葬消费的精神化转变。

一是倡导殡葬形式的精神化。绿色殡葬要求政府部门引导公众客观地看待生命物质形态的消逝，看轻看淡遗体和骨灰的安置，重视逝者精神和思想的传播和发扬，关注逝者精神的传承和影响。

二是倡导殡葬活动的教育化。政府要引导殡葬行业积极开展配套的机制建设，充分挖掘和传承具有悠久历史和深厚底蕴的文化，担当起“先贤精神延伸，忠孝人格传承”的社会责任；倡导殡葬行业提供的服务内容具有积极影响力，充满人文气息、充满情感、体现对生命的尊重和启迪。注重以“生命与感恩、生活与价值、热爱与珍惜、见证与纪念”为基调，充分反映和体现社会的进步和发展给殡葬行业带来的文明进步、给生命带来的尊严提升。

三是关注殡葬活动的影响力。政府要建立健全殡葬行业教育培训系统，通过引导职业专业化进程，培养从业者积极心理干预能力，加强殡葬行业给人民群众带来的慰藉感、安全感、满足感。

4. 注重行为文明

殡葬技术革新与进步是发展绿色殡葬的关键，也是中国殡葬改革和管理的文化支撑。用科学发展观统领殡葬工作，充分利用人类文明进步特别是科技发展的优秀成果，建立与资源节约和环境友好型社会目标相适应的殡葬与环境科学技术体系，大力发展和应用资源节约型和环境友好型殡葬科学技术，在合理使用设施设备的前提下，重视资源的合理利用和保护，并维持良好的生态环境，使殡葬活动最大限度地减少对生态环境的负面影响，使殡葬活动从污染型、破坏型向清洁型、和睦型过渡。培育新型殡葬消费文化和殡葬消费群体，通过转变殡葬消费方式引导和促进殡葬产业结构优化和产品升级，使全社会都采取资源节约和环境友好型的殡葬方式、殡葬礼仪和消费方式，建立人与环境良性互动的关系，在全社会的共同参与下体现社会发展的价值目标。

5. 提高殡葬质量

提高生活质量的根本出路在于人的价值观念的转变，实现从享受型消费到绿色消费的革命性转变，彻底改变现行的生产方式和生活方式，走可持续发展之路，从而实现人和社会的全面发展。

一是建设非消费主义殡葬文化。在当今严峻的生态危机状况下，亟须抵制消费主义文化，建设新的持久的非消费主义文化。在殡葬活动中需要复兴和发展那些潜伏在殡葬文化传统中的非消费哲学，确立一种与自然和谐共存的自然生态观。

二是提倡适度和绿色殡葬消费。人的生存离不开物质消费，但要提倡适度和绿色殡葬消费。提倡适度殡葬消费就是提倡俭朴节约的殡葬活动，给消费者提供更多的选择消费的自由，表现为商品和服务的种类、质量和数量的多样化，满足消费者发挥自己个性的主观要求和爱好。

三是提倡非物质性的殡葬消费。人的消费除了物质性消费以外，还有科技性消费、休闲性消费、保健性消费、文化性消费等，从而实现人的全面发展。殡葬消费应更加注重科技性消费和文化性消费。

四是满足人类的自然生态需求。人类必须有物质生活，也必须有精神生活，但绝不能缺少生态需求。人类现代文明社会的这种生态需求包括洁净的空气、水和无污染的食物，无污染、无噪声的生活空间，优良的人工或自然植被环境，数量充足、质量精良的环境资源和生态景观等。为此，人类应该珍惜大自然，提高生态系统的服务质量。

五是满足社会公众的环保诉求。社会公众的环保诉求得不到实现，势必影响其生活质量。为此，要推行环境信息公开化，推行环境决策民主化，在影响公共利益的大型殡葬工程开工前举行听证会，使任何公民、社会团体、国家机关为了公共利益，都可以自己的名义，向国家司法机关提起诉讼；要鼓励和支持民间环保组织的发展，使得他们能够与那些破坏环境的殡葬服务机构或地方政府进行理性的抗争。绿色殡葬最终能否达到预定的战略目标，重要的还在于战略经营计划是否得到有效、正确的贯彻和执行，而公众监督可以对战略计划实施过程起到监测和反馈作用，以便政府和殡葬服务机构对绿色殡葬战略计划进行及时修正，以保证目标的实现。

三、强化殡葬机构责任，加快绿色殡葬体系建设

（一）注重公益，增强企业公民责任

随着社会主义市场经济体制的建立和殡葬事业的发展，殡葬行业出现了国有事业单位、民营资本兴办以及外资联合兴办的多种形式殡葬服务机构并存的现状。从公民责任的视角分析中国殡葬行业存在的问题，借鉴“企业公民”理论设定殡葬服务机构的公民责任框架，进一步完善绿色殡葬发展战略及其指导思想，阐述绿色殡葬发展战略的具体实施纲要，对殡葬行业的可持续发展具有特殊的意义和重要的作用。

1. 企业公民理论与殡葬服务机构公民责任框架

企业对利益相关者承担的社会责任是一个由经济、法律、道德和慈善（或人道）组成的“社会责任金字塔”。一个成熟的殡葬服务机构发展的方向或追求的目标应该与公民责任对接。殡葬服务机构通过自己的经营行为，在葬的功能上实现处理遗体、保护环境的目标，在殡的功能上实现文化传承与生命教育的目标，在促进殡葬行业健康发展的同时，改善员工工作环境，提

高环保水平，使所有利益相关者和全社会受益。

结合中国殡葬行业的实际情况，可以把中国殡葬服务机构的公民责任设计为以下结构：对政府和所有者的责任主要包括对中国殡葬法律、法规遵守情况，经济效益的持续增长，经营中的业务创新，先进的管理理念和水平，对殡葬遗体处理功能和生命教育功能的综合把握等。对员工的责任主要包括员工安全计划、员工帮助计划、员工技能发展培训计划、就业机会均等、福利保障、薪酬公平等。对环境的责任主要包括殡葬技术创新、减少污染物排放、使用清洁能源、减少能源消耗；殡葬方式创新，节约墓葬用地等。对供应商与合作伙伴的责任主要包括对殡葬用品供应商提供公平的交易机会，与殡葬中介代理的互动发展，防范腐败贿赂等交易中的道德行为准则问题等。对消费者的责任主要包括严格的质量控制方法，对客户满意度的评估和对客户投诉的积极应对，对有质量缺陷的产品和服务给予补偿等。

2. 公民责任缺失造成绿色殡葬发展思路的困惑

殡葬行业是反映社会物质文明和精神文明的窗口，殡葬行业自身的运行模式，标志着一个时期的政治、经济、文化发展的水平。面对市场经济的大环境，因公民责任缺失，导致在绿色殡葬发展方向问题上出现了困惑，主要表现在思想认识上的混乱。

一是没有明确界定殡葬服务的基本功能和核心价值。多年来，殡葬服务只是完成了殡葬的基本功能，没有真正关注不断变化的公众核心需求，忽视了殡葬行业人文关怀的公民责任，没有充分发挥殡葬文化传承和生命教育的功能。

二是殡葬行业市场化与公益化难以定位。没有设计出一个追求经济效益还是追求社会效益的把握尺度。追求市场化，却缺少相应的资质体系和监管机制；追求公益化，又缺少配套的扶持政策和福利制度。

三是政府主管部门主张的“厚养薄葬”与市场经济规律的“满足消费需求”处于矛盾之中，“厚养薄葬”缺少了对“殡”的诠释，从生命哲学的角度，要提供人性化、个性化的殡葬服务，这无疑会把殡葬市场做大。但一些人在殡葬仪式上的炫富，强化了公众的仇富心态，加剧了社会不同阶层的矛盾。

3. 殡葬服务机构理应承担的绿色殡葬公民责任

根据公民责任框架，殡葬服务机构确定绿色殡葬发展战略的指导思想应该是：以行业持续发展、社会和谐文明为目标，把殡葬服务机构建设成为依法开展殡葬业务、积极保障所有利益相关者利益的机构，通过对遗体的人性化处理，达到保护环境、传承文化、开展生命教育的目的；通过不断的业务创新、技术改革和管理升级，提升单位竞争能力和员工发展能力；通过参与公益活动践行对社会的回报，加大殡葬服务中文化传承和生命教育的比重，倡导“厚养薄葬”，提出做好“殡”的新理念；建立以专业专职人员为主、社会志愿者为补充的哀悼辅导和居丧干预人才队伍，开展相关业务，打造殡葬服务高端品牌。

在殡葬服务机构承担社会责任的大前提下，正确处理好殡葬服务机构营利性与所承担社会责任的关系，殡葬服务机构在社会责任和盈利目标之间存在着正向关联度，但同时也存在着不可调和的矛盾，殡葬服务机构的竞争力应该体现在其所承担的社会责任，而非其所赚取的利润。目前，应主要以法律手段规范我国殡葬服务机构公民责任的建设，使殡葬服务机构承担社会责任法律化。

殡葬服务机构社会责任法律化，有利于利益相关者减少治理成本，在法律法规的规范下实现殡葬服务机构社会综合效用最大化，对殡葬服务机构的长期健康发展提供最基本的前提条件。在世界经济全球化的趋势下，殡葬服务机构承担起相应的责任，已经成为国家和社会评价殡葬服务机构价值的主要尺度。从殡葬服务机构的长远发展来看，殡葬服务机构要获得综合社会收益率的最大化，就必须承担其社会责任及相应的社会成本，从而得到社会声誉和社会认同，使得殡葬服务机构自身与社会发展更和谐。从殡葬服务机构的经济属性看，参与社会交换的目的已经绝对不在于盈利。在正常情况下，殡葬服务机构能否实现可持续的成长在很大程度上取决于其能否获得社会的认同（如殡葬消费者的认可等）。社会认同和必要的基本收费是殡葬服务机构参与社会交换所追求的最为重要的“报酬”。而社会责任则是殡葬服务机构赢得社会认同和基本收费的一种不可缺失的“资源”。社会责任是殡葬服务机构利益和社会利益的统一，企业承担社会责任符合社会发展要求的互惠行为。

殡葬行业转型的最大困惑就在于如何从战略高度明确我国殡葬服务机构在市场竞争及多方利益博弈中的身份定位，进而明确其应该担当什么样的社会责任。公民责任意味着殡葬服务机构道德责任的内化，从形成机制看，当社会公众在社会责任的范畴下讨论殡葬服务机构的道德责任时，殡葬服务机构的道德责任是外在的，也就是说此时的殡葬服务机构道德责任形成于社会的压力，而非殡葬服务机构的自觉意识；当殡葬服务机构按照公民责任的要求显示殡葬服务机构的道德责任时，殡葬服务机构的道德责任是内化的，殡葬服务机构道德责任形成于殡葬服务机构把责任作为一种应尽义务和内在要求的自觉意识，而非外在的压力。殡葬服务机构道德责任内化的外在表现是能够自觉承担道德责任的社会公民。当殡葬服务机构道德责任内化为具有良心的组织公民时，殡葬服务机构道德责任就会融入单位文化，表现为殡葬服务机构的德行和人格，变成殡葬服务机构对社会的庄严承诺。对殡葬服务机构而言，即便社会并未对其提出特定的要求，殡葬服务机构也应在其良心的驱动下，自觉地承担其道德责任。殡葬服务机构与社会的冲突就会由于其根源的消失而被化解。殡葬服务机构只有通过正确认识自己在新兴市场经济条件下的具有公民责任的身份，从管理根源上规范自身，实现从价值观、使命、核心理念到行为的整体提升，才能推动我国殡葬业可持续、良性、健康发展，最终服务于国家包容性增长的总体战略。

（二）科学规划，建设绿色殡葬设施

1. 绿色殡葬设施的科学规划建设

殡葬设施是一种特殊的公共服务设施，殡葬主管部门应根据本行政区域殡葬改革规划、人口密度以及殡葬服务辐射范围等条件，科学确定殡葬服务设施的数量、布局和建设规模，保证殡葬设施基本殡葬服务功能，提高殡葬机构的殡葬服务质量。

绿色殡葬设施是指以生态学的基本原理和方法为基础、环境可持续发展的殡葬设施。它不同于传统的殡葬设施，而是一个可持续发展的，集生态园林、环境友好与环境人文为一体的和谐的绿色殡葬设施。殡葬设施是人们进行殡葬活动的公共场所，与殡葬文化融为一体的自然优美、生态良性循环、布局合理的绿色殡葬设施，感化着人们的教育力量，陶冶着优良的情操，塑造着美好的心灵。绿色殡葬设施规划建设要因地制宜地进行，当殡葬设施景观建设初具规模，环境友好技术逐步使用时，都需要启动系统化的绿色管理，做好绿色殡葬设施的维护、保持与深入工作。

建设绿色殡葬设施既可为人们提供优美整洁、舒适宜人的殡葬活动环境，同时也对身处其间的殡葬活动者发挥着潜移默化的环境意识教育作用，因此，开展绿色殡葬设施建设可以为环境教育打下坚实的物质基础，为可持续发展提供有力保障。要重视现有殡葬基础设施的利用和改造，通过对其规模、布局、功能进行科学的整合，提高现有设施的使用效率，发挥现有设施的综合效能。要加强新建殡葬基础设施的宏观协调和功能整合，从整体战略的高度协调殡葬相关规划，理顺各种规划的关系，防止重复建设，避免土地资源的浪费。要继续扩大殡葬基础设施投资规模，加大殡葬配套设施的建设力度，对基础性、公益性殡葬设施，政府要增加投入，对经营性设施应按照市场经济规律，扩大投融资渠道，提高殡葬服务机构的服务水平。

从系统论的角度出发，作为景观重要组成部分的殡葬基础设施，它的“绿色规划、绿色设计、绿色建设、绿色运行和绿色管理”，既要考虑其殡葬

服务功能，也不能忽视生态功能、文化功能、教育功能和休闲功能；既要考虑其经济效益定位，更要注重环境效益定位、生态效益定位和社会效益定位；实现殡葬基础设施现代简约、设备先进环保。从均衡管理角度出发，按照自然特点和经济条件，采取园区建设、文化教育、产业发展等相结合的多种方式，有计划、有步骤地把殡葬基础设施建设成为景色优美、建筑协调、设施齐全的生态园林；从“平面型生态绿化”到“立体型生态绿化”，兼具“生态型、艺术型、休闲型”的功能。既可表达逝者回归自然的心愿，延续中华传统文化，更利于后人对当今史料的考古和研究，使之成为“绿色银行”，使之“有景可赏、有情可寄、有史可读”，兼顾公众利益和社会文明。

2. 殡葬服务机构绿色战略的实施

一是提高殡葬服务的效能。在殡葬服务机构绿色战略方案中，要特别注重殡葬服务机构各项资源的利用效率，紧紧围绕能耗效率指标进行核算、分析与评价，思考的重点是通过改进殡葬流程与方法、提升殡葬设施设备与技术含量、提高从业人员技能水平、改善殡葬活动环境等，达到提高资源利用率，降低能源消耗，减少殡葬服务机构二氧化碳排放的目标。从这个方面来看，殡葬服务机构绿色战略与殡葬服务机构当前经济效益是一致的，通过实施绿色战略，促进殡葬服务机构各项资源的利用达到新的水平，降低了能源消耗和二氧化碳排放，提高了殡葬服务机构经济效益，体现了殡葬服务机构练好内功的本领。

二是采用绿色殡葬新技术。在殡葬服务机构绿色战略方案中，尤其要注重耗能大的关键设备与工艺流程进行适当的技术改造，大大提高能源的利用，降低能源的耗损。

三是采用绿色殡葬新能源。改进殡葬服务机构能源结构是减少碳排放的重要措施。对大部分中小殡葬服务机构来说，使用新能源的活动本身就是实现殡葬服务机构进一步提升、得到再一次发展的机会，也是为减少二氧化碳排放作出贡献的良好机会，殡葬服务机构完全有可能在新能源开发与应用的供应链中，获得新的发展机会。

在贯彻与落实绿色殡葬发展过程中，要做到以下几点。

一是计划性。殡葬服务机构的任何一项行动，都要付出成本（包括直接成本和间接成本），如果殡葬服务机构的工作没有计划性或计划性差，付出的直接成本和间接成本肯定会很高。特别是对于涉及殡葬服务机构系统性、全面性的绿色化工作安排，更应该强调殡葬服务机构内各项工作的计划性与协调性，以使殡葬服务机构在绿色战略措施中处于有利地位，付出的成本更低，达到殡葬服务机构利益最大化目标。

二是全员性。殡葬服务机构的绿色化是一项难度很高的系统性工程，涉及面广，工作量也十分巨大，只有发动全员参与、共谋对策，才有可能在达到绿色殡葬战略目标的情况下使殡葬服务机构付出成本最小化。

三是创意性。无论是以碳减排为目标的技术改造与技术更新，或是以开发低碳新产品为目标的新建项目，或是新技术与新能源的使用等方面，均离不开激发每个岗位员工的新点子、新创意，以确保殡葬服务机构走向一条全新的发展道路。

四是科学性。绿色殡葬是殡葬服务机构的责任与义务，是殡葬服务机构为应对全球气候变暖所作出的一份贡献，它凝结了殡葬服务机构为此付出的辛勤劳动和巨大的成本代价，理应得到社会的认可、尊重或合理补偿。殡葬服务机构实施各项绿色化活动过程中，应对具体活动的过程、情况、结果进行记录，特别是活动前后的数据对比，如能源消耗、碳排总量、碳排强度等主要数据进行翔实记录与分析，做到公布的数据可报告、可测量与可核实。

3. 绿色殡葬设施的评价指标体系

结合绿色殡葬设施的规划建设，将绿色殡葬设施的评价指标体系分为可持续发展的殡葬理念、绿色实践过程、绿色殡葬设施建设、绿色殡葬设施对社会可持续发展的促进力等，并在此一级指标的基础上进行二级指标的分解(见表3－1)。

表3－1　绿色殡葬设施评价指标体系

一级指标	二级指标
可持续发展的殡葬理念	用可持续发展理念制订的殡葬可持续发展的远、中、近期规划；殡葬服务机构具体实施可持续发展的目标和计划；殡葬从业人员具有可持续发展的观念；殡葬服务机构具体的保障措施与组织（以可持续发展价值观评价各项工作的机制、经费保障）；适应国家和地区发展的特色
绿色实践过程	殡葬服务和管理过程中使用绿色产品（殡葬过程对环境污染降到最低，管理过程对资源耗费降到最低）；建立适宜于殡葬可持续发展的从业人员队伍
殡葬设施建设	殡葬设施运转所产生的废弃物品的合理回收与处理；殡葬设施噪声控制、殡葬设施绿化；殡葬设施建筑式样的选择与整体布局的合理性；殡葬设施文化体现可持续发展思想
殡葬设施对社会可持续发展的促进力	为社会可持续发展直接提供技术的支持；为社会可持续发展实践提供精神文明的支持；促进公众参与社会决策

对绿色殡葬设施进行效益评价，可以采用绿色殡葬设施效益模糊综合评价模型，也可以使用面向循环经济的绿色殡葬设施评价指标体系，还可以参照国内比较公认的“绿色度”评价指标体系（陈文荣，张秋根，2003），以可持续发展理论为指导，以综合性、代表性、层次性、合理性和现实性为原则，按目标层、准则层和指标层的思路构建绿色殡葬设施的评价指标体系（见表3-2）。

表3-2 “绿色度”评价指标体系

	准则层	指标层
绿色度	绿色殡葬设施	生态园林景观、绿化美化工程、环境卫生状况、污染控制措施
	绿色实践	绿色殡葬实践
	绿色建设	绿色殡葬、绿色管理、绿色机构、绿色制度

绿色殡葬评价体系是发展绿色殡葬的技术支撑，编制符合中国国情的绿色殡葬导则，制定一套科学全面、简明易操作的绿色殡葬评价体系和标准，建立结构体系绿色评价关键技术，将十分有利于促进我国绿色殡葬事业的长远健康发展。政府要建立绿色殡葬评价体系，研究制定出一套切实可行的评估绿色殡葬实施情况的过程和方法，确保及时发现殡葬服务与管理中不利于环境或者不符合立法标准的做法和问题。

（三）低碳环保，推广绿色殡葬服务

低碳的核心内容是低碳经济和低碳生活，即以低能耗、低污染、低排放为基础的经济模式的改变以及以减少能源消耗、降低二氧化碳的排放量为目标的生活方式。“低碳殡葬服务”是指在可持续发展理念指导下，通过能源创新、技术创新、制度创新、葬法创新、殡仪创新等多种手段，在殡葬服务领域尽可能地减少高碳能源消耗，减少温室气体排放和环境污染，达到殡葬事业和生态环境保护双赢的良好发展形态。

1. 建立“低碳殡葬服务”的推进机制

由于传统文化的制约，与“低碳”背道而驰的殡葬旧传统观念仍在我国较大范围内深度存在，殡葬服务项目与收入的激增尚未与“低碳”挂钩，自觉选择“低碳”殡葬的消费者也为数不多。要建立“低碳殡葬服务”的推进机制，加大政府对“低碳”的引导和控制力度，形成正确的舆论导向，加强对殡葬“低碳”服务的认识和宣传，通过行政与执法介入，在殡葬业加强对“低碳”的强制执行制度。

政府应大力扶持“低碳”殡葬，对殡葬服务提出低碳要求，出台低碳殡葬政策，并以一定的行政执法为手段，配套相应的奖惩并举激励措施，保护、倡导、扶持殡葬服务的“低碳”行为。政府应在财政、税收和法制等方面引导殡葬服务的“低碳”消费和生产，鼓励可再生能源的使用，遏制奢侈消费。在支持“低碳殡葬服务”上，政府的首要工作就是组织制定“低碳殡葬服务”标准。2009年，民政部把“殡葬领域节能减排工程”列入《全国民政科技中长期发展规划纲要》，这正是“低碳殡葬”概念导入的良机，应在全国的殡葬标准化工作开展中优先植入“低碳殡葬服务”理念，其标准以碳生产率为依据，将量化标准作为服务施受双方检验服务水平的标尺，殡葬“低碳”服务就有了可操作性诠释和数据化指引。标准制定的范围应涵盖殡葬服务行业及相关行业中的全部服务和管理活动，地方政府应加大对殡葬节能减排设备技术的投入，争取把殡葬行业的节能减排工程纳入地方政府的总体规划，从而取得事半功倍的效果。

殡葬服务机构应全力追求“低碳”目标。殡葬服务机构要建立“碳约束”观念，增强为碳排放埋单的自觉性。应加大殡葬设施改造的力度，在节能减排、除烟去味、绿化环境等方面努力。应加大殡葬环保服务项目的投入和开发，将传统的殡葬“一条龙”服务“低碳”化、惠民化，不断改进殡殓、告别、安葬、祭奠等服务方式。

加强“低碳殡葬服务”的社会联动体系。殡葬服务是真实客观的社会存在，是社会服务链条中不可或缺的一环。当前，不少地区提出“低碳”建设目标，却未考虑殡葬行业的科技改进和项目参与，缺少行业联合推出“低碳”计划，也未考虑吸纳殡葬行业共同参与和合作。从业者要善于利用价格杠杆，给予“低碳”服务项目适当的价格优惠，充分发挥经济的补偿调节作用，千方百计引导和推广殡葬“低碳服务”，以此来带动整个殡葬行业的改革，满足客户的殡葬消费期望值。通过社会舆论和价格引导，提高消费者的公共科学素养，形成低碳消费观念，自觉选择低碳绿色殡葬服务。

2. 创新“低碳殡葬服务”的运行方式

从“服务的源头”控制资源能源消耗。一方面，殡葬服务的所有原材料的选择应坚持“低碳”。建材、耗材的选择，包括对墓型、墓碑建材的选择，倡导使用绿色植被；棺木、挽联等的材质选择，以环保、易降解为导向。另一方面，设计、开发、推介殡葬服务时坚持“低碳”。以最有利于生态环保为基准，美化和改进“草坪葬、植树葬、花坛葬”等节约资源的殡葬方式，坚持开发和使用可降解的殡葬用品等。从服务的源头多管齐下控制能源消耗，迫使殡葬厂商钻研“低碳”科技，开发、生产更多符合标准的殡葬产品；吸引消费者关注和选择殡葬“低碳”服务，从而促进整个殡葬业迈上“低碳”

良性循环轨道。

从“服务的过程”强化殡葬节能减排。殡葬服务通常包括接运、装殓、防腐、整容、告别、火化、安葬和祭奠等一系列过程。在服务过程中以“低碳”为标准进行过程化控制，通过对服务中的每个节点进行节能减排控制，合理调整殡葬服务产业结构，从而实现全面“低碳”管理。这种过程控制要求每一个服务细节都低能耗、低污染、低排放，其控制效果主要依赖于强化执法和提高技术，要加强科技研究，努力将火化带来的耗费油料、污染大气等不利因素降到最低。加大殡葬科研经费投入，加速促进环保技术的提升，提高碳生产率（单位碳排放所产生的 GDP)，以投入换取生态效益的最大化。

从“服务的末端”推动殡葬循环经济。在殡葬服务的末端强调最大限度地保护环境和利用资源，实现可循环利用与无害化。如殡殓业务中，对遗体清洁产生的废水和逝者留下的遗物等，一定要经净化、处理，达到环保标准后再进行无害排放；在礼厅布置业务中，包括鲜花、布幔等，采用出租、销售两种不同的方式，并将出租价格尽量定价低廉，引导低资源消费，加强循环利用；在墓地业务中，通过规定或限制墓地面积、建墓材质、墓地使用期限来控制墓葬用地，实现墓区循环使用。

3. 丰富“低碳殡葬服务”的文化内涵

利用文化增值来拓展殡葬服务平面铺开的广度。大力开发富有文化内涵的低碳业务，根据殡葬传统，设计个性化告别、安葬和祭奠礼仪，增加人性化美好体验和个性化自由操作空间，增添殡仪馆、公墓、骨灰安置场所的服务附加值。大力倡导鲜花祭奠、音乐祭奠，开发体现情感价值的无碳殡葬业务，制作逝者人文纪念册，记载逝者的生平、相片、视频、个性记录、人生感悟和亲友追忆，以生命档案的形式来提升殡葬的文化品位，打造记录生命、见证生命和延续生命的历史空间。大力发展殡葬文化传承和情感体验的延伸和增值服务，将殡葬与“低碳”、艺术、审美、时尚相融合，在殡葬领域开创生命教育基地、文化教育基地和艺术教育基地。

利用创意产业来开发殡葬服务空间叠加的高度。开发、推广骨灰制作钻石、戒指等技术，留作永久的人生纪念，甚至可进一步开发太空、海底骨灰安置点，努力将再利用技术、能源利用技术、新材料技术、生态恢复技术等现代高科技应用到殡葬服务中，不断减少资源浪费，节约空间占用。在殡葬服务的全过程引进知识型产业，利用动画、数字、信息等新技术，全面推动殡葬服务新发展，实现真正的“低碳”。

利用网络技术来发展殡葬行业立体服务的深度。网络殡葬是“低碳殡葬”开发的一个热点和重点，它不仅能避免社会与自然资源的严重浪费，而且大大便捷了人们的祭奠需求。因此，进行系统规划和精细设计，应用网络殡葬沟通虚拟与现实的界限，打造亲情化的服务平台，以无形网络、有形网络构建殡葬服务信息桥梁，实现网络殡葬服务全覆盖。有实力的殡葬服务单位，甚至可以优先利用“4D 立体视频技术”，建立可以互动的亲情视频网站，让亲情与优良家庭美德永久传承。进行殡葬预订、费用交纳和祭奠代办等，推行“网上公墓”和“网络祭奠”，不仅可把现实的墓地、骨灰安置环境搬到虚拟的网络，更重要的是它秉持先进的殡葬文化理念，对整个社会起着潜移默化的宣传作用，有力推动骨灰多样化处理，甚至不保留骨灰。

四、运用高新科技手段，提高殡葬科学技术含量

（一）大力创新，开发绿色殡葬技术

殡葬服务机构在殡葬商品（包括产品和服务）的设计、制造、实施过程中，应不断研究、创造有利于生态环境、消费者身心健康的科技成果，增强殡葬商品各环节的绿色因素，杜绝殡葬活动对环境所造成的危害，这就需要以绿色技术来推动绿色殡葬的发展。要大力推进技术创新，寻求科技支撑，建立绿色设计组织，剖析殡葬服务机构目前的绿色设计表现，决定殡葬服务机构未来的技术研发方向，评价现有设计与未来需求的目标差距，掌握最新的绿色设计和技术信息，加大对殡葬科技进步的投入，加大新产品、新技术的开发力度，引进国外先进的殡葬设备，提高殡葬产业的科技水平和应用能力，加快殡葬设施设备和技术的更新改造，加速淘汰污染重、能耗高的陈旧设备，从源头上开展减排工作。用清洁环保技术发展遗体和骨灰处理技术，实现遗体处理全面机械化，发展火化机及其后处理技术。将现代科技充分应用在遗体接运、遗体防腐、殡葬礼仪、骨灰安置、追思祭奠等方面，大力提升殡葬服务品质。

1. 绿色设计

绿色设计（Green Design）是实施绿色殡葬发展战略的前提。绿色设计要求在殡葬商品（包括产品和服务）整个生命周期内，着重考虑商品的可回收性、可维护性、可重复利用性等环境属性，并将其作为设计目标，在满足环境目标要求的同时，保证殡葬商品应有的功能、使用寿命、质量以及公众满意度等要求。

绿色设计遵循减少环境污染、减小能源消耗、回收再生循环或者重新利用的“3R”原则。绿色设计不是简单的环保材料与传统材料的互换，也不是对自然的简单模仿，而是一种设计思想的转变，是对环境保护和合理利用系

统性认识的具体实践，殡葬服务机构要善于进行逆向殡葬渠道设计，采取节能新技术、清洁能源、环保型殡葬设备等技术改善殡葬过程的能耗和废气污染现象；通过技术手段严格控制殡葬过程中可能产生的危险废弃物，减轻或避免其对公众的危害和对环境的影响；采用资源再生利用技术的进步，对殡葬废旧物品进行再利用。绿色材料选择设计是实现全生命周期设计的前提和关键技术之一。绿色设计要求产品设计人员改变现有设计中只注重技术性能和经济性能的材料选择思路，而要将环境因素融入设计开发之中，充分了解材料对环境的影响。减少环境污染和节省自然资源是绿色设计的根本目标，使殡葬商品设计能考虑产品生命周期的全过程，既减少对环境的影响，又使资源得到充分利用，同时还明显降低商品成本。

绿色商品是绿色殡葬的基础和关键，绿色商品设计是在商品设计阶段就将环境因素和防污措施纳入商品设计，在商品整个生命周期内，着重考虑商品的环境属性，并将其作为设计和技术研发的目标和出发点，力求使商品对环境的影响最小。在满足环境目标要求的同时，并行考虑并保证商品应有的基本功能、使用寿命、经济性和质量等。首先是商品的绿色设计，即商品要以环境、资源保护为核心，以国际环境标志制度为依据，在生产过程中，少用资源、能源，尽量不污染环境；在使用过程中，不污染环境，耗能低，便于日后回收。其次是包装的绿色设计，即尽可能使用无公害的包装材料，同时包装材料要符合“可再循环”和“可生物分解”的要求，如研究设计可降解的遗体包装物、葬具等。

殡葬服务机构在研发绿色商品的同时，也提升了自己在社会公众中的形象，这种殡葬服务机构形象的提升必然会带来相当的经济效益。通过ISO14000环境管理体系认证而大大提升自身的形象，不仅在国内成为行业的领先者，而且由于绿色殡葬服务机构形象的树立，突破了国际贸易中的“绿色壁垒”。

绿色设计是研发绿色技术、生产绿色产品的基础，也是殡葬服务机构实施绿色管理战略的重要环节。从环境保护的角度出发，绿色设计应坚持以下三个原则。

一是安全性原则。自然的生态安全和人类的生存安全是统一的。在设计中尽量选用可以再生或易于再生的原材料，在使用后易于拆解、回收、再利用，从而节约能源，不污染环境。

二是节约性原则。绿色设计尽量实施简化设计，避免繁杂的设计对资源大量消耗和占用，增加资源的使用效率和使用次数。材料使用的最小化，产品耐用性的最大化，产品使用能耗的最低化是人们追求的目标。简化设计、节约资源，同时满足功能和美学的要求成为检验设计优劣的重要标准。

三是社会性原则。避免过度设计产生资源浪费，即使是环保材料也尽量减少使用。随着环境保护意识的加强，将设计实践与认识提高到生活方式设计、文化模式设计及系统设计的高度，即以系统论为指导思想，以创造人类合理健康的生存方式、生存环境为设计追求，反对以牺牲社会资源来追求设计的所谓“纯艺术化”。

2. 绿色制造

传统生产模式的典型特征是从自然界获取资源，经提炼后成为各种工程材料，在此过程中大量废气、废水和残余杂质等污染性物质进入环境。在产品制造过程中，不仅有大量的废物归于自然，而且由于生产制造中缺乏柔性，造成了设备资源利用上的严重浪费。在产品使用过程中噪声、废气、废物等的污染问题仍然是破坏环境的主要因素。

绿色制造是一种闭环系统，是一种清洁生产方式和废弃物循环利用的模式，从原料开采到产品报废的整个产品生命周期对材料的回收、利用、处理等全部过程进行改造。在殡葬过程中，不仅要解决污染和资源浪费问题，更重要的是为社会提供在全生命周期内没有污染、节约资源的殡葬商品。

（二）协调沟通，收集绿色殡葬信息

殡葬服务机构应收集各种绿色信息，调整和预测绿色需求，推出定位绿色市场的经营和发展战略。面对大量的绿色商机，殡葬服务机构要在分析自身经营特点和状况的基础上，协调与消费者的沟通方式，创建“消费者－殡葬服务机构”双向绿色信息渠道，从殡葬市场需求出发，多方面收集相关的绿色信息，深入研究信息的真实性和可行性，在此基础上正确地选择目标市场、合理地进行绿色殡葬市场定位，有计划、有目的地开发绿色商品，不断开拓新的市场并及时采取相应的对策。

要收集绿色设计和技术研发信息，兼顾内部（如减废技术、绿色制造成本等）及外在因素（如绿色供应商、技术发展等）的评价和分析，从而拟定以环保为导向的殡葬服务机构设计策略与研发方向。根据收集的绿色信息提出各种具体可行的绿色方案，对方案在设计、制造、包装、运输、消费、废弃、处理等综合流程中，以废弃物的减量化、最小化、资源化作为设计和研发目标，并根据每一个方案的技术可行性与市场配合性进行整体的评估，最后确定可行的设计方案。对最终可行的设计方案，进行殡葬商品生命周期分析，经过综合评估并进行适当补充或修正后，作出最后的绿色殡葬设计决策。

要加强生态环境污染监控和殡葬商品质量安全预警系统建设，对殡葬商

品质量安全进行全程跟踪和监督；加强研究收集国外的绿色壁垒条款、措施，建立绿色壁垒信息中心和数据库，并及时将信息反馈给有关部门和殡葬服务机构，做好防范工作。

（三）扎实稳妥，完善绿色殡葬标准

要充分发挥政府战略规划指导作用，把建立绿色殡葬标准体系提升到发展战略高度。殡葬服务标准体系是殡葬领域规范服务活动的标准按其内在联系而形成的有机整体。随着人口增长和经济发展，人们对殡葬提出了更多更严的服务要求，只有建立科学的殡葬服务标准体系，才能实现规范化服务与管理，促进我国殡葬服务业健康有序地发展。建立殡葬服务标准体系，能为我国殡葬管理部门提供大量殡葬领域的标准化信息，有利于从技术上评价行业的发展现状及趋势，有利于管理部门的科学决策。建立绿色殡葬技术标准体系是全面、合理、科学地规划、配置、利用科技资源以及其他资源的一种重要手段，也是全面提高科技水平、实现全面协调发展的关键措施。建立绿色殡葬技术标准体系，要以全面提高绿色殡葬质量安全水平为核心，以改善殡葬环境为基础，以殡葬过程源头控制为切入点，以机制创新和科技创新为动力，以依法加强质量监测管理为手段，力争用较短时间基本上解决我国殡葬污染问题。

实行殡葬服务的全程无公害、生态性、人文性标准化控制，用标准化体系建设推动绿色殡葬的发展。一方面，绿色殡葬要求充分吸收新技术、新工艺、新方法的实用技术体系，加快实践经验、技术成果及法规政策条款向标准的立项转化，按照规范性的要求，加速殡葬相关设施设备的更新换代，从殡葬各环节严把生态环保关，提高设施的功能、效率与减排能力，实现高效、低耗、少污、生态平衡的殡葬设施环境；另一方面，在绿色殡葬的人文化进程上要加快创制具有先导性、规范性和长效性的标准性文件，明确绿色殡葬的文明新风与陈规陋俗的界限，为殡葬事业的科学发展指明方向、设定边界。

要加强现有标准修订工作，引入竞争机制，推进绿色殡葬高新技术标准和服务标准，对涉及人身健康、环境保护等方面的强制性标准，保证实施效果。一是健全绿色殡葬标准体系，抓紧制定急需的绿色殡葬系列标准。二是加强绿色殡葬质量安全的检疫、检测体系建设，积极引进先进的检测技术和设备，努力缩小与发达国家在检验检疫方面的差距。三是加快认证体系建设，整顿绿色产品市场，规范绿色产品的认证、发证工作，重视与国际权威认证机构的交流与合作，提高认证工作的权威性。四是积极鼓励殡葬服务机构采用国际标准，加大对采标项目的资金投入，保证国际标准转化工作任务的落

实，以规范殡葬服务机构等组织行为，达到节省资源、减少环境污染、改善环境质量，促进绿色殡葬持续、健康发展的目的。

绿色殡葬凝聚了全新的哲学理念，是破解殡葬改革阻力的有效途径。大力发展绿色殡葬，有助于解决中国所面临的人口、资源、环境的挑战，对于生态环境的保护和中国经济的可持续发展具有深远的现实意义。绿色殡葬把殡葬文化与环保意识完美结合起来，是把生态和可持续发展理念引入殡葬领域的结果，是世界范围内先进的殡葬理念和行为。因而，要树立以绿色殡葬为主题的现代殡葬文化理念，建立符合生态文明的绿色殡葬体系的总体框架和主要内容。与时俱进地调整现行殡葬改革政策，寻求一条能够使殡葬改革取得重要成果、重大突破的道路。倡导人们实行文明节俭的殡葬方式，使得中国殡葬事业走上健康发展之路，最终实现人与自然的和谐。

第四章　生态殡葬的文化生态

随着社会的发展、改革的深入和文化的交融以及城市化进程的加快和城乡建设规模的日益扩大，与人们息息相关的生态环境问题越来越受到重视。殡葬活动不可避免地给生态环境带来了负面影响，随着殡葬与生态环境的矛盾日益突出，如何解决遗体和骨灰处理与人类生存环境之间的矛盾，较好地实现殡葬活动与生态环境之间从“独立”到“依存”、从“对立”到“和谐”的转变，重构人类殡葬活动与自然的和谐，成为生态文明社会的时代要求。这就需要调整现行殡葬改革政策，引导人们树立科学、文明、节俭、生态的殡葬消费观，逐步确立以集人文关怀、生态保护和不占土地、节约殡葬费用为一体的生态殡葬新体制和殡葬管理新格局，有效地促进政府社会管理和公共服务职能，实现人与自然和谐相处的先进的殡葬行为以及人类环境可持续发展。

第一节　生态文化的基本理论

生态文化是人们在认识生态、适应生态的过程中所创造的一切成果。人类经历了从最早的自然文化到重视人伦的人文文化，再到现代社会的科学文化，并且正在走向新的阶段即生态文化。生态文化是从人统治自然的文化过渡到人与自然和谐的文化。人的价值观念的根本性转变，实现了人类中心主义价值取向过渡到人与自然和谐发展的价值取向。生态文化从生态文明的整体性与有机性出发，以生态学规律为基础，以生态价值观为导向，以生态学为基础来解释人与自然的关系，以寻求人类与自然的和谐相处为最终目标。生态文化提倡人类对自然的依赖，认为人类与自然必须和谐共处才会创建出一条可持续发展的道路，人类才能利用自然更好地为自己的生存与发展服务。

一、生态文化的含义

生态文化作为一种社会文化现象，是人类经历300多年的工业文明后反思自身行为对自然、社会影响的产物。生态文化中所蕴含的生态观念、生态意识、生态思维以及在此基础上发展起来的生态伦理、生态经济、生态教育和生态法学等一系列与生态环境相关的文化科学成果，充分表明生态文化不仅正在改变人们的思维方式，而且已深刻影响着当今的社会生产和社会生活。

（一）生态文化的内涵

生态，闪烁着人类智慧的光芒。“生态”一词的原意是“环境”，指一切生物在一定的自然环境下生存和发展的状态，以及它们之间和它与环境之间环环相扣的关系。由空气、土壤、水、植物、动物等因子组成的相互联系、相互依赖、相互制约、相互影响的统一体中，所有的有机物不仅相互作用，而且受其依存着的环境的影响。生态最根本的、最核心的是人与自然之间的和谐，包括人在内的自然生态系统的平衡、完整与稳定。生态是环境的网络和链接，它侧重于环境的多元性、动态性、整体性、制衡性、消长性、综合性。

1. 生态学及其发展

生态学肇始于人类对自身生存环境的忧虑，对人类文明未来发展的担心。1866年，德国动物学家E. H. 海克尔首次提出“生态学是研究生物与其环境交互关系以及生物彼此间交互关系的学科”。1927年，英国动物生态学家查尔斯·埃尔顿（Charles Sutherland Elton，1900—1991）提出生态学是研究生物（包括动物和植物）怎样生活和它们为什么按照自己的生活方式生活的科学。1956年，美国生态学家奥德姆（Eugene Pleasants Odum，1913—2002）提出生态学是研究生态系统的结构与功能的科学；1962年，美国作家蕾切尔·卡森（Richel Carson）出版《寂静的春天》后，生态学运用到对于人和人类社会的研究。1980年，马世骏提出生态学是研究生命系统之间相互作用及其机理的科学。1997年，奥德姆又提出生态学是综合研究有机体、物理环境与人类社会的科学。生态学突破了传统的通过还原方法看世界的弊端，对还原方法通过剥离事物之间的复杂关系从而揭露事物本质的做法提出了强有力的挑战。生态学从对自然界的研究到对人类社会的研究，实现了具有历史意义的飞跃。

生态学是研究生物与环境之间相互关系及其作用机理的科学。生物在长期进化过程中，逐渐形成对周围环境某些物理条件和化学成分，如空气、光照、水分、热量和无机盐类等的特殊需要。各种生物所需要的物质、能量以及它们所适应的理化条件是不同的，这种特性称为物种的生态特性。任何生物的生存都不是孤立的：同种个体之间有互助也有竞争；植物、动物、微生物之间也存在复杂的相生相克关系；人类为满足自身的需要不断改造环境，环境反过来又影响人类。随着人类活动范围的扩大与多样化，由于人口数量的快速增长以及人类对环境的破坏越来越严重，人类与环境的关系问题越来越突出，人类迫切需要生态学理论来解决这种矛盾，协调人类与环境的关系，促进可持续发展。因此，近代生态学研究的范围，除生物个体、种群和生物群落外，已扩大到包括人类社会在内的多种类型生态系统的复合系统。

人类面临的人口、资源、环境等几大问题都是生态学的研究内容。生态学向人类社会的蔓延，主要产生两方面的结果：一是以生态为核心形成的诸如生态观念、生态思想、生态价值、生态方法、生态哲学等构成的内在品质奠定了生态文化基础，这成为生态文化发展的前提；二是生态学向诸多学科的渗透产生了诸如生态人类学、生态社会学、生态伦理学、生态经济学、生态政治学、生态旅游学等相关学科，这构成了生态学的大致分类，生态学由此成为生态文化发展的标志之一。生态哲学家余谋昌提出“生态文化是人与自然关系新的价值取向”，他认为，当前的生态文化发展主要表现在制度形态、物质形态和精神形态三个层次。生态文化的产生以生态精神文化为先导，引导人们认识生态规律，启迪生态觉悟，树立生态价值观，并逐渐形成共同认可的生态行为文化和共同遵守的生态制度文化。如生态农业、生态工业就是在生态观念指导下形成的新的经济模式；生态休闲、生态旅游是在生态观念影响下出现的新的行为文化；生态法规是强制性保护生态的制度文化。生态文化凸显着生态学特有的整体性、生命性、多样性、系统性、动态平衡性等特性。

2. 生态文化的定义

人类对环境的社会生态适应即人类文化。在人类对地球生态环境的生态适应过程中，人类创造了文化来适应自己的生存环境，并用文化来改造环境使之更适合自己的生存，发展文化以适应变化的环境。从 20 世纪初开始，人类在解决人与自然关系矛盾的实践过程中，逐步发展出一系列的环保意识、生态观念，并在此基础上构成关于生态环境理论化的科学文化成果，形成一种被全人类所认同的生态文化现象，人类文明不断向生态文明演进。人类需要不断地调整自己的文化来与环境和谐共进，并用新文化来修复由于旧文化的不适应而造成的环境退化，这种新文化就是生态文化。随着人类生产力和工业化水平不断提升，生态环境日益遭到破坏，人类生存条件不断恶化，培育人与自然和谐相处的生态文化将不可抗拒地成为可持续发展社会的主流文化，并作为现代文化的基础层，与其他文化一起共同构成现代文化体系。

生态学的理论和原则是生态文化的精髓，研究生态文化，构建和谐社会，就要以生态学为基础，从人类发展过程中的整个文明史入手，对已有的文化进行剖析，从中总结经验与教训，进而发展生态文化，为生态文明服务，使人与自然得以和谐、可持续发展。生态文化以生态价值为研究取向，力图寻找一条人与自然共生共存的发展道路，其必然是建立在生态学理论基础上的。

生态文化是指以生态价值观念、生态理论方法为指导形成的生态物质文化、生态精神文化、生态行为文化的总称。生态文化是一种人、自然、社会和谐一致、动态平衡的文化，是自然科学与社会科学的融合统一。生态文化涉及四个方面：一是生态对文化的影响，如生态对人文、对人们生活方式、对社会进程的影响，诸如朝代兴衰、政治动荡、人口迁徙、战争等；二是影响生态的文化，主要有社会文化的发展水平与构成、文化观念（哲学、伦理）、文化法规政策、文化群落、文化网链与传播等；三是区域生态文化圈的形成，诸如各地区、民族、社区的生态文化，涉及城乡建设、旅游景观、民情风俗、宗教信仰等；四是生态文化的发展轨迹，即生态文化的过去、现在、未来。

生态文化是一种生态价值观、一种生态文明观，或者说是人类新的生存方式，即人与自然和谐发展的生存方式。它是反映“自然－人－社会”复合生态系统之间和谐发展的一种社会文化，是社会生产力发展、生产方式进步、生活方式变革和社会文化进步的产物，是生态文明的重要组成部分。另有学者认为，生态文化实质上就是一个民族在适应、利用和改造环境及其被环境所改造的过程中，在文化与自然互动关系的发展过程中所积累和形成的知识和经验，这些知识和经验就蕴含和表现在这个民族的宇宙观、生产方式、生活方式、社会组织、宗教信仰和风俗习惯等之中。

生态文化作为一种社会文化，包括人类在总结过去传统经验的基础上提出的有利于人与自然和谐相处的文化形态，还包括人类为了保护生态环境而制定的相关制度以及采取的有关手段。生态文化是人类所面临的一种新的生活方式，即人与自然和谐发展的生活方式。人类将依据生态文化的价值观念来判定自己创造的文明程度和发展方向。

生态文化有广义和狭义之区别。余谋昌认为：“生态文化是继自然文化、人文文化、科学文化之后新的文化形态。狭义的生态文化是以自然价值论为指导的社会意识形态、人类精神和社会制度；广义的生态文化是以自然价值论为指导的人类新的生存方式即人与自然和谐发展的生产方式和生活方式。”

宋周亮将生态文化视为以“人与自然和谐发展为取向的价值观念、情感态度及心理意识”。

狭义的生态文化主要是自19世纪以来，人类在重视自身生存的生态环境保护的过程中，逐渐产生出来的一系列的环境观念、生态意识，以及在此基础上发展起来的一系列有关生态环境的人文社会科学成果。例如生态文学、生态艺术、生态伦理、生态经济理论、生态政治理论、生态神学等。这些生态文化成果的创建，既表明了生态学思维方式对人文社会科学的渗透，也展现出一种生态文化现象正在全球蔓延。它是人类向生态文明过渡的文化铺垫，也是自然科学与人文社会科学在当代相互融合的文化发展趋势。生态文化的重要特征就是注重自然因素、自然规律、生态环境对人类社会的影响，注重人对自然的姿态，它是人类社会发展到一定阶段后物质生产和精神生产高度发展、自然生态与人文生态和谐统一的文化。

广义的生态文化是一种价值观（或文明观）。生态文化就是指以生态价值观为核心，解决人与自然关系矛盾，谋求人与自然和谐发展的文化体系。广义的生态文化是人类文化系统中的一个子系统，是一种生态价值观（或生态文明观），它是人类在适应自然、改造自然的过程中逐步形成的反映人与自然互动关系的物质和精神成果的总和，即人类对于生态问题的一切积极进步的思想和观念在人类社会各个领域的延伸和物化。它反映人类新的生存方式，即人与自然和谐的生存方式。任永堂认为：“生态文化是以人与自然的和谐为核心和信念的文化，是一种基于生态意识和生态思维为主体构成的文化体系。”广义生态文化论把生态文化视为一种人类所创造和选择的新文化，这种新文化将带来一种新文明即生态文明。同时，生态文化也是一种价值观，这种生态文化观是人类创造文化，推进文明的价值尺度或价值准则。人类将依据生态文化的价值观念来判定自己创造的文明程度和发展方向。生态文化是从反自然的文化和人统治自然的文化，转向尊重自然、人与自然和谐发展的文化。生态文化的任务体现在所有文化层次：在制度文化层次，改造传统社会没有自觉地保护环境的机制，却有自发地破坏环境机制的状况，通过社会关系和社会体制的变革，使环境保护制度化；在物质文化层次，通过新的技术形式（生态技术）的采用，以及创造新的能源结构，实现社会物质生产和社会生活生态化；在精神文化层次，使哲学、科学、道德、艺术和宗教沿着符合生态保护的方向发展，以便建设更加美好的新文化乐园，走向生态文化新时代。生态文化学不仅注意生态对文化的作用，而且特别重视文化对生态的反作用，生态文化学研究的主要内容，包括影响生态的文化现象、区域文化圈的特点和比较、生态文化的发展轨迹、生态文化与社会进程的关系等。

生态文化学的宗旨在于协调生态与文化的关系，从质、量、能、向四个方面调整文化的发展，使文化与生态尽可能达到充分的和谐。

生态文化是一种涉及社会性的人与自然性的环境及其相互关系的文化，它与属于社会科学的传统人文文化不同，是一种与社会科学与自然科学都有关系的一种全新的、交叉的先进文化。从其本质属性看，生态文化是生态生产力的客观反映，是人类文明进步的结晶，又是推动社会前进的精神动力和智力支持，渗透于社会生活的各个方面。从研究对象而言，生态文化是一种有关人与自然关系的文化，它是与有关人与人的关系的社会文化或人文文化概念相对应的一种新的文化观念。

（二）生态文化的特点

生态文化是一种关乎人类生存的生产和生活的文化。生态文化的主要特征是从人统治自然的文化，走向人与自然共存并和谐发展的文化。

1. 生态文化的历史性和现代化

生态文化是一种历史形成的具有现代意义的文化。生态问题自有人类以来就存在着，人类的衣、食、住、行无一不关乎生态。从哲学思想上讲，中国古代儒家的"天人合一"观、道家的"人法地、地法天、天法自然"的思想，都把人与自然联系起来，强调人的活动受自然及其规律的约束。佛教、伊斯兰教、基督教等宗教也含有丰富的生态文化思想，都持有对自然的尊重保护的态度。传统文化中环境保护思想十分丰富，挖掘和整理各民族传统的环保资源，对于人类生态文化的发展具有重要意义。

2. 生态文化的全球性和普世性

生态文化作为处理人与自然关系必须遵循的生态手段，在社会伦理道德价值上是中立的，它可以为不同的国家和不同的民族所服务，为不同层次的价值主体所共同接受，它是人类共同的文化财富和智慧结晶，是一种全球性文化。生态文化可以为全世界的人们提供保护和改善生态环境的道德标准和价值准则。生态意识、生态思维逐渐唤醒了不同国度的人们，已成为国际社会共同遵守的常识。生态文化是文化全球化的一种反映，全球化推动了生态文化的蔓延发展，体现了生态文化的普世性。生态文化是各个地域、各个民族与自然环境互相关系的推演和表现的结果，具有世界性和全球性。联合国召开的一系列关于生态环境问题的会议，发布的一系列关于生态环境保护的宣言，制定的一系列关于生态环境保护的规范也都是从全球的角度出发的，并且得到了许多国家政府、国际社会和广大公众的拥护和践行。生态文化创新是环境时代全人类的共同使命，建立以生态文化创新为目标的全球合作机制，可以有效地通过国际组织和国际合作，在推进全球可持续发展战略和全球经济一体化过程中，把生态文化推进到一个新的水平和高度。

3. 生态文化的民族性和地域性

随着生态文化的发展，人们逐渐认识到生态保护必须同各民族的传统文化相结合。不同民族生活在不同的环境里，有着不同的生态观念和环境保护方法，生态学科只有与不同民族所处的地理环境、经济发展、生活场景相结合，形成具有一定地域和民族特色的生态文化，才是现实的生态文化。生态文化是人类与自然关系的某种推演和表现，而人类与自然关系的发生、发展都是在特定的地域中进行的。不同的地域的自然生态系统也存在差异性，自然产生带有区域环境特色的思想意识，创造地域特色的生态文化。地域性的生态文化以自己鲜明的个性融入全球生态文化，二者相辅相成，共同发展，相互促进。

4. 生态文化的生态性和社会性

生态文化的对象指向于生态。生态文化关心的是人类的任何活动是否有利于生态的平衡、生态的保护。在生态文化看来，凡是有利于生态平衡、生态保护的活动是值得肯定的、大力提倡的，凡是不利于生态平衡、生态保护的活动是应该反对的、予以禁止的。

生态文化作为一种社会文化，体现的是一种自然观，是建立在生态学理论基础上的先进文化。生态学是生态文化的基础，它颠覆了传统的机械论自然观，描绘了一个有机的、整体的世界，揭示了地球上人、生物和自然环境相互作用的基本规律，从而为发展生态技术、进而实现人类在生活方式与生产方式方面的转变奠定理论基础。所以，生态学的研究及发展直接关系着生态文化建设。

5. 生态文化的多样性和传承性

生态文化是一个具有整体性、广泛性的文化体系。一方面，生态文化的适用范围不只是某一个特定的地区、民族或环境，而是具有普世性的全人类共同的文化理念，建设、培育生态文化必须从全球化的角度来考虑；另一方面，生态文化是以生态价值观为核心的，它以自然世界和人化世界相互关联的宏观角度来整体审视人类社会的发展问题，强调以利益整体化的思维方式处理人与自然的关系问题，把维护整个自然界和生态圈的全面稳定作为人类的最高利益追求。

地球表面气候差异和地理环境的差异，带来与之相适应的生态环境的多样性，这就决定了生态系统的多样性。地球上各个区域、各个民族之间存在着经济文化的差异，决定了民族文化具有多样性，而且即使人类具有统一的文化发展史，在一个特定的历史时期或一个特定的国家和地区，由于社会发展的程度不同以及地理环境的不同，人和自然的关系即人的生活条件就会不同，这些都决定了生态文化具有多样性。

生态文化的传承性是文化具有传承性的重要表现形式。人类为了繁衍和生存，把自己积累的对自然的认知和对自然的实践与技能传授给新的一代。生态文化一旦产生，人们便相互学习、仿效、传授，约定俗成，人相袭，代相传，有着较强的传承性。当今的生态文化很多地方都是受传统的生态文化的影响而来，是传统生态文化的进一步发展。

生态文化是建立在长期形成的各种生态伦理观、价值观、世界观等之上的。我国生态文化继承了中西方诸多的理论思想和精华，也必将继续把适合时代发展趋势的生态文化传承下去。首先，我国生态文化继承了马克思唯物主义辩证地理解人与自然关系的理论。目前已形成的生态文化已摆正了人在自然的“具有自然力、生命力，是能动的自然存在物”的位置。其次，我国生态文化继承了关于人与人之间存在的自然关系和社会关系理论，继承了有关人权、人与人之间平等的思想，继承了毛泽东生态思想的积极部分。再次，我国生态文化吸收了传统生态伦理观的精华。中华民族儿女从未放弃过本民族的优秀传统文化，儒家“仁爱”思想教导人们要爱护动植物；“天人合一”思想指引人们应修正并树立起正确的生态审美观、生态伦理观；道家“道法自然”则使人们懂得应遵循自然界的规律、热爱自然，“人无天不生，天地无人则不立”的道理；佛教肯定世界万物共同的本质和价值，认为人与自然万物之间联系紧密。最后，我国生态文化汲取了西方部分先进的生态理念。近年来，我国越来越多的人开始对西方的生物中心主义理论、生态中心主义理论、生态社会主义理论等进行研究，深层生态学理论、生态社会主义理论对我国生态文化的构建具有借鉴意义。

6. 生态文化的发展性和创新性

生态文化是以和谐为价值基础的文化，提倡人与自然的友好平等，主张人在利用自然、改造自然的过程中要始终遵循自然规律，培养人的环保意识和节约意识，在创造良好自然生态环境的同时，注重将人的价值观念从单一的追求物质享受转变为向崇尚自然、追求健康的理性状态，从而推进人自身的可持续发展，即要求人类自觉调节人与自然的关系，坚持生态持续性的原则，做到既要改造自然，获得社会的进步，又要保护和优化生态环境。因此，生态文化是人类与自然和谐共进的可持续发展文化。

可持续发展是人类对环境的社会生态适应的成果，生态文化为可持续发展提供理论根据。人们只有掌握了生态规律，运用科学的理论作指导，才能更好地适应生态，实现人类与环境协调发展，最终实现可持续发展。生态文化的不断创新，生态学、环境科学的发展，将加深人们对生态规律的认识，从而为可持续发展提供坚实的理论基础和依据。人们对生态规律的认识程度即生态文化的发展程度决定和体现着可持续发展的水平。生态文化的形成和发展将凝聚起巨大的精神力量，对可持续发展提供动力并发挥巨大的推动作用。生态文化中的生态精神具有巨大的激励和教化作用，能够把人心凝聚到关注生态、保护生态上来，激发人们自觉为生态保护和建设贡献自己的聪明才智和热血汗水。生态文化中的生态产品、生态技术、生态产业的不断创新和发展，将为可持续发展持续提供有效的手段、途径、工具和方法，并出现越来越多的新的生长域，既不破坏生态，又能满足人们的发展需求，并为人们提供新的就业机会。

生态文化是一个全面创新的文化形态。生态文化不同于以往仅限于从人类自身角度考虑而发展出的文化形式，是一个具有高度创新的新型文化。从文化自身角度讲，生态文化集生态学、伦理学、社会学、经济学等自然、人文学科之大成，并发展和丰富了这些传统学科；从社会发展角度讲，生态文化综合研究生态系统、经济系统和社会系统的内在规律和协调发展，实现了工业文明向生态文明转变的社会发展战略决策创新；从经济发展角度讲，生态文化要求不断提高科技水平，发展环保产业和绿色能源产业，努力促进高能耗、高污染的行业生态化，实现经济产业生态创新；从人自身发展角度讲，生态文化主张将人从作为人力资本的传统观念中解放出来，从而可以进行自身兴趣所致的活动，实现人发展观念的创新。

总之，生态文化的价值体现于在处理人与自然、人与社会关系方面找到了新的途径和方法。生态学使人类文化的构筑真正进入一个理性的时代，这不仅包括人类对已有文化成果的反思，包括对现实文化行为的审视，也包括对未来文化的展望。

（三）生态文化的结构

生态文化融合在物质文化、精神文化和制度文化的建设中，泛指体现和反映人类生存环境状态的各种文化现象，它作为人与自然关系的尺度，具有人类文化的结构。中国生态文化体系是一个完整的有机整体。各个分支既紧密联系，相互促进，又相对独立，自成体系。生态文化类型主要分为自然生态文化（纵向）和社会生态文化（横向）两大类。自然生态文化实质上是自然（主要指自然资源、自然环境和自然生态系统）的人格化和人格的自然化。自然生态文化大体可分为森林文化、草原文化、湿地文化、海洋文化、沙漠与绿洲文化、湖泊文化、流域文化、高原文化、山岳文化等。社会生态文化是把人类社会作为一个完整的生态系统对象，研究建立一种人与人、人与社会以及社会与社会之间的和谐关系。同样，这种和谐关系离不开人居小环境和人类赖以生存发展的自然生态大环境。社会生态文化大体可分为民族生态文化、城市生态文化、乡村生态文化、人文生态文化、企业生态文化、社区生态文化、边疆生态文化、宗教生态文化等。

1. 物质生态文化

物质生态文化是指人在改造自然的实践活动中，为了与自然进一步和谐相处而形成的生态化的生产方式和生活方式以及取得的丰硕物质成果。物质生态文化主要就是生态文化在它的物质形态的层次，主要包括社会物质生产的技术形式转变、能源形式转变以及人类生活方式转变，也就是包括生态科技、生态产业和生态生产消费模式等。生态科技就是人类将生态观念引入科技领域而取得的科学发明和技术成果，它是人类实现生态文明的利器。生态产业是指在生态理念引导下所形成的社会产业，它们把经济利益与生态理念有机结合，引领经济社会的生态化发展。生态生产消费模式是人类在生态文化实践中形成的绿色、健康、可持续的生产生活方式，是人们行为方式的生态化。生态物质文化衡量生态文化的建设程度，体现生态文化的建设成果，是生态文化的物质展现和实践形态。

2. 精神生态文化

精神生态文化是生态文化在它的精神形态的层次，是指人类在寻求与自然界和谐相处的过程中所逐步形成的意识观念、思想体系，具体表现在生态哲学、生态美学、生态教育、生态科技文化以及生态宗教传媒文化等多方面。生态文化在精神层面主要体现为生态价值观，是人们在生产和生活中的生态伦理道德准则。

（1）生态哲学。生态哲学是一种生态的自然观，强调用生态学的理论和观点去解释和理解现实世界，主张把“人与自然和谐相处”作为一种普遍的世界观和价值观。生态哲学运用整体性观点去观察自然万物和解释现实世界，依据新的价值尺度来协调人与自然的关系，采用生态科学的思维方法去评价和调节自然、技术、社会之间的互动关联。生态哲学从整体性的角度研究人与自然的相互作用，强调自然界的相互联系和相互作用的整体性，事物之间的联系是内在的有机联系，它要求人们承认自然价值，保护自然价值，抛弃以损害自然价值的方式实现人类利益的经济增长方式，实现人类可持续发展。生态哲学是生态文明时代的产物，是马克思唯物辩证法关于人与自然相互关系学说在生态领域的应用和具体化，它确立了人与自然相互依赖、和谐生存的生态伦理，是人们正确处理自身和自然界相互关系的方法论体系。

（2）生态美学。生态美是人与自然生态关系和谐的产物，是以人的生态过程和生态系统作为审美观照的对象，弘扬我国“天人合一”的自然本体意识。生态美首先体现了主体的参与性和主体与自然环境的依存关系，它是由人与自然的生命关联而引发的一种生命的共感和欢歌。生态美学以马克思的唯物实践存在论为哲学基础，以人与自然的生态审美关系为基本出发点，包含人与自然、社会以及人自身的生态审美关系，是一种包含着生态维度的当代存在论审美观。生态美学是一种具有深度模式的美学，它进一步促进了传统世界观的改变，突破“人类中心主义”，它更加促进当代人生活方式的改变，善待环境、善待资源、善待非人类生物、善待现在、善待未来。

（3）生态教育。教育在很大程度上塑造这一个人的价值取向、思维方式和行为模式，深刻影响着一个社会的发展现状和远景。生态教育是在新的教育背景和新的社会经济发展需求下形成的一种新的教育思想。它是在教育观念、教育功能和教育任务等方面改造传统教育文化，用生态学的方法研究教育，探索新的教育思想、方法、结构、内容和规律，实现教育的经济价值、精神价值和生态价值的统一。生态意识教育就是要认清人与自然的关系，树立正确的“人－社会－自然”相和谐的观念，这将从根本上决定着人类对生态环境的态度和行为方式。生态法制教育就是要让人们懂得各种保护自然、保护环境的法规与条例，从而能自觉地遵守自然生态法则，实施合理地控制和改造自然的行为规范。

（4）生态科技文化。生态科技文化是科学技术发展的“生态化”，在科学技术发展中运用科学的生态学思维，对科学技术提出生态保护和生态建设目标。生态科技是一种建立在现代生物学基础之上，关注于人与环境的和谐发展，以及人与人、人与社会、人与自然之间和谐共处，代表一种全新的科学技术以及全新的科技思维方式和发展方式。生态科技文化把生态价值概念引入科学研究和实践，强调发明和制造既有利于大多数人的利益，又有利于保护自然的科学技术，为人类社会全面、协调和可持续发展提供指导思想、适用技术和具体途径。

此外，生态宗教文化、生态传媒文化也是生态文化的结构要素。宗教的生态智慧和生态保护实践，对于现代生态建设有着重要意义，生态文化建设要重视建立与社会相适应的生态宗教文化。新闻出版、广播电视、网络信息等行业作为传媒文化，应当把包括生态文化建设在内的各项文化事业联系成一个有机整体，充实以宣传和传播为特征的生态文化。

3. 制度生态文化

制度生态文化是指人们为了实现生态化的理想，以生态理念为指导形成的一系列行为规范、政策导向，主要包括生态政策和生态法制。制度生态文化包括政府为了保护生态环境而制定的法律、法规及具体政策。生态文化通过社会关系和社会体制变革，调整人的社会关系，改革和完善社会制度和规范，按照公平和平等的原则，建立新的人类共同体，以及人与自然界的伙伴共同体。环境保护和生态保护制度化，使社会具有自觉地保护所有公民利益的机制，具有自觉地保护环境和生态的机制，建立稳定与和谐的社会关系和社会秩序，实现社会的全面进步。生态政策就是国家管理者在治国理政中运用生态理念制定的方针政策。生态法制就是体现生态理念的法律法规。生态制度文化对整个生态文化具有确认、引导、维护作用，为生态文化建设提供可靠的制度保证。

总之，生态文化本身就是一个内在结构完整的系统，其组成部分主要包括生态知识（人们对生态奥秘、本质规律认识的成果，包括生态学、环境科学、生态哲学、生态伦理学、生态教育学、生态艺术学、环境美学等），生态精神（人们在认识和适应生态过程中培育起来的热爱大自然、爱护生态、以生态为价值取向等精神性成果，包括生态意识、生态理念、生态道德、生态情感、生态美感等），生态产品（人们运用生态知识对环境进行加工改造而创造的具有生态性质、适宜于人的生存和发展的技术和产品，如污染预防控制处理技术、绿色食品、绿化林地等），生态产业（人们为创造生态产品而形成的产业和工程，包括生态农业、生态林业、生态工业和生态旅游业等），生态制度（人们在适应生态过程中调整人与人以及人与生态之间关系而形成的规范体系和各种制度，如绿色产权制度、绿色经营制度、绿色管理制度、环境保护制度等）。这些方面相互作用、相互影响，构成生态文化的有机整体。

（四）生态文化的价值

生态文化是一种关乎人类如何持续生存发展的文化，是一种致力于人与自然、人与人、人与社会的和谐关系和可持续发展的文化形态。生态文化可以通过内在机理的方式制约人们的政治经济活动，从而对整个社会的运行发挥重大作用，对人类的社会发展产生深远影响。

1. 生态文化促进人类生活方式的转变

生态文化作为一种不同于古代神圣文化和近代工具文化的新型文化，对人类的生活方式具有重大影响。生态文化并不否认人对自身利益的追求，也不否定自我能力在竞争中的重要作用，但是人的生存竞争必须以不危害生态环境，不损害人类的当下和长远利益为前提，必须确立人要为整体利益而存在的生存方式。

首先，人的思维方式发生了转变。科学技术在推动物质生产的巨大发展，在充分满足人类的物质生活和精神生活需要，但是也暴露出许多负面效应。生态危机的日益严重要求人类重视生态文化的建设，实现经济、社会、环境、资源、人口的全面协调发展。生态文化发展要求人类为了自己的生存与发展，必须建构一种具有有机性、整体性、系统性和创造性的生态思维方式来面对现实与未来，生态思维方式不仅体现了文化形态的转型，而且真正超越和克服了形而上学本体论的思维方式，发展了现代唯物主义辩证的思维方式。

其次，人的生产消费方式发生了转变。人类生产活动的本质是人与自然进行物质循环交流，其目的是使人类自身生存和发展下去。人类要继续发展，要更好的存在，就必须改变传统的生产方式，采取有益于从根本上改善人类生存条件的生产方式和消费方式。在生产方式方面，人类应该采取有利于生态保护的循环经济模式。循环经济按照生态规律利用自然资源和环境容量，实现经济活动的生态化转向。循环经济按照自然生态系统物质循环和能量流动规律重构人类的经济系统，使得经济系统和谐地纳入自然生态系统的物质循环过程中。循环经济要求把经济活动组成一个“资源—产品—再生资源”的反馈式流程，其特征是低开采、高利用、低排放。循环经济是一种符合生态规律的生产方式，是一种合理的生产方式。在消费方式方面，由于生态型生产方式的建立，自然也将逐步改善消费方式。消费必须考虑生态系统所能为人类提供的消费品和其所承受的消费垃圾的处理能力，要既能满足人的消费需求，又不对生态环境造成危害的生态消费。这种持续性的绿色消费，是具有满足不同代际间人的消费需要和环境保护功能的消费方式。生态文化有助于人们消费行为的生态化改造，促进生态消费社会机制的建立，培养人们的生态消费意识，形成绿色的消费方式。

2. 生态文化推进生态文明建设的健康发展

物质文明、政治文明、精神文明以及生态文明是社会主义整体文明系统中的重要组成部分，它们之间协调发展，是我国未来的发展之路。生态文明对其他几项文明建设具有能动作用，它能强有力地推动着社会整体文明系统的发展，而生态文明是以生态文化为基础，生态文化的建设为生态文明的发展提供了动力支持。生态文明是指人们在改造客观物质世界的同时，积极改善和优化人与自然、人与人的关系，建设有序的生态运行机制和良好的生态环境所取得的物质、精神、制度方面成果的总和，它反映的是文化中的积极的、健康的、优秀的果实。因此，要建设生态文明，必须树立生态文化意识，加强生态文化建设，生态文化建设是生态文明建设的一个重要方面，它对生态文明的实现起着内在推动作用。生态文化赋予了文化建设以生态内容，着重提升了人的生态素质，形成了人的生态价值取向，促使人们养成人尊重自然的生活方式，并激发了人们保护自然、创造人与自然和谐发展的积极性，推动了生态文明的建设发展。

3. 生态文化是经济社会可持续发展的基础

首先，生态文化的核心集中表现在人类社会经济与环境资源的可持续发展。它要求人类在满足需要的同时，不危及后代的需要；既满足本地区、本国人民的需要，又不损害其他地区国家人民的需要。生态文化要求人类正确处理与自然环境的关系，与自然环境协调发展，以保持对环境资源的永续利用。生态文化建设的目标就是要改革不合理的经济体制和社会发展管理模式，培育可持续发展的运行机制。因此，生态文化的发展从根本上要求社会生产可持续发展。

其次，生态文化为社会生产可持续发展提供了精神动力。可持续发展是一个包括人、自然、文化在内的复杂的系统，它是在人的宏观调控之下，使得人口、资源、环境、经济和社会等要素逐步走向人地关系能够和谐、人际关系能够融洽的过程。而生态文化正是可以影响人的思想、感情、心理、性格和行为，凝聚成精神的力量，激励人、教化人、培养人的可持续发展意识，促进观念的转变，使得人们自觉地投入可持续发展活动中。因此，生态文化的形成和发展从思想上促进了可持续发展的实施。

最后，可持续发展离不开科学技术的发展。面对科技发展与生态环境的矛盾，生态文化却以科学文化为基础，要求科学技术不能单纯地以人的欲望和要求为出发点，必须兼顾到自然环境的可持续性，才能使其符合人类的根本利益。因此，生态文化为社会生产可持续发展提供了生态科技观，并且给科学文化提出了更高的要求，它要求科学文化提供认识世界的广阔视角，提供改造世界的生态工艺、适度开采资源的环保意识，为社会生产的可持续发展提供了科技的保障，指明了奋斗的方向。

生态文化作为一种新的文化观，它为可持续发展提供指导思想，强调人与自然、人与人自身关系的协调和优化，更强调以人的精神文化品格调整人类内部生态平衡，尤其是通过人的精神生态的调整促进人与自然生态的平衡，以此来促进社会和经济的可持续发展。

生态文化是一种整体性的文化，只有把人类社会的发展建立在生态文化的基础上，通过生态文化建设为和谐社会的构建提供智力支持、精神动力，引导发展方向，高度重视生态文化的建设，才能构建和谐文明的现代社会。

二、生态文化的培育

生态文化是将人统治自然的观念转变到人与自然和谐发展的一种先进文化，生态文化作为当代中国先进文化的重要组成部分，是当前时代标志社会进步的主流文化。生态文化从生态系统的视角把握人与自然的关系，将“人－社会－自然”看作相互关联、相互作用、协调发展的复合生态系统。人和人类社会是自然生态系统自组织进化的产物，人和人类社会产生以后又作为相对独立的主体，以自身适应和改造自然环境的活动，参与自然生态系统的自组织演化过程。在“人－社会－自然”复合生态系统中，社会是人与自然联系的中介。人类是作为社会群体通过社会实践活动与自然打交道的，是借助特定社会生产方式、社会文化与自然相联系的，社会生产力水平的高低直接决定着人与自然关系的水平，社会生产方式直接影响着人与自然关系的状况。人与自然之间的相互作用、相互转化（即“自然的人化”与“人的自然化”）是在社会实践过程中实现的。培育发展健康向上的生态文化，是社会主义先进文化建设的重要内容，对于指引人们正确处理经济发展与生态环境的关系，正确处理人与自然的关系，实现社会可持续发展，具有重大的方法论意义。

（一）树立全新的生态文化价值观

价值观往往对人的心理、情感、意志和信念产生非常巨大的影响。生态文化价值观实质上是一种与传统的极端功利型思维方式相对立的互利共生型思维方式。用这种思维方式处理人与自然的关系，就避免了以人为中心，以自然服务人类的种种行为，既要维护人类的利益，又要维护生态平衡，最终保持社会系统与生态系统共存共荣并协调发展下去。

生态价值是文明发展极其重要的价值杠杆。树立生态价值观是社会可持续发展的首要任务，人是自然的一部分，人与自然的关系在劳动中演进是自然进化和社会进化的双重过程。当今社会生态危机日益严重，人类的物质财富增长永远依赖自然资源，这就更加要求树立生态价值观，达到与自然界万物互利共生、共同发展。

生态文化价值取向是对古代文化整体性价值取向和现代文化主体性价值取向的有机整合，它克服了古代文化和现代文化单纯从自然或人的视角考察人与自然的关系的片面性，主张从自然和人的双重视角选择自身的文化价值取向。追求自然、社会整体性价值与人的主体性价值的共同实现是生态文化价值取向的主要内涵。生态文化价值取向与生态世界观密切联系，有其深刻的理论基础。生态文化认为存在与价值不可分离，“人－社会－自然”生态系统不仅是一个存在系统，而且是一个价值系统。不仅人具有自身的生存目的和内在价值，而且自然生态系统、其他生命同样具有自身的目的和内在价值。因此，要求从人、社会、自然的协同发展出发，选择文化价值取向，规范人的社会实践活动。在生物与环境的关系上，生物要在特定的环境系统生存、发展，必须顺应环境整体的发展规律和发展趋势，生物要维持自身生存发展的需要，必须从环境中汲取物质、能量、信息，合乎自身的生存目的。人的生存活动及社会的存在发展必须合乎生态环境的自然目的性和自身生存的目的性。生态文化价值取向在人与自然、人与社会、人与自身的关系上强调协调发展，这种协调是人与其他生命的协调，是“人－社会－自然”作为一个系统整体的协调。

人自身是一个相对独立的、多层面的复杂生命系统，不仅具有与自然环境内在相关的自然生命系统、精神系统，而且具有与社会环境密切相关的社会意识系统。人自身的协调发展是自主性活动（既包括社会生活，也包括自主性的学习活动）与人体自身自然生命系统自调节活动（身体与思维的自调节机制）的统一，是精神与肉体的统一。生态文化把自然界从传统的客体地位纳入主体地位，强调人与自然的平等友好，要求在个人的成长过程中，将自主性与整体性、精神与肉体有机统一起来。因此，在现实生活中，一方面应将社会生活建立在人自身生命系统的自然调节能力基础上，另一方面也反对单纯强调维护身心的和谐，人为拒斥社会文化生活的倾向。提倡节俭的生活方式和绿色的生产消费模式，体现了生态文化终极意义的人文关怀和以人为本的价值取向。建设生态文化，归根结底是为了人类自身的利益，以人为本是生态文化的最终价值追求。

（二）弘扬优秀中国传统生态文化

要培育建设生态文化，就要对人类社会进行生态学透析，审视整个生态文化发展历程，弘扬优秀的，摒弃消极的，从教训中总结人类与环境协同发展的经验，从而使人类社会在保护生态圈的同时，能够持续生存和发展下去。

中国古代就有生态文化意识。例如，宋代就有地方官员保护益虫、益鸟或濒临灭绝动物的做法。为了使自然与人类长期地协调发展，宋代思想家十分推崇“天人合一”或“天人一体”等涉及宇宙哲学和生态伦理的生态文化观念。中国的传统生态文化是一种朴素的生态伦理观，倡导生态善美观、生态良心、生态正义和生态义务等生态道德规范。这种传统的生态文化道德观告诉人们：人类应承认自然界有自己的存在价值和生存权利；承认自然界的生物享有与人类相似的权利和价值。传统的生态文化中所提倡的道德规范、行为准则与法律诏令对人类与自然的关系起到了规范的作用。

我国生态文化建设应突出“中国特色”，传承中国传统文化生态观精髓，结合本国具体实际情况，走出具有中国特色的生态文明建设之路。

一是继续传承儒家“仁爱”的积极思想。儒家“仁爱”思想提倡要爱护动植物和人类，进而深入体验生命，甚至还会出现动植物崇拜现象。中国特色社会主义生态文明建设在构建生态文化等理论上，提倡人与动植物、其他人建立“仁爱”的和谐关系，用“仁爱”的思想武装头脑，为生存在地球上的动植物保留更多的生存机会。生态文化建设的理论不仅要明确人与自然之间的和谐关系，更应把人与人之间建立相互信任、愉悦的情感关系作为发展的目标之一。

二是继续传承“道法自然”的积极思想。人类的发展离不开自然提供的各种生存基本条件。我国生态文化发展应承认世界万物遵循的自然规律，共同遵守自然而然的状态，重视客观规律。因此，应继续传承道家的人类主体性，在理论上提倡人类适当凭借自己的创造力、理性思考能力，依照自然规律为自然增添更多生机，使世间万物能更加适应自然。建设我国生态文化的过程中，在承认人类是自然一部分的同时，应把道家精华进一步融入其中，更好地突出人类主观能动性，在理论发展上更好地突出“中国特色”。

总之，在生态文明建设中，应该弘扬优秀的传统生态文化，经过传统生态文化的陶冶，改变一个人的气质，转变社会在破坏环境、损害生态平衡等方面的不良风气，提高整个社会成员在保护环境、维护生态平衡方面的自觉性。

（三）营造先进生态文化培育环境

社会历史背景是文化发展必不可少的土壤，任何先进文化的产生和发展都是来源于社会的，生态文化的提出首先就是因为生态危机的产生，加快生态文化的发展必不可少的条件就是为之营造一个良好的培育环境。

1. 发展生态文化需要政府主导

国家和政府的各项政策对人们的价值取向、日常行为都有着直接的影响。因此，国家和政府要把生态保护理念渗人各项政策中，营造出一种积极引导社会成员保护生态环境、坚决抵制环境破坏行为和思想的氛围。我国政府提出的以人为本，全面协调、可持续发展的科学发展观，以及生态文明建设的战略部署，充分表明生态文化建设是一个非常重要的战略目标。生态文化建设是发展生态经济、生态产业、生态政治、生态社会的前提和基础，它有助于提高国民素质，有助于发展经济，并且实现经济可持续发展，因此，国家和政府在政策上加大力度建设发展生态文化是适应时代需求的。

2. 发展生态文化需要法制保障

法制是指包括立法、司法、执法在内的一整套与国家法律运行有关的规范体系和制度体系。法制本身也是一种文化取向，它的强制力对于文化的发展有着引导和维护保障的作用。要通过立法保障生态文化建设，提高执法人员的法律意识，从而营造完善的生态法制环境。生态法制建设主要通过约束和规范涉及生态的社会行为来实现对生态文化的推动，它将生态教育纳入有关的法律法规中，使生态文化建设过程中能够有法可依，从而维护文化市场秩序，优化生态文化的运行体制，促进生态文化事业的发展。另外，要加强行政执法部门和司法人员的生态保护观念，依照法律增加执法手段，实现环境公平。对于为谋求经济利益而破坏生态环境的违法人员致以严惩，让全社会人员都能自我监督，依法行事。总之，完善有利于生态文化发展的法制环境必将会保障生态文化的发展建设。

3. 发展生态文化需要舆论环境

舆论宣传可以使文化的传播和发展更加的迅速，生态文化宣传可以通过各种方法，如普及教育、公益广告与活动、媒体网络等，通过宣传符合生态文化精神的思想和理论，为生态文化的建设创造一个舆论环境，帮助人们辨别是非，鼓励人们积极保护生态，共同创造环境友好型社会。

（四）鼓励公众参与生态文化建设

生态文化建设不能脱离公众的需求，也不能没有公众的大力支持。环境质量的好坏，直接关系到每个人的生活质量和追求幸福生活的权利。环境保护要依靠广大公众，通过实施全民生态教育来提高全社会的生态环境意识，动员社会各界的力量共同参加环保活动，提高公众的参与水平，让公众成为环境保护的忠诚卫士。

生态文化建设的首要任务就是从公众的根本需要出发，在满足人民基本生存需要的基础上，提高公众的生态素质，鼓励公众发挥其潜能，创造出利于生态环境的产品，开发出更多的生态技术，切实保证公众能够在宜人的生态环境中生存，保证公众能够在与自然和谐相处的生态环境中发展，促进社会全面进步和人的全面发展。公众参与有了法律保障，更加能够明确人们的权利和义务，用法律武器来武装自己，热情地投入生态文化建设事业当中来。

生态文化建设要发扬生态利行文化。生态利行文化是指贯穿在人的行为中的利于人行为的生态文化，主要包括生态意向知识、劳动产品文化和生态技术文化。首先，生态意向知识的形成离不开人的内心世界。人的需求、兴趣、理想等可促使人在内在动力驱使下不断体验、不断学习、不断创造，最终形成有关生态方面的行为。其次，劳动产品蕴含生态文化。人类通过发挥其潜能、利用外部条件而创造出能够满足自身部分需要且利于生态环境的产品，这部分产品所蕴含的文化能够满足人们的某种需要，成为劳动产品蕴含的生态文化。最后，生态技术文化是人们根据科学知识，结合一定的外部条件建构起来的，有利于生态环境的保护。总之，生态利行文化蕴含在生态意向知识、劳动产品文化和生态技术文化之中，成为生态文化不可忽视的一部分。

此外，还要使环境信息公开化，从而保障公众与民间环保组织的参与、监督。要建立绿色 GDP 核算体系，实施官员环保考核制度，通过有效的方法使生态文化建设成为民主的、法制的、公平的生态文化，让全民共同参与到社会与环境协调发展的建设队伍中来。

三、生态文化的建设

生态文化建设是经济社会可持续发展的重大战略选择，是新时期人类社会全面发展的重要价值体系。建设良性的生态文化，能够为社会经济的进步、人类自由而全面的发展以及生态环保事业的发展，提供源源不断的思想动力。生态文明是建立在生态文化基础之上的一个核心目标，必须依靠生态文化的理论支撑，生态文化是生态文明建设的基础，是促进天人和谐的凝聚力，是推动绿色发展的原动力，是和谐社会建设的推动力，是建设美丽中国的向心力，是中华民族复兴的驱动力。

（一）生态文化建设的内容

生态文化建设作为一种全新的文化战略选择，其内容主要包括生态意识、生态思维、生态伦理、生态道德以及生态价值等方面。

1. 生态意识

生态意识是在人们对自然环境的整体性规律的认识，是人类为保持对生命有益的自然界状态在活动过程中必须考虑到的其他规律认识的基础上形成的。生态意识是人类为求人与自然和谐相处而形成的一种思想观念，其主要内容包含生态保护、环境优化、亲近自然、消费简约、能源节约等各种意识。人类必须依靠自然才能得以生存发展，人类必须了解、尊重自然规律，合理控制自身行为，有效协调人与自然之间的关系，从而使自身的生存发展得以持续。生态意识作为人类的一种科学认识，表征着人类对自身生存环境的敏感认知，蕴含着人类谋求人与自然之间和谐共处的价值取向，它不仅是协调人与自然关系的纽带，还是衡量个体全面发展的尺度，更是当今社会文明程度的标准。总之，生态意识是一种人类用以重新审视自然环境的全新思维模式，它重在提倡人与自然的和谐共生，最终实现人类社会的可持续发展。

2. 生态思维

生态思维就是一种运用生态学原理分析、解决问题的思维模式，它的诸多理论内涵涉及生态学的相关知识。生态思维作为一种全新的整体论式的思维方式，为人类解决生态危机问题提供了有效的思维途径，使人类社会的可持续发展成为可能。生态思维的价值目标是和谐，既包括人与自然的和谐，也内含人类自身的身心和谐，这必然为解决现代社会的精神危机提供可靠方法。必须从生态思维出发，坚持理论引导实践，运用生态思维观察、分析问题，注重道德与知识并重、物质与精神并重、理性与信仰并重，强调人类整体自由而全面的发展。总之，生态思维对于当今社会生态文化的建构具有重要而深远的意义。

3. 生态伦理

生态伦理是一门新兴的伦理学，它基于生态学以及环境科学的基本原理，主要研究人与自然之间的道德关系，力图通过对人类行为负面效应的反思，确立起人类行为的伦理规范与原则。生态伦理的主要研究内容可分为两方面：一方面，从人类对自然界的作用中所体现出的人与人之间的利益关系以及人与生态之间的利益关系，并以此出发制定生态道德规范来调节人与自然之间的关系；另一方面，从人对自然界的作用中所体现出的动植物生存权利问题，并以此出发制定生态伦理规范来调节人与生物之间的关系。作为生态科学的一门重要分支，生态伦理不断向社会提供秩序、和谐、共生、多样化等一些观念，这些观念也正在进入社会价值体系，并逐步沉淀，成为社会伦理价值文化的重要组成部分。提倡生态伦理就是要重新审视人与自然之间的关系，反思人类自身的行为以及对待自然的态度，树立起人与自然和谐统一的全新观念，重建人与自然关系。生态伦理不但为生态科学的发展提供了方向，而且也随着生态科学的发展而不断进步，使得生态文明建设所要求的理性、求真、创新、务实、和谐、共赢等精神气质越来越明晰与完善，为生态文明在制度化层面与价值观层面的建设都注入了全新的生命力。

4. 生态道德

道德作为一种社会意识形态，是调节人与人以及人与社会之间关系的所有行为规范的总称。生态道德扩展了道德的功能，将传统道德调整人与人之间关系的功能扩展到调整人与人以及人与自然之间关系的功能，强调道德维护环境、自然的功能。提倡生态道德就是要把道德扩展到自然的领域，强调人类对自然所负有的道德责任，充分认识到自然是人类生存基础的重要作用，保护自然就是在保护人类自身的生存与发展。

5. 生态价值

价值是指对于人类的需要而言事物所具有的某种有用性，是指主客体之间的一种特定关系，即客体以自身的属性满足主体的需要和主体的需要被客体的属性满足二者之间的效益关系。生态价值是人与自然关系在哲学层面上的展现，它主要是指生态环境所具有的满足人类主体以及人类社会生存与发展的能力，是人类社会多样性价值体系中极为重要的一种价值标尺。生态价值就是在人与自然的关系中自然环境对于人类生存发展所具有的意义。

人类的自然属性限制了人类自己的主体地位及其理性潜能的发挥，自然既是人类物质生产活动的客体指向，也是人类赖以生存和发展的条件所在。人类产生于自然，是自然的一部分；自然始终为人类的物质精神活动提供原料和素材，是人类的“母体”。自然孕育产生具有自我意识和自我能动性的人类主体，也就意味着在某种程度和意义上限定了人类能力的发挥。从本质上来讲，人与自然的关系就是人对自然的实践关系，生态价值的建构以及价值目标的落实都应以“人”为核心，即以人类持久有序的生存发展所要求的生态环境作为其价值系统建构的现实基础，以“人类精神的自律”作为其价值目标实现的主体力量。在实践中，人类要按照其在自然界中长久持续地生存发展所产生的要求来合理有效地处理人与自然之间的关系，也就意味着生态文明的建设以及生态文化的建构都要求人类要高度认同生态价值，合理协调人与自然的关系。

（二）生态文化的制度建设

制度蕴含着文化基因，是人们的伦理关系、价值关系及其评判尺度的现实凝结物，好的制度具有发挥道德教化、凝聚人心和稳定社会的效能。生态文化的建构必须依托制度的保护，也必须得到制度的认可。在生态文化建设中发挥生态制度的积极作用，可依靠制度本身的约束力有效地引导人们的心理活动与行为方式，即从道德的自觉转为实践的自觉。

1. 建立促进生态文化建构的政策支持体系

（1）建立综合决策机制。要建立并完善经济发展与环境建设相结合的综合决策机制，就要保证政府在进行决策时，既要从经济效益又要从环境效益出发，将经济价值和生态价值共同作为政策制定的出发点。一方面，要进一步完善经济、人口、资源、环境协调发展的综合决策机制，把生态环境保护纳入国民经济发展规划之中，建立专家会审制度，统筹考虑生态环境因素；另一方面，要建立生态综合决策机制，明确生态评价标准，形成良性的生态评价办法。既要建立全方位的、彻底的生态安全监测系统，定期进行生态环境评价与分析，形成优良的生态评价标准，又要建立动态的、智能的国家生态安全预警机制，及时有效地掌握国家生态安全的状况以及变化信息，对威胁性现象发出预警报告并提出应对意见与建议，不断地健全与完善生态环境信息发布制度，促进生态环境的最终决策能在一个科学民主的环境下进行。

（2）建立生态补偿制度。生态补偿制度是市场机制与环境保护相结合的一项创新制度，它遵循“谁开发谁保护，谁受益谁补偿”的基本原则。补偿标准是生态补偿的核心，关系到补偿的效果和补偿者的承受能力。因此，必须对生态环境的使用状况进行科学测算，解决生态补偿标准不明确、标准确立方式与科学性及有效性不足的问题，最终制定切实可行的有效措施对生态资源进行科学的评估，合理制定出生态补偿制度与标准。首先，根据不同地区经济发展水平、人口数量、资源承载力、环境破坏程度等方面的数据制定出不同的发展目标以及考核标准，让那些生态环境破坏比较严重的地区更多地承担起生态环保的责任而不是经济发展的责任，建立城市地区对乡村地区、受益地区对受损地区、开发地区对保护地区、下游地区对上游地区、富裕群体对贫困群体的生态补偿机制。其次，国家和各级地方政府应当根据各个地区的资源环境承载能力，按照相关法律法规划拨专项资金，优化开发，加强防污治污，重点建设生态环保项目以及公共环境设施。最后，中央和地方财政转移支付也应充分考虑生态补偿因素，国家和地方可分别开展生态补偿试点，建立遗传资源惠益共享机制。同时，探讨建立社会补偿制度，采取对口援助、智力支持、经济补偿等多种形式，逐步实行东部对西部、下游对上游、受益者对贡献者的生态补偿。

2. 建立促进生态文化建构的法律保障制度

法律是由国家制定并以国家强制力保障实施的具有普遍约束效力的行为规范，是国家意志的体现。将一定的文化认同纳入法律范围就意味着国家对此种文化认同持支持及倡导的态度。生态文化作为社会文化的一种展现形态，其建构离不开相应的法律法规，必须得到法律的认可和支持。我国已基本建立了系统比较完善的生态环境保护法律法规体系，为生态文化建设的推进提供有力的法律保障。我国生态文化建构的立法体系还存在着诸多不足与缺陷，这主要表现为制定原则性强、可操作性差，制度性强、可参与性差，片面性强、关联性差等。必须加强生态法制建设，使环境保护真正地踏入法治化的道路，通过建立起行之有效的生态环境保护法律法规体系，制定相应的生态环境保护标准以及评价考核机制，严惩破坏生态环境的违法违规行为，真正做到有法可依、有法必依、执法必严、违法必究，推动生态文化法制体系建构的系统化、综合化以及实践化。

健全生态文化法律体系，需要重点注意两个方面。一是要制定完善的环境执法监督管理体系，这是我国加强生态文化法律制度建设的监督管理保障措施。建立公平、公开、公正的环境执法监督管理体系，引领人们树立科学政绩观，增强环境保护意识，树立环境保护理念，积极履行自身的生态职责；要在全国范围内加强对工业企业生产污染处理设施的监管力度，不断根据实际情况调整监察方式，发现问题及时处理解决；要制定一部综合性的环境管理机制体制，明确各环境管理部门的机构组成、地位职责、具体责任以及相互之间协调、配合的程序，通过这些行政手段对环境管理的方法、程序以及与此相关的经济、政治等活动作出明确规定，有效推行、实施监督管理，这对于我国环境法律秩序的建立以及维护都具有重要的意义。二是要严格遵守环境影响评价法，这是建立健全生态文化法律制度建设的措施性保障。环境影响评价法是调整规划、建设项目与环境之间产生、形成的各种社会关系的法律规范的总称。环境影响评价法在一定程度上对规划、建设项目造成的可能环境影响进行有效的预测、分析、评估，并提出预防或减轻这些不良影响的可行措施和对策。环境影响评价法体现的是科学发展观的价值所在，又在一定程度上保护了规划及建设项目所造成的不良环境影响，它能够很好地协调经济发展与资源环境之间的关系。

3. 健全促进生态文化建构的道德保障措施

生态文化建构不仅需要政策方面的支持、法律方面的保障，更需要道德这种“软实力”的约束。

（1）树立正确的生态伦理观念。生态伦理观就是一种尊重自然、爱护自然、讲求人与自然协调共生的发展观。它继承了现代文化的人本主义价值观，在肯定人的物质文化需求以及人类主体能动性的同时，强调人类以及人类所生活的社会系统都是自然的有机组成部分，人类生存价值既涵盖物质生活层面的价值，又涵盖自然生态系统层面的价值。树立正确的生态伦理价值观，是生态文明建设以及生态文化构建的基础，更是认识并改造客观世界的道德保障。走出生态环境恶化的困境，实现人与自然的和谐发展，不仅需要依靠政策与制度的支撑，也需要法律的保障，更需要深入持久的道德支持，依靠道德信念在人类内心的扎根，以道德约束来调节人类整体行为，促使人类个体发自内心地保护环境、爱护自然。生态伦理观正是这样一种建立在全新生态道德基础上的道德约束力，它认为人是自然的一个组成部分，人类要尊重、爱护自然，与自然和谐相处，而不能征服或者破坏大自然，因为爱护自然就是在爱护人类自身，与自然建立起协调共生的伙伴关系就是在为人类自己营造和谐的生存与发展空间。

（2）倡导时尚的绿色消费行为。生态文化建设的终极价值目标是实现人类自身的全面发展，这就要求必须全面普及绿色消费，因为绿色消费的核心理念就是在摒弃人类过度的物欲追求的同时，满足人类实现自身全面发展的需要。生态文化的建构必须以全面普及绿色消费为途径。绿色消费适度限制人类过度的物质需求，倡导勤俭节约的生产生活方式，在满足人类基本物质需求的前提下，提倡更高层面的精神需求，以实现人类的全面发展。绿色消费在摒弃人类过度的物欲追求以及促进人类的全面发展这两方面是不可分割的，人类要摆脱生态危机建设生态文化就要求人类个体的自由全面发展，而人类的全面发展也只能在人与自然和谐相处的状态下才会得以实现。

（3）培养现代的生态环保意识。提高广大公众的生态环保意识、培养广大民众的生态理性思维，是逐步完善公众整体生态道德的有效手段与途径。公众整体的生态道德是我国建构生态文化与建设生态文明的精神依托，只有培育、完善民族整体的生态意识、生态思维以及生态道德，才能使广大公众由自发的生态环保行为转为自觉的生态建设行动，从根本上解决生态环保的参与问题，为生态文化的建设奠定坚实的民众基础。

（三）生态文化建设的途径

生态文化的建设需要政策的支持、法律的保障以及道德的约束，建设生态文化，必须有切实可行、微观具体的相关途径。

1. 实现现代生态文化思想的创新

生态危机严重危及人类自身的生存与发展，在对自然认识加深的同时，环境的退化以及污染的加剧已经纷至沓来。在长达300多年的工业文明社会发展之中，人与自然的对立已经发展到了难以调和的地步，人类对于生态的破坏似乎达到了野蛮的极致，遍布世界各地的生态环境问题已然成了人类社会发展进步的最大障碍。

人类文明与自然命运早已紧密结合、密不可分了，保护自然就是在保护人类自身，建设自然就是在造福人类整体。生态文化建构的核心是实现人与自然的和谐，人类建构生态文化离不开对自然的依赖，要尊重、善待、保护自然，要摒弃传统二元论自然文化观将人与自然分离、对立的二元思想，实施和谐共生的文化观，将生态文化的建构纳入人类社会的整体发展之中，促使经济、社会、资源、环境的对方协调，最终达到人与自然和谐的崇高目标，实现人类社会世世代代的可持续发展。

2. 实现传统生态文化思想的复兴

以人与自然和谐共生为核心的生态文化理念中国古已有之，而且博大精深、源远流长。我国庞大繁杂的传统文化蕴含着极为丰富的生态文化思想，大概包含以下几个方面：一是人与自然相互依赖、相互促进、共荣共生，自然的和谐才能带来人类社会的整体和谐；二是人类应该遵守自然法则，珍爱一切形式的生命；三是自然资源的有限性决定了人类的开发利用要合理、可持续；四是人类应该遵循客观规律能动地认识、改造自然，最终实现人与自然的和谐。中国传统生态文化思想是极其宝贵的思想财富，是中华民族得以世代延续的精神支柱，也是中华民族繁荣发展的思想保障，更是中华民族对人类思想史的重大贡献，对整个世界生态文化的建设都有深远的意义。

中华民族传统的生态智慧是生态文化建设的可贵思想资源，建设中国特色社会主义的生态文化必须汲取传统生态智慧之精髓，实现传统生态思想的复兴。实现传统生态思想的复兴，是一个进行创造性转换的过程，是使传统生态思想在新的实践中获取全新生命力的过程，更是一个将传统生态思想与现代生态实践相结合产生出积极的有益的新生态文化的过程。传统生态思想的时代转换就是促使传统生态思想适应现代生态文化建构的需要。在工业文明时代向生态文明时代迈进的文化转型时期，实现传统生态文化思想的复兴，要认真考虑传统生态思想的有关价值，将传统生态思想智慧的精髓吸收到现今的生态文化建构体系之中，使之与现代的生态文化在最大的限度上实现契合，既要保存传统生态智慧的精髓所在，又要满足现代生态文化建设的需求。

3. 加强世界生态文化建设的合作

生态保护与生态建设具有世界普遍性，各国的生态保护与建设实践都离不开生态文化的普及。生态文化是全球性的文化，进行生态文化建设，必须与世界各国进行交流与合作，达到全球生态和谐的目标。这就要求既要保持本民族的文化特色，又要确立对世界各国文化的认同，尤其是要树立各国生态文化相互依存和相互包容的观念。

保护改善生态环境是一项全球性的事业，进行生态文化建设，必须利用国内外的优势资源，加强国际间的交流合作。要建立以生态文化创新为目标的全球合作机制，以便有效地通过国际组织和国际合作，在推进全球可持续发展战略和全球经济一体化过程中，把生态文化推进到一个新的水平和高度。只有将生态文化的理念贯彻到世界各国各地区的生产生活实践之中，加强世界各国各地区生态文化建设的交流与和合作，生态文化建设的总体目标才能最终实现。

4. 开展现代生态文化建设的教育

生态教育就是运用生态学的基本原理和方法教育人们，要客观看待当前的生态环境，正确审视人与自然之间的关系，积极参与传播生态知识，从而改变过去不恰当的价值观念以及生产生活方式，提高生态意识与生态素养，走可持续发展的良性之路，最终实现人与自然和谐统一的目标。生态教育是建立在生态文化基础上的，是生态文化传播十分重要的方面，为改善人与自然之间的关系、环境问题的解决以及人类世界观的根本变革提供了有效途径。生态教育强调生态意识以及生态伦理的重要性，能够达成促使人类具备生态环保的基础知识、基本技能，树立起正确的生态环保意识、态度、价值观、伦理观，积极主动参与到生态环保以及生态文化的建设之中，实现人的全面自由发展以及社会的可持续进步这一伟大的目标。将生态文化纳入教育系统之中，运用教育推动生态文化建设的发展，要求生态教育是全民性、层次性的，必须让广大公众正确认识当今生态现状，激发其生态环保意识，使之积极投入改善生态环境、共建生态文化的行列之中。

5. 构建现代生态的生产生活方式

生态文化的建设是一个漫长的过程，在“实现自然、人、社会三者的和谐统一、良性运行以及可持续发展，在满足人类物质精神需要的同时，保障自然生态系统自身的可持续性，最终达成生态文明建设的总体目标，实现人类自身的全面发展以及社会文明的不断前进”这个客观、科学且可操作的整体目标的实现中，转变过去传统的生产生活方式，构建现代的生态生产生活方式，是十分必要且关键的。要从根本上解决“世界性生态危机、环境恶化、资源枯竭”等一系列问题，关键就是要将工业文明的生产生活方式转变为生态文明的生产生活方式，实现社会经济发展与自然生态的相互统一，为生态文化的建构以及生态文明的建设奠定坚实的基础。

在生产方式上，生态文化要求人类社会要清洁生产、合理生产，节约自然资源，着重减少废弃物的排放，改变过去传统的不合理的工业化生产方式，确立起新的以生态产业为主导的生产方式。生态文化批判过去那种“资源消费—产品—废物排放”的单程型物质流动模式，倡导“资源消费—产品—再生资源”的循环型物质流动模式，即循环经济模式。循环经济就是按照生态规律开发利用自然资源，在充分考虑环境容量的基础上，实现经济行为的生态化。循环经济追求自然资源的低消耗、再利用，以提高资源利用率为主要特征，其目标是社会与生态的可持续发展，促使生态效益与社会效益的有机结合。

在生活方式上，生态文化要求人类放弃传统的物质型生活，追求既满足人类生活质量的要求又满足人类精神丰富的追求的一种不间断的绿色生活模式，满足人们的生活需求并且在一定程度上显现其在环境保护方面的功能。从生态文化的角度来讲，人类应该在满足自身需要的同时，充分考虑到生态系统的供给与承受能力，树立起一种生态环保的绿色生活模式，实现经济发展、人类需求得到满足以及自然生态环境免遭毁坏三者之间的协调。

第二节　生态殡葬的文化内涵

生态殡葬是在保护并改善生态环境的前提下，统筹考虑殡葬问题，按照生态学原理和经济学原理，运用现代科学技术成果和现代管理手段以及已有的殡葬改革和管理的有效经验建立起来的，能获得较高的生态效益和社会效益的现代殡葬模式。生态殡葬以协调人与自然关系为基础，把殡葬管理和生态环境治理与保护、资源高效利用融为一体，遵循“整体、协调、循环、再生”的基本原理，运用生态系统理论与生态经济规律和系统科学方法，建立生态优化的殡葬体系，特别是优化殡葬科学技术体系，更好地统筹考虑并解决殡葬问题，实现多目标综合决策，从而推动和谐社会的建设进程。

一、生态殡葬的基本内涵

生态殡葬是指通过对殡葬和生态环境有关的环节进行系统的研究，按自然生态、人文生态和经济生态原理规划、建设和管理的，由殡葬设施、殡葬设备和殡葬环境组成的资源能源消耗低、污染排放少、与环境相协调的生态复合型殡葬体系，其目标是使殡葬不仅具有处置人类遗体的基本功能，而且具备改善、美化、促进和优化周围环境生态条件的功能。

（一）生态殡葬的基本概念

生态殡葬指的是把生态理念贯穿于殡葬工作之中，形成以人为本、充满时代创新精神、强化科学制度保证、实现可持续发展的殡葬科学化的现实状态、发展前景和动态过程的有机统一。生态殡葬包含了殡葬建设从理念、方式到体制、制度的科学化全过程，符合殡葬事业发展的自身规律，与世界殡葬发展的趋势相吻合，是人类社会文明进步的主要标志之一。

生态殡葬具备适应性、超前性和进化性，是破解资源环境要素约束，促进人与自然和谐发展的内在要求和必然选择。生态殡葬系统是基于可持续发展理念的协调式殡葬系统，它以环保、安全和高效为目标，从观念、技术、政策等方面协调殡葬需求、殡葬设施供应、环境质量与经济发展之间的相互关系。

生态殡葬与传统殡葬相比具有质的变化。生态殡葬既要完成殡葬的特有功能，还要克服殡葬产生噪声、排出废气、侵占土地等负外部性，成为对周围生态环境具备改善、美化、促进和优化的殡葬。生态殡葬不再只是围绕处置遗体而进行的社会活动，而是资源高效、能源清洁、环境友好、生态健康、行为文明和景观优美的殡葬。生态殡葬秉承“低碳、环保”的建设理念，以低能耗、低污染、低排放为基础的发展模式，是人类社会继农业文明、工业文明之后的又一次重大进步。在殡葬设施设计方面，改变以往只注重殡葬设施本身功能作用的传统观念，充分考虑并强调殡葬设施建设与周围自然环境及景观的协调性。在殡葬设施建设方面，使用节能环保的建筑材料，最大限度地节约资源，降低能耗，保护环境，将生态、环保、人文理念融入殡葬设施建设的各个环节中，用最小的环境代价实现殡葬设施建设目标。

总之，生态殡葬侧重于生态环境，视野更宽广。生态殡葬主要是从殡葬整体的层面上来研究和分析殡葬对生态环境的关系，强调殡葬对生态环境的促进、引导和优化作用，有很强的主动性。

（二）生态殡葬的主要内容

生态殡葬是社会、经济和环境生态化的重要内容之一。社会生态化体现在人们拥有自觉的生态意识和环境价值观，人口素质、生活质量、健康水平与社会进步与经济发展相适应，有一个保障人人平等、自由、接受教育、人权和免受暴力的社会环境。殡葬环境是指围绕殡葬活动的外部世界，既包括自然环境，又包括与殡葬系统有关的社会、经济和自然环境在内的复合环境系统，是围绕“环境－主体－殡葬活动者”而建立起来的，具有多种组合并通过物质循环、能量流动和信息传递与主体产生相互联系的复杂系统。区域殡葬行为者因殡葬活动形成的社会实体构成了社会环境，区域与殡葬系统发生关联的自然资源和生态系统构成了自然环境，而与殡葬发展有关的经济要素体系则构成了经济环境。

1. 殡葬设施的生态化

生态化的殡葬设施是指在生态系统承载能力范围内，综合运用生态工程、社会工程和系统工程方法，采用现代科学技术手段，挖掘殡葬设施区域内外一切可以利用的资源潜力，使殡葬设施建设对环境的破坏降至最低，构建生态健康、景观适宜的殡葬环境和文明和谐的殡葬文化，形成生态良性循环的以殡葬功能为主的公共场所。生态化的殡葬设施作为与生态文明时代相对应的人类殡葬活动新的空间组织形式，是一定地域空间内资源高效利用、环境和谐、发展持续的人与自然和谐统一的人类殡葬活动区。

生态化殡葬设施的基础是环境的生态化，主要表现为以保护自然为基础，利用环境景观学原理规划、建设和管理殡葬设施，进一步完善殡葬设施绿地系统，最大限度地维持生物多样性，保护自然环境及其演进过程，有效防治和减少园区各种污染，实施清洁的殡葬活动，使殡葬环境更加清洁、安全、优美、舒适，保证殡葬活动始终保持在环境承载能力之内。生态化的殡葬设施景观优美，与生态环境相适应，与自然风光相协调，与动物、植物、生物和谐相处，还能自动调节生态系统，对殡葬设施及其周边环境具有较明显的改善、净化和保护作用，为人们提供更高层次的殡葬文化活动需要和绿色生态环境。

生态化殡葬设施包括以下三个层面。

一是殡葬设施内部环境的生态化。殡葬设施保持自身的价值、遵循内在规律以寻求内部各因子的平衡，包括殡葬环境及资源配置的生态化。环境的生态化表现为：发展以保护自然为基础，与环境的承载能力相协调。自然环境及其演进过程得到最大限度的保护，合理利用一切自然资源和保护生命保障系统，开发建设活动始终保持在环境的承载能力之内。

二是殡葬设施内外环境的生态化。殡葬设施在保持系统内部平衡发展的同时，实现系统内部与外部的生态平衡，面向社会，实行开放，达到交融。

三是殡葬目标实现途径的生态化。殡葬设施将殡葬目标真正转移到以殡葬活动者身心为本，调整殡葬的原则、内容和方法，同时要求所采取的殡葬模式和手段生态化，最终形成一个均衡的殡葬系统。

2. 殡葬经济的生态化

生态化殡葬设施的建设与发展保持经济高效，遵循可持续发展原则，全方位体现“节约能源、节省资源、保护环境、以人为本”的基本理念，创造高效低耗、无废无污、健康舒适、生态平衡的殡葬环境，提高殡葬设施的功能、效率与舒适度。殡葬经济生态化主要表现为采用可持续的生产和消费模式，在经济发展上追求质量与效益的提高，努力提高资源的再生和综合利用水平。按照生态经济原理，应用生态工程的方法，模拟自然生态系统建成具有完整的生命周期、高效的代谢过程及和谐的生态功能的园区。其目的是消除殡葬污染，提高资源的再生和综合利用水平，将环境保护融入殡葬活动和消费中，将殡葬废物的处理寓于利用中，达到生态、社会及经济效益的多重目标。

3. 殡葬活动的生态化

殡葬活动的生态化主要表现在人们有自觉的生态环境价值观，殡葬活动质量、人口素质、健康水平与社会进步、经济发展相适应，有一个保障人人平等、自由、安全的公共环境，形成强烈的生态环境保护风气、自觉的生态意识和环境价值观。殡葬活动的生态化主要体现在遗体运输、遗体存放和遗体处置的生态化等环节。如遗体运输对生态环境的损害主要表现为：废气排放，产生噪声以及遗体运输过程中可能对环境带来的污染。生态化运输遗体就是依靠高新科技建立的设备设施，如无废气排放的电动、太阳能驱动甚至是风能驱动的运输车辆，高性能、低噪声的动力和传动；依靠现代化的管理软件和管理措施，如全程跟踪的遗体控制运输系统，完善的事故预警和应急救援系统等，使得遗体运输过程中有害废气排放量很少或者几乎没有，运输产生的噪声完全在正常的范围以内，遗体运输的事故发生率很少且在可控制中。运输车辆样式的创新，遗体运输过程中的物流、人流、信息流，将不再会影响社会进步，而是对物质文明、精神文明、政治文明和生态文明起到推进作用。

4. 殡葬消费的生态化

殡葬消费生态化指人们在殡葬消费活动中用生态学的观点和方法规范自己的行为。消费生态化是建设生态文明的要求，它强调适度消费和绿色消费、注重物质生活与精神生活互补、提倡责任消费。具体表现在：消费品本身及其来源是生态型的，包括生产用的原材料和生产工艺、生产过程与环境的关系；消费过程是生态型的（在对消费品的使用过程中，不会对其他社会成员的工作、生活和周围环境造成伤害）；消费结果是生态型的（完成对消费品的使用后，不会产生过量的垃圾、噪声、污水、污气等短期内难以处理的、对环境造成压力、破坏的消费残存物）。与传统消费模式相比，生态消费具有适度性、高成本性、可持续性、精神消费第一性等特征。特别是殡葬生态消费突出人的精神心理方面的需要，在更高意义上表现为一种对高品质殡葬活动的追求，一种高尚品质和伦理道德的体现，特别是注入了精神内涵。

二、生态殡葬的核心价值

（一）生态殡葬建设的意义

生态殡葬以殡葬设施为载体，利用殡葬设施的景观价值和环保价值，美化优化环境，促进人与自然的和谐发展，是生态文明建设的重要组成部分。殡葬活动是文明的标志，生态殡葬又是生态文明水平的具体体现。

1. 和谐殡葬建设的需要

和谐殡葬包含着生态殡葬，建设和谐殡葬自然也就包含着生态殡葬建设的内容，和谐殡葬的建设需要建设生态殡葬，例如殡葬安全问题是和谐殡葬的重要内容。生态条件好的殡葬环境，会缓解人们的悲痛心情。建设生态殡葬是建设和谐殡葬的需要，是构建社会主义和谐社会的需要。

2. 现代殡葬建设的需要

现代化是一种状态，也是一个过程。“两次现代化理论”把它分为两个阶段或两次现代化，即第一次现代化的从农业化到工业化社会和第二次现代化的从工业化到知识化社会的转变。第一次现代化是对大自然的征服，强调的是利润的攫取，是对大自然的掠夺；第二次现代化是对大自然的亲善，强调的是可持续发展，是对大自然的回归。生态现代化正是可持续发展“既满足当代人的需求，又不危及后代人满足其需求的发展”的基本内容，是第二次现代化的一个重要分支，是现代化与自然环境的一种互利耦合，是世界现代化的一种生态转型。殡葬现代化是社会经济现代化的重要组成部分，生态殡葬是生态现代化的重要组成部分。生态现代化的许多理论、规律可以应用到生态殡葬建设上来，生态殡葬的建设又为生态现代化的建设提供支撑作用。因此，生态殡葬建设是现代化殡葬和现代化社会建设的需要。

3. 殡葬文化创新的需要

（1）生态殡葬文化习俗是人类社会的优秀文化。殡葬是为保障人类生存环境而选择的科学处理遗体的一种社会活动，其实质是如何处理人类遗体与环境的关系，更好地保护人类生存空间，促进人类社会健康和谐发展。我国的殡葬从“古之葬者，厚衣之以薪，藏之中野，不封不树”（《易经·系辞》），到“以爵等为丘封之度与其共树数”（《周礼·地官·冢人》），再到以“冢上松柏”，象征着中国古代身份等级制度在殡葬领域松弛瓦解，直到如今的植树葬、栽植殡葬纪念树等殡葬行为，体现了中国生态殡葬文化习俗的发展历程，也是人类社会发展过程中形成的优秀生态文化。

（2）生态殡葬文化习俗随着社会的进步而发展。树在先民的观念中占有重要的位置，远古时代人类崇拜万物，出现了象征土神乃至祖先神的“社树”“社林”。汉末曹植“桂之树，得道之真人咸来会讲仙”是幻想通过具有神性的树而使人的灵魂升入天堂。古代树葬的出现就是随着人类意识形态的发展而出现的，如《周书·异域上》记载了莫奚人“死者则以苇薄裹尸，悬之树上”的树葬习俗。墓旁植树作为朴素的生态殡葬思想，是我国传统殡葬文化的重要内容，也是人类森林文化（植树造林文化）与殡葬文化的融合。墓旁植树是随着墓上筑坟丘而产生的中国墓葬史上巨大的变化。栽植殡葬纪念树早就成为中国传统文化中朴素的生态殡葬文化习俗，各民族的宗教信仰、社会心理、民风民俗等也往往从“在坟墓上树标记或纪念物”中得到反映。通过全民义务植树法规与生态殡葬文化习俗嫁接整合，把以栽植殡葬纪念树为基本内容的生态殡葬文化理念上升为殡葬与环境资源保护基本法律规范的范畴，使生态殡葬法制化，必将为人们所关心的殡葬与环境问题的解决提供一个全新的途径，树立人与自然和谐相处的先进的殡葬理念，使我国殡葬改革事业在构建社会主义和谐社会进程中作出积极的贡献。中华民族的生态殡葬观念有着悠久历史和优秀传统，在生态文明建设中，创造性地弘扬优秀的传统殡葬文化，挖掘生态殡葬文化习俗的林学价值，创造出符合时代要求的生态殡葬模式，将公民殡葬权利与生态殡葬文化习俗有机结合起来，使传统殡葬方式侵占土地的老大难问题和生态殡葬文化习俗潜力挖掘不足的深层次问题得以解决，在推行殡葬改革的同时，推进国土绿化与环境整治的进程，实现人与自然和谐相处。

（二）生态殡葬的主要特征

1. 生态殡葬的思想特征

生态世界观决定了生态殡葬是在人与自然系统整体协调、和谐的基础上实现自身的功能。生态殡葬作为面向生态文明时代的人类殡葬活动方式，其内涵反映了生态文明的思想，它不仅需要对殡葬活动的物质环境、空间形态的重建、重构，还必须考虑社会功能、人类生态、道德伦理、文化价值，对传统殡葬文化、经济、技术等方面进行变革，特别是殡葬文化的创新。

（1）生态技术层次。以信息技术、新能源技术、新材料技术、生物技术和空间技术等为主要内容的生态技术革命，主张和其他生命物种相互依存、共同繁荣，对资源和能源进行可再生利用，投入少量的能量，产生很低的污染或完全没有污染，不以经济增长为唯一的目标，兼顾人类健康、环境保护目标，实现资源的多层次利用。生态殡葬对技术选择的基础不仅仅是技术的考虑和论证，而且还包括经济、文化、环境、能源和社会条件的标准。

（2）生态文化层次。生态文化是生态文明时代的主流文化形态，追求人与自然和谐共处、协同进化，旨在实现经济社会可持续发展。在精神或价值观层面，走出了“人类中心主义”，抛弃人与自然割裂、对立的思维方式，确立人与自然和谐共处、互相促进的可持续发展关系模式，培育和提倡生态价值观、生态伦理意识、生态保护意识、生态科技意识和尊重自然的态度。在物质层面，即在生产生活过程中，坚持生态效益、社会效益和经济效益三结合的原则，走无污染、零排放、节约、高效的道路，大力发展循环经济，提倡节约的生活方式和保护环境的生活习惯。在制度层面，即在政策法规、风俗习惯等各种社会约束中，建立保护生态环境的政策、法律、法规和管理办法，积极鼓励健康文明的社会习俗和生活方式，改革或禁止不利于生态环境保护的政策、法规以及风俗。

生态殡葬承载着殡葬文化，展示着生态文明时代的价值、观念和理想，具有殡葬活动民主化、多样化、丰富性的特点，能够从人与自然整体的角度来协调、统一不同背景下文化的发展，不同信仰、不同种族、不同阶层的人能在特定区域内共同和谐地进行殡葬活动。

文化个性和文化魅力是生态殡葬的灵魂，生态殡葬从其文化观念意识的深处崇尚健康、节约、人道、平等、公正、民主、协调、共存、精神追求与物质满足的协调、多种文化的互补与渗透等，而反对浪费、掠夺、急功近利等。生态殡葬在发展过程中，一方面保持传统文化精华的传承与动态发展的统一，另一方面在全球化浪潮中保存一种比较完整的具有民族、地域特色的文化生态。促进生态殡葬向可持续的生态系统演变，有利于国家提倡的生态园林城市建设和社会主义新农村建设，有利于促进人们传统殡葬活动方式及价值观念向环境友好、资源高效、系统和谐、社会融洽的生态文化转型。

(3) 生态经济层次。生态经济建立的是一种以人力资本占主体的集约内涵式的知识经济，这种“内在化”的经济活动注重提高一切资源的利用效率，尽可能地实现资源的区内闭路循环，减少对外部环境的依赖，并实现外部“生态成本”的“内部化”，从根本上解决资源短缺以及资源可持续开发利用问题，实现以最少量的资源投入和最低限度的生态环境代价，为人们提供最充分、最有效的殡葬服务。

(4) 生态文明层次。生态文明是继人类原始文明、农业文明、工业文明之后形成的迄今为止人类文明发展的新型文明形态。生态文明的核心内容是在健康的政治共同体中，政府、个人与社会组织，将公共利益作为最高诉求，通过多元参与，在对话、沟通、交流中，形成关于公共利益的共识，作出符合大多数人利益的合法的决策。

2. 生态殡葬的本质特征

由于我国政策规定殡葬设施应利用荒山瘠地而建，因而殡葬设施是一个不完整的生态系统。其生态环境表现出以下特点：一是有限性，其空间有限（对人的容量）、资源有限（对人的物质要求满足程度有限）、调节能力有限（对污染物）；二是依赖性，殡葬设施作为城乡建设的一个“点”，其建设与管理离不开周边地域的资源和物质的供应；三是整体性，殡葬设施生态环境与其周边地域是一个不可分割的整体。生态殡葬与传统殡葬相比有着本质的差别，主要表现在以下四个方面。

（1）整体性。生态殡葬运用现代科学的管理手段与决策系统，在建设中坚持合理布局，不仅有良好的空间环境，而且还有适宜的人文和自然景观。生态殡葬不是单单追求环境优美或自身的繁荣，而是在整体协调的社会、经济和环境新秩序下寻求发展，注重经济发展与生态环境协调以及对人类殡葬活动质量的提高。

（2）高效性。生态殡葬一改传统殡葬“高能耗”“非循环”的运行机制，以循环经济为本，提高一切资源的利用效率，物质、能量得到多层次分级利用，实现废弃物循环再生和利用，使生态殡葬中所有能源和原材料保持清洁并得到充分利用，达到人、动物、植物之间的共生关系协调。

（3）持续性。生态殡葬以可持续发展思想为指导，合理配置资源，公平地满足现代与后代在发展和环境方面的需要，不因眼前的利益而采用“掠夺”的方式促进殡葬设施暂时的“繁荣”，以保证其健康、持续、协调的发展。中国的生态殡葬重视对传统知识的传承，不仅要求继承和发扬传统殡葬技术的精华，注意吸收现代科学技术，而且要求对整个殡葬技术体系进行生态优化，并通过一系列典型生态工程模式将技术集成，发挥技术综合优势，从而为我国传统殡葬向现代殡葬的健康过渡，实现以传统知识的继承为主走向传统精华与现代技术的融合。

（4）和谐性。生态殡葬的和谐性不仅反映在人与自然关系上，更重要的是反映在人与人的关系上。生态殡葬是一个优美的殡葬活动环境，更是一个满足人类殡葬需求、文化气息浓郁、富有生机与活力的生态环境。

第三节　生态殡葬文化的建设

构建生态殡葬的理论基础是对党的历代领导核心关于殡葬工作的指示精神和思想的科学继承，我国生态殡葬建设萌发于党的执政理念的与时俱进，生长于“四位一体”总体布局的贯彻落实，形成于科学发展观的学习实践，也必将在“五位一体”总体布局的引领下得到全面发展。我国已经进入发展型社会，经济建设、政治建设、文化建设、社会建设和生态文明建设之间的联系越来越紧密，相互依存、相互作用的程度也越来越高。殡葬文化建设进入与时俱进的新阶段，殡葬部门要切实转变观念，用生态殡葬认识、定位、推进殡葬工作科学发展，以适应现代化建设要求为准则，借助改革协调上层建筑中那些不适应经济基础部分的动力，增加殡葬工作在社会管理和社会建设中的新作用，迈出生态殡葬建设的开创性一步。

一、生态文化的自觉实践

生态文化自觉既是一种文化意识，又是一种生态价值观，其本质是生态理性，具有历史性和实践性的特点。生态文化是当前先进文化的重要组成部分，将文化自觉的理论运用到生态文化领域，唤起全民的生态文化自觉，是建设生态文明的时代要求，也是生态文化自身先进性与自觉性的本质要求。

（一）生态文化自觉的内涵

1. 自觉的基本文化内涵

自觉是哲学、心理学、人类学、社会学等诸多学科共同关注的重要命题。从心理学角度来讲，自觉包括认知、情感、情绪和意志等心理活动和状态。从社会学角度来讲，自觉就是人们转变原本习惯的生存状态，通过自主探索、比较、反思形成一种新的信念和准则，并主动将其付诸实践的过程。从哲学角度来讲，自觉是内在自我发现、外在自我创新的自我意识解放。从唯物角度来讲，自觉属于认识论的范畴，即人的自觉是建立在一定的认识基础上，但又不受认识的局限。

自觉是一个持续的、反复的、曲折的过程，在不同的环境中有不同的对象、程度和范围，人的自觉会不可避免地融入社会生活中去，因而人的自觉不仅具有个体性，而且具有社会性。自觉在某种意义上是一个社会的精神素养，人的自觉程度也成为决定社会文明发展方向和历史命运的重要因素。此外，人的自觉还具有时代性，一个社会的文明程度及其主流的世界观、价值观能够反映该时代下人的精神自觉，同时，人类的自觉程度也表征着人类对自身存在意义、历史必然性以及未来发展方向的理性把握。

2. 生态文化的自觉本性

从生态文化发展的历程来看，生态文化经历了从自发的“畏天而不知天”到“初知天而不畏天”，最终走向“大知天而敬畏天”的生态文化自觉之路。这个过程随着人类生产能力和认知水平的提高而不断深化发展，是一个由低级到高级的发展过程。现代形态的生态文化是“在对近代工具文化批判与反思的基础上的科学文化与人文文化的融合”，是对自发和自觉的生态文化的一种超越，是与生态文明相适应的新文化。可见，生态文化自身具有不断反思、超越和主动适应新时代的自觉本性。

生态文化是人类先进文化的重要组成部分。生态文化遵循自然价值论的观点，以人与自然和谐发展为目标，以可持续发展为指导思想，从而引领人类实践发生根本性转变。生态文化立足于今，能够预见人类社会未来的发展必将以人与自然的和谐共处为核心，从而最终实现“自由王国”可见，现阶段的生态文化是具有预见性和前瞻性的自觉的文化形态。

3. 生态文化自觉的含义

自觉是一个不断进行比较、反思、超越、创新的过程。具有自觉特性的生态文化，能够通过与以往文化进行比较和选择，并不断打破旧习惯、旧观念的束缚，从而建立新的思维模式和价值观，引领人类走向人与自然真正和谐的未来世界。生态文化自觉是人类对生态文化的科学把握和理性认知，它包括生态文化在人类历史中的地位和作用，生态文化的发展规律和责任。因此，生态文化自觉是人类通向和谐的必然之路，是人类进步的永恒话题。

（二）生态文化自觉的特性

生态文化自觉不仅是一种自觉适应和实践的主动态度与理性追求，也是一种人与自然相互适应过程中生态取向的思维方式与价值观，更是一种在比较、反思基础上超越和创新的实践过程。所以，生态文化自觉既是一种文化意识，又是一种生态价值观，更是一种生态实践论。

1. 生态文化自觉的生态理性本质

理性是人类把握客观世界一般本质与必然联系的认识，并根据这种认识把握规范自身、指导实践的能力。理性是人类认识的高级阶段，是自觉的最高境界和本质特征。生态理性是对传统科学理性的超越，它从生命与世界协调的整体主义立场出发，以自觉的辩证思维方式，实现人与自然的和谐共生。生态理性的终极追求与生态文化的和谐理想是一致的，是生态文化自觉的目标，所以生态文化自觉的本质是生态理性。

生态理性是人类摆脱科学理性的阴霾、走出生态危机、重建人与自然和谐共生的生态理念，是实现生态文化自觉的最佳选择。首先，生态理性克服了传统科技理性机械的分析法，主张自然界是一个整体的生命系统，万物之间是一个相互作用、相互联系并维持整体稳定的动态过程。作为自然界的一员，人类应该以系统整体的思维方式，以把握生态科学规律为前提，在生态理性的指导下确立合理适度与自我节制的生态价值观，从而在动态平衡的生态系统中把握人与自然的关系，体现了“生态理性”的本质内涵。其次，传统科技理性认为主体和客体之间是独立存在的，且自然客体对于人类仅仅具有工具价值。这种“主客二分”的思维方式忽视了自然本身的内在价值和生态价值。生态理性扭转了这一思维模式，将自然的工具价值和内在价值统一，并通过人类理性的生态实践实现人与自然的和谐共生。最后，传统科技理性“主客二分”的思维模式，往往只关注科技理性带给人类社会巨大的经济效益和社会效益，以子孙后代的生存条件为代价，从而出现了蔓延全球的生态困境。生态理性的价值属性不仅表现在人类对自然生态规律的尊重，而且还表现于对行为价值取向的自觉调整。在未来社会的发展进程中，人类应该以生态价值的思维模式来关注作为整体的自然生命系统的动态平衡，从而实现代内公正、代际公正、种际公正以及生态的公正。

2. 生态文化自觉具有生态历史性

生态文化自觉属于历史范畴。首先，生态文化自觉是在社会历史中完成，并受到一定历史条件的制约。在不同历史时期，生态文化自觉的内容和价值取向也有所不同。在现代文明阶段，面对不断扩展蔓延的生态危机，人类对自我的认知和觉醒更加理智，对自然的生态价值有了更加清醒的认识，人类开始转向更加自觉的“人与自然和谐共生”的生存准则。其次，生态文化自觉是一个没有终极的、动态的、曲折的历史过程。一部人类文明的历史就是一部生态文化的历史，生态文化自觉的历程是与人类社会的历史进程相一致的。从人类文明的历史来看，生态文化经历了从自发的生态文化、自觉的生态文化到生态文化自觉这样一个由低级到高级的不断深化、发展的过程。此外，生态文化自觉的过程是需要经历一个艰难的逆转过程。生态文化的每一次进步与发展都是建立在对先前文化自觉的批判、反思与超越之上的。这个过程就是一个不断自我否定、自我创新并逐步扩大、深化和升华的过程，需要持之以恒的探索和奋斗。因此，生态文明阶段的生态文化需要更加理性的自觉与超越以推进生态文明建设的脚步。

3. 生态文化自觉具有生态实践性

生态文化自觉不仅是一种生态自觉意识，更是一种在人与自然和谐共生的自觉意识下的实践活动。生态文化自觉是人类在自然界的实践活动中得以形成、发展并实现的。在现代先进科学技术的指导下，以及人类对现代生产方式的批判和反思中，人类逐渐形成了以生态价值观为核心的生态文化自觉意识。在人类改造自然和环境保护的生态实践中，逐渐掌握了自然界存在和运行的客观规律，并开始意识到人类在自然界中的客观地位，同时这种生态自觉意识也随着人类的生态实践而不断深化、升华。

人类的实践活动和实践方式又是具有目的性和方向性的，是受自觉意识指导的，这是因为生态价值观的形成，使人们的时间观及行为方式发生了深刻的变革。生态文化自觉首先是在人们的观念和意识领域发生的一场变革，这种观念性的变革一旦与实践相结合，必然会在人们的实践活动中引起一场相应的实践方式变革。在生态文化自觉程度较高的生态文明时代，人类更加注重生态和实践的结合。遵循生态规律的自律性实践，是一种优先考虑保护生态环境并推动其良性发展的生态实践方式，不仅可以用生态整体性来约束人的实践，在实践活动中也彰显了生态环境的内在价值。

（三）生态文化自觉的原则

生态文化自觉是一个具有实践指向的命题，需要在实践过程中不断深化、升华。在生态文明建设的时代背景下，从认知角度来看，生态理性是生态文化自觉的本质，具有历史性和实践性的特点；从实践角度来看，生态文化自觉是一个动态的、长期的过程，需要在生态文明的实践过程中不断深入和完善。在生态文明建设过程中，生态文化自觉作为生态文明建设的精神支撑和不懈动力，需要遵循以下原则。

1. 继承性原则

生态文化具有历史传承性，即生态文化是在继承历史遗留下来的文化基础上不断形成和发展的。首先，我国传统文化中蕴含着质朴的生态智慧和生态思想，这些丰富的生态文化遗产为当代生态文化的进一步发展提供了不竭的思想源泉。其次，产生并传播于农业文明时代的生态智慧的某些精神火花在今天仍然能迸发出巨大的精神力量。因此，在生态文化的自觉之路上，应自觉、合理地选择和继承这些生态思想，取其精华去其糟粕，并在社会实践中不断充实、丰富生态文化的内涵，使之成为解决当前环境问题的新智慧、新文化。

2. 时代性原则

生态文化是人们对工业文明不断进行反思的结果，是当今时代发展的产物，因此具有很强的时代特征。首先，当代的生态文化自觉是在传统生态文化的基础上进行的发扬和创新，它并不是对传统生态文化的消解，而是生态文化的传统性的当代新生；不是对传统生态文化的简单复归，而是以当前生态环境问题为指向来构建符合时代特征的生态文化。其次，生态文化自觉是当今时代赋予生态文化的重要使命。新时期的生态文化自觉要不断与时俱进，体现生态文化的发展规律和发展趋势，才能代表社会发展方向，引领时代进步。

3. 科学性原则

生态文化是一种综合性很强的文化，其中蕴含着自然科学以及人文社会科学等方面的内容。从自然科学的角度来看，生态文化的自觉过程中需要研究并遵循许多自然科学规律，同时还要符合相关的人文社会科学的规则。只有以科学技术为基础，综合运用生态学、环境科学、经济学等学科的知识，才能充分认识自然界的运行规律并揭示生态环境保护的重要性，找到人与自然和谐相处的最佳方式，才能发展更加自觉的生态文化，走向更高层次的生态文明。

4. 群众性原则

生态文化自觉是一个动态互动的过程。生态文化自觉首先是知识分子的自觉，其次是政府层面的自觉，最终要达到全民的生态文化自觉。一方面，生态文化自觉的过程需要广大人民群众的参与，要用生态保护的科学知识武装群众，提升人民群众的生态意识和生态素养，引导鼓励群众积极参与到生态建设的实践中去；另一方面，人民群众的生态保护的实践，是生态文化赖以形成与发展的给养，也是生态文化的自觉程度不断提高的动力源泉。因此，只有唤醒群众的生态意识，实现了全民的生态文化自觉，生态文明的程度才能不断提高。

二、生态殡葬的发展战略

（一）生态殡葬战略目标

建设生态殡葬的战略目标是通过对殡葬和生态环境有关的环节进行系统研究、规划、建设和管理，在建设绿色殡葬的基础上，进一步延伸和发展其环保功能，争取使殡葬不仅具有处置人类遗体、传承殡葬文化的功能，还要具有补偿、改善周围环境生态条件、美化生态环境、促进生态社会建设的功能，实现殡葬的生态化，为国家实现社会、经济和生态的现代化奠定坚实的基础。

（二）生态殡葬战略重点

1. 注重生态殡葬规划

生态规划与建设是以生态学原理和可持续发展原理为指导，应用多学科的手段辨识、模拟和规划设计区域或城市人工复合生态系统内的各种生态要素和生态关系，确定资源开发利用与保护的生态适宜度和生态安全格局，探讨改善城市结构与功能的综合对策。生态规划与建设的目的在于从自然要素的规律出发，分析其发展演变规律，在此基础上确定人类如何进行社会经济生产和生活，有效地开发、利用、保护自然资源要素，促进社会经济和生态环境的协调发展。

针对我国殡葬与资源和环境日益突出的矛盾，对我国殡仪馆、公墓等殡葬服务机构以及农村殡葬环境进行生态调查，运用生态学、环境科学和可持续发展的原理与方法，分析、评价我国新时期殡葬改革与管理出现的突出问题，以殡葬、环境、和谐的有机结合为切入点，以解决殡葬方式和殡葬活动与生态环境的矛盾和问题为核心，通过对殡葬方式、殡葬活动内容与生态环境有关的环节进行系统研究，把生态科技运用在殡葬全过程中，以环境承载力为基础，以生态殡葬的科学技术为手段，进行殡葬的全程生态化的安全控制，实现殡葬与社会、生态、科技、经济的协调和可持续发展，逐步建立一个包含观念文化、技术范式、发展模式、经济、政治、社会制度等多个层面的生态殡葬体系，使殡葬与社会文化、生态文化、生态环境相协调，更好地促进社会和谐发展。生态殡葬规划的主要内容应该包括规划期达到的目标、阶段安排和各阶段的目标、重大生态殡葬工程的安排等。

2. 扶持生态殡葬方式

殡葬方式有多种，都有各自的特点和优点，同样也有各自的缺点。从经济学的角度讲，它们之间有替代性，但属于弱替代性，也就是它们之间有叠加、有可替代的部分，但谁也不可能完全替代和被替代。要研究这些不同殡葬方式的特点和发展规律，寻找它们之间最佳的搭配关系。政府必须通过“有形的手”，站在建设生态殡葬、生态社会、和谐社会的战略高度，调整殡葬结构，在发展规划、提供投融资政策、财税政策、价格政策等方面对高效、节能、低耗殡葬方式的发展给予支持。国家从法规、政策层面形成鼓励生态殡葬的机制，对公众选择生态殡葬方式的，给予一定的优惠政策，减免一部分费用，使之在与传统殡葬方式的竞争中有明显的价格优势。如辽宁省大连市的海葬全部实现了由政府埋单。这种措施也应适用于树葬、花葬、草坪葬，鼓励大家树立节俭文明的殡葬观念，让不保留骨灰等生态的殡葬方式逐渐推开，从而真正使生者慰藉，逝者安息，为人类的生存留下必要空间。

3. 推行生态殡葬工程

生态殡葬工程就是在殡葬基础设施建设过程中，工程规划、工程设计、工程施工中高度重视生态问题，做到与环境保护措施同时进行，使殡葬工程项目形成美化国土、保护自然、改良环境和抵御灾害的殡葬生态系统。一是生态规划。即在规划阶段注意殡葬工程对社会发展、居民生活质量、现有公共设施、资源开发利用和项目区域内自然景观、人文景观的影响，以及对野生动物、植物及栖息地、地表植被的破坏和水土流失、水利环境等的影响。二是生态设计。即在设计阶段要合理选择工程方案并与城市规划相协调，要注意保持原有的水网体系，要大力进行绿化、防尘、减噪。三是生态施工。即在建设阶段加强施工管理，主要考虑防噪（禁止超出国家标准的机械进入施工现场，同时加强维护，合理安排施工场所和施工时间）、防大气污染（加强材料堆场、码头的管理，对施工场地、料场及进出料场的道路等应经常洒水，减少可能的起尘）、防水污染（加强施工队伍生活污水和漏油的管理，施工垃圾要运到指定地点抛弃，对施工机械应定期检查）等。实施生态殡葬工程，可以提高殡葬基础设施的工程质量与抗灾能力，达到减少损失，保证殡葬和谐的目的。

4. 构建生态殡葬系统

生态殡葬系统是生态殡葬方式、生态殡葬设施和生态殡葬管理的综合，是生态殡葬发挥生态效能的舞台。生态殡葬的生态性正是通过生态殡葬系统展示出来，同时生态殡葬诸元素的综合作用会使系统的生态效能产生乘数效应。生态殡葬系统是一个完整的体系，是以生态学为理论基础，考虑生态和殡葬双重需求的前提下，在殡葬规划、建设和运营中，最大限度地降低因殡葬系统正常运转所造成的环境污染和资源消耗，形成的生态化的殡葬体系。发达国家在殡葬发展过程中，经历了需求导向、效率导向和环境导向三个阶段，才逐步建立起生态殡葬系统。我国应充分借鉴西方发达国家的经验，采取高起点、高标准制定生态殡葬发展战略，又好又快地建成高质量的生态殡葬系统。

要建立方便、快捷的多层次殡葬系统。殡葬以最低的环境代价、有限的资源实现提供高效率、高品质的殡葬服务。一般情况下，方便、快捷的多层次殡葬系统主要由经生态化改进后的殡葬运输工具、方便殡葬活动的设施布局、高效的殡葬管理系统综合组成。

在生态殡葬系统的建设中，建设和管理好殡葬设施是很重要的一个环节。殡葬设施占用了土地资源，恶化了生态空间，其建设既要考虑土地的有限性，又要考虑生态性，还要因地制宜，合理布局，设置足够数量的公共设施。

生态殡葬的规划、建设、管理与人们的日常工作、生活息息相关，因此，生态殡葬的建设离不开公众的积极参与。生态殡葬的公众参与需要公众提高自身素质，树立有节制的殡葬观念，用符合生态殡葬的思想观念去改变自己的行为方式。

（三）生态殡葬战略举措

通过建立生态殡葬的约束机制和保障机制，在满足公众基本殡葬权益的前提下，提升殡葬活动质量，促进人类生存环境质量的提高，建设体制合理、社会和谐的殡葬文化以及生态健康、景观适宜的殡葬环境，以促进生态系统的稳定性和持续性，推动人类社会协调、可持续发展。

1. 加强生态道德教育

(1) 加强生态文明教育，牢固树立生态殡葬理念。要从人与自然和谐统一的高度树立正确的自然观、环境价值观，深入开展环境保护与生态文明教育，建立常态的宣传机制，利用各种媒体和舆论工具，大力宣传环境法规和环境保护知识，提高公民环保意识，改变人们的意识文明，大幅度提高社会公众参与可持续发展的力度，从而把人们的价值观念与思维方式引领到生态文明中来，将生态文明的理念渗透到殡葬工作与殡葬活动中，使人们对生态环境的保护转化为自觉的行动。殡葬改革作为社会发展和文明建设的重要内容之一，其中心是殡葬观念的改革，要把人与自然和谐的原则贯穿并渗透到殡葬改革和管理工作之中，为构建和谐社会创造一个良好的社会氛围。

（2）加强生态道德教育，提高生态殡葬生态意识。生态道德意识是建设生态文明的精神依托和道德基础，生态文明倡导人与自然和谐的文化价值观，要通过树立符合自然生态原则的价值需求、价值规范和价值目标，使生态文化、生态意识成为大众文化意识。要大力倡导人类的生态责任感，培育全民族的生态道德意识，动员全社会各方面的力量，把道德关怀引入人与自然的关系中；大力倡导节能环保、爱护生态、崇尚自然，倡导适度消费、绿色消费，提高公众的生态意识；营造崇尚环境文化和有利于生态文明建设的社会氛围，加强人们对生态文明观的进一步了解与认同；增强人们对于生态环境的道德意识，使之认识到保护自然环境、维护生态平衡是人类为了自身的生存所应履行的道德义务与责任，逐步将生态殡葬变成公民自觉遵守的道德行为规范，使生态道德成为普遍道德并具有广泛的社会影响力。要运用多种教育手段和大众传媒工具，多种渠道广泛宣传生态殡葬、绿色消费、生态环境等有关生态文明建设的科普知识。通过先进殡葬文化的精神支撑作用，使整个殡葬行业朝着资源节约、环境友好的方向发展，最终实现人与自然和谐相处。

（3）加强生态法制教育，规范公众生态殡葬行为。生态法制教育的根本宗旨是让人们了解各种保护自然、保护环境的法规与条例，从而更加自觉地遵循自然生态法则，使旨在为人类生存发展提供优质空间的殡葬活动符合生态文明建设的要求。要广泛开展环境宣传教育，多形式、多方位、多层面宣传环境保护知识、政策和法律法规，弘扬环境文化，倡导生态文明和可持续发展理念，营造全社会关心、支持、参与环境保护的文化氛围，提高全民保护环境的自觉性。

（4）强化社会监督作用，发挥公众参与监督作用。发展生态殡葬依赖于良好的宏观环境。保护环境是一项关系到公众切身利益和子孙后代长远利益的事业，政府承担改善和优化发展生态殡葬宏观环境责任，生态殡葬发展除了要完善政府政策法规的管理性和强制性，还需要广大公众的积极参与。要公开殡葬环境质量、环境管理、企业环境行为等信息，维护公众的环境知情权、参与权和监督权，对涉及公众环境权益的殡葬发展规划和建设项目，通过听证会、论证会或者社会公示等形式，听取公众意见，接受舆论监督。要健全公众参与机制，发挥社会组织的作用，为各种社会力量参与殡葬环境保护搭建平台，鼓励公众检举揭发各种环境违法行为，推动殡葬环境公益诉讼。

2. 建设生态殡葬设施

新的土地法对土地实行了更严格的用途管制和占补平衡制度，这既有利于土地资源的保护，同时也给殡葬业的发展带来了一定的影响。如何处理好殡葬发展与耕地保护的关系，成为影响可持续殡葬发展的重要因素。应当在地方和区域层面上整合殡葬和土地利用规划，协调各种殡葬方式的基础设施规划建设，并与殡葬需求管理相结合，保证殡葬建设对土地的占用符合可持续发展的总体要求。同时，发展低资源占用的殡葬方式，最大限度地发挥资源的效能，以尽可能减少资源消耗。

殡葬设施生态系统的生存与发展取决于其生命保障系统的活力，包括园区生态基础设施的承载能力和生态服务功能的强弱，以及园区内外物质代谢链的闭合、循环和滞竭程度。殡葬设施可持续能力的提高和维持有赖于对殡葬设施环境、经济和文化因子间复杂的人类生态关系的综合规划及系统管理。生态殡葬设施的建设与发展应当贯穿景观生态理论，增强殡葬设施生态系统的稳定性，既满足当代人的需要，又对后代满足其需要的能力不构成危害的发展，也就是谋求经济、社会与自然环境的协调发展，减少资源损耗和环境污染，在保持和增强未来发展机会的同时满足当代人需求，提高殡葬设施整体服务质量。

生态殡葬设施建设是一个渐进、有序的系统发育和功能完善过程，一般都要经历生态卫生、生态安全、生态景观和生态文化等阶段。

一是生态卫生。生态卫生（Ecological Sanitation）是应用生态学原理，以无害化、减量化、资源化为准则，建设生态卫生设施，将无害化处理后的废物合理地加以资源化利用，从而达到健康保护和生态平衡的目的。殡葬设施的生态卫生系统由技术和社会行为所控制，自然生命保障系统所维持的人与自然间的生态代谢系统，由相互影响、相互制约的殡葬环境系统、废物管理系统、卫生保健系统共同组成。通过采用生态导向、经济可行和环境友好的生态工程方法处理和回收殡葬活动废弃物，减少空气和噪声污染，为人们提供一个整洁健康的殡葬环境。

二是生态安全。生态安全（Ecological Safety）是指生态系统的健康和完整情况，是人类在生产、生活和健康等方面不受生态破坏与环境污染等影响的保障程度，包括空气质量与绿色环境等基本要素。狭义的生态安全是指自然和半自然生态系统的安全，即生态系统完整性和健康的整体水平反映。健康系统是稳定的和可持续的，在时间上能够维持它的组织结构和自治，以及保持对胁迫的恢复力。若将生态安全与保障程度相联系，生态安全可以理解为人类在生产、生活和健康等方面不受生态破坏与环境污染等影响的保障程度。殡葬设施是人们进行殡葬活动的公共场所，因而要确保殡葬活动的生态安全，主要包括殡葬环境安全（空气、水、土壤的面源、点源和内源污染）、生命安全（生理、心理健康，社会治安和交通事故）、减灾（地质、流行病及人为灾难）等。

三是生态景观。生态景观（Ecological Landscape）是社会、经济、自然复合生态系统的多维生态网络，包括自然景观（地理格局、水文过程、气候条件、生物活力）、经济景观（能源、交通、基础设施、土地利用、产业过程）、人文景观（人口、体制、文化、历史、风俗、风尚、伦理、信仰等）的格局、过程和功能的多维耦合，是由物理的、化学的、生物的、区域的、社会的、经济的及文化的组分在时、空、量、构、序范畴上相互作用形成的人与自然的复合生态网络。它不仅包括有形的地理和生物景观，还包括了无形的个体与整体、内部与外部、过去和未来以及主观与客观间的系统生态联系。它强调人类生态系统内部与外部环境之间的和谐，系统结构和功能的耦合，过去、现在和未来发展的关联，以及天、地、人之间的融洽性。生态景观规划旨在达到物理形态、生态功能和美学效果上的创新，遵循整合性、和谐性、流通性、自净能力、安全性、多样性和可持续性等科学原理，强调通过景观生态规划与建设来优化景观格局及过程，减轻殡葬活动对环境的影响。

四是生态文化。生态文化（Ecological Culture）重要的特点在于用生态学的基本观点去观察现实事物，解释现实社会，处理现实问题，运用科学的态度去认识生态学的研究途径和基本观点，建立科学的生态思维理论。生态文化是物质文明与精神文明在自然与社会生态关系上的具体表现，是生态建设的原动力，殡葬设施生态文化的核心是影响人的价值取向和行为模式，启迪人的生态境界，诱导一种健康、文明的殡葬消费方式。

殡葬设施可根据自己的具体情况依以上四个层面制定发展目标，基础比较差的殡葬设施应从前两项抓起，而总体水平较好的殡葬设施则应重点抓好后两项建设。

3. 建立生态殡葬制度

生态殡葬建设不仅需要道德力量的推动，通过对人们进行长期的疏导、教育并制定必要的道德标准加以规范，更需要政府和权力机关出台必要的政策，制定相关法律法规来进行硬约束。

一是建立生态殡葬综合决策制度。制度文明是保障生态文明建设的必要措施，要充分发挥政府综合决策的作用，适时出台相关政策，统筹考虑，综合决策，用宏观调控手段引导生态殡葬建设的积极性，以政府的权威保证各项重大决策既符合经济效益的原则又符合生态建设的要求，从源头上解决殡葬对生态的危害问题。

二是完善生态殡葬政策法规体系。要依法建立严格的监管制度，加快国家标准制度体系的建设，制定和完善各类产业标准、行业标准和产品标准，加大执法检查的力度，切实维护法律的尊严，使自然资源的合理利用得到法律上具体而切实的保障，从而保证生态文明建设的健康发展。

三是构建殡葬生态安全运行机制。生态殡葬是和谐殡葬的一个组成部分，当前我国殡葬事故发生频率大大高于发达国家的现状，就是我国生态殡葬建设远未达标的重要标志。要加强殡葬安全方面的研究，建立和实施低事故率的殡葬机制，包括严格市场准入制度、加强市场安全管理和检查，引入经济手段来解决殡葬安全问题，建立处理殡葬事件和事故，保障殡葬安全的应急反应机制。在殡葬的各个环节，采取有效的组织、管理和技术上的措施，提高对重大灾害及突发事件的应对能力，尽可能地减少殡葬事故率和事故损失。

4. 发展生态殡葬科技

生态殡葬理念是经济基础发展到高级阶段（即第二次现代化阶段）而形成的意识形态，要想实现殡葬的生态化，必须发展殡葬环保科技，培养生态殡葬建设的人才。

（1）创设优化生态殡葬政策环境，加大生态殡葬科技政府投入。建立促使科技人员投身生态殡葬建设的奖励机制，制定有利于殡葬环保科技成果推广的政策，妥善解决利益分配问题。进一步树立科技成果是商品的观念，调动科技人员的积极性和创造性。增强各级政府对殡葬环保科技投入的认识，形成多渠道、多形式、多层次的投入体系。在生态殡葬基础理论、区域生态殡葬环境建设等方面应以国家投入为主体。

（2）成立生态殡葬专门研究机构，开展生态殡葬前沿理论研究。依托现有各科研院所和相关院校，建立全国殡葬环保科技的研究机构、信息网络中心，同时培育和发展技术市场，形成一个从基础研究到应用研究、试验发展、产业化和市场的有机完整的体系，逐步进入良性循环，大大提高科技实力，并逐步扩大国际殡葬环保科技合作与交流工作，加强双边、多边合作，多渠道争取合作项目和开展多种交流活动。建设生态殡葬，必须下大力研究和建立殡葬生态理论。研究殡葬对“生物圈”的影响，殡葬环境因子、殡葬技术因子、殡葬经济因子和殡葬文化因子的关联关系、运动流程、发展机理，找出其中的规律，然后能动地控制它们。通过研究殡葬系统、人、环境之间的相互作用关系和作用规律，优化殡葬系统的结构，实现殡葬系统、人、环境的和谐发展。

（3）创建生态殡葬专业教育机构，加人生态殡葬人才培养力度。一方面，要建立培养生态殡葬理论和实践人才的院系和专业，加快相关人才的培养速度；另一方面，要组织中青年科研人员出国进修、考察、合作研究或培训，提高学术水平；再一方面，引进国外先进技术和智力，鼓励出国人员学成回国，为留学回国人员创造良好的环境条件。特别是要建立生态殡葬建设创新体系，形成由高层次人才组成，相关的科研院所、高等院校与企业实行联合，形成网络，互相协作的一个开发的整体。

三、生态殡葬的综合评价

生态殡葬系统在整个生态殡葬的建设中具有特别重要的意义。生态殡葬系统综合评价指标体系不仅可以评价现状，认清问题，而且可以明确目标，引领未来，大大提高了生态殡葬系统建设的可操作性。

（一）指标体系设计的原则

除了科学明确、综合完备、客观公正、代表性强等基本原则外，还应包括：满足居民的基本殡葬需求，体现殡葬系统各层面的特征，突破殡葬系统的生态化瓶颈，顺应社会总体发展趋势。

（二）指标体系的基本结构

联合国经济合作开发署（OECD）建立的“压力—状态—响应”指标结构模型（PSR）具有非常清晰的因果关系，即人类活动对环境施加一定压力，导致环境状态发生变化，而社会对该变化作出的响应，又直接作用于压力，恢复环境质量或防止环境退化。PSR 模型以两个清晰的因果关系描述人类活动和环境间的联系，在环境领域得到广泛的承认和应用。但 PSR 模型最初是针对环境问题建立的，分析社会问题存在一定的难度，人类活动对环境的影响只能通过状态指标间接地反映出来，缺乏直接的描述指标。因此，欧洲环境署（EEA）改进的 DPSIR 模型更适合确定生态殡葬系统综合评价体系。

生态殡葬系统发展的驱动力指标（Driving Force）指那些阻碍或推动殡葬生态化的社会、经济或文化系统的一些因素，主要来源于人口增长、经济繁荣、技术进步以及人们环境观念的改变。城市常住及流动人口数量决定着基本殡葬需求的大小，人口结构影响着不同人群的殡葬模式，而经济增长则会刺激人们提高对殡葬的需求，导致殡葬系统负荷总量不断增加。社会经济进步使得人们对殡葬环境质量要求越来越高，而殡葬产业投资和环境生态投资比例提高，在一定程度上可以降低系统负荷，改善生态环境。

生态殡葬系统压力指标（Pressure）为污染排放、资源利用等人类活动对殡葬系统的直接压力。压力因子及其关系繁杂，除来源于社会经济层面的常规压力外，来源于生态环境层面的压力因子对殡葬系统的压力也日益显著。殡葬污染的产生、土地资源紧张、能源危机、景观破坏，各种压力都对殡葬的生态化进程提出了更高的要求。

生态殡葬系统状态指标（State）表现为生态化过程中殡葬系统各层面的状态或趋势。状态指标是殡葬系统自身及环境对压力的直接反映，主要表现在殡葬活动量、可达性、适应性、污染物浓度、资源能源利用率和景观状况等方面。

生态殡葬系统影响指标（Impact）表征整个殡葬系统及周围环境状态所导致的结果。影响因子是状态指标导致结果的直观表现。指标的选取要参考状态指标，相互对应，突出生态环境影响在殡葬系统的重要性。

生态殡葬系统的响应指标（Response）指为促进殡葬系统生态化进程所采取的对策，如殡葬立法等。响应指标反映了人的主观能动性，是人类发展生态殡葬所进行的政策努力。指标的选取原则需要能够预防或减少系统压力，改善殡葬系统环境状态，或能够补救或减少系统的不利影响。

（三）生态殡葬的评价方法

殡葬生态化综合指数（Environmental Comprehensive Index，简写 ECI）可体现殡葬系统的生态化水平，综合指数可以通过对指标体系的综合评价得以实现。

1. 生态化指标指数

$S_{ij}=\frac{T_{ij}}{X_{ij}}$（逆向指标）；$S_{ij}=\frac{X_{ij}}{T_{ij}}$（正向指标）；

式中，S_{ij}为层次 i 第 j 个指标指数，X_{ij}为该指标的现状值，T_{ij}为该指标的标准值。

2. 生态化综合指数

$$ECI=\sum_{i=1}^{N}\sum_{j=1}^{M}S_{ij}W_{ij}W_{i}$$

式中，W_i 为层次 i 的指标权重，W_{ij}为层次 i 第 j 个指标的权重。

根据殡葬系统生态化程度，可以将其指数划分为 5 级（见表 4－1）。将得到的生态化综合指数同分级标准相比较，就能判定一个殡葬系统的生态化水平。

表4-1 生态化程度分级表

生态化综合指数	0—0.2	0.2—0.4	0.4—0.6	0.6—0.8	0.8—1
级别	Ⅴ	Ⅳ	Ⅲ	Ⅱ	Ⅰ
生态化程度评语	差	较差	一般	较高	高

只有符合自然发展规律、促进社会和谐发展的文明理念，才能得到社会的广泛认同和接受。随着国民环保意识的不断增强，“生态化”已被广泛地体现到新时期的各项建设当中，构建生态殡葬，以生态殡葬设施建设为载体，传递人们对自然的理解和尊重，积极促进社会生态文明建设，是时代和社会赋予人们的使命和责任。只有统筹考虑殡葬改革和管理工作，建立生态殡葬的约束机制和保障机制，以提高殡葬综合功能和生态环境质量为目标，才能破解殡葬改革和管理深层次的矛盾，在满足公众基本殡葬权益的前提下，提升殡葬活动质量，切实促进人类生存环境质量的提高，建设体制合理、社会和谐的殡葬文化以及生态健康、景观适宜的殡葬环境，以促进生态系统的稳定性和持续性，推动人类社会协调、可持续发展。

第五章　和谐殡葬的文化生态

社会主义和谐社会具有“民主法治、公平正义、诚信友爱、充满活力、安定有序、人与自然和谐相处”的基本特征，蕴含着以人为本的思想，也是殡葬事业追求的文化生态和发展目标。

第一节　和谐文化的基本理论框架

中国传统文明特别是中国传统文化中的“和谐思想”孕育了中国现代和谐文化，为我国现代和谐文化积淀了深厚的思想基础。

一、和谐文化的内涵

和谐文化是以和谐为思想内涵、以文化为表现方式的一种文化，它融思想观念、理想信仰、社会风尚、行为规范和价值取向为一体，包含着对和谐社会的总体认识和评价，是社会发展和文化建设的有机结合。

（一）和谐文化的本质内涵

文化是一个由社会历史积淀而成的不断变化的复杂有机系统，是人类在能动地改造客观环境，追求与创造理想生活，实现人类自身价值的过程中产生的精神财富，包括语言、文字、规章制度、组织形式、风俗习惯、价值观念、思维方式、道德情操、审美趣味、宗教感情、民族性格等内容。文化是人作为主体进行的活动，其目的是为了人的生命存在；文化又是以人为对象的活动，是人对自身生命存在的直接优化。

和谐是指引和谐文化生发运行的目的或目标，而和谐文化则是为和谐目的服务、效力的手段或工具。和谐是人类为追求终极性社会价值目标而创造出来的成果，它是平等、公平、公正、正义、安全、归宿、仁爱、尊严与诚信等价值目标系列的统领。和谐意味着能给人提供各种越来越融洽、协调的人际关系、社会关系和天人关系，以满足人的情感需求和交往需求。目前，中国理论界对和谐文化的界定大致可分为以下五种。

“反映论界定”认为和谐文化是和谐社会的反映和升华，是对和谐社会的总体认识和评价，体现了人们对和谐社会的认知、感受与追求，同时也是建设和谐社会的价值导向、智力支撑和精神武装①。

“适应论界定”认为和谐文化是相对于和谐经济、和谐政治而言的，是与和谐经济与和谐政治相适应的文化。它是和谐经济与和谐政治的文化建构和文化再造，其中，文化建构是指其对和谐经济与和谐政治事实的肯定，文化再造是指其对和谐经济与和谐政治事实的促成。具体地说，和谐文化就是指在和谐经济与和谐政治基础之上形成的一种和谐氛围和观念形态，是人们对和谐经济与和谐政治的一种感受和认知②。

“自身论界定”认为和谐文化是指文化体系自身的内容及各种形式、各个环节之间是统一和谐、积极互动的，而不是分裂冲突、相互抵消的③。和谐文化对不同文化采取多元统一、兼容共生、协调有序的态度，是一种充满活力并能为大众共享的文化形态。

“生态论界定”认为和谐文化指的不是区别于其他文化的某一种文化形态，而是一种文化生态。和谐的文化生态主要体现在两个方面：一是从文化的外部关系看，作为观念形态的文化必须与它的经济基础相适应，与社会的政治系统、与自然生态和人的发展相协调；二是从文化的内部结构看，由不同形态、不同民族、不同层次的文化构成的文化系统本身相互协调④。

“取向论界定”认为和谐文化是指一种以和谐为思想内核和价值取向，以倡导、研究、阐释、传播、实施及奉行和谐理念为主要内容的文化形态、文化现象和文化性状。它包括思想观念、价值体系、行为规范、文化产品、社会风尚以及制度体制等多种存在方式⑤。

从文化的本质定义来看，和谐文化有动态和静态两层意义。动态意义的和谐文化是人依据和谐的意向性不断地改造周围的自然界、周围的人与社会的创造性的劳动过程。动态的和谐文化存在于源于自然而又以人为中心展开

---

① 秦刚. 构建和谐社会必须着力建设和谐文化 [N]. 光明日报，2005-10-18.

② 中宣部思想政治工作研究所课题组. 近年来我国理论界关于“建设和谐文化”研究综述 [J]. 政工研究动态，2006 (10).

③ 李德顺. 用改革和发展营造和谐文化 [N]. 光明日报，2005-11-14.

④ 蔡茂生. 和谐哲学营造和谐文化生态 [EB/OL]. http://www.ycwb.com/ycwb/2006-09/10/content_1208327.htm.

⑤ 李忠杰. 论建设和谐文化 [N]. 光明日报，2006-10-09.

的交往之中。静态意义的和谐文化则是指这种交往的结果，既以一种无形的精神形态（如宗教艺术、伦理道德和价值观念等）出现，又以符号（如语言、文本等）、实体（如服饰、建筑等）等有形的形态出现，并动态发展着。可见，和谐文化是交往中产生的文化、是以人为本的文化、是以和谐思想为核心的文化。

（二）和谐文化的基本内涵

和谐文化是社会主体在历史发展中自觉形成的以和谐理念为核心思想和价值取向，以文化为外在形式，集道德规范、思想认识、宗教信仰、社会风俗、行为习惯、典章制度为一体的一种文化形态。一般地说，和谐文化包括以和为贵的价值观念、和而不同的思维方式、宽厚包容的处世态度、通融和解的行为方式、平和理性的社会心理、天人合一的自然观念、身心一体的健全心态等基本内容。

1. 和谐文化内涵的研究

国内学者对和谐文化内涵的研究，主要集中在以下几个方面。

一是“生活方式”观。有学者认为，和谐文化是一种价值理想，更是一种生活方式。和谐文化的建设和实现，是创造一种新型的人文环境，使得人们生活得更为舒心、更为幸福、更有品位，使得自我身心更加和谐，人与自然相处更加和谐，人与人之间更加和谐。和谐文化不应当是高文典册，而应当是全民喜闻乐见、自觉实践的生活方式。

二是“文化形态”观。刘云山认为，和谐文化是一种以崇尚和谐、追求和谐为价值取向，融思想观念、理想信仰、价值体系、思维方式、行为规范、社会风尚、制度体制为一体的文化形态，其内容包括多元统一、兼容共生、协调有序、充满活力和大众共享等方面①。

三是“文化状态”观。袁新民认为，“和谐社会”是一种社会状态，而不是一种社会形态，因此“和谐文化”是一种文化状态，而不是一种文化形态。作为一种文化状态的和谐文化，意味着它是一种反映社会主义和谐社会要求的、由多种多样的文化在相互协调中构成的和谐的文化状态②。

四是“思维方式”观。有学者认为，和谐文化重在崇尚和谐、追求和谐、

---

① 刘云山．建设和谐文化巩固社会和谐的思想道德基础［N］．人民日报，2006－10－24（2）．

② 袁新民．用“根本”引领和谐文化建设［EB/OL］．http：//news.163.com/07/0119/08/356G21FV0001124J.html.

维护和谐、创造和谐，从和谐的视角观察对象，用和谐的思维认识事物，用和谐的思想分析事物，用和谐的态度对待问题，用和谐的方式处理矛盾，用和谐的标准评判效果，培育和谐的理念，倡导和谐的精神，使和谐观念内化为人们的一种思想信念、心理结构、思维方式、行为习惯、价值标准、审美情趣，外化为一种道德准则、生活习俗、风土人情、文化产品、社会制度。

和谐文化有着多层次的含义，一些学者分别从内容、本质、特征等不同角度给出了和谐文化的定义。从内容上看，一些学者把和谐文化定义为思想体系和体制规定的总和，包括人们的价值观念、思想意识、政治制度、经济体制等。雷莹、白显良认为，和谐文化是一种以和谐为价值内核，是思想和制度的结合体，是一种融合了理想信仰、社会风尚、思想观念、制度体制和行为规范的文化形态。从本质上看，和谐文化是一种思想体系，不仅包括人们的思想意识还包括一国的政治文化体制；和谐文化是人们对平和繁盛生活追求的具体体现。人们在评价文化是否有利于自身发展时，往往把平和共荣放在首位，而和谐文化追求的宗旨就是祥和共兴，不仅包括了对社会和谐发展理想的追求，也包括了对社会发展的总体评价与认知。和谐文化是一种人与自然、人与社会和谐相处的价值观，反映着人与周围环境互惠互利、平等共生的健康发展状态。从特征上看，和谐文化是以和谐为价值取向和思想内核，以倡导、研究、阐释、传播、实施、奉行和谐理念为主要内容的文化形态。这种和谐体现在思想、行为、制度、社会风气和价值观念上，很大程度上影响着人们的思维方式、伦理道德、价值选择和行为方式。凡是有利于社会主义和谐社会发展、有利于人们选择正确价值取向的文化都属于和谐文化。

2. 和谐文化内涵的归纳

和谐文化作为文化的一部分，是以文化的终极性价值指向为标准划分出来的文化组成部分，远非那些以具体价值指向为标准划分出来的文化组成部分可比，如饮食文化、服饰文化、建筑文化和交通文化之类。和谐文化并不是一个与经济系统、政治系统相并立的独立系统，而是散存于人类生活的方方面面，其中也包括存在于经济和政治的领域之中。

（1）和谐文化是倡导和谐理念价值的文化。“和谐”一词在中国古代本用于音乐，在礼乐教化中讲究韵律和谐，“发而皆中节，谓之和”，后来泛化为人伦关系，如“琴瑟和谐”，最终引申到政治领域，“和谐则太平之所兴也，违戾则慌乱之所起也”。由此可见，和谐是多音和鸣，强调的是和而不同、协调相处，是多样性的协调，是均衡、协调、平顺的发展状态。在人类社会的发展历程中，和谐作为一种价值被人类孜孜不倦地追求，和谐作为一种理念被人类贯穿在实践活动中。和谐是对实体文化的性质和特点的界定、概括，表明这种文化是和谐的文化，其价值是和谐，奉行的是和谐的理念。这种贯穿和谐理念以及以和谐作为价值取向的实体文化就是广义的文化，和谐文化是对实体文化所作的价值判断，是倡导和谐价值取向和以和谐理念贯穿其中的文化现象和文化形态，它包括一切体现和谐性质和特点的思想观念、理想信仰、价值体系、器物载体、发展哲学、行为准则、社会风尚、文化产品、文化活动以及制度体系等。

（2）和谐文化是先进文化的重要组成部分。先进文化是人类进步的结晶，是面向未来的具有创新性的文化，它遵循历史发展规律，顺应时代发展要求；先进文化是民族的、科学的、大众的文化，既扎根于民族文化土壤，又批判继承人类理性精神，同时尊重人民群众的实践创造，代表人民群众要求；先进文化是能够不断丰富人们精神世界的文化，其前进方向指向人的精神世界不断丰富、人的精神力量不断增强，以及人的全面发展。和谐的思想观念是人类精神进步的产物，追求人与人、人与社会、人与自然以及人自身的和谐，达到人的自由全面发展，是数千年来人类的美好理想。倡导和谐价值取向和以和谐理念贯穿其中的和谐文化具有进步的性质，因此，和谐文化包含在先进文化之中，是先进文化的重要组成部分，是先进文化建设的现实要求和具体体现。

（3）和谐文化是社会主义和谐社会的灵魂。构建社会主义和谐社会要求有与其相适应的文化形态，需要社会成员具有共同的指导思想、理想信念、目标追求和坚实的社会和谐的思想道德基础。融思想观念、理想信仰、社会风尚、行为规范、价值取向于一体的旨在培育和建设有利于人与人、人与社会、人与自然之间和谐相处的社会主义和谐文化，能为和谐社会提供精神动力、思想保证和道德基础，它指明社会发展方向，支撑起人们的精神世界，能对社会生活发挥评判、凝聚、教化、定向等作用，对制度、法律、道德发挥指导作用。和谐文化是和谐社会的精神归依，也是和谐社会所必需的凝聚力、向心力和感召力的文化源泉。和谐文化能够调动人们的主动性、积极性、创造性，有效调节社会关系、化解各种矛盾，形成和谐的社会秩序，推动经济建设快速健康持续地发展，使中华民族伟大复兴的目标早日实现。

（三）和谐文化的基本结构

和谐文化是人类在历史发展过程中形成的以和谐为思想内核和价值取向，融思想观念、价值体系、社会风尚、行为规范、制度体制于一体的文化样式。和谐文化的结构是在文化结构基础上形成的。

1. 三层次说

文化可以分为三个层次：表层文化又称为物质文化，是人类对物质的利用的形态，通常体现在人的衣、食、住、行领域，也包括了生产力形式；中层文化又称为精神文化，主要是以物质为媒介表现精神的形态，包括艺术、科学、宗教、制度、礼仪、风俗等；深层文化又称为哲学文化，是渗透在前两层文化中的观念、意识和哲学。从文化内在有机构成来看，和谐文化是以和谐思想为核心的文化，包括核心价值层面、战略层面和策略层面三个组成部分。

和谐文化的根本和灵魂决定了和谐文化的性质和发展方向。马克思主义指导思想、中国特色社会主义共同理想、以爱国主义为核心的民族精神和以改革创新为核心的时代精神、社会主义荣辱观共同构成了和谐文化的核心价值层面。与社会主义现阶段生产力水平相适应的、能够引导社会成员形成共识的一系列思想意识、理论原则、行为准则，构成和谐文化的战略层面，对核心价值层面起护卫作用，对社会多元价值取向起引导和包容作用，使和谐文化富于弹性。作为和谐文化最外围层面的是能够吸收人类社会一切优秀文明成果、抵制腐朽没落文化和外来文化中消极影响的文化策略。文化的发展是一个历史的连续体，现代中国和谐文化必须植根在中华民族优良传统的基础之上。和谐文化必然是弘扬民族优秀文化传统、借鉴人类优秀文明成果的文化，又是能够抵御腐朽文化冲击的文化。

2. 四层次说

文化四层次说将文化分为四个层次：一是物态文化层，由人类自然创制的各种器物，即“物化的知识力量”构成，它是人类物质生产活动及其产品的总和，构成整个文化创造的基础。物态文化以满足人类最基本的生存需要（衣、食、住、行）为目标，直接反映人与自然的关系，反映人类对自然界认识、把握、利用、改造的深入程度，反映社会生产力的发展水平。二是制度文化层，由人类在社会实践中的各种社会规范构成。三是行为文化层，由人类在社会实践，尤其是在人际交往中约定俗成的思维定式构成。它以民风民俗形态出现，见之于日常起居动作之中，具有鲜明的民族、地域特色的行为规范。四是心态文化层，由人类在社会实践和意识活动中长期蕴化出来的价值观念、审美情趣、思维方式等构成。

人类为追求和谐而进行的创造活动有很多具体形式，但最终都可以归结为理论、观念、制度和器物四个方面的创造，而和谐理论、和谐观念、和谐制度与和谐设施共同构成了整个和谐文化的系统。

和谐理论是论述和谐的理论。和谐理论一般是由学者或理论工作者创造的，主要存在于哲学、伦理学、社会学、政治学、法学和管理学的著述之中，目的是为人们追求和谐的实践活动提供理论上的指导。一是让大众在思想上认同和谐的价值，形成和谐观念，去做促进和谐之事；二是为和谐制度的设计、安排、操作，提供思路、原理与方法。

和谐观念是指社会上流行的关于和谐问题的各种较为固定、较为普遍的观点、看法和理念。它通过影响大众的思想及思维方式，引导着大众在实际生活中去自动选择符合社会和谐要求的行为方式，自觉形成和谐的人际关系与天人关系。和谐观念存在于大众的头脑之中，它部分来自于人们对和谐理论的进一步精选、提炼，如“天人合一”“以和为贵”“和而不同”等；部分来自于普通大众的亲身体悟与经验总结，如“家和万事兴”“和睦相处”是人们对家庭生活与邻里生活的亲身体悟，而“和气生财”则是商人对经营活动的经验总结。

和谐制度是保障各种和谐关系的制度安排，是各种制度的和谐化。和谐制度通过规范调控大众行为，化解社会矛盾，消解社会问题，预防社会冲突等方式，使整个社会形成稳定、有序、协调、互利、共生的状态。由于制度决定着人们的权利义务、利益分配和资源予夺，因而它对人们的行为选择往往有比观念更为强烈的导向力。

和谐设施就是用于促成和谐、维护和谐的各种器物。和谐设施是管理智慧与科学技术相结合的产物，直接由物质生产人员制造，将一些以往人们无法办到的事变成了能够办到的事，明显提高了人类追求和谐的能力与效率。

对追求和谐而言，上述和谐文化的四种形式所发挥的作用虽然各不相同，但缺一不可。如果没有和谐理论，就无法从理性层面让大众明白、认同追求和谐、维护和谐的道理，也会因缺乏理性支撑而无法在社会上构筑起合理而有效的和谐制度。没有和谐观念同样不行，因为对和谐一无所知的人，最容易做出影响各种和谐关系的事。没有和谐制度，不仅那些为了私利而破坏社会和谐的恶行会因得不到有效制止而被广泛仿效以致泛滥成灾，而且那些潜在的危害社会和谐的社会问题或社会矛盾，也会因得不到及时解决而愈演愈烈，积弊成患，最终酿成社会冲突乃至社会动乱。缺乏和谐设施，会在许多领域加大了追求和谐的成本，在有的地方即使加大了人力的投入，也不会比拥有和谐设施有效。

3. 五层次说

美国麻省理工大学斯隆商学院教授艾德佳·沙因（Edgar H. Schein）在系统总结、分析他人研究成果的基础上，提出了依存于组织中的文化的五个层次：一是自然和人的关系，指组织的中心人物如何看待组织和环境之间的关系，如支配关系、从属关系或协调关系等。二是现实和真实的本质，指组织中对于现实和真实的界定以及判断的标准、如何论证现实和真实以及真实是否可被发现等一系列假定。同时，也包括行动上的规律、时间和空间上的基本概念。沙因指出，在现实层面上包括客观的现实、社会的现实和个人的现实，在判断真实性时可以采用道德主义或现实主义的尺度。三是人性的本质，包含着哪些行为是人性的，哪些行为是非人性的，人的本质、个人和组织之间的关系应当是怎样的等假定。四是人类活动的本质，包含着人类哪些行为是正确的、人的行为是主动的还是被动的、人是由自由意志所支配还是由命运所支配、什么是工作、什么是娱乐等假定。五是人际关系的本质，包含着权威的基础、权力的正确分配方法、人与人之间关系的应有态势（例如竞争或互助）等假定。

从文化的系统出发，和谐文化是一个由先进文化所统领和指导的思想文化体系，包括理论思想、理想道德、价值认知、文化形态和文化载体五个层次。

二、和谐文化的特征

和谐文化作为以崇尚和谐为价值取向的一种文化系统，其核心是倡导和谐的价值理念，把它贯穿于相关的文化形态和文化现象之中，并以此来影响其他的文化存在形式，促进社会的和谐发展。

（一）先进性和继承性

符合历史发展方向、健康、积极、文明的文化是先进文化，它是对多种类型的实体文化所作的价值判断。和谐文化是以先进文化为旗帜的，是标志着民族独立的文化，它体现了一个国家的综合国力，渗透到经济实力、科技实力、政治实力、国防实力等各种实力之中。和谐文化的先进性体现在有利于人的全面发展与社会健康发展的统一。和谐文化既充分考虑个性自由发展的需要，充分尊重个人的尊严，保护个人正当合理的权利和要求；同时又注重社会的整体利益，引导人们形成大局观念和集体主义精神，从而更好地将个人与社会关系协调起来。

文化建设是一个国家或民族以其固有的文化传统为基础而进行的文化传承、变革与创新。我国有着优秀的“和合”文化传统，经过数千年的积淀和发展，已经深深地融入中华民族的血脉之中。挖掘我国传统文化中有利于促进社会和谐的内容，汲取其合理的思想内核，并不断吸收和借鉴世界优秀文明成果，是和谐文化的一个重要特征。建设和谐文化，就是以既有的各类优秀文化成果为丰富思想资源，形成富于时代性的创新了的文化。

（二）和谐性和整体性

和谐文化强调主导文化与多元文化、主旋律与多样化的和谐，强调多元归于一统，一统包含多元，在主导文化的带动和引领下，尊重差异，包容多样，使整个社会既展现各个阶层、各个群体、各种不同素质的文化主张，更体现全社会、全民族共同要求的核心价值观和主导文化形态；和谐文化崇尚和谐理念，弘扬和谐精神，倡导和谐理想，坚持和实行互助、合作、团结、稳定、有序的社会和谐准则；和谐文化强调传统文化和时代精神的和谐，它既与民族优秀文化传统相承接，又与时代精神相一致，在继承和创新的统一中，推动社会和自身的发展；和谐文化强调中西融合，在广泛开展文化交流和合作中，以中为主，博采众长，为我所用，在包容多样中扩大认同；和谐文化强调这一文化体系自身的内容和各种形式、各个环节之间的和谐、积极互动，各种不同形态、不同层次的文化都有足以维持自身生存、获得充分发展的一定空间；和谐文化还强调这一文化体系与它的经济基础、政治导向和生态环境之间积极互动、和谐一致。

和谐文化包括一切体现和谐性质和特点的思想观念、理想信仰、价值体系、器物载体、发展哲学、行为准则、社会风尚、文化产品、文化活动以及制度体系等。其中既有对社会发展的基本理念和理想追求，也有对社会发展的总体认知和评价，还包括对社会发展的实践取向和制度构建。既有思想观念方面的内容，体现了人们对和谐社会的认知和思考，对社会和谐目标的憧憬和追求；又有制度规范方面的内容，体现为人们在和谐思想引导下建立的一系列调整人与人、人与自然、人与社会之间利益关系的行为规范、化解社会矛盾及风险的制度和机制。和谐文化强调科技和人文的和谐统一，社会与个人价值的统一，民主与法制的统一，人与人、人与社会、人与自然、人自身的和谐；和谐文化强调多样性的和谐统一，强调作为一个整体的文化体系的和谐统一。总之，和谐文化在指导思想、理想信念、精神动力和行为规范方面构成了相互联系、有机配合的系统整体。

（三）传统性和时代性

和谐文化的建设过程是一个在扬弃传统性基础上培育现代性的过程。和谐文化的传统性是指它批判地继承了中华民族的历史文化传统，中华民族在长达5000多年的历史实践中形成悠久的历史文化传统。“和谐文化”就是中国传统文化的基本精神和精髓。中国传统文化在人与自然关系方面提出“天人合一”思想，强调人与自然之间的和谐相处；在人与人关系方面提出“和为贵”思想，强调人与人之间的和谐有序；在国家与民族关系方面提出“协和万邦”思想，主张不以征服而以道德教化为主要手段去感化周围的其他民族和国家。

和谐文化的时代性是指它包含和体现以改革创新为核心内容的时代精神。在完善社会主义市场经济体制和建设社会主义政治文明的同时，还要培育与之相适应的符合时代要求的新的思想观念和道德品质，着力培育广大公民的主体意识、平等意识、竞争意识和诚信意识，增强广大公民的人权意识、民主意识和法治精神等，通过对中国传统文化的改造，汲取其民主性的精华，摒弃其封建性糟粕，推陈出新，创造出符合时代精神的文化形态。

（四）开放性和包容性

和谐文化以全球化为背景，吸收世界各民族和谐文化之精华，体现了“和而不同”、共存共生的价值准则。建设和谐文化是一个将和谐理念、和谐精神转化为和谐社会建设实践，又在实践中不断丰富发展的动态开放过程。和谐文化承认不同文化存在的价值，还积极汲取不同文化的有益成果，正确处理好本土文化与外来文化的关系，不断拓宽文化发展的新视界，并在与世界不同文化的交融与碰撞中获得新生。

（五）历史性和永续性

任何文化都是具体的、历史的，因为文化是人类实践活动的结果，人类的实践活动总是在具体的时空背景下展开的。和谐文化不仅是历史的，而且是永续的，它随着实践的发展、时代的发展、人民的需求和文化规律本身的要求而不断丰富、创新和发展，只要人类的实践活动没有停止，和谐文化就是一个不断敞开、不断开放、不断发展的系统。因此，要秉承“和而不同”的理念，在主动的开放交流中勇敢地面对挑战，与不同文化之间进行交流、融会，努力实现自我超越，向更高阶段、更先进的和谐文化迈进。

（六）主导性和多样性

和谐文化的主导性就是指在多样性的文化中起引导和指导作用的文化。和谐文化是多样性与主导性相统一的文化形态。建设和谐文化要以承认和尊重文化多样性为前提和基础。在改革开放新的历史条件下，形成了不同的利益主体和利益集团，也形成与之相适应的文化观念和价值观念。在思想文化建设领域，应该承认并且尊重文化多样性和价值多元化，应该以包容的态度来对待非主导性文化。“和谐”意味着“和而不同”，它不是否认文化的多样性，而恰恰是以文化的多样性为前提和基础的。从抽象层面上说，建设和谐文化要以主导性文化来引领和整合多元文化，从而扩大社会认同和形成社会共识。承认文化多样性并不意味着否认文化的主导性。一个民族或者一个国家如果存在多样性文化及其内在冲突，如果没有一种主导性文化来引领文化前进的方向，如果不对文化矛盾和文化冲突进行协调和整合，就不能形成广泛的民族认同和共同的思想道德基础，就会因为思想上的不统一而引发社会动荡，甚至导致内部冲突和国家解体。因此，文化建设要尊重差异性，包容多样性，最大限度地扩大社会认同和凝聚社会共识。

（七）民族性和世界性

随着经济全球化和政治多极化趋势的发展，民族国家的主权面临重大挑战。中国作为一个主权国家，在国际交往过程中要把维护中国的主权和国家利益放在第一位，但是又承担着维护世界和平、促进世界共同发展的大国责任。

和谐文化的民族性是指它主张弘扬中华民族的优秀文化传统，主张维护中华民族的利益和捍卫中华民族的尊严。中国是一个有着悠久历史的文明古国，在长期的历史实践中积淀了深厚的历史文化传统。和谐文化建设应该塑造中华民族的自重、自信、自立的精神状态，坚定地走向世界舞台。和谐文化既要反映人类文明的进步成果，反映人类最普遍的价值，同时又不可避免地带有民族精神的烙印。一个国家和民族的文化特征、文化身份、文化标志与人类进步思潮密切相关，使得民族精神具有与时代发展相一致的特征。尽管民族精神作为每个民族千百年来所表现出相对稳定的精神风貌，它必然要随时代和社会的发展而表现出新的特征。

和谐文化的世界性是指它主张在平等的文明对话中认真汲取其他民族创造的有益文明成果，从而形成普适性的世界文化。当代世界，各种思想文化相互激荡，我国主张维护世界的多样性，强调世界上的各种文明、不同的社会制度和发展道路应该彼此尊重，在竞争比较中取长补短，在求同存异中共同发展。

和谐文化充分体现了世界进步潮流与民族精神的统一。从文化本身来说，不同文化的交流、冲突、借鉴、融合，正是其激发创造力，增强生命力不可或缺的条件。立足于中国社会主义现代化建设的实践，继承和发扬民族文化的优良传统，以博大的胸怀面对世界，用人类创造的一切优秀文明成果丰富和发展自己，是中华民族站在世界文化发展前列的必由之路。在对待文化的中外关系上，要努力实现本土文化与外来文化的和谐。一方面，必须看到民族性是文化最根本的属性，文化越是民族的，就越是世界的；另一方面，任何民族文化，又是或多或少地吸收和涵化了其他民族文化因素的综合物。社会主义和谐文化更应以开放的胸怀，加强与世界各国文化的互动、交流与和谐共处，认真汲取其他民族所创造的有益义明成果，在与其他民族文化的交流和融合中形成一种普适性的世界文化。

（八）科学性和人本性

和谐文化具有科学精神与人文精神相统一的特征。和谐文化建设应该体现科学性与人文性的统一，既要弘扬科学精神，能够正确反映和揭示人类社会发展规律和社会主义建设规律，又要充满人文关怀，促进人的全面发展。

和谐文化的科学性是指在社会实践基础上正确反映和揭示人类社会发展规律和社会主义建设规律。和谐文化就是要揭示社会结构的和谐以及物质生产力在促进社会和谐中的基础性作用，要揭示政治文明和精神文明对促进社会和谐的制度保证作用和精神动力作用，从而促进和谐社会建设进程。和谐文化科学地总结人类社会处理人与自然关系方面的经验教训，从人类长远利益考虑，提出要正确认识和处理经济发展与人口、资源、环境关系，促进人与自然之间的和谐相处，实现社会可持续发展。和谐文化反映的科学精神，在于它以科学的世界观、方法论，指导人们对世界作出合规律性的认识，以合理先进的价值体系为主要内容，以科学的精神和态度对待一切事物的思想文化，使不同的价值观念在一个时代、一个地区呈现出互补性，同时又能最大限度地将人性的光辉展示出来。

文化除包含有科学知识外，还包括与思想道德相对应的观念层面的内容。由于人的情感、审美、道德观念是人类精神需求结构不可或缺的组成部分，这就决定了和谐文化必须具有与科学精神相融的人文精神，以避免冰冷的科学理性对人类情感追求的剥夺，同时，又因避免了传统人文精神中神秘主义和蒙昧主义的倾向。因此，和谐文化既具有现代科学意识的人文精神，又涵盖高度人文关怀的科学精神。

和谐文化的人文性是指它体现的一种人文关怀，在建设和谐社会的过程中着眼于促进人的全面发展，在全体人民“共建”中实现发展成果的人民“共享”。无论是经济建设、政治建设、文化建设、社会建设还是生态文明建设，最终目的都是为了促进人的全面发展。

促进社会的全面进步和人的全面发展是建设和谐文化的目标，和谐文化建设是人全面发展的文化基础。人的全面发展主要包括人的素质、能力、社会关系、需要、自由个性的全面发展。建设和谐文化，就是要强调以人为本和实现人的全面发展，强调从公平正义的文化权益出发，最大限度地满足广大人民群众日益增长的文化需要。和谐文化是追求人与自然、人与社会、人与人以及人自身和谐的文化，其最终的指向就是社会的进步，进而实现人的自由全面发展。以人为本的和谐文化倡导和谐的价值取向，是为了促进社会的和谐进步，促进人的和谐发展；和谐文化是大众的文化，它始终面向人民大众，以不断满足最广大人民的物质文化生活需求为根本出发点和落脚点，切实保障最广大人民的权益，使发展成果惠及全体人民；和谐文化提倡协调多样共同发展，要最大限度地调动人的主动性，也就是要以人为主体，尊重人的利益，保障人权，关注人的生活质量，发展人的潜能。

和谐文化的科学性和人文性是相互依存和相互促进的。科学性是人文性的前提和基础，没有经济社会的全面发展，人的全面发展就是无源之水、无本之木。人文性是科学性的目的和归宿，也是科学性的动力源泉。和谐文化体现了科学性和人文性的内在统一，是一种既要树立科学精神又要充满人文关怀的文化形态。

三、和谐文化的功能

和谐文化是指以和谐理念为核心的价值取向，它包括价值观念、行为规范、社会风尚、规章制度等多种形式。和谐文化的主要功能表现在和谐文化对于个体、民族和社会发展与进步的作用。

（一）塑造个体素质功能

对个人而言，和谐文化能够引导人们树立正确的道德观，培养良好的道德品质，形成团结互助、平等友爱、和谐融洽的社会氛围。和谐文化通过倡导正确的善恶、美丑观念塑造个人内心的道德标杆，影响着人们的思想和行为，从而培养理想人格、孕育内心和谐，完善个人内在的道德精神，创造和谐的精神世界，引导人们形成自尊自爱、理性平和、自强不息、积极向上的良好心态。

和谐文化塑造个体素质的功能主要包括人格塑造、素质培育、思维塑造、激发创新等。

1. 人格塑造功能

构建和谐社会，首先要构建个人的和谐人格。和谐文化是人创造的，同样和谐文化也塑造人的和谐人格，提升人的道德境界。在目前社会转型时期，和谐文化对和谐人格的生成起着更为积极的作用。当物质利益最大化、个人利益唯一化成为最高追求时，和谐文化通过对真善美的礼赞和对假丑恶的斥责，向人们展示人类普遍的利益和超越的价值，强调良心、责任的作用；当市场极度扩张引发社会失衡时，和谐文化匡正人们不和谐的道德行为，借助修身养性，诚意慎独的自省、自律道德修养手段来培育知荣辱、促和谐的良好道德风尚；当庸俗文化以其技术化、市场化大批量地生产并迅速攻占人们心灵，造成人性异化、人格失衡单向度发展时，和谐文化可以在克服工具理性统治、纯感官刺激文化的过程中唤醒人性；当市场经济的冲击导致人们精神迷失、不知何去何从时，和谐文化给人们提供价值观的共同基础，重建人类精神家园。

和谐文化具有塑造人的精神面貌的功能。在现实生活中，人的精神需求是有层次性的，精神需求各方面具有互补性。中华民族在长期的发展历程中，形成了以刚健有为为主线的人生态度，以和合中庸为策略的处世方法，以崇德利用为取向的价值目标，以天人协调为取向处理人与自然关系，以整体思维见长的思考问题的方法。这些特征既塑造了中华民族的精神面貌，也成为长期影响中国文化发展的基因。从文化的现实地位和作用来看，建设和谐文化有利于树立鲜明的、富有包容特色的民族形象；有利于吸纳世界其他各民族的先进文化，增强文化的自我更新能力；有利于提升人的文化素质，优化全社会的人文环境；有利于整个民族水平进一步提高，为人们提供更高质量的生活。这样，使和谐文化成为创造生产力、提高竞争力、增强吸引力、形成凝聚力的重要支柱。

2. 素质培育功能

人的素质的提高和全面自由发展是构建和谐社会的目的和要求，也是建设和谐文化的前提和结果。和谐文化作为一种特定的观念体系，在促进人的思想道德素质、科学文化素质和身心健康素质的全面提高与共同发展这三方面素质的培育都起着重要的作用。

（1）思想道德素质的培育。和谐文化可以帮助人们确立正确的政治方向、树立科学的思想观念与形成和谐的道德风尚。首先，政治思想集中体现了和谐文化建设的性质和方向，其中政治理想、信念、立场、观点、态度等居于主导地位，是思想和行为的精神支柱。在和谐文化的建设过程中，对于不同的人，政治方向的要求既有其共同的基本点，又有其具体的差别要求，只有这样，才能保证不同主体在统一的政治方向下实现具体的目标行为，在实现具体目标过程中始终坚持正确的政治方向。其次，在现代社会，人才要充分发展，不仅要有正确的政治方向，还必须具有现代的思想观念。作为社会发展、文化进步的产物，和谐文化本身就包括和谐的价值理念与先进的思想观念，它必然会推动人们在构建和谐社会进程中进一步解放思想和更新观念，成为人们解放思想的有力的精神武器。最后，作为社会意识形态之一，道德是人们共同生活及其行为的准则和规范，它贯穿于社会生活的各个方面，如社会公德、职业道德、家庭美德等，其主要依靠社会舆论、传统习俗和人的内心信念的力量来调整和约束人们之间相互关系和个人行为，从而调节社会关系，对社会生活的正常秩序起保障作用。在构建和谐社会进程中，应弘扬中国传统文化中有利于社会和谐的内容，形成符合传统美德和时代精神的道德规范和行为规范。

（2）科学文化素质的培育。和谐文化的发展有助于提高人们的文化知识和教育水平。一方面，和谐文化可以直接为社会提供文化产品。创造更多的符合和谐要求、倡导和谐精神的文化产品，以满足人们日益增长的精神文化需要。优秀的和谐文化产品具有强烈的和谐倾向，能够真实反映社会主义和谐社会的伟大实践，反映人类向着和谐社会与和谐世界不断前进的强烈要求和发展趋势，并能潜移默化净化人们的心灵，升华人们的理想，塑造人们的灵魂，树立和谐的理念与和谐的思维方式，从而影响乃至改变一个民族的思想观念和行为习惯。另一方面，和谐文化为社会提供更多的教育形式。和谐文化的思想内容除了以说理的、抽象的方式直接表达出来外，还广泛蕴含于生动的艺术形象之中，以喜闻乐见的形式潜移默化表现出来。这种根植于人们心灵深处的和谐文化对和谐社会的建设将起到巨大的精神支撑作用，让人们不由自主地内化于心、外化于行。

（3）身心健康素质的提高。和谐文化有助于人的生理和心理全面协调发展。人的健康素质主要包括身体素质和心理素质两方面。人的身体素质通常是人们在体力活动中所表现出来的关于力量、速度、耐力、灵敏及柔韧等机能的统称。心理素质是指人们在个性心理、思维过程方面所具有的特征和品质，它主要是关于思维、情感、意志、性格、心理调适、心理保健、心理体验等因素的总和，是人们在长期社会生活中形成的心理在个体身上的积淀，是一个人在思想和行为上表现出来的比较稳定的心理倾向和心理反应。心理素质主要包括智力因素和非智力因素，其中智力因素主要表现为人的思维能力方面，如环境适应能力、定向能力、组织能力、动手操作能力、创造能力等，而非智力因素则主要包括人的动机需要、情感意志、理想信念、兴趣爱好、人生观、价值观、世界观等。以和谐为价值取向的和谐文化，不仅意蕴着人、自然、社会之间的和谐，而且还包括人自身的和谐，而人自身的和谐就是自我身心的和谐，也就是人的身体素质与心理素质的和谐。因此，作为一项复杂的系统工程，培育人的身体和心理的健康素质，促进人的自由全面发展，本身就是和谐文化建设的应有之义。

3. 思维塑造功能

和谐思维方式是指从和谐的视域出发，以和谐为基本原则和价值取向，揭示和谐性、平衡性、协调性、有序性、互补性在事物发展中的作用，并以追求事物和谐发展为目的的一种思维方式或思维模式。它具有不同于其他思维方式的基本特征在于系统和生性、差异和合性、主辅序级性、生生平衡性。和谐思维方式是和谐文化的深层内核，建设和谐文化的关键是更新思想观念，转变思维方式，使崇尚和谐、维护和谐的理念和原则深入人心，并内化为人们的思维方式和行为习惯。

一要用和谐的思想认识事物。和谐的思维方式建基于和谐的基本理念，这一理念主要从系统的维度或视角揭示世界的普遍本质和最一般规律，即等级层次性、差异协同性、自组开放性、整体优化性和动态平衡性。整个世界是由不同等级、不同层次的系统，按整体优化的方向，通过其内在组成部分间的竞争、分工、协调与合作，而形成相互合作、相互依存、共生互利的统一体。整个事物通过内外物质、能量、信息等不断交换、变动，最终将达到相对平衡与稳定和谐的状态。和谐统一的方式是事物发展的重要途径。因此，在认识事物时，应从和谐的角度切入，把有利于事物的和谐发展作为考虑问题的出发点，分析事物和谐与不和谐的诸种因素，从而调动一切有利于事物和谐发展的因素。

二要用和谐的态度对待问题。当前，中国正处于社会主义现代化建设的关键时期，经济体制深刻变革，社会结构深刻变动，利益格局深刻调整，思想观念深刻变化。这种空前的社会变革，给我国发展进步带来巨大活力，也必然带来这样那样的矛盾和问题。如何看待这些矛盾和问题，必须适应时代发展的需要，以“和而不同”的态度，允许差异性和多样性的经济构成成分、社会组织形式、价值评判准则、文化艺术样式以及生活方式的存在，让一切有利于创造社会财富的资源充分涌流，一切有利于社会发展的创造活动竞相迸发。

三要用和谐的方式处理矛盾。目前，我国正处于发展机遇期与矛盾凸显期交织的关键时期，虽然社会成员根本利益是一致的，社会总体上是和谐的，但各方面的社会矛盾和问题表现也较为突出。对待这些矛盾，只有善于综合地运用经济的、法律的、行政的、思想的等多样的“和谐”方式来解决，在解决中寻找最佳的和谐度与平衡点，才能对其进行有效的整合或融合，使其沿着“整合—矛盾—整合”的发展轨迹，波浪式前进，螺旋式上升，从而最大限度地增加和谐因素和减少不和谐因素，促进整个社会和谐发展。

四要用和谐的尺度评判实践。人类社会是一个永不止息的动态实践过程，对实践进行评判，主要包括两方面的内容，一是对实践工作成败得失的评价与判断，二是对实践工作的反馈与调节。实践的结果是由众多阶段性结果构成的，以和谐为尺度，对实践进行及时判断，有利于实践沿着正确的轨道发展，它是对实践标准的价值补充。

4. 激发创新功能

创新在一定程度上就是对冲突因素的重新定位。在文化发展中，协同进步的文化要素，营造和谐的文化氛围，必须对传统文化、地域文化、现代城市文化、国际文化的冲突与融合作出有效的安排。不同的文化背景，多元化的价值取向，不同的行为方式，都需要创新文化和主流价值观进行对话、融会、整合与互动。文化创造力与文化的凝聚力、感召力紧密相关。文化是在传承中发展的，文化传统是文化发展进程中的脉络，它一般由本土文化、地域文化、域外文化糅合而成。由于每一种文化都有自己的时代局限，必须加以扬弃，不断汲取新的营养，不断革新创造和重构，使各种不同的文化从内容、形式、性质、功能以及价值、目标取向等方面在互相接触中不断修正，逐渐融合，形成新的文化体系。

面对中西文化交会、碰撞的今天，各种思想观念和文化相互矛盾、冲突，要用和谐文化丰富人们的精神世界，增强人们的精神力量，树立积极向上的人生目标，确立正确的理想信念。所以，要充分发挥和谐文化的潜在优势，建设高品位现代文化，坚持经济建设、文化建设统筹兼顾，满足群众需求，夯实发展基础。

（二）提高民族凝聚功能

对民族而言，和谐文化具有形成民族认同感的凝聚功能。由于利益冲突和价值取向的多元化，现代化进程中的中华民族将可能出现民族凝聚力的下降和疲惫。在这种背景下，通过和谐文化建设来克服民族离散性，保持并提高民族凝聚力，显得尤为重要。

1. 文化认同是民族认同的基础

和谐文化是经历了一个相当长的历史时期，逐步发展而形成的在当前新时代下的一个科学的概括。当今时代，文化越来越成为民族凝聚力和创造力的重要源泉，越来越成为综合国力竞争的重要因素。和谐文化中最基本的和谐理念，便出自于中华的传统文化，体现了对本民族文化的一种认同。它继承了传统文化的核心内容，强调“和而不同”，在求同存异的前提下，尊重个性发展，在承认差异的情况下扩大社会认同。和谐文化起到整合各方利益、团结各阶层民众、为共同的目标而奋斗的作用。因此，要继续弘扬中华文化，取其精华，去其糟粕，使之与当代社会相适应，与现代文明相协调，保持民族性，体现时代性，建设中华民族共有的精神家园。

和谐文化就是一种具有认可文化多样性特质、宽容无害于社会秩序的言行、包容性很强的文化。当今社会是一个结构多元、利益主体多元、价值观念多元、行为选择和方式多元的社会。和谐社会是团结和睦的社会，它容许价值差异、需求差异和结构差异的存在。求同存异、和而不同的和谐理念客观上要求和谐文化发挥兼容整合功能，将全体社会成员的行为都纳入理性、道德和法治的轨道上来。和谐文化可以通过整合各个党派、各种团体、各个民族、各个阶层和各界人士的力量，促进政党关系、党群关系、民族关系、宗教关系等方面的和谐，充分发挥所有建设者的集体力量，实现社会和谐。

全球化进程中，文化日益一体化，又越来越成为民族的识别标志和精神支柱。新的全球政治正依循着“文化的界线”进行聚合与重构。文化是人在一定的时间和空间下创造的，不同民族的实践环境赋予了文化的民族差异性。一个民族就是一个文化共同体。一个民族要获得自己的合法性存在，必须获得成员对本民族的认同，实质上就是对本民族文化的认同，文化认同是一个民族和国家存在和发展的最基本的前提。一个民族，由于享有一份共同的文化，才会有民族认同感，才会在心理上和行为上联结在一起。

2. 和谐文化蕴含着民族凝聚力

首先，和谐文化本身就是中华民族在长期的历史发展进程中创建和传承的精神成果，具有延续性和不可割裂性，是中华民族凝聚力的典型体现。其次，和谐文化倡导和谐理念，反对分裂和冲突，寻求各方面的平衡、协调和稳定。这种崇尚和谐的价值取向，成为民族团结、国家统一的坚韧纽带，对于中华民族共同心理基础的形成和社会的稳定起着积极的作用。可以说，中华民族凝聚力和生命力同和谐文化在本质上是一致的。

3. 深化民族文化内在精神体悟

文化的核心就是价值体系。价值体系是特定文化系统凝聚力的基础。和谐文化正是通过共同的社会主义核心价值体系的建立，使民族成员对本民族文化的内在精神有深切的体悟和认同。社会主义核心价值体系是当代中华民族的文化心理，代表了中华民族的终极价值关怀，是中华民族凝聚的力量所在。社会主义核心价值体系使中华民族成员的人生追求和团结凝聚，既表现为充满理性的价值判断，又表现为充满激情的情感升华。正是这种共同的价值体系，使中华民族的凝聚力经久不衰。

（三）保障社会基本功能

对社会而言，和谐文化具有明确的价值导向，内含着人们普遍的价值观念，有助于形成爱国守法、明礼诚信、团结友善、勤俭自强、敬业奉献的良好道德风尚，从而为和谐社会建设提供强大的思想道德力量和共同的思想基础。

1. 价值导向功能

和谐文化倡导和谐的价值取向，蕴含着人与自然、人与社会、人与人、人自身的和谐，包含着经济、社会、文化、生态以及人自身的协调发展和全面进步，为人们提供理想信念导向和奋斗目标导向，保证社会沿着正确道路健康发展；和谐文化贯穿着和谐的理念，约束和规范着社会生活的秩序，引导着人的行为，为人们提供行为规范导向。和谐文化倡导建立正确的价值取向、和谐的人际关系，促进社会、自然以及人的协调发展和全面进步。和谐文化通过引导人们树立正确的价值观和道德观，来影响人们的思想和行为，以便建立和谐的社会秩序。

和谐文化对行为主体具有导向调控功能。和谐文化能为行为主体的行为选择及品质选择提供规范和与之相适应的赏罚激励。和谐文化所提供的规范是一定的和谐规范，即符合或有利于和谐价值取向的规范。由于制度本身就是一种行为规范，而价值观念和道德观念也是行为规范与品质规范的来源，因而，和谐规范有的表现为和谐观念，有的则表现为和谐制度。和谐文化还对符合和谐规范的行为及品质给予鼓励和奖赏，对违背和谐规范的行为品质则给予贬斥与惩罚，和谐文化的赏罚激励机制，既有观念层面的，也有制度层面的。

价值是反映主体与客体之间关系的一种范畴，包括客体对主体需要的满足和主体在客观条件下对客体的实际占有与同化程度。客体满足主体需要的程度，直接影响到主体对于特定价值的认同和选择。因此，价值对于人们的行为有导向的功能。价值导向首先是价值观念的导向，而价值观念则是价值的精神存在方式。以和谐文化作为价值导向，就是以和谐的理念作为人们对客观事物和自身价值认识、判断、评价和实践的原则或准则，它对人们的思想、道德、心理、行为等具有导向功能和调节作用。和谐文化作为一种稳定的价值导向和价值体系，深刻地影响着文化主体的各种价值观念，包括道德价值观、人生价值观、社会价值观、经济价值观、文化价值观等。这些观念既相辅相成，又相互制约，反映了人们心理需要与社会发展的基本趋向。在实践活动中，和谐文化能够引导人们把相关事物作为一个和谐的系统整体来看待，把和谐作为人们追求的首要目标，统摄着人们实践活动的具体行为，从而使自然、社会、人呈现出一种和谐的氛围和较强的整体效应，促进环境的协调、社会的进步与人的全面发展。和谐文化的价值导向功能还表现在它对人们实践活动的反馈调节方面。在和谐文化实践过程中，和谐文化的主客体之间的作用是一种双向交流与反馈的动态过程，根据反馈的信息与和谐的目标，采取相应措施，对和谐文化实践活动的主体、客体、介体、环境等进行直接和间接调节，是和谐文化实践不可或缺的一个基本环节。总体来说，以和谐文化为价值导向，既是动态掌握和控制人们的思想与行为，实现和谐目标的重要前提与措施，也是提高和谐文化实践能力的必然要求和重要途径。

2. 规范教育功能

和谐文化是先进的法律文化，它把维护安全、秩序、正义、公平、自由，保护基本人权作为核心价值理念，使人们养成敬畏和遵守法律的行为习惯，维护社会的持续稳定与和谐。和谐文化是一种优秀的道德文化，它通过讴歌真善美，谴责假丑恶，强调良心、责任的作用，借助人们的自省、自警、自律等道德修养手段来强化人们的社会公德意识、职业道德意识与家庭美德意识，在全社会培育知廉耻、讲正气、守信用、促和谐的良好风尚，形成男女平等、尊老爱幼、扶贫济困、礼让宽容的健康人际关系。和谐文化建设能够规范人们的行为，培育民族团结感情，是构建和谐社会的伟大事业的前提和保证。在一个良好的和谐文化氛围中，群体的行为模式受到感染和教育，不良行为和违法活动由此得到约束，并可能内化为人的深层的心理潜意识，由此可以充分发挥构建和谐文化的教育约束作用。

3. 实践规范功能

和谐文化的实践规范功能就是和谐文化主体对实践活动的规定和示范引导作用。实践活动是主体在一定的价值取向、思想观念指导下的有目的、有意识、有计划的自我规范活动，是遵循一定实践规范的自我实现活动。实践规范是对实践主体现实的实践活动产生影响、制约、示范引导效应的政治、法律、风俗习惯、道德观念、纪律、艺术、宗教、哲学等思想观念及其表现形式。

（1）总体功能。人的实践活动总是要遵循一定的实践规范，而且是贯穿于实践活动的种种具体属性之中的主线。规范功能是人类实践活动的内在需要和本质要求，在人类实践活动中，对主体行为产生较大影响、发挥正向规范功能的思想观念，必定具有和谐的性质。实践活动中规范功能的实现主要包括以下几层含义。

一是遵循多种规定性。它具体表现为人的生物属性与意识属性，事物发生发展的确定性与非确定性、必然性与偶然性、自然规律与社会规范等的统一，它们对于实践活动的开展及顺利进行均有着指导、制约、调控等作用。二是以一定的实践理念为指导。这是引导和规范实践活动有计划、有目的自觉活动的前提和条件。三是不断地追寻理想、完善自我、塑造自我。依据价值、实现价值、创造价值、完善价值是人的实践活动自觉性、能动性的意义之所在，因此，不断地追寻理想、完善自我、塑造自我不仅提升了实践主体的存在价值，而且使实践客体具有了价值属性和意义。四是自我确证、自我实现。根据主体的自我意愿而展开的文化实践活动，是主体自主决策、自我约束、自我发展的自我价值的展示过程，也是实现自我价值的根本途径。五是遵循自我创造的规范的制约。人具有自己立法、自己遵守的自控能力，遵循自我创造的规范原则，才使人的实践方式具有了自我设计、自我实现的主体能动性。六是不断地超越自我、否定自我。整个社会就是一个自组织自平衡的动态系统。不断地超越自我、否定自我，与外界进行频繁的物质、能量和信息的交换，系统自身才能自平衡、自进化与自发展。主体不断地超越自我现有的存在状态，主体不断地获得高层次的存在意义和价值。七是不断提升自己的实践自觉、调整自己的实践目的、完善自己的实践规范、实现自己的实践理想。人有着强烈的自主意识和自主能力，人的实践活动也充盈着浓郁的自主性，按主体的自我意志进行有目的的实践行为，深刻地反映了人的实践活动的价值取向和发展方向。

（2）横向功能。作为一种思想映象，和谐文化的产生与发展是主体因素与客体因素相互平衡、相互协调的结果。和谐文化既是对人类追求整体和谐的实践活动的总结，也将对人们未来的实践活动发挥规范与导向作用。和谐文化对实践的规范功能，从横向来看主要表现在以下四个方面。

一是和谐文化对实践主体的规范。人类的实践活动总是体现了主体的需要和目的，其与客观世界的关系是“为我而存在的”，主体的这种目的取向和关系向度，要求主体在进行实践活动前，首先要根据客观世界和主观世界所提供的逻辑前提或实践基础进行判断、选择与取舍，然后才能根据其选择的结果指导具体的行动。和谐文化在主体的这一行为过程中始终发挥着规范作用，一方面它使主体保持一种恬静自然的和谐心态，为正确认识和改造客观事物做好心理的准备；另一方面从伦理价值和理性认识两个维度来审查、考问和规范人的实践意志和主观目的，使之符合社会准则和客观实际。

二是和谐文化对实践客体的规范。实践客体是主体实践活动所指向的客观对象，实践客体受主体认知的影响，不同文化体系下的主体对实践客体的认识和改造是不同的。在和谐文化的规范下，一方面使实践客体能更合理、更有效地进入实践领域，使之与主体的能力、需要、目的相适应；另一方面使实践客体能更合理、更有效地融入环境条件之中，从而使实践活动得以顺利展开。

三是和谐文化对实践中介的规范。作为把实践主客体联系起来的纽带，实践的中介系统不仅包括各种物质工具，而且还包括特定的程序、方式和方法，这两者在本质上是一致的，都是人们的智力活动的成果。和谐文化对其仍有直接的规范导向作用，这主要表现在使中介系统既与实践主体相适应，又与实践客体相协调，同时还与客观环境条件相一致。

四是和谐文化对文化环境的规范。任何实践活动都是在一定的自然环境和社会环境中进行的。和谐文化对自然环境的规范主要表现在以和谐的理念处理人与自然的关系。和谐文化对社会环境的规范，主要表现在不断提高人们的物质和精神生活水平，以和谐的理念为导向，通过有计划、有目的的实践活动，逐步创造和建立和谐的生产、生活环境，最终实现人、自然、社会的全面和谐发展。

（3）纵向功能。从纵向来看，和谐文化对人们实践活动的规范功能主要表现在对实践的目标、过程和结果三个方面实施的影响。

一是对实践目标的设置功能。实践主体在进行实践前，要根据自身的需要对实践的结果、过程进行初步的构想和设计。实践主体在实践活动前就已经观念存在着的实践目标、方案，是在一定的理想、信念、思维方式的指引下形成的，同时也是以人的自我意识、价值取向、观念信仰等文化品性为基础的。存在于实践主体头脑里的这些主观思想和意识自身必须是和谐的，同时，它也必须与实践客体相和谐一致，落后或超前于客体的发展都是违背客观规律的。

二是对实践过程的协调功能。实践过程是实践主体按预先设置的实践目标、实践方案，运用一定的中介系统对实践客体进行实际操作的复杂过程。在这一过程中，由于主客观条件的不断变动，实践主体需要根据这种变动随时调整实践的目标、方案和程序，因此，和谐文化在此过程中自始至终起着全方位、全时段的协调功能，使实践主体与实践客体、实践过程与实践目标等协调一致，防止、抵御不和谐因素产生，保证实践按既定目标进行。

三是对实践结果的调节功能。实践的结果由具体阶段性结果构成，当每一阶段的实践结果反馈到主体的头脑中时，主体便会以和谐理念为导向，将之与实践目标相核对，如果出现偏差，便会立即作出调整，使之回归和谐。同时，实践的最终结果又必然回到主体，指导主体的实践活动，以促进主体的生存和发展，并充分体现实践的主体性。而实践的主体性又必然与实践的客体性相适应，实践的客体性反映了实践这种对象性活动的受动性和被制约性，也就是实践还应合乎客观规律。所以，和谐文化对实践的反馈与调节功能还表现在依据对象的尺度，对实践进行监控与协调。

4. 支撑保障功能

无论是经济社会的协调发展、人与自然的和谐相处，还是人与人的团结和睦，乃至人自身的心理和谐，都离不开和谐文化的支撑。和谐文化是一种和谐的制度文化。和谐社会的重要载体之一就是制度文化，它具有保障、保护功能，能够保障国家的长治久安、民族的兴旺发达、人民的幸福安康。和谐的政策制定和制度设计不但依赖于科学理论的指导，而且还来源于和谐的心态和心理支撑。和谐的制度文化着眼于强化对干部群众的教育、宣传作用，培养健康的心态，使制定的各项政策、制度以及规则更加民主、科学、合理、合法、公平正义。

和谐文化为构建和谐社会、实现中华民族伟大复兴的奋斗目标，提供精神动力和智力支持。社会主义和谐社会的构建，无论是在经济、政治或文化方面，都必将归结到和谐文化建设的理论与实践当中。在经济方面，和谐文化的建设有利于稳定社会经济秩序，促进经济又好又快的发展，实现经济增长的持续性、高效性、优化性、协调性。在政治方面，和谐文化的建设，有利于协调和化解各种社会矛盾，形成一种既稳定又生动的政治局面。在文化方面，和谐文化是社会主义文化的基本内容，建设和谐文化的本身，就是建设社会主义文化的实践过程。所以说，建设和谐文化为构建社会主义和谐社会提供了精神支撑。

5. 环境创建功能

环境包括人文环境和生态环境。创建合理的、健康的、文明的人文环境和生态环境，已经成为全人类所面临的共同课题。

生态环境是人类赖以生存的基础，它是指由生物群落及非生物自然因素组成的各种生态系统所构成的整体，对人类的生存和发展存在着潜在的却是长远的影响。我国把生态环境问题提高到了国家的基本建国方略的高度，坚持全面协调可持续发展，坚持生产发展、生活富裕、生态良好的文明发展道路，实现速度和结构质量效益相统一、经济发展与人口资源环境相协调，使人民在良好生态环境中生产生活，实现经济社会永续发展。和谐文化强调人与自然的和谐相处，有利于生态文明观念在社会上的树立。

人文环境是指人们为了满足某种需要，对自然物质加以创造形成的人类活动形态，它所包含的内容十分广泛，如政治环境、教育环境、社会环境等。和谐文化是内在地蕴含人性、人道、人文、人本价值取向的理性文化。建设和谐文化是创建良好的人文环境的根本途径。

社会和谐是中国特色社会主义的本质属性，是社会主义制度优越性的重要体现。坚持以人为本，实现好、维护好、发展好最广大人民的根本利益是建设社会主义和谐文化的逻辑起点和必然归宿。只有坚持科学发展，才能够提高发展的质量，夯实社会主义和谐社会的物质基础；只有坚持统筹协调，完善社会保障制度，切实关注民生，更加注重社会公平，才能够形成以改革促进和谐、以发展巩固和谐、以稳定保障和谐的良性循环系统。

和谐文化是一种真正尊重劳动、尊重知识、尊重人才、尊重创新的先进管理理论和理念，它能够鼓舞和发挥人民群众的首创精神，推动全社会的创造能量充分释放，激励创新成果不断涌现，确保和谐创业活动蓬勃开展；它能够真正创造出吸引人才、培养人才、留住人才的政策环境、体制环境和人文环境，能够将党的人才政策充分落实在实际行动之中，它鼓励创新实践，完善创新机制，推动创新步伐。在政治文化、行政文化、企业文化、社区文化、家庭文化中注入和谐文化的元素，才能为构建和谐社会提供充分的智力支撑、人才保证和生存环境。

（四）优化社会运行功能

正常运行的社会必然包含社会发展目标、社会发展模式、社会组织结构和社会制度规范四个基本部分。和谐文化正是通过作用于社会运行的四个基本组成部分而发挥作用的。

1. 追求理想价值目标

和谐文化是人类文化发展的方向，这种文化充分代表了广大人民群众的利益，是民意的终极诉求，能够为广大人民群众所接受和认同。和谐文化强调求同存异，团结友爱，和睦相处，具有弘扬正气、凝聚人心、沟通感情、增进融合等功能，能够起到化解社会矛盾、整合社会关系的作用，能够充分发挥团结导向作用。和谐文化强调和而不同、求同存异、团结友爱、和睦相处、共建共享、和衷共济，能够调节社会矛盾，弘扬正气、促进平等、维护和实现社会公平。和谐文化以共同的理想和信念化解矛盾，创造人人和谐相处的文化氛围，从而把不同阶层、不同群体的力量整合起来，在尊重差异中扩大社会认同，在包容多样中形成思想共识，形成万众一心、共创和谐的伟大力量，为共同目标奋斗。

和谐文化作为和谐社会的精神支柱和灵魂，为社会给出中国特色社会主义的目标理想，成为社会发展的导向。和谐文化使人们追求和创造理想世界的活动更具有自觉性与能动性，也使得不同人的各种活动集中到统一的方向，使人的各种层次的追求不断升华并指向和谐这一更加宏伟的目标。

2. 提供科学发展模式

和谐文化蕴含着可持续发展的战略思想，强调人与自然、人与社会之间的和谐发展以及人自身的全面发展，重视资源和环境对人类发展的影响和制约，要求从“掠夺式”发展转变为“协调式”发展，寻求一种最佳的生态平衡系统，实质上是透过人与自然的矛盾正视并调整人与人的关系，把人类当前利益与长远利益统一起来，最终达到人与人、人与社会、人与自然的和谐，实现社会的可持续发展、快速发展、和谐发展。

3. 优化社会组织结构

和谐文化要求各社会组织的建设要符合以人为本、全面协调的要求，减少公共资源的浪费，充分发挥社会服务功能。和谐文化一旦形成，就会产生一种无形的力量，促使社会组织规范、有序地运行，形成一个结构合理、配置优化的系统。当社会组织机构不合理或运转失灵时，和谐文化可以自动进行调节；当社会组织的行为有悖于社会道德规范时，它可以自动加以监督和矫正。社会组织在良好的文化氛围中相互交流和沟通，减少各种摩擦和矛盾，上下左右的关系较为密切、和谐，各种活动更加协调。

（五）协调整合资源功能

和谐文化具有协调社会整合功能，包括价值整合、规范整合和结构整合等方面。价值整合是整合功能中最重要的一种功能，只有价值，才有结构和行为的协调。一个社会中的价值会有差异，但经由一定文化的熏陶，在社会生活的基本方面会达成大体一致的观念。而社会规范由文化的整合使之系统化和协调化，并使规范内容化为个人的行为准则，进而把社会成员的行为纳入一定的轨道和模式，以维持一定的社会秩序。现代社会是一个多元结构，社会的异质性越强，分化的程度越高，多元结构越复杂，从而功能整合的作用愈加重要。文化的整合功能是形成社会秩序的基础。凡是经过高度整合的社会，制度化、规范化程度很高，社会均衡、和谐而有序地运转，具有很强的抗干扰能力和自我调整能力。和谐文化能通过理顺内部关系而增强社会组织的整体性。和谐文化尤其是和谐制度，能通过制定统一的行为规范、合理公正地分配权利义务、确定解决利益矛盾的方式方法，来避免和化解利益纠纷，从而使社会组织实现从无序到有序，从不安到稳定，从摩擦到协调，从离散到凝聚的转变。和谐文化是反映和适应社会主义和谐社会的思想观念、价值观念、道德观念和行为准则的总和，是具有高度开放性、广阔包容性和内在协调性的文化形态，能够促进各种文化思潮的相互融和、兼容并蓄，推动着文化的主流发展与多样性发展的和谐统一。和谐文化通过形成全社会的文化认同和文化追求来实现对社会思潮、社会价值、社会道德和文化资源的有效整合，在构建社会主义和谐社会的过程中发挥着重要的精神支撑和联系纽带作用。

1. 整合社会思潮，夯实和谐思想基础

和谐文化的社会思潮整合功能就是要突出和谐文化的思想协调和引导作用，这是和谐文化建设的灵魂所在。发挥和谐文化的社会思潮整合功能，也就是要通过建设和谐文化，进一步巩固马克思主义在意识形态领域的指导地位，发挥其作为主流意识形态的影响和引导作用，抵制和消除落后、腐朽思潮的影响，推动和促进先进、文明思潮的发展，坚持不懈地培育共同理想，形成强大的社会向心力，为构建和谐社会提供强大的思想保证。充分发挥和谐文化的强大社会思潮整合功能，关键在于和谐文化的整合功能，始终坚持社会主义先进文化的前进方向，正确处理好指导思想一元化和社会思潮多样化的关系。

2. 整合精神文化，奠定坚实精神支柱

精神整合就是以一种整体的道德理想、价值观念和精神力量来影响社会成员的精神世界，协调人们的心理状态，形成广泛的精神认同，从而建构有序的社会精神秩序。用先进的文化理念、价值导向和精神财富对社会成员的精神世界进行整合，有利于克服社会个体和群体精神的片面性，在全社会倡导积极向上的理想信念和价值原则，从而优化社会力量，实现社会共同目标。

人的精神世界只有经过整合，才能奠定坚强的精神基础，促进整个国家和民族的和谐与进步。对影响社会和谐的因素需要采取综合的、系统的政策和措施来加以解决，一方面利用物质的力量直接改变形成人们精神因素的客观外界环境，另一方面通过精神整合从主观上改变人们的心理和认知。从具体实践来看，精神整合主要是通过多样文化的融合与整合来实现的。随着全球化趋势的日益增进，各国文化之间的交流与融通已不可避免。积极应对的最好方式就是以海纳百川的气度，批判继承一切优秀的外来文化，对其进行有效整合，为我所用。

和谐文化实现其精神整合的功能，需要着重处理好以下关系。

一是心理状态与外部环境的一致。和谐文化的精神整合是一个动态的变化发展过程。在这一过程中，它会受到外部环境和心理状态两大基本因素的制约和影响。外部环境是精神整合的客观因素，在一个社会中，如果外部环境本身有问题，它会以客观刺激因素作用于主体，从而导致人们精神状态不佳，如严重的两极分化会使社会成员产生不公平感，信用缺失会让社会成员产生行为恐慌心理等。心理状态是精神整合的主观因素，如果人们的心理状态出现问题，必然会导致人的主观反应或判断歪曲，从而形成消极落后的精神状态，如虚荣、攀比、逆反、懒惰、好胜等心理，都会导致主观感受出现偏差。因此，和谐文化的精神整合，就是要以和谐文化的理念为核心平衡这两大基本因素，让主体心理与外部环境之间进行不间断的信息交流，从而使人的精神世界得以科学整合。

二是一元导向与多元取向的协调。在处理“一元”与“多元”关系时，应以社会主义核心价值为导向，尊重社会成员的精神多样性，使其达到有机统一，形成精神合力。

三是目标精神与群众利益相结合。和谐文化发挥其精神整合的功能，在精神上一定会存在特定的目标，即目标精神。只有当目标精神与群众利益相一致，它才能发挥激励和导向作用，人们的思想和精神才能自觉与其保持协调。在此基础上，和谐文化精神整合的目标实现与群众利益的满足将成为同一过程，精神整合成为广大人民群众的自觉追求和主动参与的行为。

3. 整合社会道德，提供基本道德支撑

形成共同遵守的社会道德规范是和谐文化建设的重要内容。和谐文化建设，就是要引导人们树立正确的道德观，培养良好的道德品质，形成团结互助、平等友爱、和谐融洽的社会氛围，为和谐社会建设提供坚强的道德支撑。和谐文化倡导和谐的道德精神，以和谐为主轴整合人际关系规范，促进人与人之间关系的和谐。建设和谐文化，就是要通过倡导一定的善恶、美丑观念塑造个人内心的道德标杆，培养理想人格，孕育内心和谐，引导人们正确对待自己、他人、社会和国家，正确对待困难、挫折和荣誉，形成自尊自爱、理性平和、自强不息、积极向上的良好心态。

4. 整合社会制度，提供制度文化依据

社会的运行需要一定的法则和制度以维持基本的秩序。政治、经济、文化等各个领域的制度规范，在发挥作用的过程中最终都凝结为一种制度文化，这种制度文化决定着社会这架复杂机器的运转。和谐文化以和谐为最高标准来整合社会制度规范，一是使之规范化、系统化和协调化，避免制度内部冲突；二是对已有制度辨优析劣，实现制度的修补、完善与创新；三是使和谐制度文化内化为个人的行为准则，把社会成员的行为纳入社会发展需求的轨道和模式，达到维持社会秩序和谐的目的。

5. 整合社会价值，确立正确价值导向

只有确立和培育统一的价值目标和价值判断标准，才能在行动上保持一致，也才能使社会和谐发展。和谐文化建设本质上体现着中国当代先进的社会主义价值观，其重要功能就是通过社会主导价值观的建设，实现对社会多元价值的整合，形成人们普遍认同的价值理念，对整个社会价值理想、价值追求、价值评判和价值实现发挥价值引领和凝聚作用。用社会主导价值来进行价值整合，是要通过主导价值的引导作用，实现社会主义的价值理想与社会生活领域的基本价值观和谐完美的统一，使价值追求的先进性和广泛性一致起来。和谐文化建设必须始终把培养和确立和谐的价值理念作为重要内容，通过坚持不懈地倡导和宣传，树立全社会和谐的价值理念，使和谐成为人们自觉的追求。

6. 整合文化资源，创设良好文化环境

文化资源是社会文化发展诸要素和载体的总和。文化资源的配置是形成一定文化环境的基础，文化环境具有传播、教化、塑造、凝聚、熏陶和创新等重大作用，而文化环境的改变则给人的行为带来深刻影响。和谐文化建设要为和谐社会创设良好的文化环境条件，就必须对文化资源实施有效整合，形成有利于促进公平正义、秩序优良、情感融通、和谐顺畅的文化环境，为社会和谐发展创设良好的文化氛围。和谐文化的文化资源整合功能就是通过推进和改善文化资源的建设和配置，优化文化环境。和谐文化发展重在建设，通过坚持不懈地建设，达到对各类文化资源的发掘、整理、组合和提升，实现对整个文化环境的重建，即通过对传播资源的规范，坚持以正面引导和正面教育为主，形成健康向上的思想舆论环境；通过深入的精神文明创建和基层群众文化活动，形成优美丰富的文化生活环境；通过培养平等、协调、合作的和谐意识，形成团结互助的人际关系环境；通过倡导学习、进取、创新的精神，形成学习奋进的求知成才环境。从而更好地发挥和谐文化启迪思想、陶冶情操、传授知识、鼓舞人心的积极作用，为社会和谐营造良好的文化氛围。

总之，随着我国社会结构的变化，要加强社会体系的整合，使整合社会体系各部分之间有机地融为一体，建立相对统一的制度，建立起具有向心力的行为规范，使我国社会成为高层次的有序社会，促进人与自然、人与人、人与社会的和谐，保障社会稳定、健康地运转，使我国的现代化建设高效、持续地向前发展。

第二节　中国文化的和谐实践成果

中国文化有5000多年历史，在漫长岁月中形成各具特色的阴阳、儒、墨、名、法、道六家，后由印度传入佛教各宗派，使中国文化在延续力、融合力、同化力等方面表现出强大的生命力，也充分体现了中国文化的和谐内质。和谐是中国传统文化的核心价值和基本理念，它贯穿于整个中国传统文化之中，是中华文化的最高境界。

一、中国传统文化的和谐

中国传统文化（Traditional Culture of China）主要指从中国历史上沿袭和保存下来的，具有一定特点的思想意识、信仰、道德、价值观念、风俗习惯、生活方式与社会心态等。中国传统文化是中华文明演化而汇集成的一种反映民族特质和风貌的民族文化，是民族历史上各种思想文化、观念形态的总体表征，是指居住在中国地域内的中华民族及其祖先所创造的、为中华民族世世代代所继承发展的、具有鲜明民族特色的、历史悠久、内涵博大精深、传统优良的文化。

（一）和谐思想

在我国古代，《尚书》中较早出现“和”“谐”二字，“命女典乐，教胄子。直而温，宽而栗，刚而无虐，简而无傲。诗言志，歌永言，声依永，律和声，八音克谐，无相夺伦，神人以和。”即教育子女诗、歌、声、律、八音等时，要讲求整体的和谐，才能最终形成“神人以和”的境界。“和谐”也就是各种不同事物之间互相沟通、调和，共同处于统一体中。

中国传统文化中蕴含着许多关于融合、和谐、和睦、平和的思想观念，和谐是中国文化的价值目标和最高追求。中国传统“和”文化的精神主要包括天人合一的宇宙观、和而不同的价值观、以和为贵的处世哲学。早在先秦时期的思想文化中就闪耀出“和谐”思想的火花，此后各个历史时期的无数学者们对“和谐”进行了大量的探讨与阐释。

中国古代“和谐”的含义主要体现在“和”上，“和谐”一词为同义连文，《尔雅·释话》解释为“和，谐也”，《说文解字》解释为“和，相应也”。“和谐”在早期直接与音乐、艺术等相联系，主要指音律的和谐，后来“和谐”的内涵逐渐演化、发展为调和、和解、和顺等意，并最终上升到“阴阳和谐”“阴阳合德”的哲学本体论高度。随着社会的发展，和谐的这层含义逐渐得到了认同、推广与延伸。《词源》中的“和”是和顺、和谐、调和的意思，“和谐”是事物存在和发展的状态，是事物间科学合理的调配、协作，强调事物间的互动和共生，是一种相对稳定的动态的平衡状态。和谐作为一种精神蕴含在中国古代儒、释、道文化中，是多家思想学说的灵魂。在《尚书》中，尧帝、周文公等提出了“协和万邦”的思想，《左传》提出的“以德和民”的论断，强调以德成和，以和治民。

我国古代著名的“和同之辩”便是对“和谐”内涵认识的一大飞跃。西周末年，史伯把“和同”作为国家兴衰成败的标志，认为周王实行“去和而取同”的政策是导致周朝衰败的根本原因。按史伯的观点，如果“和”作为一种过程，就是“以他平他”，即不同事物之间的协调；如果“和”作为一种结果，是以差异为条件的，是层级不同的矛盾事物所达到的一种状态。而“同”则是“以同裨同”，即同一事物的不断反复和机械相加。由于“和”“同”的内涵和性质不同，所以造成的结果是大不相同的。金木水火土杂以成百物，五味相调而出美味；而“同”的结果永远只是单一事物的无限反复，正如同一音调不成音乐，单一的调料调不出美味一样，“同”只能导致事物的衰亡。“和”是万物产生的本源和动力。和而不同，才能形成多姿多彩的和谐世界。由于中国文化能以海纳百川的姿态、有容乃大的气度接纳和包容各种不同的文化因素，才形成了具有强大生命力的中华文明。先秦时期诸子百家的相互争鸣和共同发展，奠定了以后2000多年中华文化发展的坚实基础；汉武帝虽然实行“罢黜百家，独尊儒术”的政策，但道、法等思想仍在一定程度上存在，并对儒家文化产生较大影响；秦汉以后，面对印度佛教文化的入侵，中国并未采取完全排斥的态度，而是在一定范围内接受并改造了这种异质文化；魏晋南北朝时期，中国形成了生动活泼的文化多元发展的局面，如玄学开始崛兴，儒、玄、道、佛相互激荡、融合，中国文化得到了多向度的发展和深化，强健而清新的和谐文化精神大放异彩；隋唐时期，唐文化以其宏大的气魄、博大的胸襟广泛吸收外域文化，伊斯兰教和基督教逐渐传入中国。这一切都证明了中国开放性的和谐文化精神的可贵性，对于当前和谐文化的建设意义深远。

（二）核心价值

“和谐”一词贯穿于数千年的中国传统文化之中，是中华民族传统文化的核心和精髓。中国传统的农业生产方式促发人们认识到人际和谐与群体和谐的重要性，人们通过长期的生产和生活实践，以此为基础形成了各种关于事物的观点和矛盾的解决方法，以和谐的人际关系和群体关系为基础的观点、方法在得到或多或少的人们的认可后，成为社会上的各种主流或者支流的思想。这些和谐思想在经历了历史的沉积和规范之后，在人们的思想中形成一种稳定的形态，作为一种文化出现在历史的舞台之上，这就是和谐文化。中国传统社会中的和谐首先重视的是事物的整体关联性，中国传统的和谐文化重视人的自身价值和人与社会、人与自然的和谐发展与共存。

中国传统文化在其价值层面上十分重视“和”的思想，强调“以和为贵，和实生物”。“和”是事物存在和发展的系统功能，“和”就是系统中各要素之间相互协作，功能相互增强，即“整体大于各部分的简单相加”。早在春秋时期，就有物以和为美、声以和为美的审美价值取向，“小者不窕，大者不摦，则和于物。物和则嘉成。故和声入于耳而藏于心，心亿则乐。”《国语·郑语》中的“和实生物，同则不继”阐述了“和”的价值。《论语》中有“礼之用，和为贵”的论断。《中庸》指出：“中也者，天下之大本也；和也者，天下之达道也。致中和，天地位焉，万物育焉。”荀子提出，“和则一，一则多力”。他们从不同角度阐述了“和”的功用。“和”的价值观念体现了自然生态、社会协作、相互融通的思想，这些思想正是社会发展所需要的。

孔子主张以和平的方式来解决各种争端和矛盾，反对“谋动干戈于邦内”。朱熹认为：“和者也，天下之达道也。达道者，循性之谓。天下古今之所共由，道之用也。”中国传统文化在重视“和”的基础性作用的同时，还强调“和”是万物的根本，“和乃生，不和不生”“万物各得其和而生”。正是不同事物之间的相互作用，才产生了丰富多彩的世界。

中国古代和谐文化观是一种和谐的思维方式或思维模式，倡导在多样性或对立性中把握和谐与平衡，以达到主客观的和谐一致。正是在和谐思维方式或思维模式的引导下，中华民族曾创造了灿烂的古代文明。和谐思维方式就是在多样的或对立的事物中把握和谐与平衡的方法。中国古代先哲们认为，整个世界是一个和谐的整体，包括宇宙的和谐、自然的和谐、社会的和谐、精神的和谐等，从而形成一个“太和”状态。在中国哲学史上，老子首创了“道本体论”，指出：“道生一，一生二，二生三，三生万物。万物负阴而抱阳，冲气以为和。”认为万物皆阴阳和合体，以此推动天地万物的运动和变化，并最终达到和谐。这既是一种辩证的世界观，也是一种重要的思维方式。老子之后，先哲们又提出以“太极”“理”“气”等为本原的和谐模式。张载认为：“太和所谓道，中涵浮沉、升降、动静、相感之性，是生氤氲、相荡、胜负、屈伸之始。其来也几微易简，其究也广大坚固。起知于易者乾乎！效法于简者坤乎！散殊而可象为气，清通而不可象为神。不如野马、氤氲，不足谓之太和。”因此，在差异和对立之中保持平衡与有序，是建立于和谐世界观之上的和谐思维方式的主要表现和根本要求。

在人与自然的关系方面，我国传统文化强调“天人合一”，主张人类应当尊重规律，休养生息，与自然和谐相处。老子提出“人法地，地法天，天法道，道法自然”，人要以尊重自然规律为最高准则，以崇尚自然、效法天地作为人生行为的基本归宿。《中庸》的“致中和，天地位焉，万物育焉”，强调天、地、人的和谐发展。孟子提出“尽其心者，知其性也；知其性，则知天矣”。他所追求的正是通过“尽心知性知天”的途径，达到“上下与天地同流”的和谐境界。在人与人的关系上，强调“和为贵”，提倡宽和处世，协调团结。孔子“天下大同”的和谐理念，强调“以宽厚处世，协和人我”的理想人格，就是为了创造和谐的人际环境。孟子的“天时不如地利，地利不如人和”，集中表达了和谐的人际关系的巨大价值。在民族与民族、国家与国家的关系上，强调“协和万邦”，主张不同的民族和国家之间应睦邻友好，互利互惠。

（三）和谐内涵

1. 自我和谐

中国传统文化注重人的个性修养和身心和谐，在人与自身的关系上，主张身心和谐或神形合一，即个人应保持平静、悠然、恬淡、寡欲的心态。“自作不和，尔惟和哉，尔室不睦，尔惟和哉。”中国传统文化讲究“允中”“执中”。《论语》记载：“尧曰：咨尔舜，天之历数在尔躬，允执其中。四海困穷，天禄永终”。舜能够“执其两端，用其中于民”。孔子提出了人们思想行为的最高准则是“中庸之为德也”，这是达到个人身心平衡的重要原则。孔子认为：“君子之中庸也，君子而时中。小人之中庸也，小人而无忌惮也。”能否以中庸行事，就成了区分君子与小人的重要标准。程颐说：“不偏之谓中，不移之谓庸。中者，天下之正道；庸者，天下之定理。”朱熹认为：“中者，不偏不倚，无过不及之名。庸，平常也。”他将其精炼为：“人心惟危，道心惟微，惟精惟一，允执厥中。”“中庸”主要指做事不偏不倚达到中和，也就是人的情感、行为等自觉控制在恰如其分的道德范围内，而不是将其形而上地维持在事物绝对的中度。中庸思想在一定程度上与“和而不流，和必中节”的思想是一致的，强调“和”是有原则的，既不能低于也不能超过“和”的度量准则。正如董仲舒在《春秋繁露·循天之道》中所指出的：“仁人之所以多寿者，外无贪而内清净，心平和而不失中正。”所以，一个人只有做到神形合一、身心和谐，才能以开阔的心态化解世俗的隔阂与不和谐，形成天、地、人的和谐统一。中国古代和谐文化观具有一种和而不同、兼容并包的文化品格，倡导人们以博大的胸襟、海纳百川的姿态，蕴含各种差异性的事物，最终形成多样性的统一与整体的和谐。

2. 人际和谐

中国传统文化强调人与人之间关系的和谐的伦理道德。在人与人、人与社会的关系上，主张人是社会群体的一部分，人与人之间具有平等性，强调人的社会价值，重视人与人之间的礼仪与谦让，以此达到人与人之间的和谐以及整个社会的和谐。中国古代主要通过道德修养来调整人与人之间的关系，以仁、爱、礼、恭、信、忠、孝等道德规范来实现人伦社会的和睦、团结与协作。仁爱思想是儒家伦理思想的核心。“仁者爱人”就是以广博的爱心对待每个人，而当你爱别人时，别人也会爱你。“爱人者，人恒爱之；敬人者，人恒敬之。”这种以天地万物为一体的仁爱精神，是社会和谐的根基。孔子认为要想建立一种和谐的人际关系，人们应该确立“以宽厚处世、协和人我”的理想人格。孟子提出“天时不如地利，地利不如人和”，并进一步指出人与人之间应该“老吾老以及人之老，幼吾幼以及人之幼”。荀子指出：“和则一，一则多力，多力则强，强则胜物。”中国传统文化强调在处理人际关系时要遵循“己所不欲，勿施于人”和“己欲立而立人，己欲达而达人”的原则，这就是儒家的“忠”“恕”之道。以“仁爱”为核心，儒家又提出“礼让”“忠诚”“道义”等具体规范，作为实现普遍“仁爱”的手段和途径。孔子指出：“礼之用，和为贵。先王之道，斯为美。小大由之，有所不行。知和而和，不以礼节之，亦不可行也。”强调通过“礼”达到社会的和谐，而“礼是严警之意，只不做作而顺于自然，便是和”。“礼让”则提倡人与人之间相互理解、相互宽容，它是社会和谐、团结的重要方法。“忠诚”是为仁之方，是责任与奉献。孔子曾说：“居处恭，执事敬，与人忠，虽之夷狄，不可弃也。”“言忠信，行笃敬，虽蛮貊之邦行矣。”这里的“忠”，除了包括对君王的忠诚外，还包括对祖国、人民、事业等的忠诚以及言行处世的忠信。“道义”是人们行事的一种准则，在古代义与利是君子与小人区分的主要标准，“君子喻于义，小人喻于利”，义利之辨不仅属于个人的道德修养，也涉及人与人、人与社会的关系，对于形成良好和谐的人际关系至关重要。古代中国正是通过仁爱、礼让、忠信、道义等道德的规范，形成了相对稳定与和谐的社会。中国的传统文化不仅提出了人际和谐的价值目标，而且明确了达到这一目标的具体途径和方法以及处理人际关系的基本准则。

3. 天人和谐

在人与自然的关系方面，中国传统文化强调“天人合一”，主张人类应当认识自然，尊重自然，顺应自然，与天地万物和谐相处。《易经》认为阴阳交易显现的就是事物的整体和谐，阴阳相依相存，相互联结。同时，认为天道与人道存在着统一性，天人之间相参、相成、互相渗透、和谐统一。《周易》将天、地与人并称“三才”，认为自然界是一大天地，人是一小天地，视天人一体，强调人与自然不可分割，追求天、地、人的整体和谐。孔子认为：“人能弘道，非道弘人。”孟子认为：“尽其心者，知其性也；知其性，则知天矣。”孔子说：“大哉尧之为君也！巍巍乎，唯天为大，唯尧则之，荡荡乎，民无能名焉。”本意虽然是颂扬尧帝则天爱民的政绩，但其中蕴含的效法天地自然的思想却不失现代的价值。老子提出的天道观，强调自然规律是天地万物的最高准则，人应顺应自然。

庄子在《齐物论》中道出了“天地与我并生，万物与我为一”的愿景，即主张人与自然的高度和谐，强调人要尊重自然，要顺应自然规律办事。中国传统文化认为人能够认识自然，达到“天人合一”。《周易》中有“天行健，君子以自强不息”和“地势坤，君子以厚德载物”的名言，就是强调面对天道，人要树立刚健勤奋、博大兼容的精神。北宋张载首次概括地提出“天人合一”思想，并将其上升为一种文化理念。他认为，人应该“因明致诚，因诚致明，故天人合一”，“为天地立心，为生民立命，为往圣继绝学，为万世开太平”，最终都是为了达到人与自然的和谐统一。自然始终是人类社会生存和发展的物质基础，所以，以农业经济为基础的中国古代社会关注人与自然关系的和谐具有一定的必然性。“乾称父，坤称母；予兹藐焉，乃浑然中处。故天地之塞，吾其体；天地之率，吾其性。民吾同胞，物吾与也。”这就是说，包括人在内的天地万物都是平等共生的。以这种博大的胸襟，视天地万物为一体，平等、整体地观照天地间的万事万物，就形成了中国古代社会特有的和谐文化价值观。

4. 政治和谐

在社会生活领域中，中国古代强调按“太和”之道与和谐思维来规范社会生活，创制各种社会制度和生活礼仪。董仲舒曾指出：“君臣、父子、夫妇之义，皆取诸阴阳之道。”既然天地万物和而有序，人作为万物之一分子，就应纳入这种井然有序的状态之中。社会主要是由人组成的有机和谐系统，人的最大特征就是能“群”、能“分”、能“义”，“故义以分则和，和则一，一则多力，多力则强，强则胜物，故宫室可得而居也。故序四时，裁万物，兼利天下，无它故焉，得之分义也。”正是这种分工合作、规范和礼仪制度，才使整个人类社会达到了高度的和谐统一。

中国传统文化在治国、施政以及处理民族之间、国家之间关系上有着丰富的和谐内容。孟子的“民为贵、社稷次之、君为轻”以及“乐民之乐者，民亦乐其乐，忧民之忧者，民亦忧其忧”的思想，正体现了治国、施政当中的民本和谐。荀子则以“舟水”为喻：“君者，舟也；庶人者，水也。水则载舟，水则覆舟。”以此来表达了同一个意思。在民族之间以及国家之间的关系上，自古就有“百姓昭明，协和万邦”的说法。正如荀子所说的：“四海之内若一家，故近者不隐其能，远者不疾其劳，无幽闲隐僻之国，莫不趋使而安乐之。”中国历史上的“和亲”文化就是中国古代政治家以和谐思想来作为处理民族关系和外交关系的准则，构建民族之间和睦的相处环境的产物。

善于在多样事物中把握平衡、协调、有序的和谐思维方法，是中国哲人们在对天、地、人关系探索和反思的基础上提出来的，是中国传统哲学的主要思维方式。中国古代和谐文化观是指先秦至鸦片战争前中国社会历史上形成的以和谐为思想内核和价值取向，并渗透在思想学说、行为方式、社会风尚、文化产品、思维方式等中的理念。作为中国古代社会的一种普遍精神和灵魂，中国古代和谐文化观内含于不同时期、不同民族的多种文化之中，源远流长，延绵不绝。中国古代和谐文化观首先是一种价值取向，倡导人们自觉形成和睦友好的人际关系及际外关系，实现天、地、人的和谐一致。中国古代和谐文化观具有博大精深的思想内涵，和谐文化观的价值理念和思想精髓，代代相承，历久弥新，具有跨越时空的巨大生命力。以和谐为精神内核的和谐文化观，作为社会整合的精神遗产，是社会主义和谐文化建设的重要思想文化源泉。

二、中国现代文化的和谐

和谐文化是以崇尚和追求和谐为基本价值取向，融思维方式、社会风尚、行为规范、思想观念为一体，反映了人们对和谐社会的总体认识和理想追求。

（一）中国现代和谐文化的特质

1. 指导思想

中国现代和谐文化以马列主义、毛泽东思想、邓小平理论和“三个代表”重要思想为根本指针。马克思主义是共产党人的根本信仰和立党立国的根本的指导思想，是社会主义意识形态的旗帜和灵魂。必须坚持和巩固马克思主义的指导地位，使之在任何时候、任何情况下都毫不动摇，这是关系到党的生死存亡、关系中国特色社会主义前途和命运的重大问题。

2. 本质属性

中国和谐文化的建设和发展必将是以广大人民群众的拥护和支持为依托

的，同时，中国和谐文化还必须要以最广大人民群众的利益为导向，只有这样，才能够更好地调动最广大人民群众的积极性，更好地发展社会主义先进文化。

3. 现实意义

中国和谐文化的建设是一个开放的过程，是一个在吸收人类文明的一切先进成果的过程中不断创新的过程，是一个不断探索的自强不息的过程。中国的和谐文化不应是封闭的，人类一切优秀成果都应成为其发展之路上的参照系，同时又为其提供茁壮成长的食粮。

在当代中国，构建社会主义和谐社会的一项重大的理论和实践课题就是建设与构建社会主义和谐社会相适应的和谐文化，建设社会主义和谐文化的出发点应当是以人民的利益、以关注人民的自身价值和良好发展为目标取向。所以，当代的“和谐”所首要关注的是人的自身价值的实现，是为了实现人的自身价值而关注事物的整体的关联性，其价值取向和目的都是围绕人的价值的实现为基础的。

（二）社会主义和谐文化的内涵

社会主义和谐文化是以社会主义制度为基础，以马克思主义为指导，以社会主义核心价值体系为根本的新型文化形态。

1. 观念形态

社会主义和谐文化集中反映社会主义经济、政治属性，它建立在公有制为主体的社会主义经济制度和人民民主专政的社会主义政治制度基础之上，反映了社会主义发展的方向。一方面，社会主义和谐文化是社会主义先进文化的基本内容和重要组成部分。社会主义先进文化是社会主义发展的精神动力，发挥着主流意识形态的作用。同样，和谐文化的发展也必然推动社会主义先进文化的发展。社会主义先进文化与社会主义和谐文化之间的发展相辅相成。另一方面，社会主义和谐文化是社会主义核心价值体系引导下的文化。社会主义核心价值体系是社会主义基本经济和政治制度的精神生命之魂，在社会主义精神领域起着统摄和领导地位。社会主义和谐文化就是要以社会主义核心价值体系为引导，保证其正确的发展方向，抵制腐朽落后的文化，发展先进健康的文化，推进社会和谐发展。

2. 价值取向

社会主义和谐文化崇尚和谐、追求和谐，是当代中国构建和谐社会过程中激发创造潜能，协调各方利益的精神基础。

首先，社会主义和谐文化是实现人与自然和谐发展的文化。社会主义和谐文化蕴含着人与自然之间的和谐相处，人在创造丰富的物质财富时，要善待自然，充分考虑可持续发展，防止过度掠夺自然所造成的生态危机、环境污染等问题。

其次，社会主义和谐文化是追求人与社会和谐发展的文化。在实现人与社会和谐发展过程中，实现人的发展有助于社会的发展，强调社会的发展也有利于人的发展，人的发展和社会发展之间是互相作用、互相促进的。

最后，社会主义和谐文化是强调人与人和谐相处的文化。社会主义和谐文化就蕴含着人与人之间和谐相处、求同存异、相互尊重、相互帮助。它要求人们以和谐的方式处理冲突、化解矛盾，营造和谐的社会氛围。

总之，社会主义和谐文化是构建社会主义和谐社会的有机组成部分，是构建社会主义和谐社会、实现人的全面发展的文化。

3. 民族基础

社会主义和谐文化是中国特色社会主义的文化。文化是国家与民族的灵魂，集中体现了国家与民族的品格。一方面，社会主义和谐文化是立足中国传统文化基础上的和谐文化。中国传统文化一直推崇“和谐”的文化。儒家认为“礼之用，和为贵”（《论语·学而》）；道家从道的角度力主“天和”，“与人和者谓之人乐，与天和者谓之天乐”（《庄子·天道》）；佛家则力主“心和”，认为心是出世之门户，“心和众生和”。因此，追求和谐是中华民族数千年以来所形成的优良传统。另一方面，社会主义和谐文化是立足中国现实基础之上的和谐文化，是符合中国社会实际的文化。所以，无论从中国文化传统还是从中国社会现实来看，社会主义和谐文化是中国特色社会主义的文化。

总之，社会主义和谐文化是社会主义经济和政治属性在观念形态上的集中反映，体现了构建和谐社会、实现人的全面发展的目标，是中国特色社会主义文化的重要组成部分。

（三）社会主义和谐文化的构成

社会主义和谐文化是一个由先进文化所统领和指导的系统的思想文化体系，包括理论思想层次、理想道德层次、价值认知层次、文化形态层次、文化载体层次。社会主义和谐文化本质上是社会主义和谐社会实践在观念上的反映，是社会主义和谐社会建设的精神支撑。社会主义和谐文化基本内容必须与和谐社会实践相符合，必须与社会主义和谐社会的基本特征相符合，也必须与社会主义和谐社会的内在要求和价值取向相符合。因此，社会主义和谐文化总体上由法治文化、诚信文化和感恩文化组成。

1. 法治文化是社会和谐的秩序保证

法律健全、法制完善是社会正常运作的基础。建立社会主义法治信仰、弘扬法治精神、普及法治观念、培育法治文化，不但是推进依法治国、建设社会主义法治国家的重要内容，也是推动社会发展、构建社会和谐的基本秩序保证和精神指向。

（1）法治文化的基本内涵。法治文化是指体现着法治的精神和理念、原则和制度、运作实践和生活方式，其实质和核心是一种现代人的法文化共识、价值取向和行为方式。法治文化是一个有着鲜明价值判断和价值取向的概念，是一种与“人治”文化相对立而存在的先进文化、进步文化形态，它将引领并主导着现代法治社会的发展进程，是我们需要着力倡导和培育的主流性法律文化①。法治文化构成了和谐社会的基本价值取向和精神追求，在和谐文化中处于主导性地位，决定和影响其他文化形态的发展方向，并服务于其他文化形态。首先，法治文化以其强大的法律权威性制约和支配其他文化的发展方向。作为体现宪法和法律权威性的法治文化，要求将法律的权威，渗透到人们的思维意识、生活方式中去，使尊重宪法和法律不仅成为一种规定，而且成为各种文化形态共同推崇的理念，从而使其他文化形态都沿着法治文化的规定方向发展。其次，法治文化作为一种法律环境和制度基础影响和推动其他文化形态的发展。社会的各个文化形态和思想观念的发展，除了受到精神环境的影响外，主要还要受到法律环境和制度环境的影响。先进的法治文化为推动旧制度的改变提供积极的因素和动力，从而为社会提供良好的法治环境和法治秩序，为其他文化形态提供一个宽松、自由、公正的存在条件和发展环境。

（2）法治文化的逻辑结构。法治文化在精神、制度、行为等不同层面有着不同的性质，它们共同构成法治文化体系的逻辑结构。法治文化在逻辑构成上主要有法治意识文化、法治制度文化和法治行为文化三大部分。法治意识文化是法治文化在精神和思维层面上的体现，决定法治文化的价值方向和精神定位，构成法治文化的思想基础。主要包括：科学性法治意识文化，指人们在社会法治实践活动中产生的对事物的客观认知和科学思考，在法治意识文化中处于核心地位；理念性法治意识文化，指人们运用客观法律知识，根据自己的实际状况和思维能力，对人生观、价值观、世界观进行的法治思考和认识；规范性法治意识文化，指人们在有关法律知识和法律观点的影响下，对社会运行和个人行为作出的评价、规定和要求；约束性法治意识文化，

① 孙育玮.“和谐社会法治文化”命题的理论与实践［J］. 法学，2006（6）.

指人们在有关法律制度和法律观点的制约和要求下所形成的自我认识和自我约束。法治意识文化作为法治文化的精神表达，体现了现代精神文明的建设高度和人们对法治的态度以及接受程度。法治制度文化是法治文化在组织体制、管理机制层面的体现，通过其规范化和制度化的功能对社会建设产生巨大的规划整合作用，是法治文化的核心部分。法治制度文化作为社会的制度形态，主要表现为法律制度和法律规范。任何社会中制度影响总是最主要的环节，将这些良好的法制意识转化为具体法律制度和法律规范是社会建设的重要课题。“一个门类齐全、结构严密、内在协调一致的法律制度体系是文明法治的承载形式。文明的法治形式实质上是一种规范文明关系的制度安排。”[①]法治行为文化是法治文化在人的行为习惯和实践方式层面的体现，其实践效果对整个法治建设起着决定性作用，是法治文化的实践支撑和最终体现。法治行为文化主要体现于法治运行的过程之中，也就是法律的实施和适用过程，其主要内容表现在：立法行为的民主化与科学化，执法行为的文明化与规范化，司法行为的独立化与公正化。在整个法治文化的逻辑结构中，法治意识文化指导定位法治制度文化，法治制度文化规范约束法治行为文化，法治行为文化反映和实现法治意识文化与法治制度文化，它们三者是相互关联、相互推动的和谐统一体。

（3）法治文化的价值理念。培育法治文化就是要在全社会形成自由平等、公正守法的法治精神和权利本位、法律至上的法治观念，为和谐社会提供稳定的秩序保证和正确的精神取向。一是公正价值理念。法律是公正的象征和表达，公正是法律的灵魂和生命。因此，作为法治文化的基本价值理念，公正代表了法治文化的首要价值和最高价值，是法治文化建设的基本价值目标，也是实现和谐社会理想的根本要求所在。二是平等价值理念。平等不仅是法治文化的重要内容和基本理念，而且也是人类社会共同的价值追求。确立和维护平等的价值理念，是现代法治文明的基本标志，也是社会主义法治文化建设的主要内容。三是自由价值理念。自由作为法治文化的一个基本价值理念，指公民和社会团体在国家权力和法律所容许的范围内活动的能力或状态[②]。法律成为保障和扩大自由的工具以及衡量自由程度的标准，而自由也就成为一种法律权利和法治理念。民主、人本、秩序和权利至上等都是法治文化的重要价值理念，它们共同构成了社会主义法治文化的价值取向和精神内涵。

---

① 汪习根，彭真明. 论法治文明 [J]. 社会主义研究，2004（2）.

② 范进学，夏泽祥，秦强. 法治文明论 [M]. 北京：中国经济出版社，2008.

2. 诚信文化是社会和谐的道德基石

社会主义和谐社会是公平正义、诚信友爱的社会，是崇尚道德、文明进步的社会，培育诚信文化是构建和谐社会的应有之义。

（1）诚信文化的历史解读。诚信文化是整个伦理道德体系的核心内容和基本范畴，是中华民族传统美德和文化精髓的传承。中国古代传统文化中蕴含着丰富的诚信思想，其中以儒家、道家、法家最为突出。儒家是中国历史上最早对诚信观给予充分重视并对其在理论上进行系统总结的学派。“信”是儒家历来提倡的为人处世的基本规范和原则。儒家的诚信观体现了对天命和人性的诠释，孔子认为“信”是沟通人际交往、促进人际关系的精神纽带，他要求弟子“与朋友交，言而有信”“信则胜焉”（《学而》），“人而无信，不知其可也”（《述而》）。孟子极力推崇“诚”，他认为：“诚者，天之道也；思诚者，人之道也。”（《离娄上》）道家强调诚信只是个体的精神追求，让人真正领悟道德的含义。法家主张制度化的诚信观，认为诚信是治理国家的关键与根本。商鞅通过“立木取信”来推动改革，管子认为：“诚信者，天下之结也。”（《枢言》）墨子将“信”视为基本社会规范和管理之道，韩非子主张“赏罚敬信”，这都体现了法家诚信理政的观念。

（2）诚信文化的社会功能。首先，现代诚信文化的基础是社会信用体系下人的理性，而不仅是纯粹的情感道德。现代信用体系为人们提供了更为牢固的诚信交往平台，人们通过理性的判断、市场的规范、制度的保障相互兑现诺言、实现信用，保护自身利益、维护社会正常秩序。其次，现代诚信文化是平等主体关系的交往准则，而不是阶级社会等级制度下的狭隘诚信。在当代和谐的社会关系中，每个人的权利都是平等的，都应受到他人的尊重和认可。最后，现代诚信文化是一种普适性的伦理观念，是全人类共同的道德价值追求。人类进入文明社会以来，诚信被抽象为约束、引导、教化人们的伦理观念体系。诚信作为为人处世的基本道德准则和价值观念，弘扬平等自由、公平正义、诚实做人等一些普适性的伦理观念，适用于社会每一个交往主体，在所有个体、群体甚至国家的交往活动中发挥作用。诚信文化不但是和谐文化的重要组成部分，而且是和谐文化的道德核心，在和谐文化中处于基础地位。诚信文化作为整个伦理道德体系的基础，引领着和谐社会的道德风尚，支撑着和谐文化的道德方向，从政府治国理政、市场规范形成、社会公德培育、公民人格塑造等各个方向全面促进和完善和谐社会的建设事业。

（3）诚信文化的表现形式。一是行政诚信文化，就是用诚信文化建立公开、负责的政府管理体系。在和谐社会中，政府诚信是社会诚信的核心。政府作为整个社会的引导者和管理者，指导、牵引着公众的诚信精神，在最大限度上体现和决定社会的诚信程度。诚信政府至少应具备以下几个特征：政府行政公开透明，具备完善的诚信监督体系；政府行政制度化，用制度提高诚信行政的稳定性；政府行政以人为本，用诚信的理念为老百姓办好事、办实事，让人民享有政府执政成果。二是市场诚信文化，就是用诚信文化建设公正的市场秩序和现代企业制度。诚信市场包含两层含义：一层含义是市场体制自身的诚信，就是要正规市场秩序、规范市场管理、公开市场运作，建立健全市场信用和市场契约机制，用法制和规则使市场恪守诚信原则，让社会主义市场经济切实成为促进公平交易、保证平等竞争的有序体制。另一层含义是作为市场主体的企业的诚信。三是公民诚信文化，就是培育全体社会成员的诚信公德。诚信文化不仅仅是个人品德修养的体现，更是一种建立在社会全体公民基础上的公德意识和人文关怀。培育公民诚信文化、培养社会诚信意识是诚信文化建设的主要内容。公民诚信文化其实就是一种大众文化和社会意识，就是要在全社会形成良好的诚信环境和诚信氛围。用良好的舆论宣传营造积极向上的社会风气，用带有诚信因素的文化艺术活动丰富大众的精神生活，这些都是培育、弘扬公民诚信文化的有效途径。

3. 感恩文化是社会和谐的精神纽带

感恩不仅是一种高尚的道德修养，也是一种博大的人生智慧。感恩文化作为中华民族传统文化的精华和西方宗教文化的道德根基，是和谐文化不可分割的组成部分。在构建和谐社会的历史实践中，弘扬感恩文化、培育感恩意识应成为维系人与人、人与社会之间关系和谐的重要途径。

（1）感恩文化的渊源与内涵。感恩文化是一种以感恩为思想内核和价值取向的文化体系。感恩就是指人对恩赐的感激意识和回馈行为，它是人类行为规范的基本体现，也是所有文化中公认的道德规范。

感恩是中华民族的传统美德。感恩文化作为以儒家文化为主导的中国传统文化的重要元素，一直以来受到全社会的推崇和提倡。“知恩图报。”“投我以桃，报之以李。”“滴水之恩，涌泉相报。”这些谚语古训都体现了我国古代追求感恩的社会风尚。儒家将感恩文化体现于“仁爱”思想当中，强调关心人、爱护人、同情人。“四海之内皆兄弟也”（《颜渊》），“仁者爱人，有礼者敬人”（《离娄下》），都体现出对他人和社会的仁爱、友善与感恩之心。儒家还将感恩的对象列为“天、地、君、亲、师”几类，认为“上事天，下事地，尊先祖而隆君师，是礼之三本也”（《礼论》）。墨家提出“兼相爱”思想，也包含着感恩的思想内核。中国传统文化从不同角度揭示了感恩的思想内涵。感恩文化不仅是一种传统美德，而且也是一种人生智慧，是一种为人处世的睿智方式和谦逊态度，教人学会认识自我、理解他人；更是一种社会责任，是为报答他人和社会的恩情所需要承担的责任义务。

（2）感恩文化的特征与作用。感恩文化作为社会普遍追求的价值理念和传统美德，具有以下基本特征：一是实践性。感恩文化不只是一种思想意识和理论形态，更是一种社会实践形式。感恩文化的具体实现过程就是要人们把感恩意识转化为感恩行动、感恩行为，用爱的实践体现感恩的理念。二是自发性。感恩是一种人类内心自发的情感，是带有人类本能意识的道德基准，感恩文化也只有内化为一种人类内心自觉的理念和行为之后才能得以真正实现。三是一般性。感恩的主体具有一般性。感恩的对象范围不能只局限于身边的人，而应该是整个社会和全体人类，甚至包括自然界。四是平等性。和谐社会中的感恩文化应该建立在人与人的平等关系基础上，感恩的主体和客体之间应该通过和谐相处、诚信友爱来实施感恩。

感恩文化是和谐文化的重要组成部分，它对推动社会和谐进程、促进和谐社会建设具有重大意义。首先，感恩文化增进人际交流，促进人与人的和谐。感恩文化要求人们用仁爱、善意、宽容、理解的态度去处理人际关系，要求人们对他人的关心和帮助给予感激和回报，使人们之间情感的交流更为顺畅，关系更为和睦。其次，感恩文化化解社会矛盾，有力推进人与社会的和谐。培育感恩文化，就是要让快速发展的城市感激农村所作的利益牺牲，反哺农业，缩小城乡差距；就是要让经济发达的东南沿海地区感激中西部地区的大力支持，资助西部地区发展，缩小区域差距；就是要让先富群众感激其他人民的无私奉献，全力回馈社会，缩小贫富差距；就是要让领导干部感激人民群众的辛勤劳动，全心全意为人民服务，维护人民利益。最后，感恩文化能树立普遍的社会责任感，促进社会和谐发展。培育感恩文化，使人们懂得自己的美好生活都是社会和他人所赐，有助于树立一种回报意识和社会责任感，更加积极地推动社会发展。

（3）感恩文化的表现与内容。感恩文化并不只是普遍的慈悲心理和感激意识，更需要具体的社会行为去实现。这些感恩行为在不同的环境中，针对不同的对象会体现出不同的形式。

一是孝文化。“百善孝为先”。孝是伦理道德的最根本要求，也是家庭和谐的基本保证。孝文化首先表现为对父母的理解、爱戴；其次表现为孝敬父母、奉养老人，父母养育子女长大成人，之后就需要用爱去回报父母，要让父母拥有一个美满、幸福、充满阳光的晚年；最后表现为立身行道，要把父母的爱化作动力，拼搏进取、建功立业，这是对父母的最大回报，也是孝文化的终极目标。

二是忠文化。忠是“天下大公之道”，不同时代的“忠”有着不同的表现形式。在社会主义和谐社会中发扬忠文化，一要忠诚于党。中国共产党是中华民族的精神支柱，是构建和谐社会的中流砥柱。历史证明，只有中国共产党才能救中国，也只有中国共产党的领导才能实现国家的复兴。因此，忠诚于党就是真正忠于祖国。二要忠于社会主义事业。社会主义给予人民自由和幸福，是实现国家富强和民族复兴的唯一道路。要回报民族、回报祖国，首先要忠于社会主义。三要为国奉献。提高自身素质、发挥自身才能，做有用于国家和社会的栋梁之材是对祖国最大的忠诚。

三是慈善文化。慈善不仅是一种同情心理和施舍行为，也是对社会和他人的感恩。慈善文化就是要让人们回报他人、回报社会，感激社会和人民的帮扶之恩。慈善首先是一个普遍性的互助行为，要树立公正理念，广泛平等地给予他人捐助，不能重亲轻疏；其次，不能将慈善作为富人的专利，而是全社会公民应尽的义务，慈善捐助可以是钱财等物质捐助，也可以是知识等精神捐助；最后，慈善是一个双向感恩的过程，捐助者的慈善行为是对社会、他人的感恩和回报，受助者也应该感激捐助行为，回报社会。

法治文化规范社会秩序，保证社会安定和谐；诚信文化提高个人道德标准，促进人与人之间的坦诚相待、和谐团结；感恩文化使人自身的心灵得到净化，促成人与社会和谐以及人的自身和谐。可以说，这三种文化形态共同体现和谐社会的基本要求，共同促进和谐社会的发展完善，基本构成了和谐文化的主要组成部分。当然，要让和谐文化体系更加完善，使和谐社会理想得以更加完美的实现，还要注重其他一些优秀文化理念的培育。如，生态文化拉近人与自然的交流与沟通，促使人类与自然界的和谐共生；礼仪文化促使人与人之间的相互尊重；谦让文化解决人际间的矛盾和分歧；博爱文化让情与爱打破社会中的冷漠；等等。总之，和谐文化的内容体系是在不断吸收和发展各种优秀文化的基础上完善的，但必须与和谐社会的基本特征和根本要求相一致，并最终不断促进和谐社会理想的实现。

三、现代和谐文化的特征

现代和谐文化作为文化的一种特殊形态，反映着人们对和谐社会的总体认识、基本理念和理想追求，是中国特色社会主义文化的重要组成部分。建设和谐文化，是推进社会和谐发展的必然要求，是构建社会主义和谐社会的重要条件，也是构建社会主义和谐社会的一项基础性工程。通过建设和谐文化，为和谐社会培育必需的社会环境，用和谐文化培育人、塑造人，提升人们的精神境界，引导人们树立和谐的思想观念和思维方式，使和谐的理念成为全社会的重要价值取向，使和谐文化与和谐社会的构建彼此交融、相互促进、共同发展。

（一）一主多元

和谐文化是主张尊重差异、倡导包容、强调协调、主张平衡的文化形态。和谐文化作为包含多样性的文化形态，其多样性并不表明每一个要素在和谐文化形态中的地位和作用是平等的。因为，一个国家、一个民族、一个社会在长期共同的认识和实践活动中，必然会形成一定的价值观念体系，而在这个体系中必然会有居于核心地位、起主导和统领作用的价值体系即核心价值体系，去整合各种价值观念和社会力量，从而形成合力，朝着统一的目标前进，这是一定的社会系统得以运转、一定的社会秩序得以维持的基本精神依托。新社会的诞生往往以核心价值体系的形成为先导，社会的稳定和发展也往往以核心价值体系的确立和完善为支撑。核心价值体系不仅作用于经济、政治、文化和社会生活的各个方面，而且对每个社会成员的世界观、人生观、价值观都施加着深刻的影响。和谐社会建设是一个巨大的社会系统工程，它是把多种多样的社会资源、社会结构，用先进的社会规范组织起来，形成合力，朝着绝大多数人认定的目标前进的社会。而和谐文化能够为和谐社会提供意义系统、奋斗目标、发展手段等，为构建和谐社会提供强大的精神支撑作用。因此，和谐文化是一主多元的文化，“一主”就是指社会主义核心价值体系。建设和谐文化是构建社会主义和谐社会的重要任务，而社会主义核心价值体系是建设和谐文化的根本。建设社会主义核心价值体系，不仅是实现文化自身和谐的关键，也是促进整个社会和谐的中心环节，是社会主义社会发展进步的生命线。

社会主义和谐文化必须正确处理主导与多元、一统与多样的文化关系，做到多元归于一统，一统包含多元，把主导文化与多元文化结合起来。坚持以社会主义核心价值体系引领社会思潮，最大限度地形成社会思想共识。发展多元文化可丰富和发展马克思主义文化观，促进马克思主义文化观随着历史的发展而不断表现为当代形态，最终形成多元文化之间的吸收和融合，共同创建社会主义和谐文化。

（二）推陈出新

中华传统文化是一个宝库，蕴藏着无数的精华，它对于中国人民的历史发展曾经起到过重要作用，今后还将继续发挥重大作用。对于中国传统文化，一定要扬弃地继承，必须具有科学的态度，继承其精华，舍弃其糟粕，而不能全盘照搬照抄。继承传统，不能仅仅停留在古代的水平和受时代的局限，一定要推陈出新，革故鼎新。要树立与时代进步潮流相适应的思想观念、价值取向和行为方式，不断创新观点、文化和理论，加快社会主义和谐文化的建设步伐。要根据时代的特点，有所创新，有所发展，有所突破，实现和谐文化的繁荣。

（三）中西融合

和谐文化是开放的、面向世界的文化，是现代化的文化。在广泛开展的国际文化交流与合作中，要坚持以中为主，为我所用；同时，要有战略眼光和宽广胸怀，博采众长，吸收、消化外来先进文化，使其熔铸于和谐文化的构建实际之中来，在此基础上创造出现代化水平更高的和谐文化，使之在人类文化发展史上放出异彩。要充分借鉴人类创造的一切文明成果，博采众长，使和谐文化建设更好地体现时代性、把握规律性、富于创新性。

（四）实事求是

在和谐文化建设中，必须坚持实事求是的原则，这是保证指导思想的科学性的必由之路。要引导人们坚持运用辩证唯物主义与历史唯物主义的立场、观点和方法来研究问题和解决问题，正确把握社会发展的规律和特点，防止思想上的片面性和行为上的偏激性。要善于从改革发展的伟大实践中开掘出新的精神因素，提炼出新的思想精华，从实际中来到实际中去，循序渐进，夯实基础，切实有效地开展和谐文化建设。要以解放思想和实事求是相结合的科学态度、科学精神、科学方法来了解、研究构建和谐文化，提出具体方案和实施办法。以科学发展观指导和谐文化建设，坚持以人为本，充分发挥构建和谐文化的主体，即人的积极性、主动性和创造性，使和谐文化具有正确的方向，确保和谐文化建设取得丰硕的成果。

（五）民主法治

加强社会主义民主政治建设，发展社会主义民主，实施依法治国的方略，建设社会主义法治国家，是我国对民主法治建设的总要求。社会主义和谐社会与民主法治建设既离不开政治制度保障，也要有与之相适应的政治文化基础。这种政治文化必须以社会成员的正义的政治感情、合理的政治动机、宽容的政治态度、忠诚的政治信仰和领导阶层的公正无私的政治情怀、执政为民的服务理念、依法办事的执政程序以及为民负责的政治信仰作为主要内容。和谐文化就是民主和法治融合在一起的时代文化，社会主义和谐文化建设要继承、发扬民主法治精神。民主是和谐文化的灵魂与旗帜；法治是和谐文化的基础和保障。民主和法治辩证统一、互相依存、互相联系、互相促进、互相转化。

第三节　社会主义和谐文化的构建

社会主义和谐社会是集经济、政治、文化和社会“四位一体”的有机整体，要实现整个社会的真正和谐，需要统筹兼顾，在人与自然、人与人、人与社会、人与自身的各个系统中，以和谐为价值取向，实现自然界的生态平衡、社会的友好和睦、个人的全面发展，从而形成一个全体人民的各尽其能、各得其所而又和谐相处的生动局面。

一、社会主义和谐文化的基本特征

社会主义和谐文化是在当代中国建设和谐社会时期所提出的文化样式，与中国传统和谐文化不同，也与西方文化相区别，具有其自身的鲜明特征。

（一）主要观点

关于社会主义和谐文化的基本特征，主要有以下几种观点。

一是“内容说”。即从“和谐”内容入手，概括和谐文化的特征。刘耀霞认为，和谐文化应当是具有尊重差异、倡导包容、强调和谐、主张平衡和一主多元等特征的文化①。这种观点突出了“和谐”的特征，但是对和谐文化的社会主义特征关注不足，容易造成传统与现代的混淆。

二是“性质说”。在关注和谐文化“和谐”内容的同时，强调它的社会主义性质。有学者认为，社会主义和谐文化的特征有：它是社会主义性质的文化；它崇尚和谐、追求和谐；它主张和而不同、尊重差异、包容多样；它的核心要求是坚持以人为本②。这些观点概括了和谐文化的主要特征，但没有反映和谐文化的传承性特征。

三是“属性说”。从文化的某种属性出发，有学者认为，社会主义和谐文化具有民族科学大众的，面向现代化、面向世界、面向未来的特征。有学者也认为，社会主义和谐文化具有先进性、时代性、现实性、民族性、继承性、实践性、前瞻性、容纳性、人民性的特征。黄明哲认为，和谐文化的特征是：

---

① 刘耀霞．论和谐文化的基本特征［J］．求实，2007（5）．

② 教育部邓小平理论和“三个代表”重要思想研究中心．社会主义核心价值体系是建设和谐文化的根本［J］．求是，2007（17）．

主导性、现代性、层次性、动态性、竞争性、世界性[①]。这些观点强调和谐文化的某些属性，却忽视了和谐文化的文化特性。

四是“综合说”。郭宇光把社会主义和谐文化的基本特征概括为10个方面：本质属性（社会主义性质的文化）；价值取向（崇尚和谐、追求和谐）；目标定位（培养“四有”公民）；基本理念（民族性、科学性、大众性）；时代特征（面向现代化、面向世界、面向未来）；鲜明个性（和而不同、尊重差异、包容多样）；核心要求（坚持以人为本）；前提条件（文化自觉）；发展途径（以先进文化为引领）；理论品格（以实践为基础，与时俱进）[②]。这种观点对和谐文化特征的总结比较全面，深化了对和谐文化特征的认识。

总之，研究社会主义和谐文化的基本特征，应当包括三个方面：一是要突出和谐文化的“和谐”特征，即文化品性和独具特色的个性；二是要强调它的民族性、时代性、先进性、开放性和未来性特征，即考量和谐文化的“时空坐标”；三是强调它的社会主义性质，即社会主义和谐文化的本质特征。

（二）主要特性

1. 目的性与工具性

社会主义和谐文化蕴含着“以人为本”的价值理念，追求人与自然、人与社会、人与人以及人自身的和谐，其最终指向是社会和谐、人的自由全面发展。它以人为主体，尊重人、重视人的价值抉择，坚持为人民服务的价值取向，把广大人民群众的根本利益作为社会主义和谐文化构建的出发点和归宿点，同时也把广大人民群众的根本利益作为衡量价值的最高标准。因此，社会主义和谐文化，无论作为和谐社会中的重要组成部分，还是其自身的目标性，都具有鲜明的目的性。社会主义和谐文化是崇尚和谐、追求和谐的文化。在一个社会中，它是社会内部各种要素之间，结构均衡稳定、运行安全有序、自主有效应对环境变化的一种良性整体状态。社会主义和谐文化具有明显的工具性。社会主义和谐文化也是在构建社会主义和谐社会所需要的具体方法和措施，它既蕴含着未来的发展，又符合现实的状况，实现了目的性和工具性的有机统一。

2. 一元性与多元性

在当代中国，一方面，东西文化的交流使文化呈现出多元化的纷繁复杂性；另一方面，国内所有制结构的多元性决定了社会的利益格局的多元性，

---

① 黄明哲．和谐文化建设论纲［J］．上海市社会主义学院学报，2007（3）．

② 郭宇光．论社会主义和谐文化的科学内涵和基本特征［J］．高校理论战线，2007（5）．

处于不同所有制形式中的人各有其不同的价值文化需要和利益追求。同时，市场经济的发展为多元价值文化的发展提供了存在前提。中国民族文化的多样性增加了文化层次、文化类别、文化形式的多样性。因此，社会主义和谐文化是一种多元文化和谐相处的文化，具有多元性或多样性。从文化性质而言，既有社会主义性质的文化，也有共产主义文化的萌芽；从文化层次上看，既有先进的高雅文化，也有健康的大众文化；从文化载体上看，既有社会专业文化，又有社会实体文化，如社区文化、企业文化等。

社会主义和谐文化崇尚和谐、追求和谐，在文化取向上表现为多元性，它是包含多样性的文化形态，在文化导向上则体现为指导思想上一元性，或者说以社会主义核心价值体系为根本的主导性。社会主义核心价值体系能够增强中华民族的凝聚力，提高中华民族的创造力，扩大中华民族文化的影响力。因此，要坚持社会主义和谐文化中社会主义核心价值体系为根本的主导性或一元性。社会主义核心文化既具有多元性，又具有一元性，是指导思想的一元性与文化形式的多样性的有机统一。社会主义和谐文化在重视社会主义核心价值体系一元主导性的基础上，承认差异、尊重差异、倡导包容，重视发展多姿多彩的文化，以社会主义核心价值体系引领社会思潮，实现传统文化、现代文化、通俗文化、高雅文化等各种样式的文化协调发展。

3. 继承性与创新性

每一种文化都是在长期的历史发展过程中形成的。从社会主义和谐文化的继承性来看，首先，它批判地继承了中华民族优秀文化传统中的“和”文化。几千年来，中华民族始终强调与人为善，提倡和谐相处，讲究团结互助，追求天人和谐、人际和谐、身心和谐。社会主义和谐文化自然要吸收民族传统“和”文化的精髓。其次，社会主义和谐文化是批判地继承其他民族文化传统中相关思想的文化。社会主义和谐文化需要吸收和借鉴其他民族传统中的优秀文化成果，深刻认识我国传统文化和外来文化中的现实价值，继承和弘扬其优秀成果，在历史提供的高起点上发展出高层次的和谐文化。

社会主义和谐文化是社会主义市场经济和现代化建设的客观反映，彰显改革创新的时代精神。社会主义和谐文化在社会主义现代化建设实践活动中有所创造、有所更新。人类文化的形成和发展离不开创新，创新也是社会主义和谐文化形成和发展的源泉。社会主义和谐文化是在继承中外和谐文化成果的基础上发展起来的，只有坚持把继承与创新有机结合，才能切实发展社会主义的和谐文化。

4. 普世性与特殊性

社会主义和谐文化坚持以人为本，把实现人的全面发展作为目标，从人民群众的根本利益出发谋发展、促发展，不断满足人民群众日益增长的物质文化需要，最充分地调动人民群众的积极性、主动性和创造性，使全体人民学有所教、老有所得、病有所医、老有所养、住有所居，最大限度地激发人的主体性、能动性和创造性，从而实现人的全面发展，促进社会和谐。社会主义和谐文化内涵的以人为本思想，符合当今现代社会的发展潮流，具有普世性。

社会主义和谐文化具有特殊性。它是以社会主义核心价值体系为根本的文化，它一方面吸收了中国传统优秀文化的精华，另一方面又借鉴其他外来文化的优秀成果，反映了当今先进生产力发展要求，符合当代中国人民群众根本利益。社会主义和谐文化既具有符合当今世界所追求的以人为本的普世价值的特性，又具有当代中国特色社会主义文化发展的特殊性，既反映了当今世界优秀文化的发展方向，也彰显了当代中国先进文化的前进航向，是文化发展中世界性与民族性的有机统一。

二、社会主义和谐文化建设的原则

社会主义和谐文化是多元统一、协调有序、充满活力、大众共享和兼容共生的文化，它对建设和谐社会起着理论统领、价值诉求、思想引导、行为规范、认识评价、理想定位、人文教化、解决矛盾、凝聚人心等积极作用。建设和谐文化，既是构建和谐社会的重要内容，又是构建和谐社会的必要条件。建设和谐文化，既要继承和发扬中国传统文化的精华，又要借鉴和吸收世界优秀文明成果；和谐文化既要创新，又要积极倡导和谐的价值取向，为和谐世界提供思想武器。

（一）坚持紧迫性和有序性的统一

建设和谐文化有着现实的必然性与紧迫性。随着文化与经济、政治相互交融、相互渗透，文化越来越成为民族凝聚力和创造力的重要源泉、越来越成为综合国力竞争的重要因素。建设社会主义和谐文化是全面建设和谐社会的重要内容。中国特色社会主义作为人类历史上崭新的社会形态，是以经济建设为重点的全面发展的社会，和谐文化建设要把紧迫性和有序性统一起来。这是因为：第一，文化建设本身是一个历史过程。无论是经济、政治，还是文化的发展，都是一个永无止境的过程。因而必须按照文化发展规律，循序渐进地推进和谐文化的建设进程。第二，我国正处在深刻的社会转型过程中，即从城乡二元经济结构向现代社会经济结构转变，从传统农业社会向工业社会转变。文化作为经济、政治的反映，必然要随着经济社会的发展逐步发展。

第三，文化发展最终要体现在人的发展上。在价值层次上，和谐价值观应该建立在公正、安全、和平的社会环境之上，使人享受到法定的个人权利；在制度层次上，和谐文化发展应该为人的发展逐步提供与市场经济体制、民主政治体制、社会自治体制等相适应的和谐的制度环境。

（二）坚持一元化与多样化的统一

和谐文化建设的指导思想必须是一元的，必须坚持以马列主义、毛泽东思想、邓小平理论、“三个代表”重要思想和科学发展观为指导。和谐文化建设的内容和形式应该是丰富多彩的，要尊重差异、包容多样。没有指导思想的一元化，和谐文化建设就会失去正确方向和生命力。没有内容和形式上的多样性，和谐文化建设就会单调、凋零、枯竭，失去吸引力和感召力。只有把文化指导的一元化和文化建设的多样性统一起来，才能推进和谐文化建设蓬勃发展。

建设和谐文化需要构建“一主多元”的文化格局。“一主”在文化建设中居于统领地位、起主导作用。“多元”是文化上的多元化、社会意识形态上的多元化。用“一主”统领多元文化的前进方向，使现阶段存在的众多不同文化成为发展目标明确、相互包含、结构合理、和谐不悖的社会主义先进文化。和谐文化应当是尊重差异、倡导包容、强调和谐、主张平衡和一主多元的文化，为构建和谐社会奠定强大思想基础，提供正确价值取向，奠定坚强的道德支撑，提供强大的整合力，成为维护社会稳定的重要力量。

（三）坚持理性思考与价值的统一

建设和谐文化必须把理性和价值结合起来。理性关注和解决的是实然问题，而价值关注和解决的是应然的问题。和谐文化必然是科学的、理性的文化，具有严格的科学内涵、科学精神和科学方法，能够为人们提供真理性的知识；同时，它又是具有正确价值观的文化，能够为人们提供一种正确的价值观和整套合理的、先进的价值体系。和谐文化建设的核心在于坚持以人为本，把满足人的全面需求，促进人的全面发展，关心人、尊重人、发展人作为根本的出发点和落脚点，围绕人们的生存、享受和发展的需求，提供充足的文化产品和服务。

倡导和谐的思想观念和价值取向，在全社会崇尚和谐的价值取向。通过对和谐的肯定评价和相应的奖惩褒贬，形成以尊重和实践和谐为荣，以背离和破坏和谐为耻的社会风尚。要建立健全各种制度体系以及法律规范、行为准则、道德标准、长效机制等。要建立共创和谐的长效机制，培育和建设和谐文化，促进和谐社会建设必须建立起全社会能够认同的社会规范，包括凝聚和约束社会成员的理想信念、价值取向、法制意识和理想道德等方面的长效制度。要把和谐文化培育与建设同法制建设结合起来，建立以文化育人与依法治人、以法治国相结合的法律道德机制；要把和谐文化培育与建设渗透融入社会行政管理与生产、流通、交换、消费、分配和各项社会生产生活等各项活动中去，使和谐文化培育和建设体现在日常社会管理之中和人们日常生活行为之中；要把和谐文化培育与建设同市民公约、乡规民约、职业道德规范结合起来，使和谐文化的培育与建设变成公众的自觉行动；要把和谐文化培育与建设同法律监督、行政监督、社会监督、群众监督等机制建立结合起来，形成有利于和谐文化培育与建设的长效监督机制。

三、社会主义和谐文化建设的对策

和谐文化是与社会主义和谐社会相适应的和谐理念与和谐精神，建设和谐文化，要以社会主义核心价值体系建设为根本，以促进和谐社会建设进程为目标。

（一）社会主义和谐文化建设的观点

关于社会主义和谐文化建设的路径选择，目前理论界主要有以下几种观点。

1.“系统工程”说

有学者根据社会系统论的方法，从哲学、经济、政治、社会、文化、环境、实践创建等方面，揭示社会主义和谐文化建设的路径依赖：一是构建当代形态的马克思主义和谐哲学，即和谐文化建设的基础工程；二是形成和谐发展的社会环境，即和谐文化建设的综合工程；三是筑牢和谐文化的思想道德基础，即和谐文化建设的核心工程；四是在实践中共建共享和谐文化，即和谐文化建设的载体工程。

2.“总体布局”说

闫纪建认为，社会主义和谐文化建设是一个庞大的社会工程，面临的问题繁多，需要解决的矛盾重重，应当精心规划总体布局。加强党和政府的领导是社会主义和谐文化建设的政治保证，加快文化创新是社会主义和谐文化建设的根本要求，繁荣文艺是社会主义文化建设的文化生态保障，发展文化产业是社会主义和谐文化建设的重要支柱，培育新型文化业态是社会主义和谐文化建设的新阵地①。

---

① 闫纪建，等. 社会主义和谐文化建设论纲［M］. 开封：河南大学出版社，2009.

3. “文化时空”说

有学者认为，和谐文化作为一种文化范畴，理应从历时、共时与现时的维度中定位其发展路向，在时间、空间与实践三个维度上完善自身的有机结构体系。一是历时性研究，抽象继承中华民族优秀的传统文化；二是共时性研究，融合世界优秀文化之精华；三是现时性研究，实现依附性和独立性的统一。历时性维度研究侧重于文化的古与今，解决的是文化的继承与传递问题；共时性维度研究侧重于文化的中与西，解决的是文化的学习与借鉴问题；现时性维度研究侧重于文化的虚与实，解决的是文化的导向与现实契合问题。

4. “机制保障”说

刘云山认为，建设和谐文化要建立基础机制、整合机制、均衡协调机制、可持续发展的机制。基础机制是社会主义和谐文化始终保持先进性的基本要求；整合机制是实现和谐政治、经济、社会和文化“四位一体”目标体系的内在要求；均衡协调机制是实现和强化社会主义和谐文化社会功能的客观要求；可持续发展机制则是建设社会主义和谐社会的客观需要①。

还有学者认为，社会主义和谐文化建设，一是造就有利于和谐的引领机制，二是建立有利于和谐的激励机制，三是形成有利于和谐的宽容机制，四是激发有利于和谐的补偿机制②。

（二）社会主义和谐文化建设的方法

构建社会主义和谐社会，既需要雄厚的物质基础、可靠的政治保障，也需要有力的精神支撑、良好的文化条件。和谐文化是以和谐作为基本价值取向的文化形态。对和谐观念的打造，需要在设计、确认和普及等环节上下功夫。“设计”是指要设计出一套适应时代、内容全面、价值一律、言简意赅、上口好记的和谐观念体系；“确认”是指这套观念要有道理可陈，经得起推敲，令人信服；“普及”是指要设法让所有大众都了解它、认可它，成为他们的共同观念。制度的约束激励机制决定着绝大多数人的价值取向与行为选择，从而也决定着现世的和谐状况与水平。因而，对和谐制度的打造是打造和谐文化的重点。和谐制度就是公正合理的制度，其建构的一般进程，总是首先依据民意建立起一个基本公正、合理的社会制度，即大致平等、大致公平、大致正义的社会制度，再向更公正、更合理的社会制度一步一步地摸索、迈进。目前，中国既是一个向市场经济、民主政治转型的国家，也是一个后发

---

① 刘云山. 建设和谐文化巩固社会和谐的思想道德基础［N］. 人民日报，2006－10－24（2）.

② 郑湘娟. 谈和谐文化建设［J］. 宁波党校学报，2006（6）.

展国家，要全面建立高水平的公正合理的社会制度体系，就应先收集世界上在市场经济和民主政治方面取得成功的先发展国家的不同类型的制度体系进行分析比较，然后找出其中最公正合理的制度样本来加以模仿、移植和改进，从而形成自己的高水平制度体系。

1. 坚定方向

一个社会，只有确立和培育统一的价值目标和价值标准，才能使人们在行动上保持一致，从而使社会和谐发展。社会主义核心价值体系代表了中国特色社会主义社会的主流价值，提供了和谐社会建设所需要的文化认同和价值目标。因此，建设社会主义核心价值体系，夯实中国先进文化的主导地位，能够在全社会取得广泛的文化认同，增强社会成员的归属感和向心力，促进社会共同体的团结和稳定。建设社会主义核心价值体系，最根本的就是坚持马克思主义的指导地位。要紧紧围绕实现中华民族伟大复兴这一目标，注重宣传教育、示范引领、实践养成相统一，注重政策保障、制度规范、法律约束相衔接，使社会主义核心价值观融入人们生产生活和精神世界，激励全体人民为夺取中国特色社会主义新胜利而不懈奋斗。一方面把培育和践行社会主义核心价值观融入国民教育全过程，另一方面把培育和践行社会主义核心价值观落实到经济发展实践和社会治理中，形成有利于弘扬社会主义核心价值观的良好政策导向、利益机制和社会环境。

要把践行社会主义核心价值观作为社会治理的重要内容，融入制度建设和治理工作中，形成科学有效的诉求表达机制、利益协调机制、矛盾调处机制、权益保障机制，最大限度增进社会和谐。要把社会主义核心价值观贯彻到依法治国、依法执政、依法行政实践中，落实到立法、执法、司法、普法和依法治理各个方面，用法律的权威来增强人们培育和践行社会主义核心价值观的自觉性。注重把社会主义核心价值观相关要求上升为具体法律规定，充分发挥法律的规范、引导、保障、促进作用，形成有利于培育和践行社会主义核心价值观的良好法治环境。

2. 尊重差异

和谐是建立在事物的多样性的基础上的。当前，和谐文化建设面临着两个现实。一是世界多样性的现实。随着信息高速公路的建设和全球性互联网的开通，各国家各民族已冲破文化壁垒，进行大融合大交流，出现了超越民族的区域的等本土文化的文化认同和价值认同，形成了文化全球化的世界文化发展趋势和“西强东弱”的世界文化格局。世界文化状况又有其文化多样性的趋势，各国开始尊崇本国本民族的历史传统、习惯、信仰、价值观，强化民族文化的认同和自豪感，以保持民族的独立性。二是国内社会多样性。

随着改革开放及其社会的转型，经济成分、组织形式、就业方式、利益关系和分配方式呈现多样性。人们思想活动的独立性、选择性、多变性和差异性明显增强，各种思想日趋活跃，各种观念大量涌现，传统文化与现代文化交织，本土文化和异域文化并存，精英文化和大众文化共生，各种宗教与无神论同在。因此，文化建设面临的是世界多样化、社会生活多样化和文化形态多元化的时代，必须面对差异，承认差异，尊重差异。

强调作为国家意识形态和时代主旋律的主导文化对社会成员的价值标准、思维方式、行为规范的引导作用，并不是要否认文化的多样性。文化的多样性具有两方面的内涵：一是指一个国家内的不同阶层、不同地域的人或不同利益群体在理想、信仰、人生观、价值观、道德观、精神文化需求等方面的多样化；二是指突破国家限制，在不同的时代和不同的地方，文化有不同的表现形式。尊重文化多样性，就是尊重不同人们的生活方式和现实形貌，尊重不同文化的历史传统和文化精神。在构建和谐社会与和谐世界的进程中，应以开放的姿态容纳多样文化，允许多样文化的沟通与繁荣。

主张多样性并不是排斥主导性，而是需要主导性的引领。在尊重差异中扩大社会认同，在包容多样中增进思想共识，是文化和谐与发展的一个法则，如果整个社会不能确立起一个统一的理想信念和价值导向，多样化的文化就无法在主导性文化的引领下达到整合与和谐。构建和谐文化，就是要坚持中国先进文化的前进方向，并用它引领多元文化的健康发展，在国内实现先进文化主导下的文化和谐，推进文化建设的新高潮，激发全民族文化创造活力，提高国家文化软实力，在国际上不断增强我国的文化竞争力。

3. 倡导包容

文化的包容精神包括宽容精神和融合精神两方面。宽容是对异质要素的容忍和认同，融合则是通过与异质交流、竞争、共存、共生，通过对自身的扬弃，对异质要素的批判吸收，形成更加优秀的事物。中国传统文化中本身就持有厚德载物、兼容并包的文化态度。历来主张与周边民族和谐共处，提倡“亲仁善邻”。《论语·颜渊》提出：“远人不服，则修文德以来之，既来之，则安之。”《尚书·尧典》说：“百姓昭苏，协和万邦。”汉民族从服饰、器物、物种、生活方式、词语各方面广泛吸收了周边民族的成就。中华民族极强的民族融合力，得益于中华民族深厚的和谐文化，充分体现了传统文化中的包容精神。和谐文化应坚持包容精神“兼容并蓄”“宽容海涵”的胸怀，尊重现实的多样性，强调“和而不流”“和而不同”。充分挖掘传统文化的深厚资源，倡导包容的心态和宽宏的气度，以博大的胸襟和风范，容忍和接纳不同思想观念和文化背景的人和事物，有利于人们正视矛盾、化解矛盾，最终达到共存共荣的境地。

4. 强调协调

和谐表达的是一种关系，尤其是事物多要素之间的协调关系。因此，以和谐为基本价值取向的和谐文化强调协调。一是要搭配适度。要素多样并不是说要素越多越杂越好，而是搭配要适当，使其比例符合孔子说的“中庸之道”。这给建设社会主义和谐社会提供了重要的方法论。二是要各得其所。多种要素整合在一起时能发挥各自的作用，并与其他要素形成互补。“万物负阴而抱阳，冲气以为和。”说的就是不同要素具有不同的质、能和效用，相互之间取长补短，形成各种组合和互补优势，从而提高事物的活力和效用。和谐文化要求在处理问题时不可偏执一端，做到刚柔相济、宽猛相济、张弛互补。体现在和谐社会建设中，就是要坚持互相借鉴、互相促进、共同提高，充分发挥和谐文化的调节与整合作用。三是要协同运动。这主要是指系统内要素的自变幅度与系统整体的变化要协调。如果要素的变化超出系统稳定性的承受能力，就会引起诸要素之间的摩擦与冲突，甚至导致整个系统的震荡和瓦解。因此，和谐社会的构建尤其要注重社会各要素的变化与社会整体变化的平衡。

5. 主张平衡

和谐作为事物发展的一种状态，在宏观状态上表现为相对稳定的力量的平衡，这是事物内部矛盾达到统一的状态，是事物内部多要素之间的力量平衡。事物内部相和谐的要素都有着顽强的生命力，都是现实的存在，以保持多样统一、各得其所、协同运动。按照现代系统论，就是和谐系统中的离散力和结合力的彼此平衡。离散力是要素自由度、自主性的表征及独立分开的倾向，结合力是系统约束能力的表征及要素间接近、凝聚的倾向。只有离散力和结合力彼此平衡，和谐系统才能维持稳定的状态。所以，和谐文化要求事物中的各个要素必须与事物整体协同运动，以达到事物的平衡状态。这就要求强调公平合理，坚持利益均等、机会均等的原则，统筹协调各方面利益关系，解决发展不平衡、分配不均衡问题，切实维护和实现社会公平正义，努力形成全体人民各尽其能、各得其所而又和谐相处的社会局面。

第四节　和谐社会的文化生态建设

和谐文化对和谐社会建设起着理论统领、价值诉求、思想引导、行为规范、认识评价、理想定位、人文教诲、化解矛盾、凝聚人心等积极作用。社会主义和谐文化是以社会主义制度为基础，以先进文化为指导，与中华民族和谐传统相承接、与和谐社会要求相吻合的思想文化体系。建设和谐文化，是推进社会和谐发展的必然要求，是构建社会主义和谐社会的重要条件，也是构建社会主义和谐社会的一项基础性工程。

一、构建和谐社会的文化氛围

构建健康向上、协同进步的文化体系，营造和谐的文化氛围，提升人们的文化精神，使之拥有良好的精神风貌、振奋的精神状态、高尚的道德情操，是建设文明法治、稳定和谐、谅解宽容的和谐社会的有效途径。

（一）制定文化科学发展的战略

新形势下我国文化建设面临着新情况、新问题，在更加开放的环境中建设中国特色社会主义文化，必须逐步深化对文化的内涵和功能的认识，把文化建设放到一个突出的位置，制定文化发展战略，充分发挥文化对经济社会发展的牵动和支撑作用。战略性的文化建设总是根据自身的特点和具体情况，求真务实，使之自成系统，别具风格。只有领导者、管理者对文化在社会发展和经济建设中的重要意义认识到位，制定适合本地区、本单位实际的发展战略，创造和谐的文化氛围，才能真正发挥文化在和谐社会建设中的促进作用。

（二）建立健全新型的文化体系

文化体系是指不同文化形态或不同文化要素之间，相互联系、相互作用而形成的有机整体。一些相关的文化复合体集合起来便形成一个文化体系。精神文化内核是从人民群众的文化实践中升华、提炼、凝聚而成的文化精华，是一种时代精神，它从根本上决定了一个国家或地区的文化行为和发展方向。先进文化在“提升社会文化品位，树立社会文化形象，增强文化竞争力”等方面发挥着重要作用。这种先进的文化必然是吸收人类创造的文明成果，不断丰富发展的开放、兼容文化的集合；必然是促进人与社会的全面发展，满足人民群众多层次的精神需求、与先进生产力的发展相适应的先进文化，也就是以马克思主义为灵魂，以科学理性精神、人文价值精神为支柱的现代精神文化体系。

传统文化、地域文化、现代城市文化、外来文化的冲突与融合是现代社会的显著特点，文化的凝聚力、感召力和创造力是千金难求的，而文化建设要靠长期的历史文化积淀。人类文化正面临着全方位的深刻革命和创新，由科学文化走向生态文化，人与自然环境和谐相处的文化，它代表了人与自然环境关系演进的潮流，它的出现引发了一系列的变革：一是价值观的革命，即用人与自然和谐发展的价值观代替人统治自然的价值观；二是世界观的革命，即用尊重自然、敬畏生命的哲学，代替人类中心主义哲学，用关于事物相互作用、相互联系的生态世界观代替机械论、元素论。这种趋势必将对整个社会和谐发展产生深刻影响，也是建立和形成新的文化体系不可忽视的重要因素。应坚持“百花齐放，百家争鸣”的方针，让传统文化与现代文化、本土文化与外来文化、雅文化与俗文化和谐相处，各领风骚。在大胆借鉴和吸收一切人类文明的优秀成果、开阔视野的基础上，大力弘扬民族精神；在吸收外来文化的同时保持自己民族文化中的核心价值观。通过突出地方特色，发掘潜在优势，建设高品位的现代文化，坚持经济建设、文化建设统筹兼顾，满足群众需求，夯实发展基础。

（三）营造和谐的现代社会风尚

社会风尚是一定时期社会普遍存在的风气，反映了人们生活的整体风貌和社会发展的整体状况。营造和谐的社会风尚，既是构建和谐文化的基础和前提，也是加强和谐文化建设的目标和任务。目前，我国社会不和谐的一个突出表现，就是部分社会成员道德失范、诚信缺失、文明程度较低。因此，应该把加强公民道德建设作为构建和谐社会的基础工作和建设和谐文化的中心环节，摆在重要位置。要着眼于增强公民的社会责任意识，积极引导人们正确处理国家利益、集体利益和个人利益的关系，自觉履行社会职责和法律义务，做一个对国家、对人民、对社会负责任的公民。要着眼于促进人际和谐，大力弘扬奉献社会、遵纪守法、见义勇为、扶正祛邪的良好风尚，倡导诚信为本、操守为重、守信光荣、失信可耻的信用观念，形成男女平等、尊老爱幼、扶贫济困、礼让宽容的新型人际关系。要着眼于促进人与自然和谐，引导人们牢固树立节约资源、保护环境的意识，树立科学发展、可持续发展的观念，推动整个社会走上生产发展、生活富裕、生态良好的文明发展道路。

1. 营造和谐社会风尚的主要途径

通过多种大众媒体及其传播方式，深入宣传尊重劳动、尊重知识、尊重人才、尊重创造以及尊重人格、尊重个体、关爱弱者、伸张正义、维护公平、保持公正等理念和典型；深入宣传社会和谐、民族和谐、城乡和谐、阶层和谐、群际和谐、人际和谐的价值和意义，使尊重、理解、文明成为社会氛围的基调。同时，还可借助文学艺术作品等所特有的功能，作用于人的精神世界，引导人们的精神消费，满足人们的精神需求和审美需求，调节人们的情感和心理，促进全体社会成员人格、意志、品格的完善，形成积极、健康、包容、宽容的心态，为和谐社会营造良好的心理基础和社会氛围。从现实运转形式来看，思想教育、道德实践、制度保障是营造和谐社会风尚的重要途径。

（1）思想教育。提高人民整体素质，改变社会整体风貌，主要靠教育。在和谐文化建设中，要卓有成效地开展思想道德教育，应着重抓好两方面的内容：一是进行社会主义道德规范教育，形成维系社会主义和谐社会的精神纽带和道德风尚；二是进行道德理论的教育，使人们自觉把道德原则与规范上升到价值观念的高度，从而内化为人们的思想观念。

（2）道德实践。道德实践是将一定的社会理想、道德规范转化为人们的道德品质的必要途径。通过人们的道德实践，使价值观念与道德规范渗透到社会全体成员的日常工作生活之中，成为营造和谐社会风尚的强大力量。

（3）制度保障。在和谐文化建设中，应建立起道德评价、惩戒和监督机制，使公民道德规范化和管理制度化，从而把人们外在的道德规范转化为内在的道德约束，用道德他律推动道德自律，培养文明行为，抵制消极现象，促进形成和谐社会的新风尚。

2. 营造和谐社会风尚的主要策略

在全球化的境遇以及社会主义市场经济的发展进程中，我国社会呈现出利益、价值和生活等多元化现象，传统价值观、西方价值观、市场化的生存方式不断冲击着人们的思想与行为。营造和谐的社会风尚，建设和谐文化，必须进行价值整合与道德重建。

（1）发挥价值整合与道德建设的作用。价值整合就是根据一定的价值目标，从特定立场或维度出发对现实存在的多种价值给予主观赋值与客观比较，并进行取舍、调整和重组，使其在整体上和谐有序，与社会发展的方向一致。价值整合与道德重建是相互促进、协调一致的。其作用主要表现在：一是维护社会稳定，为构建社会主义和谐社会营造和谐的社会风尚与良好的社会环境。以主导价值观为指导的社会道德，是人们在社会生活实践中，为维持正常的生活、生产秩序而逐步形成并共同遵守的规范。以主导价值和道德观念来引导与规范人们独立性与多样性的思想观念和价值判断，可以促进整个社会形成尊重差异、崇尚和谐的社会风尚与生活环境。二是增进社会文明，推动和谐社会、和谐文化健康发展。价值观念与道德规范具有很强的渗透能力，可以渗入社会生活的各个领域，起到约束和调节人的行为、人际关系的作用，对于社会物质文明、精神文明、政治文明等起到重要促进作用。价值整合和道德建设对社会现代化转型及文明进程将起到内在驱动作用。三是提高人的素质，促进人的自由全面发展。进行价值整合与道德建设，就是从价值终极关怀的层面，以道德精神关注人的存在与意义，在塑造崇高的道德理想、信念过程中发挥价值导向功能，促进人的本质的改造、精神的觉醒和素质的提高，推进人的发展的社会化、个性化和现代化。

（2）坚持价值整合与道德建设的原则。价值整合应以社会公共生活领域的基准价值即主导价值为核心，又不否定和排斥私人生活的自由价值和人格追求。在道德建设中，必须有一个整合的价值体系作为灵魂。这一价值体系不仅是道德建设的核心力量，而且是推动道德规范由应然转化为实然的价值动因。营造和谐的社会风尚，进行价值整合与道德建设，必须遵循一定的原则：从理论基点来看，价值整合与道德建设应尊重价值与道德自身的客观规律。不能违背其客观规律性，用行政或计划的方式向社会强制推行、废除或修改某种价值和道德。可以根据社会发展的需要，在尊重客观实际、尊重客观规律的前提下，充分发挥人的主观能动性，积极地进行价值整合与道德建设。从现实基础来看，价值整合与道德建设应从中国国情出发，在进行社会主义物质文明建设的同时，努力加强社会主义政治文明与精神文明建设。从基本要求来看，价值整合与道德建设应与社会主义市场经济相适应、与社会主义法律规范相协调、与中华民族传统美德相承接。

二、把握和谐社会的文化特质

（一）树立社会主义核心价值观

社会主义核心价值体系是社会主义制度的内在精神和生命之魂，在所有社会主义价值目标中处于统摄和支配的地位。发展先进文化、建设和谐文化，必须努力构建具有广泛感召力的社会主义核心价值体系，用以引领和整合多样化的思想意识和社会思潮，使先进文化得到发展，健康文化得到支持，落后文化得到改造，腐朽文化得到抵制，实现文化自身的和谐。

建设社会主义核心价值体系，就是倡导富强、民主、文明、和谐。倡导自由、平等、公正、法治，倡导爱国、敬业、诚信、友善。积极培育和践行社会主义核心价值观，就是要把社会主义核心价值体系的基本要求融入国民教育和生态文明建设的全过程，融入经济、政治、文化、社会建设的各个领域，使之成为全民族奋发向上的精神力量和团结和睦的精神纽带。

社会主义核心价值体系是社会主义意识形态的本质体现，也是社会主义和谐文化生态要素中最具特色的内容。建设社会主义核心价值体系，目的就是要增强社会主义意识形态的吸引力和凝聚力。社会主义核心价值体系坚持用发展的马克思主义指导新的实践，体现了先进性与广泛性的统一，既是人民大众的思想引领，又可以成为普通民众的日常规范和行动自觉，是社会主义和谐文化生态健康发展的航标。建设和谐文化生态，必须巩固马克思主义指导地位，用中国特色社会主义共同理想凝聚力量，用以爱国主义为核心的民族精神和以改革创新为核心的时代精神鼓舞斗志，用社会主义荣辱观引领风尚。大力弘扬爱国主义、集体主义、社会主义思想，以增强诚信意识为重点，加强社会公德、职业道德、家庭美德、个人品德建设，增强全社会诚实守信意识。

（二）营造积极向上的舆论氛围

随着信息传播技术迅速发展和信息传播渠道日益多样，我国社会舆论环境和舆论格局正在发生深刻变化。充分运用现代高科技技术，坚持正确导向，有效引导社会舆论，形成积极健康向上的思想舆论环境，对构建和谐社会具有重要作用。必须始终坚持正面宣传为主的方针，唱响主旋律，使有利于国家富强、民族振兴、社会和谐、人民幸福的思想和精神成为时代的最强音。我国正处在社会转型期，必须高度重视做好热点引导、突发事件报道和舆论监督工作。紧紧围绕干部群众普遍关心的社会热点问题，充分反映党和政府的积极努力，引导社会舆论沿着理智、建设性的轨道发展。必须按照有利于反映群众意见和呼声、有利于维护党和政府的形象、有利于维护社会稳定的要求，加强和改进舆论监督。从社会舆论多层次的实际状况出发，充分发挥各方面的作用，努力形成以宣传部门为主导、实际工作部门相配合，以主流媒体为骨干、各类媒体齐心协力的舆论引导工作机制。

（三）提供丰富健康的精神食粮

丰富健康的文化食粮能成为人们放松心情、温润心灵的“润滑剂”和“减压阀”。建设和谐文化，能够形成解决社会矛盾的新认识、处理社会关系的新方法，使崇尚和谐、维护和谐内化为人们的思维方式和行为习惯；能够培育与人为善、乐于助人的道德情感和见利思义、顾全大局的处世准则，在处理利益关系和各种矛盾时，互谅互让、友好协商，形成我为人人、人人为我的社会风尚。通过和谐文化的熏陶和哺育，可有效提高人的境界、情趣、品位，培育乐观、豁达、宽容的精神，促进人的素质提高、精神解放和全面发展；有效调节人们的情感和心理，塑造自尊自信、理性平和、积极向上的社会心态，以开阔的心胸和积极的心境看待一切，用理性合法的方式表达利益诉求。

三、构建和谐社会的文化对策

社会主义和谐文化是集中反映社会主义经济、政治属性的文化，是崇尚和谐、追求和谐的中国特色社会主义文化。建设和谐文化需要立足中国社会发展的现实，坚持以社会主义核心价值体系为根本要求，又要在实践中不断地创新、继承和借鉴一切人类文化优秀成果。

（一）认清形势，明确和谐文化价值

中国正处于改革与社会主义现代化建设的现代社会转型关键时期，经济体制深化变革，社会结构深刻变动，利益关系不断调整，利益格局日益复杂，社会呈现出利益主体、价值观、生活方式、就业方式、社会组织形式等多样化的局面，人们思想活动的独立性和差异性不断增强，人们价值观念的多样化、多变化趋势不断加深。新形势下我国文化建设面临着新情况、新问题，在更加开放的环境中建设中国特色社会主义文化，必须逐步深化对文化的内涵和功能的认识，提出文化发展战略，充分发挥文化对经济社会发展的牵动和支撑作用。

和谐文化具有先进性、时代性、现实性、民族性和继承性的特征，反映着中国特色社会主义发展方向，是社会主义先进文化的重要组成部分。和谐文化是和谐社会的精神基础，和谐文化的实践过程也是一定价值目标的实现过程。

和谐文化以教育人、引导人、鼓舞人、塑造人作为始终不渝的追求，以引导、培育人们的和谐的思想观念和价值取向为目标，以和谐的处理问题的方式来处理人际关系，最后达到社会和谐。构建社会主义和谐社会，既包含着和谐文化建设的内容，同时更需要和谐文化的引导和支撑。和谐文化建设应以社会主义核心价值体系为根本，正确把握社会的价值需要和价值实现。我国社会主义核心价值体系是社会主义基本制度的内在精神，统摄和支配着所有社会主义的价值目标，是社会系统得以运转、社会秩序得以维持的基本精神依托。它不仅对每个社会成员的世界观、人生观、价值观具有深刻的影响，而且贯穿于现代化建设的各个方面，融入国民教育和生态文明建设全过程，是建设和谐文化的根本。

（二）协调统一，实现文化价值导向

社会主义核心价值体系在理想性与现实性的统一中、在一元化与多元化的协调中、在历史性与时代性的统一中、在社会性与个体性的结合中实现了价值导向的功能。

1. 实现理想性与现实性的统一

理想性与现实性是人类历史运动中的一对基本矛盾。社会的价值导向必须对社会主体正当的利益需求加以肯定，并从根本上帮助实现其利益，从而满足个体需要，实现“利益认同”，只有这样，才能有利于社会主体对价值观内容的接受。社会主义核心价值体系立足于我国国情，实现了价值导向上理想性与现实性的统一。

社会主义核心价值体系的理想性是指它基于和谐社会现实发展可能性趋势，对未来社会发展目标进行科学的预见，提出超越现实而又符合人类社会未来发展方向的崇高理想和追求，并指导社会主体为实现这种价值理想和价值追求而努力奋斗。马克思主义理论的本质是以实现人类的真正解放，获得真正自由，得到全面发展为终极追求。这样的理想信念贯穿于社会主义核心价值体系建设过程中，表达了国家和民族对未来发展道路的美好展望，并成为全体社会成员具有终极意义的价值目标和价值追求，进而转化为社会主体的崇高的理想品格，成为整个民族积极进取的精神动力。

社会主义核心价值体系作为整个社会的价值行为导向，除了拥有美好目标的向往之外，也应关心人们的切身利益的现实问题，并寻求解决的途径。中国特色的社会主义共同理想把中华民族的伟大复兴作为价值目标，它隐含着丰富的现实内容，囊括了社会生活的基本领域，涵盖了经济、政治、文化、社会四大层面，反映了现阶段我国社会主义现代化建设的现实目标和总体布局，体现了社会主义物质文明、政治文明、精神文明、社会文明和生态文明的有机统一，从而使人们崇高理想目标追求具体化。社会主义核心价值体系的理想性明确了现实性的终极指向，是对现实性的理论升华，使社会主义核心价值体系具有了崇高性的理论地位；社会主义核心价值体系的现实性是理想性能够实现的现实土壤，为理想性的实现提供了动力来源。这样，社会主义核心价值体系在理想性与现实性的统一中实现了价值导向的功能。

2. 实现一元化与多元化的协调

社会价值观体系往往是一元的价值导向和多样的价值取向的统一。社会良性运行的实现有赖于社会主导价值观与其他多种价值观的有机融合。一方面，应坚持社会主义核心价值体系一元统摄，整合多元化的价值观，更好地适应处于不同社会阶层的人们思想活动的独立性、选择性、差异性的特点，引领全体社会成员在思想道德上不断提升；另一方面，必须坚持价值观多元化的存在，增强社会的创造活力，促进人们在社会实践中进行不断地创新。

社会主义核心价值体系承认价值观的差异性和社会思想观念的多样化，

主张以主流的价值取向引导支流的价值取向，既大力倡导符合和谐社会发展的价值取向，鼓励和保护那些积极的进步的价值取向，在一元化与主多元化的协调中，最大限度地取得社会主体的归属感和向心力，促进社会主义和谐社会的实现，又注意在多元价值取向之间保持合理的张力，使社会的价值冲突不会影响社会的良性运行，使多元的价值取向形成一种和而不同、相互补充、统一于社会主义一元价值导向的局面；社会主义核心价值体系既高扬价值导向的“主旋律”，又允许多种价值取向的“百家争鸣”，使价值导向与具体价值取向在实践中得到统一，从而产生巨大的凝聚力和向心力，使得社会主体在共同理想目标的导向下，充分发挥个体的主动性和积极性，推动社会稳定和谐地发展。

3. 实现历史性与时代性的统一

社会主义核心价值体系在时间纬度上是对历史遗产的扬弃，这种历史性特征既体现了中国思想文化发展的延续性，又展示了马克思主义中国化的过程性，无论是中国特色社会主义理论的新进展，还是民族精神与时代精神的彰显，无不渗透着对历史的继承和发展。

社会主义核心价值体系在空间维度上还充分体现了与时代相适应的特点。一是社会主义核心价值体系充分体现与市场经济相适应的时代特点。社会主义市场经济体制的逐步建立和完善带来了社会主体价值取向的多样化日趋明显。社会主义核心价值体系强调了马克思主义思想的指导地位，积极完善与社会主义市场经济相适应的法律规范，引导人们增强主体意识，树立开拓创新的观念，并构建了防范功利主义侵蚀下产生的人生堕落的荣辱观体系。二是社会主义核心价值体系充分体现了与对外开放相适应的时代特点。随着全球化程度的进一步加深，西方发达国家在输送资本和技术的同时，也将其政治制度及文化价值观念渗透到我国，带来了极大的政治制度和文化价值观念的冲突。社会主义核心价值体系既积极弘扬和培育伟大民族精神，加强中华民族优良传统道德教育，而且还融合了西方的那些合乎人的发展、合乎社会发展的观念，使之转化为社会主义价值观的组成部分。三是社会主义核心价值体系充分体现了与科技迅速发展相适应的时代特点。人类的生存方式、劳动方式、交往方式、思维方式正随着现代信息技术的迅速发展而发生翻天覆地的变化。社会主义核心价值体系以人本主义的价值诉求对这些问题的解决作出了回应。

4. 实现社会性与个体性的结合

社会主义核心价值体系充分体现了个体与社会的内在统一性，在社会性与个体性的结合中实现价值导向。一方面，社会主义核心价值体系以社会整体环境、社会整体的现实需要为着力点提出了符合社会需要，推动社会整体发展的价值观念、价值准则；另一方面，社会主义核心价值体系充分注重个体的全面发展，始终坚持以个人、集体、国家三者利益的统筹兼顾为主要价值导向。社会主义核心价值体系在大力倡导将国家社会利益置于个人利益之上的道德诉求与价值取向的同时，充分尊重个人能力及其合理合法的需要；在注重社会整体的利益的同时，积极寻求个人与集体之间的平衡点，为社会每个个体合法利益的实现创造有利条件，最终促进每个个体的全面自由发展。于是，自我利益与社会共同利益实现了有机结合。

（三）继承精粹，弘扬优秀文化传统

优秀传统文化是营造社会主义和谐文化生态的宝贵资源。中国传统文化中有关“和谐”的思想非常丰富。从《易传》提出“太和”的观念到西周周幽王的太史伯阳父“和实生物”的著名论断，从孔子师徒的“和为贵”“中庸”观点到荀子的“和则一，一则多力”，从“以和为贵”的处世哲学到“家和万事兴”的和谐伦理，从“和气生财”的生意经到“和而不同”的文化理念，从“天人合一”的自然艺术到“协和万邦”的政治观念，都包含着浓厚的和谐思想。传统和谐思想在强调“和为贵”的同时，还强调“和而不同”，在和谐中实现共同的发展，在不同中相互吸收对方的长处。这种底蕴十分厚重深远的和谐思想，成为治国安民的基本法则与哲学思想，也为构建和谐社会提供了丰富的思想文化资源和深厚的文化基础。

一定的文化都具有相对稳定性和持久性，并可以作为人类社会有机体的遗传基因，超越文化主体和时空的有限性进行传承和积累。文化积累是一个普遍又复杂的文化现象，是文化在特定共同体、民族及其个体等文化主体中的继承和沉淀。从文化积累的内容来看，既包括旧文化的保存、巩固和加强，也包括新文化的吸纳与同化和超越；从文化积累的方向来看，既包括民族内部文化的纵向积累，也包括对外来文化的横向积累；从文化积累的方式来看，既包括自发的积累，也包括自觉的积累。随着科学技术的发展与全球化趋势的加强，一方面，文化积累的速度大大加快，各种不同形态的文化特别是先进的文化，能够根据需要便捷地传播到其他地域，从而减少文化的重复生产过程，使文化主体能够站在一个较高的文化起点上发展自身的文化；另一方面，文化积累的空间大大拓展，它突破了国家、民族的范围，被纳入世界性的文化版图，通过世界来传承与发展。继承和弘扬中国传统文化中的和谐思想的合理内涵，充分发掘其理念蕴含的当代价值，汲取其合理的思想内核，对于建设和谐文化有着十分重要的作用。“重和谐，求同存异”作为中国传统

文化中的思想精华，深深影响着中华民族的思维方式、心理结构、价值选择、伦理道德和行为方式，在历史上起到了推动社会发展的进步作用。对体现和谐思想的传统文化资源，必须赋予新的时代内涵，体现新的时代精神，使之与当代社会相适应，与现代文明相协调，使具有浓郁民族特色的中华文化焕发新的生机与活力。

建设和谐文化，要注意吸收借鉴世界优秀文明成果，要以更加开放的心态，以更加开阔的视野和博大的胸怀，充分借鉴一切有利于促进我国和谐文化建设的有益经验，充分吸收一切有利于增强人们和谐精神的文化成果，使和谐文化不仅深深植根于中华文化的沃土，而且适应世界发展进步的潮流，具有强大的吸引力和感召力。

（四）广泛动员，不断创新和谐文化

构建和谐社会是全社会的共同责任，建设和谐文化，是广大社会成员进行自我教育、提高全社会文明程度的有效途径，因而，必须尊重人民群众的主体地位和首创精神，团结一切可以团结的力量，调动一切积极因素，形成促进社会和谐的强大动力。要增强公民的法律意识和诚信意识，广泛开展社会公德、职业道德、家庭美德教育，始终坚持人民群众在社会主义道德建设中的主体地位，采取多种多样的、为群众喜闻乐见又积极参与的形式，广泛开展群众性的精神文明创建活动，发扬中华民族传统美德，提倡热爱集体、热心公益、扶贫帮困，在全社会形成团结互助、平等友爱的氛围。要把和谐创建活动同群众性精神文明创建活动结合起来，突出思想教育内涵，广泛吸引群众参与的社会氛围。要注重促进人的心理和谐，加强人文关怀和心理疏导，引导人们正确对待自己、他人和社会，正确对待困难、挫折和荣誉。要及时总结推广和谐创建活动的好经验好做法，大力宣传和谐创建活动中的好人好事，特别是那些关爱他人、服务社会，热心公益、扶贫济困，化解矛盾、维护稳定的先进典型，形成人人追求和谐、促进和谐的局面。

文化创新是指在原有文化积累的基础上，运用新的思维方式、思想方法，对其进行更新、修正和超越。文化的活力主要来自于它的创新能力，文化积累是文化进步连续性的肯定环节，文化创新是文化进步的非连续性的扬弃环节。和谐文化建设既要植根于厚重的文化积累，又要适应时代变化不断发展和创新，以达到动态的平衡。

建设和谐文化需要不断地创新、继承和借鉴一切人类文化优秀成果。文化建设是一个国家或民族以其固有的文化传统而进行的文化传承、变革与创

新的过程。社会主义和谐文化的构建需要不断创新，在实践操作过程中充分吸收一切有利于增强人们和谐精神的文化成果，发展和繁荣社会主义和谐文化，从而为和谐社会的构建奠定坚实的基础。

总之，建设和谐文化需要立足中国社会发展的现实，坚持以社会主义核心价值体系为根本要求，又要在实践中不断地创新、继承和借鉴一切人类文化优秀成果，保证社会主义和谐文化的前进方向，不断增强社会主义主流意识形态在各种社会思潮中的引领作用，形成全民族奋发向上的精神力量，促进和谐社会的构建，全面推进中国特色社会主义建设事业。

（五）整合资源，建立和谐文化体系

文化资源是在一定时期、地点条件下，以文化形态存在的能够给人类带来物质和精神财富的客观存在。文化资源具有继承性、主导性和流动性的特点。建立和谐的文化体系，就是让不同层级的文化体系在形式、内容、目标、功能等各方面相互联系、相互作用与逐渐融合，使不同文化形态和文化要素达到和谐，以利于文化自身的发展。建立和谐的文化体系，要求坚持先进文化理念的指导，促进文化生产与需要、文化诸要素之间的和谐。

1. 文化生产与需求的和谐

文化生产与需求的和谐，是建立和谐文化体系、建设和谐文化的前提和条件。正确处理文化生产与文化需求之间的关系，主要是处理好文化生产与人的发展的需要、文化生产与社会发展的需要的关系。

（1）正确处理文化生产与人的发展的关系。在和谐文化建设过程中，正确处理文化生产与人民群众广泛而又复杂的文化需求之间的关系，一方面遵循市场经济的规律，提高文化生产的经济效益，另一方面遵循社会主义文化建设的要求，提高文化服务的社会效益。文化的经济效益与社会效益相互统一、相互促进，才能形成一个和谐的文化体系。

文化生产应体现主旋律与多样化的辩证统一关系。在文化生产中，应尊重由不同阶层、不同利益集团、不同的文化层次构成的人民群众多样化的文化需求，生产出不同品位与层次的文化，包括体现高层次、高品位、高水准的高雅文化与具有普及性、通俗性的大众文化。在市场经济条件下，人们的文化需求具有一定的盲目性与趋同性，应该用先进文化支撑文化建设的精神大厦引领多样化文化的协调发展。

文化生产的本性在于对人民群众的实践进行探索、开拓和升华，文化生产除了兼顾一定的经济、政治目的之外，更需与人民群众的需求相一致。为适应人民群众文化层次不断提高的现状，文化生产应具有先进性，独创出更

多新品和精品，同时人民群众的文化需求又是广泛而普遍的，在推出文化精品的同时，还应注重文化生产的普及性、规模化和批量化，服务于人民群众的文化需求。

（2）正确处理文化生产与社会发展的关系。文化生产既包括关于自然和社会一切知识、理论等思想形式的生产，也包括价值观念即表现在某一民族的政治、法律、道德、宗教、形而上和语言之中的精神生产。作为一种历史现象，文化生产与社会发展要求是一致的。在和谐社会建构过程中，建立和谐的文化体系，促进文化生产与社会发展相协调，在深化文化体制改革，进一步解放和发展文化生产力的基础上，促进文化创新，增强文化活力。文化创新是社会发展的战略基点和前进动力，加强文化创新，要立足国情，突出特色，科学确立文化发展的战略，构筑适应社会发展要求的文化战略体系；要树立新观念，探索新方法，培育创新文化市场，大力发展文化产业；要解放思想，拓宽思路，采用现代科学技术促进文化发展。

2. *文化诸要素之间的和谐*

文化诸要素之间的和谐，是建立和谐文化体系、建设和谐文化的基础和内容。文化体系是一个由多侧面、多层次、多因素构成的复杂系统。建立和谐的文化体系，需要从不同维度、不同视域剖析文化体系，科学处理文化体系内部诸要素的关系。

（1）文化环境之间的和谐。从总体来看，一个文化体系一般由文化主体、文化客体、文化介体和文化环境等要素组成，建立和谐的文化体系，就是促进这四个要素及其关系的和谐。文化主体的和谐是指不同的主体个人即人民群众之间的和谐，以及个人、集团、社会和人类之间的和谐。文化客体的和谐是指文化主体的活动对象在结构、功能、性质等方面的和谐。文化介体的和谐是指联结文化主体与文化客体的多种工具、手段及运用这些工具、手段的程序和方法之间的和谐。文化环境的和谐是指直接或间接影响文化活动的所有微观环境和宏观环境的和谐。为促进整个文化体系的和谐，还要求所有文化主体、文化客体、文化介体与文化环境之间都保持和谐，以推进文化的发展与进步。

（2）文化形态之间的和谐。文化是一个非常复杂的范畴，在个体和社会的各个层面的活动中，表现为不同的存在形式和形态。以不同的尺度和视角分析，文化形态有不同的分类。如从文化在社会中的地位来看，文化可分为主流文化和亚文化；从文化的感性和理性的关系来看，文化可分为雅文化和俗文化；从不同地域、不同主体、不同阶层的角度来看，文化可分为中心文化与边缘文化，民族文化与世界文化，官方文化、精英文化和大众文化，城市文化、社区文化和农村文化，以及其他形态的文化。由于透视的角度和尺度不同，以上文化的存在形态彼此差别而又相互交叉、相互渗透。建立和谐的文化体系，要求多样文化形态之间和谐共处与互促互进。

（3）构成要素之间的和谐。从文化的不同层次和结构来看，文化是由不同要素构成的，主要包括三个层次的内容：一是深层结构，由基本的人生态度、情感方式、思维模式和价值尺度等构成；二是中层结构，由经济、政治、道德、艺术、宗教、哲学等方面的观念因素构成；三是表层结构，由情感、意志、风俗习惯、道德风尚和审美情趣等，以及观念形态的一些物化成果，尤其是文学（诗、文、小说）艺术（书法、绘画、音乐、戏曲、建筑、家具、工艺）等构成。文化的深层、中层及表层结构的多种文化要素之间是相互联系、相互渗透的，建立和谐的文化体系，要求文化的诸多构成要素之间均衡一致、协调统一，共同推进和谐文化建设。

第五节　和谐殡葬设施的文化生态

生态系统是生物与它们赖以生存的环境通过物质循环和能量流动互相作用、互相依存而构成的一个有机整体。生态系统具有整体性、层次性、结构性、功能性、变异性和相对稳定性。文化生态系统除了具有生态系统特征外还具有关联性、共生性、人本性、适应性等特征。和谐殡葬设施是一个开放的系统，包含两层含义：一层是指殡葬设施内部的和谐，即殡葬设施内部各要素协调发展、相互促进的状态，具体表现为殡葬设施文化的和谐、组织结构的和谐、环境的和谐、主体的和谐、人际关系的和谐等。殡葬设施文化主要是指殡葬设施的服务理念、殡葬精神等。殡葬设施组织结构是指殡葬设施组织内部的结构要素在外部环境诸要素的作用下组成的具有一定关系的组织形式。在横向关系上主要由业务结构和管理结构两部分组成，在纵向管理层次上分为战略决策系统、职能管理系统、基层运行系统、制度监督系统、支持保障系统和社会服务系统六个部分。殡葬设施环境包括物质环境、制度环境、精神文化环境等。殡葬设施的主体主要是指管理人员、服务人员、消费者等。人际关系主要是指管理人员之间的关系、服务人员之间的关系、消费者之间的关系。另一层主要是指殡葬设施与外部环境的和谐，即殡葬设施作为一个主体系统与周围环境及影响因素积极互动、相互促进的状态，具体表现为殡葬设施与社会的和谐和与政府管理的和谐等。

一、殡葬设施的文化生态特征

（一）殡葬设施的生态特征

1. 殡葬设施的关联性

文化生态系统的关联性可以从空间结构和时间发展两方面来理解：从空间结构来看，它与所处环境的各个方面发生互动，它自身的各因素也是相互联系的，是具有整体关联性的系统；从时间发展来看，具有遗传和变异的特性，是历史的发展过程。

就殡葬设施来说，一方面，它作为一个独立的组织与社会大环境发生关联，在它们之间存在物质、能量、信息的交换，是一种相互依存、相互适应的过程。社会各因素的变化发展对殡葬设施产生影响，并制约着其内部结构的变化。在殡葬设施内部各因素间同样存在关联性，例如殡葬物质文化，其中任何一方面的变化，都会引起其他方面的变化，从而带动整个殡葬物质文化的改变。而殡葬物质文化作为殡葬文化生态要素之一，体现着一定时代的殡葬范式和理想，其变化必然要带来殡葬从业人员的服务方式、殡葬活动形态和评价方式的相应变革。另一方面，殡葬设施作为殡葬功能的场所，是自然科技知识和社会文化知识不断发展、演替的产物，它承载着殡葬文化传承和创新，随着文化的变迁而不断地变化。

2. 殡葬设施的共生性

共生是指两种不同生物之间所形成的紧密互利关系。在共生关系中，一方为另一方提供有利于生存的帮助，同时也获得对方的帮助。在文化生态学中，文化生态系统的共生性是指人类所创造的不同文化之间的相互作用和影响，互利共生。殡葬设施的共生性主要表现在殡葬设施与它所生存的大社会文化生态系统中各因素之间的关系和殡葬设施内部各因素之间的关系中。前者具体表现为殡葬设施的发展为社会各种文化的发展提供智力支持，同时社会发展也为殡葬设施发展提供文化导向、物质基础、制度保证等；后者具体表现为殡葬设施的组织结构、管理模式、主体特性等各因素相互影响，互相促进。互动共生是内在于殡葬文化生态中的功能性原理，它揭示了殡葬活动中生命发展的内在机制，并同步提升着人们的生存价值和生存质量。

3. 殡葬设施的人本性

文化生态是人类文化和行为与其所处自然生态环境之间相互作用的关系。文化生态是人的存在，是人性化的内容。殡葬设施的人本性主要表现在两方面。首先，殡葬设施的本质特征就是人们殡葬活动的场所。在殡葬设施内占主导地位的核心要素是人（包括殡葬服务者和殡葬消费者），人是殡葬设施存在和发展的基础，殡葬设施中其他因素的存在都是为人的存在和发展服务的，人也是建设和谐殡葬设施的主体，人的发展状态和水平决定着殡葬设施发展的进度和高度。其次，殡葬设施是追求人本、平等、博爱的地方。人文关怀是殡葬服务的核心，是指一种普遍的人类自我关怀，表现为对人的尊严、人格、价值、命运的维护、追求和关切，对人的主体、地位、需求、生存状态、生活条件以及保障的关注等，在殡葬服务中处处体现人文关怀精神。

4. 殡葬设施的适应性

适应是文化生态学中的一个关键概念，是文化与环境相互调试的过程。就殡葬设施来说，人、环境、社会相互关联，共同构成一个不断进行矛盾运动的生态系统。殡葬设施作为传递殡葬文化的场所，一旦建立，就具有一定的保守性，而社会环境却在不断地发生着深刻的变化。因此，殡葬生态系统对环境的适应，在很大程度上不是通过改变环境来适应，而是通过自身的变革来适应环境。殡葬设施的适应性主要表现在两方面：一方面是殡葬设施对环境的适应，它不断受社会发展变化的影响并根据社会需要不断调整自身的结构和设置，即殡葬设施适应社会制度、文化、科学技术等快速发展的需要；另一方面是殡葬设施的主体——人对自身发展的适应，人所生存的文化生态的不断发展对人提出了新的、更高的要求，人类需要不断地进行调整原有的认知结构或行为模式，也即殡葬设施适应人自身发展的需要。例如，随着社会经济、科技等方面的发展，殡葬设施越来越先进，人们也在不断地调整能力结构和知识结构以适应社会发展。

（二）殡葬设施的文化特征

依照文化生态学的逻辑，文化的演进有其生命周期的发展规律。一个文化种群的机体健康表现为此种文化根植并外显于社会的积极和谐的生存状态，而殡葬设施达到文化层面的“健康”标准则可以理解为殡葬设施对社会、文化、地域、心理等制约因素有准确、生动的表达，这涵盖了殡葬设施与自身功能的关系、与地域环境特征的关系、与社会时代背景、生活方式的关系等诸多方面，可将其概括为气质、品位、伦理等几个内容。

1. 健康气质

殡葬设施的健康气质主要体现在功能类型和技术形式的形象呼应。

（1）功能表情——殡葬设施功能的显性气质。殡葬设施的伦理功能，指的是它帮助形成某种共同精神气质的任务，准确表现自身功能类型和建造逻辑的殡葬设施形象在外部和内在空间的表情上是健康的。

（2）技术表情——殡葬设施建设的隐性气质。气质除了体现在功能类型的外在表情上，还反映在殡葬设施技术形式与外在形象的对应关系上。健康的殡葬设施形象可以体现表里如一的建造逻辑。例如，砖石的砌筑技术，其形象显示出砖石建筑典型的稳重饱满的气质特征，即使是外部墙面上层次众多的装饰构件也通过砖工砌筑而成，完全没有牵强的附加感。殡葬设施与所处环境和谐共生，其结果表现为浪漫的人文景观，而过程和手段却伴随着实实在在的材料选择和技术运用。

2. 健康品位

殡葬设施的健康品位主要体现在社会文化及演进过程的准确传达。

（1）文化品位的演进性。殡葬设施和环境的文化品位是由社会文化的品位决定的，健康的品位是殡葬设施所根植的整个文化生态系统中各要素协调发展的结果，这种协调发展伴随着生态系统的新陈代谢过程。新陈代谢通常在文化生态系统的原有文化和外来文化之间发生，它包含着同化和异化两个过程。同化是依据主体文化的价值取向，吸收环境所提供的原料，经过消化、批判，营养自身，是对固有文化的保存。异化是文化系统中异质因素对原质文化的否定，是原质文化的扬弃、新的文化因子的繁殖。在任何存在多种文化的空间领域都有程度不同的文化碰撞、同化、异化过程，哪种过程占据主导，这取决于外来文化和本土文化的势位差异。处于弱势的本土文化，因其占据身后稳定的原生地理环境而不会真正消亡，它以潜移默化的方式不断地对外来文化进行修正和局部同化。从另一个角度上说，文化异化最终还须将外来文化纳入本土文化发展的逻辑之中，使之真正植根于本土文化这块土地上。殡葬文化的形成再现了不同类型文化发生的互动过程，这个过程可以形象地概括为：局部同化、整体异化、异同反转、和谐共生。最集中反映这种文化过程“局部同化”的建筑现象存在于中西合璧式殡葬设施作品中。

（2）文化品位的时空性。殡葬设施的首要特性就是它们从过去的岁月中走来，承载着凝重的记忆，因此，它们所具备的美学特质是首先就与时间的概念有关。人们对时间与存在的思考，是审美思想空间的扩展，促成了历史建筑特殊的时间美学价值。同时，对时间因素的喜爱也直接扩展、移情到传递时间线索的各种痕迹上去。显然，古老的殡葬设施建筑已经为人们的内心搭建起了一座想象的桥梁，体验者的审美感受实际上是在无限久远的历史时空中完成的。例如，崇尚“苍老”审美意境的中国山水画一直被认作是中国传统“天人合一”生态哲学的艺术典范，自然审美的历史感和原生态意象有着“通感”的品质，岁月、自然和中国人的怀旧情结能产生持久的共振。

3. 健康伦理

殡葬设施的健康伦理主要体现在哲学理念和生活方式的整体呈现。

（1）生态哲学——建筑与环境的和谐共生。地域环境及气候特征的直接影响体现为一座殡葬设施的外部表情，这种表情的背后是伦理观念与习俗。在处理殡葬设施个体之间和个体与城市之间的关系上，一个地区的殡葬设施建筑可展现一种高度理性的“生态哲学”即整体和谐观。建筑与环境之间的相似表情共同形成的清晰场景给人强烈的印象性。在与自然环境的和谐共生上，殡葬设施的历史建筑表现得最为鲜活。如东北地区殡葬设施外部表情厚重、温暖，极具亲和力，这其实来自于它应对寒冷地区防寒要求的建造技术。殡葬设施建筑外立面普遍叠砌有丰富的细部，富有节奏的凹凸变化巧妙地以阴影的形式将阳光勾勒出来，加之建筑外部红黄色彩的运用，营造了充盈的温暖气氛，以一种对比和互补的方式呼应寒冷、凋敝的冬季景观。特殊气候与自然景观孕育了浪漫的人文景观和典型的建筑样式，这些建筑语言再现传统的地域建筑意象，带有强烈的“家”的表情特征，使之成为名副其实的原生态殡葬。

（2）生活方式——社会文化的阶层属性。作为某一地区重要的文化记载，殡葬设施历史建筑清晰地记录着多元文明曾经的异彩纷呈和空前繁荣。林林总总的殡葬设施建筑遗产紧紧跟随着整个历史进程和时代风貌乃至社会阶层渐次展开，它们是那个时代和社会关系的代言人。从反映社会文化这一点上看，它们的作用是健康和强有力的，因此，在反映生活方式上堪称最准确的生态殡葬。

总之，一个文化集群的生态状况处于良性平衡时，必然是作为其载体的物质环境得到了充分保护。一个健康的生态系统其实也是一个层次丰富、链条清晰的能量周转系统，系统内部充满了信息、能量的互动、调解、平衡过程，这一特征对文化生态系统也同样适用。

二、殡葬设施的文化生态系统

殡葬设施作为社会的重要组成部分，是社会文化生态系统的一个重要生态因子，而作为一种独立的组织，它本身也是一种特殊的文化生态。

（一）殡葬设施的文化生态特性分析

文化生态系统是指特定文化各要素之间、文化与文化之间、文化与其外部环境之间相互关联制约而达到的一种相对平衡的结构状态，是一个比自然生态更为复杂的系统。主要包含两方面内容：一方面，文化作为社会发展的一个部分，同社会其他方面相互协调，形成文化的外部生态秩序；另一方面，文化自身作为一个有机整体，其内部各要素之间也相互协调，使各种文化样式、文化板块都得到相应的发展，并形成一定的张力，保持相对的平衡状态，形成文化的内部生态秩序。

殡葬设施是“文化”不可或缺的载体，蕴含着一定的文化要素，本质上是“文化”的聚合体或整合体。同时，它作为社会文化生态系统中的一个组织，是这个系统链条上的一个生态因子，殡葬设施与其他生态因子之间存在能量的流动和交换，这些能量既包括物质方面的，也包括文化方面的。

殡葬设施本身也是一种文化生态系统。首先，在殡葬设施内部除了具有自身独特的价值观念、道德规范、制度等文化生态要素外，它还是正确的价值观念、高尚的道德规范的培养基地，是法制规则、社会制度、经济体制、科学技术的实践基地，对社会文化生态的和谐发展有着不可替代的推动作用。其次，殡葬设施作为殡葬改革、管理和服务的场所，又是生命教育的场所，是自然历史文化的产物。

文化生态系统常与一定的空间相联系，特定的区域在特定的时段具有不同的文化。殡葬设施的存在和发展离不开它所处的一定的社会环境和地理区域，是不断适应环境的结果。

（二）殡葬设施的文化生态系统特性

殡葬设施作为一个文化生态系统，特殊性主要体现在和谐的人、自然、社会三个层次关系中的关键因素。殡葬设施是殡葬文化的集聚地，殡葬从业人员和殡葬活动者的一言一行都影响着社会上其他的组织和群体，他们的价值观念、行为方式、思想方式都会渗透到社会各行各业中，在社会中起着重要的引领和导向作用，影响着整个社会的建设与发展，承担着维护和建设和谐文化生态的任务。

殡葬设施文化生态中的“自然”包含两方面的内容，一方面是“环境”（人造自然系统），主要是指殡葬设施的物质基础，是人们殡葬活动的载体。另一方面是“自然而然”，一是指殡葬设施中不以人的意志转移的自然生态，它是由自然法则决定的；二是指殡葬设施作为社会历史文化发展的产物具有自身发展的规律，它是由殡葬设施的本质属性决定的，例如，殡葬设施建设和发展必须与社会发展相适应、殡葬设施活动的开展必须遵循人自身的发展规律等。

殡葬设施本身是一个微型的、特殊的社会，其成员主要是殡葬文化的携带者、创造者和学习者；人们主要利用殡葬设施进行殡葬文化活动（包括殡、葬、祭等活动），其他一切活动都是为文化活动服务的；劳动方式主要是思维活动，而不是物质生产活动，主要劳动成果是培养、传承和创造的文化成果；人际关系相对比较复杂，主要是管理者、服务提供者和消费者之间的关系，这是由殡葬设施作为殡葬活动的场所的性质决定的。

三、和谐殡葬设施的文化生态

文化生态学的核心思想就是人类在各种独特的环境中创造出各种特性的文化，即人是文化的创造主体。文化生态学意义上的和谐可分为四个层次，即人与自然的和谐、人与社会的和谐、人与人的和谐和人与自身的和谐。这些特征在和谐殡葬设施中主要表现在：殡葬设施与自然的和谐、殡葬设施与社会的和谐、殡葬设施中人与人的和谐、殡葬设施中人与自身的和谐。

（一）和谐殡葬设施是人与自然和谐的殡葬设施

在文化生态系统中，人与自然和谐即是生态系统处于平衡的状态，是事物发展所需的最佳环境。殡葬设施内人与自然的和谐主要体现在环境建设和人的自然生态观念两方面。首先，在环境建设过程中要树立生态文明理念。殡葬设施建设要充分体现以人为本的思想，布局要以方便人们殡葬活动的开展为主。殡葬设施要合理绿化，使绿树、草坪、雕塑、建筑物等相得益彰，在建设过程中要体现出殡葬设施文化的特色和精神。营造优美、和谐的环境，为人们提供更好的殡葬设施和活动条件是构建和谐殡葬设施的重要组成部分。其次，人是殡葬设施的主体，要具有与自然和谐的理念。应采取多种方式加强人与自然的和谐教育，明确在人类的发展过程中，人和自然同为主体，两者相互依存、相互促进，积极倡导探索、掌握和尊重自然规律，平等友好地对待自然，认识自然界的价值，培养一种爱自然、渴望理解人类与自然界之间的相互关系的哲学情怀，同时以严格的制度规范人们的文明行为，促进人与自然、殡葬设施与自然的和谐。

（二）和谐殡葬设施是人与社会和谐的殡葬设施

殡葬设施作为社会的一部分，它的发展受社会政治、经济、科技的发展的影响和制约，社会的发展是和谐殡葬设施建设的动力和基础。建设和谐殡葬设施既要达到殡葬设施内部各阶层、各利益团体之间的和谐和内部环境的和谐，又要争取与外部社会的和谐和周边环境的和谐，就是要努力使各项事业处于有序发展的状态，与社会发展相适应，与社会秩序相和谐，这是殡葬事业发展的基本前提。因而，殡葬设施的主体是人，人与社会的和谐是建设和谐殡葬设施的前提和保障。

（三）和谐殡葬设施是人与人和谐的殡葬设施

人与人的和谐主要是指人际关系的和谐。在和谐殡葬设施建设过程中，人是主观能动因素，只有人与人之间形成团结协作、相互理解支持的和睦关系，才能更好地调动一切积极因素，形成强大的合力，为和谐殡葬设施建设奠定坚实的基础。

在殡葬设施中和谐的人际关系主要是殡葬管理人员、服务人员、消费者三大群体内部人与人之间关系和谐以及群体之间关系和谐。

管理人员之间的和谐主要是指上下级之间的匹配度比较高，上级主动关心、爱护、理解下属，下属积极主动配合上级的工作。人的素养的复杂性决定了殡葬服务的复杂性，服务人员之间的和谐显得尤为重要，服务人员群体内部的和谐主要是指殡葬服务人员之间和谐相处，在工作上相互配合；消费者之间的和谐主要是指来自不同地域、不同经济阶层、不同文化背景等个体之间融洽相处，相互包容理解，形成一种共同成长进步的和谐健康的群体组织关系。消费者之间的和谐是殡葬设施“安定有序”的重要保证。

管理人员与服务人员、消费者之间的和谐主要是指管理人员树立为殡葬服务的思想和科学管理的思想，从服务人员和消费者的角度出发看问题，一切以服务为重，明确自身的职责，平衡权利结构。服务人员、消费者的关系是殡葬服务过程中最基本的关系，这两个群体之间的和谐是指在人本主义理念的指导下，基于民主化、人性化、效率化服务的目的，他们在殡葬服务工作中，所建立和发展起来的一种以民主与平等、宽容与尊重、理解与合作、激励与欣赏等为特征，充满创造活力、和睦相处的一种特殊人际关系，是构建和谐殡葬设施的前提和保证。

（四）和谐殡葬设施是人与自身和谐的殡葬设施

人与自身的和谐主要是指个体所具有的思想理念、价值观念、知识结构、心灵等方面的和谐，并能与社会发展和谐。在殡葬设施内主要是指管理人员、服务人员、消费者自身的和谐。管理人员自身的和谐主要是指管理者自身的基本素养及其所持科学管理理念、服务意识、责任意识等，即具有与其工作相匹配的知识素养和人格特征。这些直接决定着管理者的思想的高度和管理形式，管理人员特别是领导者的思想，决定着殡葬服务的发展方向、速度和质量。服务人员自身的和谐主要指个体的专业知识储备与其工作的要求相适应的程度、先进的教育思想、很高的职业道德，具有健全的人格特征、良好的性格修养等健康的心理素质，能和谐地处理服务工作中的各种问题。服务人员素质的发展水平直接影响到殡葬服务的质量。消费者自身的和谐主要指消费者对殡葬改革政策的理解以及积极主动地与管理者和服务人员的良性互动。

第六节 和谐殡葬文化的生态建设

社会主义和谐文化是一种以和谐为思想内核和价值取向，以倡导、研究、阐释、传播、实施、奉行和谐理念为主要内容的文化形态、文化现象和文化精神。和谐文化的核心是崇尚和谐理念，体现和谐精神，大力倡导社会和谐的理想信念，坚持和推行人与人之间互助合作、团结、稳定有序的社会准则。和谐殡葬是随着和谐社会建设的需要而诞生的。

一、和谐殡葬文化的基础：和谐文化

和谐文化作为人们自我反思、自我理解的观念形态，是一个由多种要素组成的复杂的文化体系。和谐文化包括反映一切人类和平、和睦及其自然关系、社会关系和谐的价值观念、文化形态及行为规范。一个完整的和谐文化体系，主要包括和谐文化主体、客体、介体和环境等要素。

（一）和谐文化主体

和谐文化主体即和谐文化的创造者、实践者和体现者。“人”处于和谐文化的主体地位，具有其自身的特殊规定性。

1. 和谐文化主体的内容

和谐文化主体是指在和谐文化活动或文化建设中居于主导地位和决定作用的因素。和谐文化的主体主要包括两大类。

一是人民群众。和谐文化是反映和谐性状的各种观念体系的总和，是广大人民群众共同参与的结果。也正是因为人民群众有目的、有意识地广泛参与，人才获得了人性的普遍性、文化的和谐性和丰富的社会性，人民群众才真正以和谐文化主体的形式展示和显现。历史证明，广大人民群众是中国和谐文化形成的基础和主体。中国和谐文化传统在形成、发展、深化、反思四个阶段，无论是声音之和、和羹之和、嘉禾之和，还是音乐之谐、政事之谐、人事之谐，其主体始终是人民群众。人民群众对和谐、和睦、和乐、和衷、和平的追求以及为了达到和谐所进行的生产、生活实践，更直接成为思想家、政治家们创造和谐文化的源泉。建设和谐文化是构建社会主义和谐社会的重要任务，强调广大人民群众是和谐文化的主体，就是要倡导“人人参与和谐

文化建设”的主体意识和社会氛围。

二是社会精英。社会精英包括政治家、思想家以及所有从事学术研究的工作者。现阶段，政治家、思想家等领导或管理人物与普通人民群众是融为一体的，他们是人民群众中的先进分子，并领导人民共同创建和谐文化。而从事学术研究的理论工作者，他们直接从事文化创建工作，是和谐文化的直接创建者，因而也是和谐文化的主体。

2. 和谐文化主体的特性

和谐文化的主体主要属于精神生产者，其主体特性除了具有主体普遍所具有的自然性和社会性外，还具有一些特殊的质的规定性。

（1）自觉性。和谐文化主体是从事精神生产和精神活动的现实的人。人的主观能动性在和谐文化中主要反映为主体的文化自觉性。和谐文化主体的文化自觉性主要在于把握和谐文化内在规律，有目的、自觉地对文化生产和文化活动进行深刻思考、自我觉醒、自我反省和自我创建，使和谐文化成为一种具有广阔文化境界、高度人文关怀和社会责任感的文化形态。和谐文化主体的文化自觉性，不仅反映在其对当前和未来人类历史发展趋势的理性思考上，也不仅反映在国家和谐社会战略构想与具体措施上，而且反映了所有文化主体即广大人民群众文化素质的不断提高上。文化自觉性作为和谐文化主体具备的重要特性，是需要后天培养和引导的，因而要进一步发掘中华和谐文化的精髓，整合地方文化资源，做好和谐文化成果的推广和应用，扩大和谐文化的影响，不断满足人们的文化需求，和谐文化的受益者与创造者和谐一致，从而使和谐文化主体达到文化自觉的高度，成为文化繁荣与和谐发展的内在动力。

（2）创造性。和谐文化主体的文化创造性主要基于人的本质规定性与和谐文化的本质规定性两方面的原因。从人的本质来看，人既是一种现实的存在，又是一种理想的存在，人既有超越的可能性空间，也有超越的现实能力，是一种超越性的存在。正是由于主体的创造性活动，外部世界的形态、性状等才发生了符合人类意愿、适合人类生存方向的改变，新的“对象世界”或“人化世界”才得以形成。自然界对人的“生成过程”，也就是人的超越性的具体表现过程，即人（文）化过程。从和谐文化的本质来看，和谐文化既是一种结果，又是一种状态或运动变化的过程，也是各种文化因素协调统一的结果。和谐文化的超越性直接体现在各种因素相互作用，逐渐缩小绝对的文化理想与现实的具体文化事实之间的差距，使其真正实现真、利、善、美、圣的和谐境界。和谐文化重在建设和创造，和谐文化的创造性表现为它能够适时地补充更新自我所蕴含的价值体系，使其更具包容性、和谐性，这主要由其创造主体的创造性即对自然、自我、自由的超越来实现。

（3）传承性。和谐文化作为一种重要的文化形式或文化模式，是文化主体在历史继承和传递的基础上形成的。和谐文化的传承是一个主要以语言为中介的认知过程。人们只有在实践活动中，原有的文化成果才能得以真正的理解、掌握和巩固。这不仅使和谐文化内化在人们的心理结构上，而且使和谐文化转化在人的行为方式上。作为具有特定文化素养、文化习惯和行为方式的人，和谐文化主体对和谐文化的传承既有自发的方式，更有自觉的方式。一方面，由于和谐文化主体本身就生活在和谐文化的氛围中，在其衣食住行、婚丧嫁娶、礼尚往来等日常生活中，和谐文化精神会随着风俗习惯、生产生活不自觉地传递；另一方面，由于和谐文化主体的主体性特征，任何一个个体都需要经历一个全面接受和习得和谐文化规范的过程，而建立在主体的选择意识基础上的文化传承，就是一种自觉的传承。从古至今中华和谐文化的传承经历了从自发到自觉的过程。在传统社会，和谐文化的传递往往是通过家庭和天然共同体的教化而自发完成的，如家规家训、民风习俗、行为规范、交往礼节等。在构建社会主义和谐社会的进程中，和谐文化所蕴含着的大量的科学知识、文化理念、文化价值、道德规范等文化内涵，主要依靠学校、社会、国家等的自觉的文化传承渠道由主体自觉地进行传承。和谐文化主体在传承历史文化时，是在文化选择与文化学习过程中，对先在文化进行选择性吸收与能动性扬弃，保留原有文化中的精华部分进行传承，并添加了某些革新和创新。虽然和谐文化的传承本身并不创造文化，但是它可以通过和谐文化主体能动和开放的创造力，促进和谐文化的变迁、超越和进步。

（二）和谐文化客体

在和谐文化的系统结构中，和谐文化客体有其自身的特殊规定性。

1. 和谐文化客体的内容

广义的客体泛指主体以外的一切事物和现象，既包括现实的客体，又包括可能的客体。狭义的客体是与主体相对应的范畴，是指现实世界中进入主体的实践和认识范围的，为主体活动所指向并反过来制约主体活动的对象性存在，它仅指现实的客体。客体必须是进入主体对象性活动范围内的客观存在。客体系统一般主要包括四类：自然客体（进入主体活动领域的自然物质实体）；社会客体（以人的活动为基础的社会性客体）；精神客体（成为主体认识和改造对象的观念的东西）；自我客体（当现实、感性的人被主体认识或自我认识时，主体就成为客体）。

和谐文化客体是和谐文化主体所指向的对象，就是从事和谐文化创造和实践的现实的人进行文化生产、文化创造等所作用的对象。和谐文化活动从总体来说属于一种精神生产活动，与物质生产不同，它所指向的对象主要是主观世界、主观现象，因而和谐文化客体多属于精神客体和自我客体。在对象上，和谐文化客体主要包括以下几个方面。

一是传统的各种思想文化资源，包括本民族和外来的传统文化。在长期历史发展中形成并保留到现实生活中的、具有相对稳定性的传统文化，蕴藏了各民族的历史发展、社会生活、历代人的创造智慧与经验。它虽然经历了不同时代，但是仍然保留了原有文化的基本特征和内涵，并在人们的思想和行为中烙下了不可泯灭的深刻印记，形成了具有民族特色的性格、心理和道德，成为维系不同民族生存和发展的精神纽带。面对不同形态的传统文化，应辩证分析，分辨其精华和糟粕，对于其中顺应社会生活变迁、符合社会发展要求的积极向上的内容，应该继续保持和发扬，而对于其中妨碍人的发展、不符合社会发展要求的、落后的、腐朽的东西，应自觉地加以改造或剔除。同时，随着时间的推移、社会的发展和时代的进步，还应赋予传统文化以新的内涵，从而不断满足人们日益增长的精神需求。

二是现阶段文化领域中存在的各种学术观点、流派和潮流的总和。文化领域中的各种学术观点、流派或潮流，离不开经济、政治、文化、社会对它的推动力、挤压力和催生作用，它是当代社会实践的理论概括，反映了整个时代的基本特征。同时，文化领域中不同的学术观点、流派或潮流又是个性结合的纽带，在社会发展的加速度中，它遭遇着剧烈变革的挑战，聚集着诸多相似个性的力量，把分散的个体精神凝聚成一股强劲的冲击力，使整个社会洋溢着不同的个性，并刺激着个性的聚集，使之获得既独特、又比较充分的发展。在和谐文化建设中，这些不同的学术观点、流派和潮流呈现出复杂纷纭的倾向和形态，是和谐文化主体改造的又一重要对象。因此，应站在全局的高度，采取开放性的态度，以博大的胸襟对其进行仔细梳理，引导其朝着正确的方向发展。

三是现阶段人们的各种思想、心理和观念等，这是和谐文化的直接客体。现实、感性的人在进行和谐文化的精神活动和实践时，是物质与精神、生理与心理的和谐统一体，因而人在和谐文化实践中既是主体，又是客体。而作为和谐文化客体的人，其思想、心理、观念、文化结构、思维方式、行为习惯等，都是和谐文化主体所直接指向的对象，对和谐文化将产生最为深刻的影响。因而，在进行和谐文化建设时，最重要的就是引导和改造人们的思想、观念和心理，使其接受科学的理念和思维方法。

2. 和谐文化客体的特征

和谐文化客体作为和谐文化主体所指向的对象，具有抽象性、制导性和能动性等特征。

（1）抽象性。作为一种文化要素，和谐文化客体不是具体感性的东西，而是通过提炼、升华和抽象的形而上的、无形无象的东西。这种抽象性的客体与物质性客体不同，它在空间上离开主体而独立存在的外在性表现不太明显，但是，作为和谐文化主体头脑的抽象性产物，一旦巩固下来后，也就成为外在于和谐文化主体的客观存在。另外，当人类自身的思想、心理和观念等作为和谐文化的客体时，和谐文化主体的本质力量和特殊性质已经渗透其中，和谐文化客体与和谐文化主体是相统一而存在的。由于和谐文化客体的客观性和抽象性，人们在认识和改造和谐文化时，主要以理论思维的方式进行，即通过认识活动获得远远超出靠感觉器官直接感知的知识。

（2）制导性。和谐文化客体不可避免地渗透着主体的特性与意志，如主体需要、主体目的、主体知识水平、认识能力、选择能力、创造能力、价值观念甚至情感因素等。因此，和谐文化客体受制于和谐文化主体的某些特性，具有规范性和导向性。对内而言，和谐文化客体本身所固有的存在法则、运行规则和变化规律等是具有自律性的，制约和规范着客体自我具有和谐的性质和特征。对外而言，和谐文化客体对主体的实践行为具有制衡性和导向性，以达到和谐的目的和实现和谐的功能。所以，正确地选择与确定和谐文化的客体，不仅有利于和谐文化主体进行有效的文化实践和创造活动，而且有利于规范和谐文化发展的进程与方向，促进整个社会健康和谐发展。

（3）能动性。和谐文化客体的能动性是指和谐文化客体在认识和实践活动中对和谐文化主体的促进作用，以及使主体提高认识能力和本质力量的特性。和谐文化客体的能动特性，一方面与和谐文化主体能动性构成矛盾，另一方面又与和谐文化客体本身的受动性组成矛盾。这两方面的矛盾共同推动和谐文化以一种发展的态势，不断孕育出新的思想、观点、理论、学说等，成为一种具有和谐导向的文化，从而影响和推动整个社会大文化的发展与和谐。

（三）和谐文化介体

和谐文化介体是和谐文化主客体关系形成的重要条件，是和谐文化系统中的基本要素之一。

1. 和谐文化介体的分类

和谐文化主体与客体之间存在着时间方面的分离、空间方面的分离及存在方式的异质性，为了消除这些隔离或分离状态，和谐文化主体在对和谐文化客体进行认识和改造过程中，必须遵循正确的途径、道路和方法，并努力探寻、发现和创制各种必要的工具、手段等介体。和谐文化介体系统可以分为硬性、软性和中性介体三大类，三者之间相互依赖、相互渗透和相互转化，构成整个介体系统。

(1) 硬性介体。和谐文化的硬性介体，是和谐文化主体利用各种实物的物理、化学、机械、生物等属性和力量，对实物进行重新组合和改造所创造出的物质性工具（包括劳动工具、科学仪器和设备等）。在和谐文化主体处理与和谐文化客体关系的活动中，硬性介体可以直接与和谐文化客体发生物质、能量交换，从而使和谐文化主体的运动器官、感觉器官、思维器官和神经传输系统的作用力延长和扩大，增强其认识和改造和谐文化客体的能力。在延长和谐文化主体的运动器官方面，一些劳动工具或设备仪器等代替主体的肉体器官，直接作用和改造和谐文化客体，是和谐文化主客体进行物质交换的中介。在延长和谐文化主体的感觉器官方面，一些感知工具如显微镜、望远镜等能使和谐文化主体的视觉、听觉、嗅觉等感官功能得到加强，从而帮助和谐文化主体更快捷和准确地认识和谐文化客体的具体属性、结构、性能等信息。在延长和谐文化主体的思维器官方面，一些思维工具如电脑等，具有速度快、精度高、容量大等优点，可以极大地加强和谐文化主体的思维能力及其信息处理的智力功能。在延长和谐文化主体的神经传输系统方面，一些用于传递信息和能量的工具如网络、媒介等，可以便捷迅速地传输主客体之间的各种信息、资料，方便和谐文化主体认识和处理和谐文化客体的相关信息。由此可见，和谐文化的硬性介体不仅提高了和谐文化主体各方面的能力，而且加强并促进和谐文化主客体之间物质、能量、信息的交换，使主客体之间的关系更加密切。

(2) 软性介体。和谐文化的软性介体，是和谐文化主体在实现对和谐文化客体观念把握过程中所需要的各种程序、规则、方法、概念、范畴、判断、理论框架等。由于和谐文化生产主要属于精神性生产，因此在和谐文化建设中，软性介体更有利于把客体的信息转变为主体的意识和思维内容，从而使之成为主体思想观念的一部分。从主体的经验和知识角度来讲，和谐文化的软性介体是工具化或实用形态的经验和知识；从工具的角度来讲，和谐文化的软性介体又是知识化或观念形态的工具；从操作的角度来讲，和谐文化的软性介体在理论上是对和谐文化客体或和谐文化的硬性工具的解释，因此，软性介体又具有更大的灵活性或可塑性。和谐文化主体在运用软性工具进行思维活动时，必须掌握一定的程序和方法，这种程序和方法就是思维的逻辑和规则，而思维的逻辑和规则又受到来自多方面的制约和限定。因此，和谐文化的软性介体放大了和谐文化主体认识客体的思维时空界域，在很大程度上扩展了和谐文化主体的认识器官并加深接收、获取、加工处理和储存信息的质的广度和深度。

（3）中性介体。和谐文化的中性介体特指和谐文化主体在与和谐文化客体作用时所使用的语言符号系统，它既是和谐文化主体之间进行思想和信息交流的重要媒介，又是和谐文化客体信息转化为主体思维内容所不可缺少的形式变换系统。语言符号系统在和谐文化活动中的中介功能，是由语言符号系统本身的特性所决定的。语言符号系统所具有的意义和指称功能，一方面使和谐文化客体能以符号的形式进入和谐文化主体的意义世界之中，另一方面则使和谐文化主体通过一定有意义的语言符号系统去观念地掌握和谐文化客体成为可能。同时，语言符号系统还具有一定的操作功能。具体地说，和谐文化主体借助于语言符号系统，在不改变和谐文化客体的现实存在状态的情况下，运用具有一定意义的符号进行分析、归纳、综合、演绎、解构、建构、编码、重组，进行思维操作，分解和综合和谐文化客体，在观念中再现和谐文化客体甚至创造出新的观念客体。

2. 和谐文化介体的作用

当和谐文化主体对客体进行动态的观念反映和把握时，和谐文化客体就成为主体认识和思维的一部分，但这种思维并不是把复杂的和谐文化客体直接移植到主体的意识和思维中来，而是通过各种硬性、软性和中性介体对和谐文化客体进行加工处理，从而变成和谐文化主体的思维。从和谐文化主体来看，从事和谐文化活动的人由于受到感觉和思维器官等的天然限制，一些客体特别是精神性客体的信息在很大程度上无法为主体所直接接受。从和谐文化客体来看，它虽然存在显露于外的表层现象和属性，但就绝大多数文化客体来说，其深层本质和结构却是隐匿于内的。因此，和谐文化的主客体之间的信息交换过程，是有中介的间接复杂过程。在现代社会，和谐文化介体总是体现着和谐文化主体一定的意图和目的，并且与和谐文化客体相互联系和相互转化，同时，随着和谐文化主体实践能力的提高，一些文化介体也会自觉转化为人们文化活动的客体。

从积极方面来讲，和谐文化介体作为工具性的客观存在，其本身就凝聚着和谐文化主体的知识、力量，体现着主体的能动性和创造性。因此，它大大拓展了和谐文化主客体相互作用的时空界域，缩小了主客体之间相互分离和隔离的距离，是和谐文化主体联系客体的有效中间环节、桥梁或传递者。从理论上来看，和谐文化介体本身的发展程度客观上反映了和谐文化主客体相互作用的广度和深度，是和谐文化主客体关系的凝结和发展水平的标志。从现实情况来看，和谐文化活动的主体与客体之间的相互作用主要表现为主客体之间的物质、能量和信息交换，而在这一过程中，和谐文化介体如同商品交换中的货币一样，始终充当着交换媒介和传递者的角色。

从消极方面来讲，和谐文化介体在提高和谐文化主体活动能力时，也会给主体带来一定的限制，使主体对介体的依赖性越来越大，从而造成片面的主体，或使主体墨守成规，缺乏创造力。同时，和谐文化介体的使用，也可能使和谐文化客体的本来面目受到某种程度的干扰，从而增大和谐文化主体认识和改造客体的难度。另外，由于和谐文化介体这一中间环节的存在，和谐文化主客体之间的作用都不可能完完全全、毫无保留地传递给对方，因而也会不可避免地产生某些误差或失真。

和谐文化介体既是和谐文化主客体联系和作用的中介，又是主体活动系统中的一个独立要素，是一个独立的存在物。总的来说，和谐文化介体的积极作用是主要的，消极作用是次要的。

（四）和谐文化环境

和谐文化作为一种社会存在，其产生、发展、变化以及和谐文化活动的开展，都要受到与其相联系的各种环境条件的制约和影响。

1. 和谐文化环境的分类

和谐文化环境特指和谐文化所面对的外部客观存在，也就是影响和谐文化形成、发展与和谐文化活动开展的一切外部因素的总和。和谐文化环境是由众多因素组成的复杂系统，根据不同的划分标准，和谐文化环境可具体分为自然环境与社会环境、宏观环境与微观环境、物质环境与精神环境三大类。

（1）自然环境与社会环境。这是按环境的性质而进行的分类。和谐文化的自然环境指通过自然条件对和谐文化的主体、客体和介体发生作用的各种物质总和，包括自然介质、自然资源和自然营养三大层次。和谐文化的社会环境是指通过人与社会关系的相互作用，对和谐文化产生影响的诸因素总和，具体包括经济的、政治的、社会的、文化的等要素。总的来看，自然环境和社会环境相互作用、共同影响和谐文化活动的开展。但是，由于和谐文化在总体上属于精神性的东西，因此，在自然与社会两种环境中，自然环境对和谐文化的影响往往不能脱离社会环境而孤立发挥作用，它通常通过社会环境对其发生影响和作用。

（2）宏观环境与微观环境。这是以环境构成要素范围的大小为依据而划分的。宏观环境是指对和谐文化影响最大、最全面的主要力量，包括一个国家或一个地区内的各种自然环境、经济环境、人口环境、政治和法律环境、技术环境、社会和文化环境等。微观环境是指对和谐文化影响较具体、较深刻和较直接的各种力量，包括从事文化活动的企业和个人以及与文化活动密切联系的企业、市场、各种文化受众、家庭、学校、工作、人际交往、网络等小环境等。总体来看，和谐文化的宏观环境一般是不可人为控制的变量，而微观环境则往往具有现实的可调节性。宏观环境通常制约着微观环境，微观环境对宏观环境具有反作用，它们之间相互作用、相互影响，从而改变整个和谐文化的环境。

（3）物质环境与精神环境。这是以环境构成要素的性质为标准而划分的。物质环境指的是围绕和谐文化的存在、发展与实践的各种物质因素的总和，包括未经改造的自然环境和经过改造后的物质环境，如自然、人文景观、文化市场、学校等。精神环境是指围绕和谐文化的存在、发展与实践的各种精神因素的总和，如社会风尚、道德舆论、习惯传统等。物质环境通常决定精神环境，精神环境反作用于物质环境，两者相互作用，共同影响和谐文化。和谐文化的物质环境一般以具体的实物形态展现和影响和谐文化，而精神环境则一般以无形的精神因素激励、教育和影响和谐文化诸要素，特别是主体和受众，从而影响和谐文化的存在与发展。

2. 和谐文化环境的特征

作为一个复杂的系统，和谐文化环境有其自身的特殊规定性，具有和谐性、开放性、创造性与广泛性等方面的特征。

（1）和谐性。和谐文化环境不是一个抽象的概念，而是一个具体、特定的概念。在和谐文化的形成、发展过程中，离不开和谐的环境。从自然环境的角度来看，如果环境不协调甚至遭到破坏，那么恶劣的自然环境必将酿成苦果，人类的生存就会出现危机，和谐文化的育成就无从谈起。从社会环境的角度来看，如果没有秩序井然、民主自由与协调的环境和有效的监管机制，全社会和谐的理念就难以形成，建设和谐文化也无法进行。和谐文化的众多环境因素，无论是自然环境或社会环境、宏观环境或微观环境、物质环境或精神环境，都应是和谐的、统一的。

（2）开放性。和谐文化本身具有开放性，和谐文化环境是动态的、开放的体系。在和谐文化形成和发展过程中，和谐文化与其所依存的环境之间进行不间断的物质、能量、信息等的交换，从而引起和谐文化的外在环境发生改变。变化了的环境又必然会给和谐文化带来新的发展机遇，从而引起和谐文化的动态发展。这种周而复始的循环，要求在和谐文化建设过程中，主体时时监测外部环境，并根据变化了的环境选择适当的客体与介体，运用合适的方法，保持和谐文化的主体、客体、介体、环境的动态平衡与协调一致，促进和谐文化的发展与进步。

(3) 创造性。作为和谐文化主体的人，在面对复杂的环境系统时，并不是一味机械被动地接受环境，而是能动地反作用于环境，积极改变环境，并合乎规律地创造新的有利环境。和谐文化主体与环境的相互作用过程是循环往复的。因此，要侧重于环境的可创造性特点，充分发挥人的主观能动性，积极创造出适宜和谐文化生长的最佳环境，从而促进和谐文化的发展。

(4) 广泛性。从广义的角度来讲，和谐文化内部诸因素之外的一切因素都可以称为和谐文化的外部环境，它是一个极其广泛的具有不同层次的相互联系的有机整体。在纵向上，由于和谐文化的历史继承性，以往的历史环境也会对和谐文化产生影响；在横向上，由于联系的广泛性，不同国家、不同地域的文化都是和谐文化的实践内容。因此，不同国家地区的风土人情、政治、经济、文化制度、社会发展状况等都构成了和谐文化的环境。从和谐文化所涉及的具体范围来看，和谐文化环境既有宏观的因素，如国家、社会、社区、工作等环境；也有单个主体所面临的小范围的环境，如人际关系、风尚观念、行为方式等。所以，和谐文化环境对和谐文化的产生、发展具有广泛的制约作用。

3. 和谐文化环境的作用

在和谐文化建设中，和谐文化环境对和谐文化的制约作用主要通过和谐文化的主体、客体和介体来实现。

首先，环境对和谐文化主体的影响是首位的和最重要的。和谐文化主体在通过介体认识和改造和谐文化客体时，环境系统可以对其发生直接或间接、积极或消极的影响。其中直接影响一般具有强制性，如法律法规、条例制度、准则等，间接影响的作用则是潜移默化的，如公众舆论、道德风尚等。不同的环境因素通过主体的力量将对和谐文化的发展起到促进或延缓的作用。

其次，环境对和谐文化客体的影响也是深刻的。和谐文化的客体主要属于精神性的，而精神性的因素在一定条件下总是要受到一定的外在环境制约和影响。如传统或外来文化的思想精华，只有在宽松的环境中才能为和谐文化主体所接受和利用；而文化领域中的各种流派、学术观点等只有在自由的环境中才可能百花齐放、百家争鸣；在民主和谐的环境中，人们的各种思想、心理、观念才可能活跃和进步。

最后，环境对和谐文化介体的影响是直接的，因为和谐文化的介体与环境始终相互作用、相互影响，甚至在一定条件下还可以相互转化。

二、和谐殡葬文化的载体：重在建设

作为文化的一种，和谐文化的价值内涵必须借助于一定的载体才能得到表达、传递，才能为人们所感知。因此，要建设和谐文化，必须建设和谐文化载体。

（一）和谐文化载体的基本功能

和谐文化具有核心的价值内涵，并且通过一定的形式表现出来。和谐文化反映着人们对和谐社会的总体认识、基本理念和理想追求，是中国特色社会主义文化的重要组成部分。和谐文化的表现形式（即和谐文化载体）是和谐文化不可缺少的构成要素。和谐文化载体就是能够表达、传递和谐文化的价值内涵，并能够被人所感知的客观存在，是连接和谐文化的价值内涵与客体（受众）之间的桥梁和纽带。和谐文化通过载体把其价值内涵传达给受众，受众通过和谐文化载体认识、理解和谐文化。

1. 物质性

和谐文化载体的物质性就是和谐文化载体作为一种客观存在，能够被人所客观感知、认识。和谐文化的价值内涵是意识的东西，只能借助于一定的客观存在表现出来，才能为人所感知和认识。如果没有客观存在来承载和谐文化的价值内涵，人就没有办法感知、认识具有意识性的和谐文化的价值内涵。

2. 承载性

承载性是指作为一种特定的客观存在，和谐文化载体具有表达、传递和谐文化的价值内涵的功能，受众（客体）能够通过它认识、理解和谐文化的价值内涵。是否具有承载性是判断任意一个客观存在是否作为和谐文化载体的首要标准。也正是因为具有承载性，和谐文化载体才成为和谐文化不可或缺的构成要件。

3. 接受性

受众是通过和谐文化载体来感知、认识和谐文化的。在这个过程中，受众接触到的和谐文化载体的质体，才能完成下一步的认知活动。因此，受众是否接受和谐文化载体就成为他们是否接受和谐文化的先导。和谐文化载体的接受性是由它所充当的和谐文化和受众之间的桥梁和纽带作用所决定的。不具备接受性的“和谐文化载体”，即不被受众所接受的“和谐文化载体”，由于实际上丧失了表达、传递和谐文化的价值内涵的功能，必然被淘汰而消亡。

4. 异化性

和谐文化载体本身并不是和谐文化，也不是和谐文化的价值内涵，它首先表现为人们能够感知的客观存在。这些客观存在受到自己存在方式的制约，所表达、传递的"和谐文化的价值内涵"都会出现与本源的和谐文化的价值内涵不一致的情况，这就是和谐文化载体对和谐文化价值内涵的异化，即对和谐文化的异化。例如，通过影视作品表达、传递和谐文化的价值内涵时，由于它是通过艺术形象来感染人的，显然达不到理论论述的层次清晰、论述明确的表达效果，造成人们从感性的，而不是理性的角度认识和谐文化。和谐文化载体对和谐文化的异化是绝对的，而异化程度与和谐文化载体的存在方式密切联系，同时也与和谐文化的受众密切联系。

（二）和谐文化载体的主要类型

和谐文化载体的主要功能是把和谐文化的价值内涵表达、传递给受众，根据表达、传递的方式以及和谐文化载体的存在方式对受众的不同作用，可以把和谐文化载体分成告知性、约束性、影响性和强化性载体四种类型。

1. 告知性载体

告知性载体是指载体存在的直接目的最直接地表达、传递和谐文化的价值内涵的载体。这类载体主要有介绍、研究和谐文化的书籍、报刊、互联网网页等信息传播媒介以及专门为宣传和谐文化而举行的各种宣传、宣讲等活动。告知性载体是对和谐文化的价值内涵表达、传递的异化程度最小的载体，即能够最清晰地表达、传递价值内涵、范围、形态、特点等内容的载体。因此，它们是受众全面准确了解、认知和谐文化的首要载体。这类载体把准确地表达、传递和谐文化放在首位来考量，从而使得传递的和谐文化带有极强的学术性和专业性。由于载体的局限无形中设置了大众认知和谐文化的"进入门槛"，这类载体并不能完成把和谐文化的价值内涵"大众化"，即为广大民众所知的任务。告知性载体实际上并不能独自完成和谐文化的深入、长期传播的重任，以达到通过和谐文化建设促进和谐社会发展的重任。

2. 约束性载体

约束性载体的存在形式是各种约束人的强制性的行为规范。在特定人群的强制性行为规范中存在着这样一类强制性行为规范，它们是按照和谐文化的价值内涵制定的，一旦个人的行为违反了这些行为规范，个人就会受到强力制裁，从而使个人为避免制裁而不做出违背和谐文化的价值内涵的行为。这一类型的行为规范就是和谐文化的约束性载体。这类行为规范所起的作用是在使个人不做出违反和谐文化的严重行为，从而维护了和谐文化的执行，达到建设和谐文化的目的。它从反面即以排除的方法表达、传递了和谐文化的价值内涵。约束性载体主要包括相应的法律、法规或其他的强制性的行为规范。约束性载体通过对和谐文化的价值内涵的实现达到了表达、传递和谐文化的价值内涵的作用，但具有载体介质的局限性。

3. 影响性载体

这类载体主要是人们日常所接触到的各类口头传播或非口头传播的事实叙述或文艺作品演绎。一旦它们通过所传播的事实叙述或文艺作品演绎，表达了和谐文化价值内涵的某些方面，激发了个人按照和谐价值文化的价值内涵行动的欲求并付诸执行，就成为和谐文化的影响性载体。由于这类载体是在个人的审美或娱乐活动中通过艺术形象、艺术情节等感受和谐文化的价值内涵的，并在潜移默化中接受的，而个人在选择审美或娱乐活动的时候有较强的主观性。因此，这类载体是否具有较强的客体接受性就成为这类载体表达、传递的和谐文化的价值内涵的关键。由于这类载体是通过艺术形象、艺术情节等让人们感知和谐文化的价值内涵的，因此相对于告知性载体而言，影响性载体表达、传递的和谐文化的价值内涵又是不完整的、表层的，同时具有不稳定性。

4. 强化性载体

强化性载体是指在某一时间周期反复出现，能够表达、传递和谐文化的价值内涵的人类群体性活动，如相关的节日活动、定期举行的仪式等。这类载体通过形式上的反复出现，使人们通过特定的带有重复性的活动，重温和谐文化的价值内涵，反思个人的行为是否符合和谐文化的价值内涵的要求，从而达到巩固、提高人们对和谐文化的价值内涵认同的目的。强化性载体的存在能够避免因为新鲜信息不断涌现，从而使个人对通过告知性载体和影响性载体获得的和谐文化的认识逐渐淡忘的局面。但是，强化性载体对和谐文化的强化也是有限度的，它没有能力改变客观的经济、政治环境而导致的人们对和谐文化的放弃。作为文化一分子的和谐文化最终必须是一定社会的政治和经济的反映。同时，强化性载体也必须考虑客体的接受性，其反复出现也必须随着时代的发展而有所发展，否则就会被淘汰。

（三）和谐文化载体的建设要求

通过对和谐文化载体的特点和分类的分析，要从和谐文化载体的角度出发，和谐文化建设过程中必须注意以下几个方面。

1. 加强基础性的工作

和谐文化的价值内涵的表达和传递依赖于和谐文化载体的存在，丧失了和谐文化载体实际上也就丧失了表达和传递和谐文化价值内涵的可能，和谐文化的建设也就无从谈起。回顾人类的历史，一种文化的消亡一般有两种形式。一种是特定文化的价值内涵已经不适应社会发展的要求，而逐渐消亡。人类历史上曾经经历过的奴隶制文化、封建制文化的消亡就属于此类。另一种是特定文化的载体被人为破坏，而导致文化的消亡。在伴随着经济的全球化而出现的文化全球化的今天，越来越多的地域文化的消亡就属于这种类型。因而，建设社会主义和谐文化，要重视对和谐文化的价值内涵的挖掘和载体的建设。

2. 坚持全面性的原则

和谐文化载体是以系统的方式存在的，分别对和谐文化建设起到不同的、不可缺失的作用。其分类和对和谐文化的价值内涵的传递特征见表5－1。

表5－1　和谐文化的传递

	传递内涵	传递方式	传递视角	传递时效
告知性载体	准确	理论说服	主体	短期
约束性载体	一般	外在强制	主体	长期
影响性载体	一般	艺术感染	客体	短期
强化性载体	准确	习惯强化	主体	长期

由于和谐文化的四类载体在对和谐文化价值内涵传递的准确程度、传递方式、传递视角、传递时效具有差异的互补性，因此，只有坚持全面性的建设原则，才能确保和谐文化建设的成功。告知性载体是和谐文化建设载体的先导。如果缺乏了告知性载体，人们对和谐文化的理解就会五花八门、众说纷纭，难免有误读、误解，从而导致和谐文化在文化的竞争中处于劣势，甚至有可能被淘汰。约束性载体是和谐文化建设载体的基石。如果缺乏了约束性载体，人们违反和谐文化价值内涵的严重活动就受不到相关制度的惩罚，缺乏制度保障的和谐文化建设也将会成为一句空话。影响性载体是和谐文化建设载体的支柱。文化的力量在于通过潜移默化使文化的价值内涵成为人的自觉行为的一部分。失去了影响性载体，和谐文化就丧失文化的本质属性的力量。强化性载体是和谐文化建设的辅助支撑。如果缺乏了强化性载体，由于告知性载体存在的短期性，约束性载体和影响性载体对和谐文化价值内涵的异化性，那么随着时间的推移，和谐文化的价值内涵就会被载体异化，最后背离和谐文化建设的初衷。

3. 重视客体的接受性

和谐文化载体的价值内涵是通过和谐文化载体来表达、传播的，个人是通过和谐文化载体来认知、认同和谐文化的价值内涵的。在这个过程中，和谐文化载体处于被动的被认知的地位。因此，在和谐文化载体的建设过程中必须重视载体的可接受性，也就是在载体的形式上要对客体有吸引力；在载体传递的内涵上要明确、易懂，与受众的文化特点和认知水平衔接。

和谐文化的四类载体的接受性既要满足普遍要求，又要各有所侧重：告知性载体的接受性表现能够“以理服人”，阐述清楚和谐文化的价值内涵的所具有的“公众理性”的理论魅力。约束性载体的接受性主要表现在能够最低限度地降低社会的执行成本，而被社会所接受。作为和谐文化约束性载体的各种制度，如果对违背和谐文化的价值内涵所做出的严重行为惩戒过轻，就起不到制度应有的约束力；惩戒过度，又超过了人们的接受能力，不被人们所接受。影响性载体和强化性载体在接受性具有较大的相似性，都要求载体能够具有时代感、富有感染性，与受众的娱乐兴趣合拍。影响性载体更强调时代性和创新性，主要是通过“变”来抓住受众；强化性载体更强调把创新性寓于稳定性当中，主要是通过“不变”来抓住受众。

三、和谐殡葬文化的创新：殡葬管理

随着殡葬改革的不断深入，殡葬事业取得了长足进步，但适应社会主义市场经济体制要求的新型殡葬管理体系尚未形成，因此，深刻认识和把握社会殡葬管理规律，加快推进具有中国特色的新型殡葬管理体系建设，成为构建“和谐殡葬”的一项重大战略任务。

（一）殡葬管理规律认识

殡葬管理与经济管理一样也有其内在的规律。殡葬工作者只有熟悉殡葬管理，深刻认识和准确把握殡葬管理基本规律，才能为建立新型殡葬管理体系提供科学参照。

1. 殡葬管理的指导思想

坚持“以民为本，为民解困，为民服务”的民政宗旨，进一步解放思想、改革创新，深化殡葬管理体制改革，转变政府职能，理顺职责关系，改革管理方式，做到权责一致、分工合理、决策科学、执行顺畅、监督有力，建立一套与我国市场经济相适应的现代化殡葬管理体系。

2. 殡葬管理的根本目的

人民既是殡葬管理的主体，是殡葬管理的参与者和实践者，同时又是殡葬管理为之服务的目标和对象。现代殡葬管理的根本目标和出发点正是保障公众基本殡葬权益，促进社会公正。从殡葬管理效益的观点而言，殡葬业的使命是“在完成非营利性质的文化与社会功能下，用最有效率的方式提供安顿亡者之服务及使亡者之家属及亲友得到最大的安慰及最大的满意”。因此，安顿亡者与安慰生者，让公众“逝有所葬”是殡葬管理的关键因素。

3. 有限政府的管理范畴

过去传统的社会主义计划经济时代，我国政府充当“全能政府”，政府集殡葬管理与服务于一身，这种方式对于分配有限社会资源、维护社会稳定等起到过一定的作用，但也有很多弊端。深化殡葬管理改革的关键在于政府职能的转变。在更新观念、统一认识的基础上，调整机构，转变职能，由对殡葬的直接行政管理转变为运用立法、规划、拨款、政策指导、信息服务等必要手段进行宏观管理，逐步建立起一种运转灵活、效率较高、功能较强，既适应市场经济需要又可稳步持续发展的殡葬管理体系。

4. 殡葬管理的基本框架

现代殡葬管理格局是政府、社会、民间组织和公民等多元主体对殡葬的合作管理。政府在现代殡葬管理中的角色不可替代，但它只是多元主体中的一元，它主要发挥“掌舵”和“导航”的作用，而大量“划桨”的具体事务则主要交由其他殡葬管理主体通过市场化、社会化的机制去承担。通过培育更多的殡葬管理主体，并在相互之间构建完善的社会协商与互动合作机制，不断满足公众日益多样化的实际需求，有效解决殡葬业存在的问题。

5. 殡葬管理的基本方式

在计划经济时代，殡葬管理主要是以行政管理方式为主，这种管理更多显示的是人治式、强制式、刚性的方式。真正的和谐社会是一个国家权力与公共权利良性互动的社会，是国家的行政管理与公民个人的自主管理相统一的社会。现代殡葬管理在管理方式上表现出从“命令—服从”的单向度控制行为转向各个主体之间的协商决策、合作、透明化、法制化管理的趋势。

（二）殡葬管理体系分析

随着殡葬改革的进一步深化，现行殡葬管理在体制、职能、目的、对象、手段等方面存在着诸多不适应的地方。

1. 政事不分，职能不清

随着我国行政管理体制的不断深化，虽然我国大部分地方的民政部门已设立殡葬管理机构专门负责殡葬管理的具体工作，但是在一些中小城市却并未实行政事分开、管办分离，殡葬管理机构与殡葬服务单位合署办公，殡葬管理机构在人员编制、办公经费等方面上依然依赖于殡葬服务单位的支持。殡葬管理机构集管理者与服务提供者于一身，造成政府职能不断扩大，政府在市场参与者、服务供给者和市场监督者三者之间角色定位不清，导致政府职能错位、越位和缺位，削弱了政府的公信力，又严重干扰了经济秩序，影响了资源的有效配置，无法满足公众对殡葬公共服务的需求。

2. 机构不全，队伍薄弱

机构设置不健全，工作人员短缺，殡葬管理机构和管理队伍比较薄弱，影响了殡葬管理工作的正常开展，无法适应日益繁杂的殡葬事务管理。民政部门是殡葬管理的主管部门，虽然一些地方成立了殡葬管理处等专门管理机构，但全国绝大多数地方政府还是由社会事务管理部门兼管，而承担大量社会事务管理职能的机构，往往难以抽出更多的精力管理殡葬工作，以致出现管理不到位的现象。截至2014年年底，全国共有殡仪馆1801个，未建殡仪馆的地级市、自治州、盟和县级市、县、旗共154个，迫切需要尽快建设殡仪馆以及其他殡葬设施，改变部分地区没有殡葬管理专门机构和设施的现状。殡葬执法必须有专门机构，配备专门人员，否则执法就很难落到实处。成立了殡葬管理所（处）的县市，大多是事业单位，但依法行政要求执法人员必须是国家公务人员，法规及实际不配套，致使机构改革人员无法落实，使执法监察成为殡葬管理工作中的一个非常薄弱的环节。

3. 协作不力，缺乏配合

《殡葬管理条例》中关于法律责任的规定除民政部门外，还涉及公安、工商、建设、国土、卫生、物价、环保等多个部门。殡葬执法需要各有关部门的密切协作和配合，只有各有关部门在各自职能范围内充分发挥作用，殡葬执法才能取得实效。如对于墓位和骨灰存放格位的预售问题，就需要工商部门清理虚假销售广告，制止非法销售活动；也需要公安部门对涉嫌违法犯罪的销售者和组织者及时采取刑事措施，避免事态扩大。但是殡葬执法中长期存在民政一家执法，缺乏有关部门配合的情况，导致执法效果不理想，损害了殡葬事业的健康、有序发展。

4. 立法不足，监管失灵

行政立法是行政执法的前提和基础。近几年来，殡葬工作逐步步入依法行政、依法管理的法制化管理轨道，殡葬事业迅速发展且取得了很大的成绩，但与社会主义市场经济发展要求、社会主义现代文明相适应的殡葬管理法规体系还不完备，相应的殡葬管理和殡葬服务关系还未得到有效规范和调整。由于目前缺乏一部层次高、可操作性强的殡葬法，我国殡葬立法层次不高，法律效力低，地方人大及政府缺少权威的上位法作为下级立法的基础，地方性立法难度大，加之条例出台多年，具有明显的滞后性，可操作性较差，已无法适应当前殡葬管理及殡葬市场的发展。在法律、法规不健全的情况下，政府部门对殡葬违规行为的执法难度大，极易造成行政管理上的“真空”。

（三）重构殡葬管理体系

和谐社会语境下殡葬管理体系的建立是构建和谐社会的客观要求和应有

之义。殡葬管理作为社会管理的一环，要加快改革，构建完善的殡葬管理体系，推进殡葬事业科学发展。

1. 完善殡葬管理组织体系

（1）厘清关系，明确权属，理顺殡葬管理体制。深化殡葬行政管理体制改革，转变管理观念，正确处理好殡葬管理中政府、社会、市场之间的关系。殡葬管理是政府社会事务行政管理的重要组成部分，是民政部门一项重要职能。随着市场经济体制的不断完善，市场经济的资源配置自我调节的功能也日益显现，而政府的经济管理职能也会日益弱化，更主要的职能将转为保障公共利益的实现和对市场的监管，为市场主体提供公平的竞争环境。要改变政府既当运动员又当裁判员的角色，实现政事、政企分离，各级殡葬管理机构不再直接参与实体经营。殡仪馆、公墓等服务经营实体要与殡葬行政管理机构分设，实现行政管理机构与服务经营机构利益彻底分开，理顺殡葬事业单位管理权与经营权的关系，确保殡葬管理和殡葬服务能够在新的形势下健康发展。

（2）明确分工，高效合作，履行殡葬管理职责。按照“政事分开、管办分离”的原则，加快推进殡葬事业改革，建立完善“政府主导、部门协作、社会参与”的殡葬管理体系和工作运行机制。民政部门与殡葬管理部门、殡葬服务机构分离，实现各司其职，各负其责。民政部门主要承担推进殡葬改革、加强殡葬管理、监督殡葬服务等方面的职能，做好政策研究制定和组织实施工作，做好殡葬舆论导向工作。各级民政行政机关要逐步与经营性公墓和其他殡葬服务企业脱钩，民政行政机关不再作为发起人或投资人参与经营性公墓和其他殡葬服务企业的建设经营，机关工作人员不得在经营性公墓和其他殡葬服务企业任职或兼职，不得以任何形式从中获取利益。殡葬管理事业单位要切实履行殡葬管理职能，认真严格开展殡葬执法，做到有法必依，执法必严。加强对殡葬服务单位监督检查，规范服务标准，控制选择性殡葬服务价格，杜绝殡葬暴利，协调配合有关部门制止乱埋乱葬。不得从事殡葬经营活动，不应向殡葬服务单位和企业收取任何管理费用，在人、财、物等方面逐步与殡葬服务单位和企业脱钩。殡葬服务事业单位要将基本殡葬服务和选择性殡葬服务项目逐步分离，选择性殡葬服务项目实行市场化运作，基本殡葬服务满足人民基本殡葬需求，选择性殡葬服务满足人民多样性需求。殡葬经营要严格遵守殡葬法规，诚实守信，殡葬用品价格实现公开透明，强化殡葬职业道德，提升殡葬服务质量，努力营造追忆先人、慰藉生者的服务环境。

（3）健全机构，构建网络，覆盖城乡殡葬工作。加强殡葬工作的基层组织建设，建立管理网络，进一步强化县、乡、村三级管理职能，充分发挥在新农村建设中涌现出农村红白理事会和城乡社区殡仪服务站等新生组织的作用。加强纵横网络建设，纵是指各级殡葬管理部门，直线式层层落实责任；横是指各级公安、工商、城管等行政管理部门各司其职。从而形成全社会齐抓共管的殡葬改革局面，使殡葬改革从点到线进而形成面。深入推进殡葬制度改革，各级党委、政府必须明确执法主体，明确各级殡葬管理的机构、人员编制、执法主体资格，成立殡改执法大队或稽查大队，解决好办公场所、办公用具、办公车辆等实际问题，充分发挥高校人才培养方面的优势，选聘素质高、能力强、法律知识精通、热衷殡葬事业的人员进入执法队伍，加强对他们业务知识和执法能力的培训，提高其执法水平，培养出一批具有行政执法资格和较强执法能力的民政执法专（兼）职人才，真正担负起殡葬执法、行政诉讼、行政复议、执法监督等工作任务，公开、公正、公平执法，使殡葬管理做到有法可依、执法必严、违法必究。要加强殡葬信息网络建设，在基层设立信息员，及时掌握并反馈违反殡改政策的事件，为殡葬执法提供必要可靠的信息支持。

（4）注重培育，稳步发展，发挥社会组织作用。社会组织作为政府与市场的沟通桥梁，其首要职能就是为社会、政府、市场提供信息、咨询等服务。对政府，为政府宏观调控提供信息咨询，为发展规划、政策、方向提供建议和参考。对市场，现代企业制度的建立使企业摆脱政府而独立自主进行经营，政府的宏观调控则通过社会组织对市场进行规范和引导。殡葬行政管理单位可将殡葬行业规范、文化研究、行业培训与考核、行业发展调研、行业动态信息统计等职能委托殡葬协会承担，进一步理顺殡葬管理体制，充分发挥殡葬行业协会自律管理作用，加强行业自律制度建设、服务承诺制度建设，加强殡葬服务行业监管和行风建设，进一步提高殡葬管理服务质量和水平，更好地促进殡葬行业的健康发展。

2. 完善殡葬管理法规体系

殡葬行业相对其他行业来说，法律法规和市场发展相对落后。面对诸多困难，必须加强立法，规范殡葬管理法规，建立起从中央到地方完整配套的殡葬管理法规体系，使殡葬管理与法规体系相适应。把建立健全殡葬管理法规体系作为政府促进、干预、管理和监控殡葬业的一个重要手段，在明确殡葬管理部门责任的基础上，加强宏观调控和政策引导，减少对殡葬市场的干预，为市场主体提供公平竞争的环境。

完善的法律是依法行政的必要前提，解决好殡葬事业科学发展的基础是制定殡葬法。我国殡葬行业的立法工作相对比较滞后，目前的《殡葬管理条例》由国务院于1997年制定，自条例颁布至今，殡葬行业出现了许多新的现象和问题，条例未及时修订，虽然民政部出台了一些新的规范性文件，但并不能适应殡葬行业发展的需要，对于殡葬事务的管理以及殡葬业的发展非常不利。为了保障殡葬事业的健康发展，加强殡葬立法至关重要，亟待及时立法，加快殡葬法规制度建设步伐，尽快建立科学完整的殡葬管理法规体系。特别是在管理部门责权、行政许可的设立、殡葬服务的规范、公墓的管理、执法监督的加强以及可操作性强的实施细则等方面需要作出新的明确规定，推动《殡葬管理条例》修订，并为殡葬法的制定提供必要的基础和准备，提升殡葬管理的法定地位，规范和强制殡葬单位和个人的殡葬行为，保障殡葬改革深入推行，为殡葬事业科学发展提供法律法规依据。

法律意志的实现关键在于政府依法行政。殡葬监管部门作为殡葬法规执行机构，应切实履行起监管执法的职责。一要充分履行职责，加强协调，杜绝互相推诿、消极作为甚至不作为。二要公正执法，政事、政企分离的体制改革将为政府的依法行政提供良好的前提条件，使政府可以作为纯粹的裁判员角色出现，从根本上保障公正执法。三要严格执法，保护公平竞争，严厉打击违法违规行为，做到违法必究。

3. 完善殡葬市场服务体系

随着民营殡葬服务机构的不断壮大，要合理界定政府基本殡葬服务和市场选择性殡葬服务范围，强化政府的宏观管理职能，弱化其微观管理职能，加强对市场的引导，减少对企业经营的干预，强化服务功能，为市场竞争主体创造良好的发展环境。殡葬公共服务中政府的主导作用体现在：投入资金建设公益性火化机构和设施，为遗体火化提供人员、设施和费用保障；做好公墓或公益性墓地建设的规划，引导社会力量依法从事殡葬活动的各项服务工作。按照保本微利的原则，在确保尸体接运、存放、火化等基本殡葬服务项目收费与当地生活水平相适应的前提下，对政府公共服务之外的其他选择性殡葬服务，允许社会力量依法经营，获取合理的经营收入，注重发挥市场调节作用，实行市场运作、价格竞争、自愿选择、公平交易、政府监管，建立规范的选择性服务殡葬市场供给体系，满足殡葬服务多层次、多样化的殡葬需求，逐步形成以基本公益性殡葬服务为主体、市场经营性服务为补充的服务格局。同时还应支持和引导社会资本进入选择性殡葬服务领域，通过立法，规范社会资本举办殡葬服务机构的准入条件和监管制度，建立投资主体多元化、投资方式多样化的殡葬事业投入机制，营造公平、公正的行业政策环境。

4. 完善殡葬监管评估体系

加大殡葬执法监督力度，强化对殡葬服务行业的监管和引导，建立社会监督的长效机制。

（1）构建评价体系。殡葬管理评价体系的科学构建，主要包括评价体系的科学化、指标选取的科学化和指标量化的科学化。评价体系包括服务项目、服务内容、服务覆盖面、需投入人力物力财力、预期社会效益、可能遇到的困难等。可用如下一些指标作为衡量的标准：一是殡葬服务受益率。包括受益对象的群体范围、受益对象的比例多少、受益对象的地域范围等，既包括殡葬服务的直接受益率，也包括其间接受益率。二是客户群体满意度。客户群体对一定区域内所接受到的公益性殡葬服务与自身需求相比较的吻合度，该指标的提高可有效促进被服务群体的认同感和归属感。制定殡葬事业的科学化评价体系，加强对数据信息的综合统计和采集，制定有效的检查评估办法，定期对规划实施情况进行检查和评估，不仅能使殡葬事业走向正常化，并向高层次发展，更重要的是有利于监督，从而使服务真正落到实处。

（2）完善监管体系。建立健全殡葬监管体系，是巩固殡葬改革成果，促进殡葬管理建设的重要举措。一要牢固树立现代殡葬管理理念。把殡葬管理纳入政府工作的重要议事日程和干部绩效考核体系，加强组织领导和实施。二要理顺殡葬监管执法机制体制。要按照“政事分开、政企分开”的原则，将现有的殡葬监管执法机构与殡仪馆、公墓等殡葬单位彻底分开，确保殡葬监管执法的公开、公正、透明。三要加大殡葬监管执法工作力度。建立健全殡葬监管执法制度，强化执法责任，完善执法手段，切实加大殡葬监管执法工作力度。要针对公墓违法违规建造和销售墓穴，公益性墓地违法从事经营活动，殡仪服务市场不规范等问题，加强监督检查和执法，严肃查处殡葬违法违规行为，全面规范殡葬经营服务活动。四要积极创新殡葬服务市场监管。完善殡葬市场监管立法，推动殡葬立法早日出台；积极探索民政部门与其他相关部门合作的方式，理顺民政部门与其他相关部门的关系，科学划分执法权限，提高殡葬市场监管效率。

（3）健全惩戒机制。实行必要的殡葬服务退出与惩戒机制，着力解决公众反映强烈的服务收费问题，对于一些服务不规范、收费不合理、顾客投诉率高、不正当竞争、侵害顾客权益等行为的个人或组织实行对应的处罚，对造成严重后果的个人或组织吊销执业资格或营业执照；对于殡葬服务水平高、收费合理、管理规范的殡葬机构，应给予奖励。

四、和谐社会的时代要求：人文殡葬

人文殡葬是以满足公众基本殡葬服务需求、倡导健康殡葬文化、节约资源、保护环境为导向的重要社会事业。

（一）人文殡葬的内涵

人文殡葬坚持以人为本，提倡慎终追远，全面满足人的尊严和个性需求，充分体现礼仪、亲情和文化内涵，在继承和创新中提供完美的殡葬服务。人文殡葬更加注重人文关怀，促进人与人、人与社会、人与自然的和谐相处，准确把握殡葬改革的核心价值体系，为殡葬事业发展营造良好的社会氛围。政府应履行提供殡葬公共服务的义务，努力为公众提供均等化的公益性殡葬基本公共服务。

1. 公共服务是人文殡葬的前提

基本殡葬公共服务作为我国公共服务体系的有机组成部分，是政府保障公众基本殡葬权益的重要方式。尊重和保障公众的殡葬权益既是推行殡葬改革的需要，又是落实以人为本，满足公众殡葬服务需求，推动殡葬事业科学发展，促进社会和谐的迫切要求。

保障公众殡葬权益，减轻公众殡葬负担，需要政府建设公益殡葬服务体系，提高政府直接提供殡葬公共服务的能力，使公众享受到更加便捷、优质、惠民的殡葬服务。我国应尽快构建对公民的基本殡葬服务需求予以保障的社会机制，大力推行惠民殡葬政策，逐步建立以重点救助对象基本殡葬服务减免为基础，其他多种形式殡葬救助为补充，基本殡葬服务均等化为目标的殡葬救助保障制度，更好地实现“坚持广覆盖、保基本、多层次、可持续方针，加快推进覆盖城乡居民的社会保障体系建设，稳步提高保障水平”的目标。

2. 公益殡葬是人文殡葬的基础

我国现行的社会保障制度已为社会成员提供了生、老、病等方面的基本保障，公益殡葬事业是以满足公众基本殡葬服务需求、倡导健康殡葬文化、节约资源、保护环境为导向的社会公益事业，也是我国社会保障制度的完善与延伸。发展公益殡葬是有效提供基本殡葬公共服务、保障和改善民生、完善社会保障体系的基本要求。大力发展覆盖城乡居民的公益殡葬设施，完善城乡公益殡葬服务体系，为城乡居民提供基本殡葬服务，既是当前广大城乡居民的迫切需要，也是我国社会保障体系建设的重要内容。

发展公益殡葬事业必须坚持以人为本，保障基础，充分考虑中国传统文化特点，从维护逝者尊严、抚慰生者情绪出发，着眼于满足广大公众基本殡葬需求，不断创新殡葬管理体制，健全殡葬保障制度，完善殡葬服务体系，提升殡葬服务水平，推进公益殡葬事业建设。

3. 优质服务是人文殡葬的保障

殡葬服务机构要面向殡葬服务市场，积极地承担起“依法诚信服务、文明优质服务、规范高效服务、绿色低碳服务、公益惠民服务”的责任，维护公众合法殡葬权益，不断拓展服务项目、丰富服务内容、创新服务方式、提高服务质量，更好地满足公众多层次、个性化殡葬需求，努力打造优质、便民、诚信、文明的服务窗口，为促进行业整体服务水平的提高发挥示范作用。

（二）人文殡葬的特征

随着国家体制改革的深化，公共服务均等化的改革进程的推进，殡葬事业核心问题是强化政府责任和加大投入，推行殡葬公共服务，维护公众殡葬权益，满足公众殡葬需求，推动社会文明进步。

1. 人文殡葬的社会地位

一是优化资源配置。在市场经济条件下，发展人文殡葬是优化资源配置，节约和利用资源，把有限的自然资源和生存环境运用于改善和提高消费者及人类社会福利的最有效的途径。

二是满足消费需求。最大限度地满足消费者需要，是社会永恒的主题。“安全、环保、健康”已成为消费主流，发展人文殡葬，可引导和满足消费者需求，有利于提高绿色产品或服务的市场占有率，促进社会和谐发展。

三是构建和谐社会。人文殡葬作为一种全新的殡葬观念和方式，是建立在最大限度地满足绿色消费的基础上，本着对消费者生存环境负责，对保护环境、维护生态平衡负责而进行的活动，对构建和谐社会起了最重要的基础作用。

2. 人文殡葬的核心价值

一是法治殡葬。在制度层面确立殡葬事业的公益属性，规范和强制殡葬行为，保障殡葬改革和公益殡葬的强力推行，从而提升殡葬管理的法定地位，使公益殡葬事业稳步发展。

二是惠民殡葬。要从补缺型殡葬向适度普惠型再到全民普惠型殡葬转变，逐步实现殡葬公共服务均等化，让公众活着有尊严，逝去也体面。

三是多元殡葬。由于各民族各地区殡葬文化、习俗迥异，加之各社会阶层的殡葬需求差异突出，要维护不同主体的合法殡葬权益，满足他们的正当殡葬需求，在制度设计上充分考虑差异性，实现殡葬多元化。

四是现代殡葬。以科学、文明、节约、时尚和环保等为主要元素，是人文殡葬内涵的丰富和外延的拓展。要从推广火化着手，实现遗体和骨灰的无害化处理，倡导对骨灰进行树葬、花葬、草坪葬、撒散等多样化处理方式，使殡葬行为既能表达人们对逝者的追思，又能保护和改善生态环境。

（三）人文殡葬的实施

实现人文殡葬，一定要尊重中华民族的传统习俗，根据国家大政方针，统筹考虑各地的资源条件，实事求是地进行各种改革与创新，争取在较短的时间内实现理想目标。

1. 注重顶层制度设计，端正殡葬管理方向

实现人文殡葬，需要认真反思殡葬改革政策，在“以人为本”理念的指导下，做好相关政策的调整与创制。现行的诸如改革葬式葬俗、公墓规划与经营、殡葬事业单位职能定位、殡葬福利均等化等社会政策，各种利益相关者有着不同的理解。因此，要尽快厘清与殡葬改革政策有关的指导思想，加快殡葬法规立法研究，广泛征询公众意见，认真分析资源环境状态，提出系统、协调的体现人文关怀的殡葬法律规范，逐步构建包括殡葬改革、设施布局、殡葬福利、殡葬救助、市场管理、殡葬保险等制度的法律法规体系，为民众创造一个公平的、有尊严、有秩序的法律环境。

要明确相关部门职能，发挥示范引领作用。建立完善“政府主导、部门协作、社会参与”的殡葬管理体制和工作运行机制，将政府行政管理职能、宏观调控职能和事业单位的执行职能、服务性职能以及企业的经营管理职能分离开来，政府部门能够集中精力且比较客观公正地履行其社会管理职能，事业单位能够专注地提供社会公共产品，企业能够独立经营，真正实现市场竞争。通过加强重点示范工程的建设，带动更广范围的公众积极参与殡葬事业建设。

2. 以人为本科学发展，努力促进社会和谐

按照保基本、广覆盖、可持续的原则，以政府主导、公共保障为手段，以面向全民、平等共享为目标，从重点救助对象起步，逐步扩展到向辖区所有居民提供免费基本殡葬服务，实行政府埋单，建立起覆盖城乡居民的以重点救助对象基本殡葬服务减免为基础，其他多种形式殡葬救助为补充，基本殡葬服务均等化为目标的殡葬救助保障制度。

要大力增加公共服务，努力扩大殡葬服务的规模。要体现政府对于民众殡葬事务的关心，亟须在殡葬设施规划布局、建设资金投入、殡葬邻避设施协调以及加强对殡葬服务机构的指导管理等方面采取实际行动，以提供足量的殡葬公共服务，并促使既有的公共服务投入转化为高效、公平、均等化的公共服务产出。当前，人文殡葬的体现主要来自于殡葬公共服务提供效率水平的改善以及均等化程度的缓慢提升。政府要真正关注殡葬公共服务的投入，在资金、土地和建设等方面进行必要的干预，根据人口分布、财政能力以及

合理的服务半径标准，做好殡葬公共服务设施布局规划与投入规划，同时满足这些设施用于薪酬福利、日常运行的经费，营造实现人文殡葬的体制环境。

3. 创新殡葬服务项目，满足公众殡葬需求

建设公益殡葬就是要强化基本殡葬服务的公益性，规范选择性殡葬服务的市场行为，满足公众不同层次的个性化殡葬需求。殡葬服务机构在规范传统服务项目的同时，要创新服务，提高服务层次和水平，提升服务的文化内涵，满足人们殡葬方面物质需求的同时，关注其生理、心理、安全及精神等方面的需求，引导公众建立现代、文明的新型殡葬文化观。

要丰富殡葬文化内涵，提升殡葬服务品质。中国历史悠久、地域广阔，不同时代不同民族的殡葬文化博大精深，还有在全球化浪潮中进入国内的外来文化，都亟待殡葬服务人员加以学习、扬弃、整合、创新，以适应不同人群在殡葬活动时特殊的文化喜好。通过合乎规范的殡葬文化活动，可以展示死者的社会地位和生者的名望与能力，可以既为死者举哀又为生者祈福。因此，实行人文殡葬应当努力提高文化服务的含量。如殡葬服务过程中提供的文化花篮、人生小电影、个性化挽联、纪念册等服务，通过文学、美学及现代科技手段，显现出很高的文化品位，对于进行生死间的对话、传承逝者精神和提高殡葬服务的品质有很强的现实意义。

4. 大力弘扬人文关怀，积极参与公益事业

要积极实施人文关怀，提高殡葬服务效率。殡葬从业人员要接受人文教育，更新服务理念，以敏锐的职业眼光发现殡葬需求，进行必要的职业训练，以精湛的技能实行贴心的服务。如开展上门服务、导丧服务以及临终关怀、悲伤辅导、心理疏导等殡葬延伸服务，使公众在既有的殡葬设施中享受到更多更好的服务，以特别的人文关怀体现殡葬从业人员的爱心和亲情，提高公众满意度和树立行业良好形象。

总之，公益殡葬制度的建立应由政府、殡葬服务机构、殡葬行业协会、社会公众各方共同努力。政府应完善基本殡葬服务保障制度，进一步健全殡葬救助制度；加强基本殡葬服务设施建设，强化殡葬服务监管政策；加快推进殡葬管理体制改革，大力培育规范有序的殡葬服务市场。殡葬服务机构应规范经营行为，提高服务质量，提供公益殡葬服务，承担社会责任。社会公众应践行生态文明的殡葬方式，对殡葬机构的服务和政府相关部门的管理行为进行监督，为殡葬改革和公益殡葬制度建设献计献策。

五、殡葬事业的发展目标：和谐殡葬

和谐社会是社会资源兼容共生、社会结构合理匀称、社会行为规范有序、

社会运筹科学得当的社会。和谐殡葬是殡葬事业追求的最高境界，适应构建社会主义和谐社会要求的殡葬，能使公众的殡葬需求得到满足，让广大公众对殡葬服务感到满意，促进人类与环境、自然的和谐。

（一）和谐殡葬的特征

和谐殡葬就是公平共享、法治有序、便捷高效、安全可靠、环境友善的殡葬。

1. 公平共享

公平共享的殡葬，就是要使全体社会成员都能充分享受到殡葬发展与改革的丰硕成果，并使其殡葬权益都能得到实现、维护和发展，充分体现殡葬事业的社会性、共用性和公益性。

2. 法治有序

法治有序的殡葬，就是要有完善的法律法规体系，使所有殡葬参与者遵纪守法，保证殡葬的有序运行。

3. 便捷高效

便捷高效的殡葬，就是要使殡葬事业的发展最大限度地提高覆盖率、通达度和机动性，做到殡葬服务能力充足、殡葬活动方便顺畅。

4. 安全可靠

安全可靠的殡葬，就是要使“安全至上”成为全社会所有殡葬参与者的共同理念，减少殡葬对资源的消耗和对环境的危害，增进公众安全和生态安全，实现全方位的殡葬服务。

5. 环境友善

环境友善的殡葬，就是要建设低能源消耗、低资源占用、低环境污染、低财政负担、低使用成本的殡葬系统，以最小的资源环境代价实现殡葬的发展目标，实现殡葬文明与生态文明的协调发展。

（二）和谐殡葬的实施

1. 夯实殡葬事业科学发展基础

一要扎实推进绿色殡葬。要将社会学、文化学、生态学、环境学等多学科的原理综合运用到各种殡葬活动中，在遗体的接运、保存、整容、防腐、火化、安置、悼念和祭奠等殡葬活动中，以环境承载力为基础，以绿色殡葬科技为动力，采取各种措施保护和维护生态环境，通过殡葬全程的无污染、无公害的安全控制，实现殡葬与社会、文化、生态、科技、经济的可持续发展。

二要积极倡导生态殡葬。在保护并改善生态环境的前提下，统筹考虑殡葬问题，运用生态系统理论与生态经济规律和系统科学方法，把殡葬管理和生态环境治理与保护、资源高效利用融为一体，建立生态优化的殡葬体系，实现多目标综合决策，从而推动和谐社会的建设进程。

2. 构建基本殡葬公共服务格局

将基本殡葬服务纳入政府公共服务范畴，完善政府在殡葬领域的公共服务职能，是殡葬事业健康发展的必由之路。在全国建立起以殡仪馆为核心、乡镇（街道）殡仪服务站为依托、城乡公益性骨灰安置设施为保障、村（居）委会红白事理事会为基础的殡葬服务网络，建成多元、多层、多样的覆盖全国的基本殡葬服务体系，实行基本殡葬服务免费化，着力发展和完善选择性殡葬服务体系。

坚持殡葬事业的普惠性，要强化政府依法规范、政策引导、资金投入等方面的职责，加大政府公益殡葬投入，完善公益殡葬基础设施建设，积极培育多元的公共服务主体，拓宽殡葬基本服务供给渠道，不断扩大社会资源对殡葬的投入，积极稳妥地推进殡葬服务市场发展，形成保障基本、多元并存、共同发展的殡葬公共服务供给格局。

3. 推行殡葬保障制度多元模式

一是社会福利型殡葬保障制度。殡葬保障由政府负担，使每个公民能够“死有所葬”，解除每个公民殡葬的后顾之忧。

二是自助保险型殡葬保障制度。保险公司设立殡葬险种，公民去世后按照生前缴纳的殡葬保障金享受不同规格的殡葬服务，达到自我殡葬保障的目的。

三是适度普惠型殡葬救助制度。生活困难的家庭成员去世后，国家财政给予定额的丧葬费救助，体现了社会主义优越性和构建以人为本的理念。

四是补助自助型殡葬保障制度。殡葬基本服务最低支出标准由国家财政对特定人群的殡葬定额补助，其他公民殡葬费用由丧户自行承担，既减轻了特定群体的殡葬负担，又能够满足各阶层人们的个性化殡葬服务的愿望。采取救助、补贴、奖励等多种措施，建立和完善殡葬保障体系，积极引导公众选择节俭、文明、环保、理性的殡葬消费，城乡殡葬事业统筹发展，整体提升公共服务水平，维护社会公平正义，实现殡葬公共服务均等化。

总之，殡葬事业的科学发展，需要统筹考虑殡葬改革和管理工作，切实通过环保措施促进人类生存环境质量的提高（绿色殡葬），建设体制合理、社会和谐的殡葬文化以及生态健康、景观适宜的殡葬环境（生态殡葬），充分满足公众基本殡葬权益并提升殡葬活动质量（人文殡葬），以促进生态系统的稳定性和持续性（和谐殡葬），推动人类社会协调、可持续发展。要围绕生态文明条件下构建社会主义和谐社会对殡葬的新要求，认真总结因社会进步、文化交流等因素而产生殡葬文化变异性的规律和特点，把握现代殡葬文化特征，充分发挥殡葬新文化的引导教化功能，在生态系统承载能力范围内运用生态经济学原理和系统工程方法去改变殡葬活动和消费方式，建立殡葬事业科学发展的约束机制和保障机制，使殡葬管理和改革既由政府强力推进又有全民自觉参与、既能实现殡葬管理法规追求的社会效益又能充分体现社会对死者和殡葬活动者的人文关怀，实现殡葬事业科学发展，有效地促进社会和谐发展。

第六章　科技殡葬的文化生态

文化推动科技发展，科技成果同时也在改造文化，被科技改造后的文化即科技文化，它反作用于科技并影响着经济和政治。科技殡葬是“全新的殡葬理念，殡葬改革的动力，现代殡葬的支撑，殡葬服务的保障”。我国当前科技殡葬存在“科技殡葬管理相对落后，殡葬科研力量严重不足，殡葬科技教育明显滞后，科技殡葬引导作用弱化”等问题。科技殡葬体系的建立，应从“健全科技管理政策制度，加速现代殡葬科技进程；制定殡葬科技发展规划，推动殡葬事业持续发展；注重推动殡葬科技创新，促进殡葬科技成果转化；完善殡葬科技教育体系，壮大殡葬科技人才队伍”等方面进行，通过加速我国殡葬业与国际殡葬科技先进水平接轨，为实现和谐殡葬提供巨大的动力。

第一节　科技文化的基础理论框架

科技直接影响着社会，科技文化是在科技发展的历史进程中沉淀而成的一种有特色的文化形态，是人类文明进步的最主要的标志之一。

一、科技文化的基本内涵

科学是依照经验理性的逻辑演绎和实验方法解释对象世界自身规律形成的一种特殊知识体系。技术是人们在特定目标下协调运作的工具和规则体系，是人类为生产物质财富而运用材料、能源、动力、工具以及工艺和控制的整个系统。科学技术（以下简称科技）是从基础科学研究到生产技术的连续体，是人类认识自然、改造自然的整体能动性链条，在发展到一定高度之后必然会陷入文化的范畴，成为文化模式的一部分。人们的思维和行为方式，也会由于不同的科技文化形态而产生一定的改变。

（一）科技文化的定义

科学是抽象化、普遍化了的知识，它以经过严密逻辑论证的理性形式表现出来。技术是人类在实践活动中，根据实践经验或科学原理创造出的各种物质手段以及经验、方法、技能、技巧等。科技本身是作为一个有机整体的文化模式的组成部分。科技文化是指人类在科学技术这种认识和改造世界并使自身生活方式不断变革的特殊活动所获得的能力及其产品的总和。广义的科技文化是人们运用科学技术改革、适应自然和社会的方式以及实际的成果。狭义的科技文化是指精神文化层面的科技文化，其主要形式是指哲学、文学、艺术、宗教等一些精神生产的活动。

科技和文化有着不可分割的联系。科技作为人类认识自然、改造自然的知识体系，属于文化的范畴。科技作为一种文化形态，以不同的方式改变着人们的思维方法、行为方式与生活方式等。科技是直接关联着社会的，如科技能引发生产方式的改变，就是与科技并无直接关联的社会制度等社会形式的改变，常常是由于科技的变化改变着人们的观念系统，使人们最终通过主动调节去适应科技发展。现代科技发展已经远远超越了科技本身而与人类的社会、道德、文化、政治、经济紧紧结合在一起，这种结合所构成的思想与行为体系，就可以用科技文化来概括。

科技文化以科学技术为载体，它作为一个哲学文化学意义上的活动论概念，是以自然现象和自然过程为对象的认识在社会生活中所衍生开来的广泛的文化样态。科技文化包括两个思想层面：一是思想观念层面，由人们对科学技术的内容进行提升和凝练，将其科学精神渗透传播到普通大众的话语和思想体系并升华成为支配人们思想和行为的观念、精神和信仰。二是生存背景层面，通过技术手段让科学从一种知识理论变成人类生存背景的重要组成部分，使人类生活在一个多元化的世界，使科学知识走向大众化。

科技文化本质上是以人类主体意识为中心，以人类的主体创造性为基础，以多元主义为思想方法，以沟通人与自然的关系为特征的文化形态。科技文化的历史不如人文文化那样渊源久远，它只是近代科技革命实践的产物。近代科技从诞生到发展，突飞猛进，相对独立的科技文化系统逐渐形成。当代，伴随着科技迅猛发展，新发现、新发明、新思想、新学科的不断涌现，科技、文化、思想在现代社会条件下频繁地碰撞交换，使人类知识和行为领域急剧扩展。

作为一个历史性的概念，科技文化的产生和发展依托着人类对于近代自然科学技术的逐渐认知而形成和发展。在这一发展过程中，对于科技文化的认知理解大体经过了三个重要的阶段并形成三种逐渐深化的理念：第一个阶段所形成的理念是将科学技术理解为一种独立于文化之外的社会现象，它将科学技术看成一种方法，其目标是把新的发现和新的力量惠赠给人类生活。第二个阶段所形成的理念则是将科学技术看作一种特殊的文化现象。这就认证了科学技术具有文化属性，它不仅能够对人类社会发展起到推动作用，还能够对人类社会的发展起到阻碍作用。第三个阶段所形成的理念，它将科技文化同文化自身有机融合并认同其是社会文化系统下的一个重要组成部分，这就表明科技文化不仅具有自然科学的功能，同时也具备着社会科学的功能，所以，这一阶段对科技文化的理解已经认知到它对于社会生活的全方面渗透和干预。伴随着科学技术的快速发展和人类社会的巨大进步，科技文化理念的不断深化和拓展将促使人类形成一种内化为思想观念的科技文化理念，它将改变人们思想文化的认知，同时也会促进科技哲学在建构方式上的完善，以便为科技文化学的建立提供实际化的理论架构。

当代科技文化已经超越原生态的科学知识，它们不仅处理了事实层面的问题，同时也处理了价值层面人的精神问题。科技文化具有实证性、逻辑性、客观性、创新性等特质，它们集中体现在了作为科技文化核心内涵的科技精神和科技方法之中。科技文化使用事实、规律、要素、原因等概念揭示客观现象的内在联系、本质特征，并通过客观语言的概括更显示其有目的的活动和意向性，以科学知识、科学思想、科学方法、科学规范而结成一体，相互交织、相互贯通，成为强大的精神力量，激励着人们驱除愚昧，求实创新，并不断推动着社会的全面进步。

（二）科技文化的内涵

科技文化的内涵在我国有各种不同的阐释，如郑斌祥侧重主体属性，认为科技文化本质上是以人类主体意识为中心，以人类主体创造性为基础，以多元主义为思想方法，以沟通人与自然关系为特征的文化形态①。吕乃基等侧重文化形态，认为科技文化是在科技发展历程中积淀而成的一种独具特色的文化形态，不仅是一种认识活动，也是一种文化现象，是科技之精神本性的理论表现或理论形态②。杨怀中从历史进程中动态地界定科技文化的当代内涵和价值，认为科技文化是人类文化的高级形式，是当代社会文化的主导形式③。程宏燕考察了科技文化的内涵和外延，指出科技文化所包含的科学技术与人、社会及自然的三重关系，认为科技文化是以科技活动流程（包括科技理论、科技探究过程、科技成果）及其内在精神观念为中心构建的一种文化

---

① 郑斌祥．科学文化观的兴起［J］．自然辩证法通讯，1985（5）．

② 吕乃基，樊浩．科技文化与中国现代化［M］．合肥：安徽教育出版社，1993．

③ 杨怀中．科技文化的历史地位及当代价值［J］．自然辩证法研究，2007（2）．

形态，内涵上包括科技知识、科技实践机制、规律和价值，外延则体现在科技与人的存在方式、科技与人的关系及科技在人与自然协调关系上的作用三个方面。明确了科技文化能动地改造自然，实现生产力提升的物化功能，提炼了科技文化在人类社会尤其是人与自然界之间的关系定位与价值回归，指出了科技文化同时具有改造物质世界的工具理性与影响和调节人与自然关系主观判断的价值理性①。

科技文化包括科技知识、科技思想、科技教育与传播、科技体制、科技法规和科技道德及科学精神等。科技知识是关于科技理论和经验的系统总结，构成了科技文化的核心部分。科技发展上每一次新知识的获得，都增添了人类认识世界和改造世界的新能力。科技知识的广泛传播，使得人们对客观世界的本质及其发展规律的认识越来越正确，越来越深刻。当代科学知识具有高普适性、高智力价值、高实践效能等突出的特征。科技思想是人类宝贵的精神财富，人类在认识世界改造世界的实践中不断前进，关键是人类从科技思想中不断汲取着营养。世界各国近现代发展历程，伴随科技革命而产生的理性、规范、批判、创新、效率、公平、宽容、协作等思想观念，一直是推进各国工业化发生变革的文化因素。科技教育与传播是科技文化普及的关键，科技传播是以科技人员为主体，公众参与的群众性科技活动，为了让公众理解和掌握科技知识，必须运用包括学术交流、科技展览、学术讲座、科技咨询、科技示范等一切可能手段教育、宣传和传送科技知识。科技体制包括科技组织结构、科技经费管理制度、成果鉴定管理制度、科技人才制度等。科技体制对科技文化有重要的导向作用，受到人们的思想、观念的影响。科技法规是指国家对科技活动及由此产生的各种社会关系进行调整的法律规范，用以调整科技管理过程中发生的各种关系。我国目前已形成了科学研究制度、技术市场制度、科技成果保护制度、科技奖励制度、科技成果转化制度、国际科技交流与合作制度等方面的相当完备的科技法律体系。科技道德是科技发展与应用的重要屏障，体现了科技工作者的良心。每个科技工作者的科技行为更多决定于个人的思想取向，在科技活动中一切不良倾向和危及人类健康安全的行为在形成之前，主要还是靠科技道德和良心的支配。科学精神是共同体在追求真理、逼近真理的科技活动中，所形成发展的一种精神气质。科技文化的核心内质是科学精神。科学精神是探索求真的理性精神，实验取证的求实精神，开拓创新的进取精神，竞争协作的包容精神，执着敬业的献身精神。

---

① 程宏燕. 马克思恩格斯科技文化观研究［D］. 武汉理工大学，2012.

（三）科技文化的价值

科技文化是社会主义文化建设系统下的一个重要组成部分，其自身具有强大的发展动力。因为“科技文化所表征的是一种在科学技术实践活动中积淀而成的独具特色的文化”①。这就表明了科技文化的实质是“人类将自身自然对象化，即人把自身投射到自然对象上，在自然对象上实现人的价值，这既是一个人化对象世界的过程，也是一个对象世界又作用于人而化人的过程，也就是说，科技文化的形成是人把自然世界塑造成人的世界，同时人按照自然环境所造自身世界的结果。科技文化是人化自然、自然化人的产物”②。科技文化的内在特质是建立在科技知识、活动和体制基础上的对于其价值观的培养过程，是人类在其观念上对于外部自然世界把握后所形成的思想化结果，是人类对于自然世界本质和规律的正确反映。而由这些观念所形成的科技实践应用的技能和艺术则是人类独有的，它是建立人类世界存在方式中最具有人类学意义的重要构造。作为人类社会文化历史发展进程中的高级表现形式，科技文化不仅体现了社会生产力发展的先进要求，还彰显了社会先进文化的发展方向。它标志着人类社会的不断进步和发展，对于加强社会文化建设和提高国家文化软实力具有巨大的时代价值。

1. 为提高国家文化建设提供智力保障

公众科学文化素质的高低，直接关乎着国家整体科学技术的发展程度和社会主义和谐社会的全面建构。所以，加强对科学文化知识的宣传、教育以及提升科技文化建设的层次，不仅可以提高公众的科学文化素质，同时还能够从本质上促进社会的整体发展能力，提高国家在文化方面的竞争实力，形成良性的综合国力和国家竞争力。当今时代，国际化的竞争归根结底是各国人才实力的竞争，人才培养成为各国发展的先决条件。只有依靠科学文化知识的宣传、教育和普及，才能够切实地将科学精神和科学文化知识有机地融入社会整体的发展进程之中，从而使得公民在科学文化的深度和广度上提高自我科技素质。科技文化在提升公众科技素质整体发展的过程中，也客观地推动了社会主义和谐社会的内在建构。因为，社会主义和谐社会的建构不仅需要社会经济层面的全面发展和提升，同时也需要人在精神层面的提升，这样的人才是全面发展的人。而科技文化恰恰就起到了促进人全面发展的推动器作用。科技文化既现实地创造出巨大的物质财富以提升人的生活质量，同

① 杨怀中．科技文化软实力及其实现路径［J］．自然辩证法研究，2011（7）．

② 高建明．论科技文化发展机制［J］．武汉理工大学学报（社会科学版），2011（6）．

时也内化人的精神财富以提升人的思想观念认知。所以，通过科技文化的全面建设以塑造科学文化，坚持先进性文化发展方向就成为社会主义和谐社会的核心内容和价值基础。中国特色的科技文化要在理论和现实中积极地寻求适合中国基本国情，并在这一基础上满足时代所赋予的要求。只有这样，科技文化才会在社会文化建设过程中真正形成一种有助于科技发展和民族发展的文化形式。

从人类历史发展的历程中可以发现，科学技术无时无刻不体现其巨大的创造性并以此改变着每个时代的世界面貌。在当今知识经济时代的大背景下，作为社会现代化的第一生产力，科学技术对于社会发展的智力支持已经达到主要性地位，所以，科学技术所形成的科技文化也将成为社会文化建设过程中的第一文化形态，并将成为经济发展和社会进步的重要组成力量。作为国家在文化方面的软实力形式，科技文化对于社会经济的发展起着思想观念上的改进和创新作用。因此，科技文化已经成为推进科学技术不断发展的重大力量，同时也为提高国家文化软实力给予着积极的智力保障。

2. 为推进生态文明建设提供智力支撑

科技文化与生态文明是辩证统一的。科技文化与生态文明协调发展实质上是一个双向互动的过程。科技文化是生态文明的基础，渗透于生态文明的各个环节，支撑着生态文明的发展；生态文明规范和制衡着科学技术的应用，引导着科技文化的发展方向，促使科技文化更好地为生态文明建设服务。这种辩证统一正是科技文化与生态文明协调发展的基本前提。

首先，生态文明建设以科技文化为支撑。生态文明的提出旨在破解人类面临的生态环境问题，即如何正确认识和处理人与自然之间的关系，以实现经济、社会和自然环境的可持续发展。而人与自然的关系是科技文化发展的中轴，科技文化始终是人类认识和处理人与自然关系的重要工具。科技文化的使命就是要达成人与自然的和谐共处和协调发展。因此。在全社会广泛弘扬科技文化就成为生态文明建设的首要任务。

其次，科技文化发展以生态文明为依归。生态文明作为一种建立在科学发展观基础上的社会生产方式和生活方式，客观上要求科技文化发展以生态文明为依归，把实现生态文明的目标作为最基本的价值追求，着力于合理化的制度设计与安排，努力建构具有鲜明时代特色的科技文化，以促进人类文明的持续发展。只有在这个前提下，科技文化的发展和弘扬才能具有明确的方向，才能充分彰显其现实意义和时代价值。

最后，科技文化与生态文明有着可持续发展的共同主题。可持续发展既是科技文化与生态文明的共同主题，也是科技文化与生态文明共同的价值追求。把可持续发展理念引入科技文化与生态文明协调发展的机制中，对于促进科技文化发展、推动生态文明建设不仅具有理论意义，更具有实践价值。科技文化与生态文明都是人类实践活动的成果，又共同担负着推动人类社会发展进步的使命，因而科技文化与生态文明的协调发展必然体现为一个双向互动的过程。一方面，生态文明建设要以弘扬科技文化为首要任务，以科技文化的发展支撑生态文明建设；另一方面，科技文化发展要以生态文明目标的实现为价值追求，以建设生态文明引领科技文化的发展。

二、科技文化的基本特征

当今社会，科技发展日新月异，不断产生新的学科，增添新的内容。从结构层次来看，现代科技文化已形成了由器物层次、制度层次、精神层次组成的相对独立的亚文化体系并广泛渗透到人类生产、生活的各个领域。科技文化的静态特征主要包括普适性、基础性与整体性等方面，科技文化的动态特征主要包括创新性、发展性与开放性等。

（一）科技文化的结构特征

从结构层次来看，科技文化可以分为器物文化、制度文化和精神文化三个层面。

器物层面的文化是指人类实践活动的物化对象。器物层次的科技文化体现在近代以来由科技进步所不断地创造出来的一系列“人工自然”的物质成就中，与人类生产、生活状况的改善和进步联系最直接、最密切。器物层次的科技文化已与人类的生产、生活紧密联系在一起。科技文化是社会物质生产力的先导者、开拓者和推动者，可有效推动物质生产力的持续发展。

制度文化是介于器物文化与精神文化之间的文化层次。制度层次的科技文化在长期的历史发展过程中逐步形成了一套规范体系。从科技的社会建制到科技活动的操作规范、程序、方法及各种活动准则、规划、要求等都属于制度的科技文化。制度的科技文化规范着人类生产活动和生活向“科技化”“合理化”演变，体现在近代以来科技和政治、经济、文化、教育、军事等社会各个领域的体制与组织管理的一系列变革中。目前，制度层次的科技文化形成了一个包括伦理规范、法律规范、政策规范和组织规范在内的完整系统。科技的道德规范是在科技的历史长河中最先形成和完善起来的一种科技制度文化形态。科技政策作为科技的指导方针、策略原则和行为准则的统一体，对于科技发展的道路、模式、结构等均具导向、规范作用。科技的组织规范是随着科技组织形式的发展而不断进步的。制度的创新是有效发挥科技的物质功能、文化功能和文化促进科技发展的基本保证。

精神文化是人类实践活动中的精神性因素，精神层次的科技文化集中体现在由近代以来的科技发展所产生的人类精神世界和意识形态领域的价值变革中。科技的每一重大突破往往引起人们价值观的改变和世界观的革命。在历史形态上，科技文化表现出一种动态的过程。科技文化深远的影响表现在行为规范与价值观层面上，它影响着大众的思想观念、思维方式、价值取向和行为选择。科技的精神文化是科技文化系统的核心与精髓，精神层面的科技文化是共同体中的科技工作者在长期的科技实践中形成的科技的精神气质或精神品格，主要指共同体在处理人与自然的关系以及处理共同体内部相互关系时的基本态度和立场。精神层次的科技文化要求尊重科技的价值，注重科学知识和技能的学习，注重掌握科学方法，探索客观规律，追求科学和真理。精神层次的科技文化不仅为科技的发展提供了强大的思想理论武器，而且也是促进现代社会健康、协调发展的重要精神基础，是全人类精神文明发展最重要的共同结晶和衡量人类精神文明进步的标尺。

在科技文化的三重层次里，物质层次的变化最明显，但却是浅表的；制度层次的变化是基本的、渐进的；而价值观念精神层面的变化是深层次的、最重要的，因而是最根本的。科技本身就是一种文化，而且是一种最有穿透力和震撼力的文化。科技文化日益广泛地渗透到社会生产、生活的各个领域，渗透到社会制度层面各个子系统的方方面面，并通过器物层面和制度层面反映、渗透到人的精神层面。

（二）科技文化的静态特征

在人类文化生态中，科技是人的智力发展中的最后一步，并且可以被看成是人类文化最高最独特的成就。科技作为人类文化发展的形态，由于它对于人类的积极价值以及自我发展的特性，科技实践在人类实践活动中的地位、作用及其所占比重都在增加。在科技社会化和社会科技化的历史变迁中，科技社会化过程使科技文化扩散到人类的生产与生活之中，社会科技化过程也使科技的发展烙上了社会的印记。

科技文化的静态特征主要包括以下三个方面。

一是普适性。科技文化涉及学科最多，知识涵盖面最广，与人类生存和发展关系密切，因此具有最广泛的普遍性，科技文化是全人类最易懂宜用，也是最直接、最重要的“共同语言”。科技文化作为处理人与自然界关系的手段、工具、准则，为不同层次的价值主体共同接受，它是人类共同的文化财富，科技文化能够跨越所有国家、地区和民族的界限，使科技活动具有普遍国际化特征。近代以来，科技文化的传播、发展彻底打破了人类文化史上长达数千年的不同国度、不同地域、不同民族与信仰的众多传统文化缓慢进化的局面。

二是基础性。科技文化以基础的形态参与到现代文明，是丰富多彩的传统文化、地域文化、民族文化的共同载体。科技本来就是处理人与自然关系的手段、工具和准则，是人类物质生活和健康精神生活的基础。科技文化是随着近代科技的诞生发展起来的人类新文化。

三是整体性。现代科技在近代科技高度分化的基础上，出现了各门科学技术分支，各种知识体系相互渗透、相互影响，日趋合流，逐渐联结成为一个统一的发展整体的趋势。一方面体现在自然科学内部各学科的统一。各学科间相互交叉、渗透，在原有学科的邻近区域，产生出大量的中间性学科，即边缘学科。另一方面体现在自然科学与社会科学的合流。当今，许多重大的现实问题，其内容已远非单纯自然的科学范围所能涵盖，而是与社会科学相互交织盘根错节地融合在一起的。现代科技具有研究的完整性，研究对象的多学科性，学科的多样性，科学与技术的界限越来越不明显，科技文化的整体性特征越来越明显。

（三）科技文化的动态特征

科技文化的动态特征主要包括以下三个方面。

一是创新性。创新性起源于科技创新的本性。科技总是在以扬弃以往科技成果的基础上开拓前进。科技理论与实践的矛盾，最终的解决过程总是从批判与创新开始的，二者的相辅相成推动着科技持续地发展。科技的进步是一定条件下人类不断创新的结果。创新包括思想创新、知识创新、体制创新和方法创新等，通过创新使科技文化发展始终处于文化发展的前沿。随着科技的日益发展，科技创新对经济、对社会发展、对一个国家综合国力提高的巨大作用日益显现出来。

二是发展性。科技文化是建立在实践基础上的文化。科技的实践有一个从零散到建制化的系统生成过程，科技文化也有一个从无到有的建构过程。科技文化的发展表现在科技的历史就是同愚昧斗争的历史，科技文化要不断地接受、传播、创造、发展。

三是开放性。科技文化的思想方法是多元的、开放的，它鼓励百花齐放、百家争鸣。科技研究的主观目的和客观对象都决定了科技文化的开放性特征。科技活动是最有必要，也最有条件开展国际交流合作的人类活动领域之一。科技作为一种创造性劳动，多元性追求是它的本质要求，应以综合与整体的视野对文化的多样性加以认同，超越区域、国界、学科的界限，实行全方位合作交流。

三、科技文化的建设途径

随着人类社会的不断进步和社会经济的不断发展，科学技术也会随之不断地发展，科学技术的活动过程与创造科技文化的过程息息相关，科技文化逐渐形成一个发展态势，文化以历史为基础，以现实为立足点，以未来为指向，生生不息，与时俱进。

（一）建构现代科技文化体系，加快文化有机融合

建设中国特色的科技文化体系，要秉承着中国式的文化传统以适应中国的现实国情，满足时代的需求，使得科技文化成为一种利于中华民族发展进步的文化形式。因此，加快中国特色的科技文化体系的构建成为中国社会文化建设的重中之重。

随着当代中国文化强国战略的实施，我国的主流文化与科技文化的建设在建设社会主义文化强国的宏伟目标中显得至关重要。中国特色科技文化是具有中国文化传统、适合中国国情、满足时代要求、有利于中华民族进步的一种文化样式。因此，在发扬中国优秀传统文化的基础上，加快建构中国特色的科技文化体系，理应成为当代中国主流文化建设的当务之急。

我国主流文化资源极为丰富，推进科技文化与主流文化的融合至关重要。一要把以人为本作为推进科技文化与人文文化融合的最佳契合点；二要把科学教育与人文教育的沟通作为科技文化与人文文化融合的有效方式；三要把解决社会现实问题作为科技文化与人文文化融合的落脚点。

科技文化与人文文化之间的融合，既是未来发展趋势，也是未来发展理想。科技文化与人文文化的融合，在于“科技文化与人文文化同源、共生、互通、互补，两者及其延伸不可分割地构成了人类文化。这种同源、共生、互通、互补，使得科技文化与人文文化的融合成为当今时代社会文化发展的必然趋势，而且在理论和实践中也都是可能的”①。科技文化是当代社会文化建设的基础，而人文文化则是当代社会文化建设的保障。依托科技文化与人文文化的有机融合，推动社会文化建设的发展，可以充分发挥社会文化建设在社会历史发展过程中的巨大力量。从我国现实的国情来看，要想将两者有机地融合，不仅需要将以人为本作为推动科技文化和人文文化有机融合的契

---

① 杨怀中．科技文化与当代中国和谐社会建构［M］．北京：中国社会科学出版社，2008．

合点，还要在教育方面促使科技教育与人文教育积极有效地进行交流和沟通，以此作为科技文化同人文文化融合的有效性方式，而这些最终的落脚点是解决现实的社会问题。

（二）培育科技文化生长环境，创造文化发展氛围

科学技术推动着人类文化的变迁和发展，文化也影响着科学技术的发展。科学发现的认同需要广泛的实践和验证，科学技术发展需要坚实的社会基础，这个基础源于社会公众的支持和理解，源于社会公众良好的科学文化素质，如果社会公众真正树立起相信科学、尊重科学、支持科学、参与科学、运用科技的风尚，科学技术的发展就大有希望。科学技术落后与先进的差别不仅表现在科技成果的质和量，更突出表现在公众的科技文化素质和社会的科技文化气氛。发展高科技，要有一种能充分发挥人的创造能力的体制和文化，用以造就创业者的栖息地，关键在于建立起一种和谐一致的创新氛围，也就是有利于创新的文化生态系统，尊重个人自由、团队学习竞争合作意识、冒险精神、创业胆识和宽容失败等有利于技术创新的因素在这个创新的文化生态系统中顺利成长。

优良的文化氛围是传播科技文化的先决条件。只有形成和谐的文化氛围，才能真正实现人与人之间、人与社会之间以及人与自然之间的和谐相处，而人的物质文化满足也才会不断得以体现。传播科技文化应通过各种现代化的传播手段来加强科技文化知识、科技方法以及科技精神的宣传，力求科技文化能够实现生活化和大众化，从而使得人民群众可以更为容易地接受科技文化，感悟科技文化所带来的一系列变化和利益，进而自觉地参与到社会科技文化的创新活动中来，推动社会科技文化的建设和发展。科技文化的弘扬是以民众的科技文化素质的整体提升作为标志的，只有当民众的科技文化素质全面提高以后，科技文化才能够切实地得到广泛弘扬，科技文化的内在价值在社会文化建设过程中才能得到真正的体现。

（三）创新科技文化发展制度，促进文化传播应用

制度创新是有效发挥科技的物质功能、文化功能和促进科技发展的基本保证。文化是通过在制度与组织中的嵌入来显示自身的，工业时代的文化是嵌入工业组织和制度之中的，而知识时代的文化体现在以知识为基础的组织和制度中，必须通过创新使工业组织与制度转变为知识时代的组织和制度。历史经验表明，特定的社会条件促成了技术创新，也为经济发展和进一步创新提供路径。社会与制度环境的转变，可以改变科学文化及其技术发展的

进程。

中国科学技术的长期落后，主要是长期受制度环境的限制。当前，我国的国家创新体系不仅强调知识转化为生产力这一战略目标，还重视知识尤其是人文知识转化为制度创新能力这一战略主题，实现以知识为基础的制度创新。强调科技成果转化为生产力，要有立足于科技与经济、社会和文化协调发展的整体论观点，清晰地认识到我国与发达国家的差距不仅表现为生产力落后，还表现为各种制度创新水平和能力的严重落后。以知识为基础的社会生产力，以知识为基础的制度创新能力，得到制度保障的知识供给能力，是知识经济概念的三大要素。一个社会的知识供给能力主要取决于该社会的制度供给能力，而不是技术的或物质的供给能力。知识经济时代的知识供给能力是由社会化、市场化的知识供给机制来保障的。因而，既要全面确立和完善现代市场机制，又要确立面向知识经济时代的知识创新、流通和应用机制。发展“以知识为基础的经济”必然要求以知识为基础的制度创新为条件，以知识为基础的经济应与以知识为基础的社会协调发展。

科学发现和技术发明虽然只是少数人的成果，但这些成果完全是建立在深厚知识土壤和前人不断探索积累的基础上，而科学技术的转化应用则是一个广泛的再创造过程，需要千百万工程技术人员和技术工人创造性劳动，科学发现的认同需要广泛的实践和验证。因此，向广大公民传播和普及科学文化，体现现代文明的科学思想和方法是一个极为紧迫的问题。从社会层面来说，缺少科学文化将直接或间接地影响社会进步。在科学思想方面，社会公众如果缺乏对当代科学的基本了解，必然会导致对周围发生的事情缺少鉴别能力，从而为伪科学的泛滥提供社会土壤。在科学方法方面，如果各级领导缺乏科学方法和民主观念，不仅会导致频繁的决策失误，而且会为腐败提供温床。在科学价值方面，社会公众和决策人员在强调科学的社会正效应的同时，如果看不到当代科学技术可能会给社会带来的副作用，势必会不断地导致严重的环境污染、伪劣产品泛滥等问题。从科学自身来说，科学活动中的各种失范行为也与缺少科学文化有关。在科学思想方面，缺乏基本的科学思想将加大科学发现者与接受者之间存在的信息非对称性，从而使得某些违背既定科学背景知识的伪科学和对现象作出伪解释的病态科学得以发生。在科学方法方面，缺乏科学方法和科学态度的研究者会以自己的意愿支配科学研究活动，出现故意歪曲事实、隐瞒求证过程甚至垄断学术思想等败德现象。在科学价值方面，由于科学作用于社会具有两重性，因此某些人就会打着科学的旗号为自己争取最大效益，而不顾及对社会可能带来的副作用。

提高综合竞争力，不仅意味着用科学提高经济和物质方面的竞争力，更包括用科学提高文化和精神方面的竞争力，因此需要对科学的知识维度、技术维度和价值维度有整体性的认识和传播，这才是科学传播的基点。首先，科学文化知识的传播和普及要与广大公众生产、生活和社会发展的实践相结合。人民群众需要科普是基于他们要解决日常生活和社会事务中碰到的科学疑难，而要满足这方面的需要，科普作品需要让老百姓从心底里感到有用、有趣、有理。其次，科学传播要重视普及科学知识、科学思想和科学方法，树立并弘扬科学精神。最后，面向科学文化的科普工作需要全社会来关注。不仅科技界和教育界要推进科普工作，非科技界也需要关注；不仅要请科学界和相关的教育界，还要请一些社会科学家、人文工作者、管理工作和政策研究者一起讨论科学普及工作。总之，科普工作推动的主体需要从科学界扩展到全社会。

（四）加强科技文化广泛交流，整合社会力量参与

文化交流从来都是人类文化发展的动力。信息技术的广泛应用使世界产业结构发生革命性变化，文化、科技交流变得无比快捷便利，为各民族文化融合铺平道路。科学技术日新月异、发展迅速，因此，要缩短同发达国家的差距，充分利用、吸收国外的先进技术、管理经验，有计划、有选择地开展科技文化方面的对外交流与合作是非常重要的。

中外科技文化交流应立足以下几个基点：一是自主创新性。在技术引进时不能照抄照搬，一定要在全面了解和掌握的基础上有所创新。对引进的一些关键性技术，要借鉴它的有关新原理、新方法，以提高自己的创新能力；对重大技术项目的引进，一定要经过严密的科学论证和审定，认真倾听科技专家的意见。要从我国实际情况出发，结合我国民族传统文化的特点，对之加以吸收、消化、融合，为我国科技和文化整体水平的不断提高提供不竭的动力。二是平等互利性。我国是个社会主义国家，又是一个发展中大国，在对外交流与合作过程中协调好与各类型国家的关系，始终是一个非常重大的现实问题。因此，对外交流与合作应当是全面的、双向的、平等的、互利互惠的。只有引进与输出相结合，才能引进先进的技术，也才能使我国在世界高科技领域中占有一席之地，并对国际经济作出较多的贡献。三是长期开放性。世界各国、各地区、各民族文化发展很不平衡，只有通过长期的交流互补，才能使科技与文化的发展达到共同提高和繁荣。科学技术是人类共同创造的财富，任何民族和国家，都要学习别的民族、别的国家的长处，学习人家的先进科学技术。对外开放应当是我国长期坚持的一项基本国策，开展国际科技合作与交流，引进国外先进技术，是我国科技进步必须坚持的一项长

期的政策。

和谐社会是一个经济、文化、教育各方面协调发展的社会，要求具有强大的经济实力作为物质保障。公民科技文化素质是和谐社会构建成功与否的关键因素，它作为一种软力量是和谐社会的实力基础，是和谐社会科技发展和科技创新的前提和基础，为科学研究和科技创新提供一个良好的环境，是科学技术成果推广传播的决定性因素。科技文化素质是一个人的科学知识、科学思维、科学方法和科学精神的综合体现，公民科技文化素质是指公民具备基本的科学知识。掌握一定的科学方法，能够正确认识科学技术和社会的关系，用科学思想来思考和分析生活和工作中的问题，并自觉用科学精神来塑造个人的世界观和价值观的能力①。提高公民的科技文化素质，需要社会各方面力量的投入和参与，整合社会上一切的力量和途径才能实现。因而要结合我国社会结构发生的变化，立足我国国情，面向全社会成员，发挥从政府、科普组织到公民自身的作用，从而切实有效地推进公民科技文化素质的建设。

政府的全力支持是提高公民科技文化素质的保障。政府对提高公民科技文化素质最强有力的支持就是进行有效投入，包括政策保障、资金投入两个方面。各级政府在实施全民科学素质行动计划中，应采取有效措施，保障经费投入和有关政策、法规的创制，并鼓励和引导全社会多渠道、多层次增加科学技术教育和科普投入，建立促进科学技术教育和科普事业发展的奖励制度，为提高全民科学素质创造必要的环境和条件。财政拨款是提高公民科技文化素质的主要保障，世界各国政府普遍重视公众科学素养的提高，重视对科学普及的投入。为此，各级人民政府应当将科普经费列入同级财政预算，逐步提高科普投入水平。

科学技术教育、传播与普及是提高公民科技文化素质的重要途径。开展科学教育对提高全民族科技文化素质起着根本性的作用。科技工作者面向公众开展的科学技术普及活动，对提高全民特别是大批没有完整接受基础教育的劳动者的科技文化素质起着不可或缺的重要作用。各类大众传媒开展的科学技术传播，已成为公众获取科技信息的主要渠道，对提高全民科技文化素质起着日益重要的作用。建立一支职业化的科学传播队伍是提高公民科技文化素质的主体保证，建立足够的科技场馆是发挥科学普及功能的重要物质载体。利用网络媒体等先进手段可有效拓宽公众获得科学技术信息的渠道。

全民参与是提高公民科技文化素质的关键。科技文化素质是一个人的科学知识、科学思维、科学方法和科学精神的综合体现，公民科技文化素质是

---

① 杨怀中，邓环，胡仕勇．公民科技文化素质的调查分析及途径［J］．科学技术与辩证法，2007. 24（4）．

指公民具备基本的科学知识。掌握一定的科学方法，能够正确认识科学技术和社会的关系，用科学思想来思考和分析生活和工作中的问题，并自觉用科学精神来塑造个人的世界观和价值观的能力。只有全体公民都积极主动地参与和投入科学普及的宣传与学习活动中来，产生自下而上的效应，实现自上而下与自下而上两条线路的合并融合，利用多元化、多层次的渠道和方式，针对不同人群开展公民科技文化素质教育，全面提高公民科技文化素质才能真正得到实现。

和谐社会构建要求全民积极参与到弘扬科学精神、全面提高公民科技文化素质中来。提高全民科技文化素质，人人都是受益对象，公众的广泛理解参与和全社会的支持与倡导，是取得良好成效的一个重要条件。只有全民参与，才能保证公民科技文化素质提高的全面性和整体性，才能为公民科技文化素质建设提供一个正常、稳定和持续发展的社会环境。

第二节　科技殡葬文化的基础理论

和谐殡葬的实现主要依靠科技力量在殡葬业中的应用，殡葬改革是社会发展和精神文明建设的重要内容之一。科技殡葬是现代殡葬的重要组成部分，殡葬改革必须依靠科技创新驱动，殡葬业的发展也必须依靠科技创新，推出服务新品，优化殡葬服务，改善殡葬管理，提升服务能力。

一、科技殡葬文化的核心价值

科技殡葬在为绿色殡葬提供技术和手段，为实现生态殡葬提供服务和支撑的基础上，为其他任何一种殡葬理念的实现提供了手段和支撑，使殡葬在绿色、环保、低碳、人文等方面都将一一得到实现，为实现和谐殡葬、和谐社会提供了保障和实现途径。

（一）科技殡葬文化的基本内涵

科学与技术是辩证统一体，技术提出课题，科学完成课题，科学是发展，是技术的理论指导；技术是发明，是科学的实际运用。科技殡葬是以科学精神、科学态度、科学方法广泛运用现代科技成果的殡葬。科技殡葬具有现代性、预研性、发展性和广泛性，是提高整个殡葬行业设施设备水平，提升整个殡葬行业的服务质量与形象的内在要求。它与殡葬业的现代转型存在着内在的、本质的、必然的联系。

1. 殡葬科技的行业广泛性

殡葬业日常应用的各类科学技术，并不专门属于殡葬业。殡葬业的核心科技不明显、不明确，主攻方向不明，则必然目标分散，因而会影响殡葬科技发展战略的制定和实施。所以，应集思广益，确定殡葬科技的核心技术，形成殡葬科技战略的主攻方向，确定主攻团队和后续的人才战略等一系列问题。

2. 殡葬科技的门类分散性

分析殡葬业目前已经运用的科技总量（包括自主创新的和移植应用的），殡葬科技门类分散，管理部门多，任务繁重，因而殡葬科技要拓宽关注面、集中主攻面，处理好集中与分散、深度与广度的辩证统一关系。殡葬业中的殡仪、火化、公墓或殡葬用品生产企业应各自选定自己的科研项目，取得成果，加以推广。

3. 殡葬科技的应用集中性

殡葬业强调人性化服务。殡葬服务人性化是由殡葬心理、殡仪程序、殡葬环境、殡葬艺术、殡葬科技共同支撑达成的，尤以殡葬科技的作用最为突出。殡葬科技既是现代殡葬文明的成果，更是现代殡葬文明、殡葬人性化的动力。例如，殡葬信息科技是为了殡葬客户更便捷地获得各类服务信息；防腐技术是为了遗体暂时不腐败；整容化妆是为了恢复逝者生前容貌，留下最后的美好形象。殡葬科技同殡葬人性化有关。人性化追求是各类殡葬科技的共同目标，也是衡量殡葬科技水平的准则之一。以科学思想为指导，将现代科技与古老的殡葬相结合，运用科学的态度和科学的方法正确看待生死问题；深入研究当前社会科技成果，将其他行业的先进科技成果正确应用到殡葬行业；大力支持殡葬科技人才的培养，开展殡葬科技创新活动，支持推广应用型研究；引进国外先进理念与技术，发布更多的殡葬科技需求，吸引广大社会相关科研人士参与殡葬科技研究；建立科技殡葬的研究体系，有步骤、系统地开展殡葬科技攻关；充分利用现代信息社会的互联网及数字化技术的成果，实施殡葬活动和殡葬服务设施的现代化；应用现代管理学的科学理论，指导殡葬企事业单位正确设立战略目标及实施计划。

（二）科技殡葬文化的主要功能

科技文化作为现代文化的灵魂与核心，为构建和谐社会提供了科技创新的文化支撑，为社会文明提供了创新氛围。科技文化作为一个新型的、相对独立的社会亚文化体系，具有普适性、基础性和能动创造性等特点。狭义的科技殡葬是指用近现代各种自然科学各个学科的科研成果运用到殡葬的各个方面；广义的科技殡葬是指用科学的思想、态度、方法以及手段应用到殡葬活动的各个环节以及殡葬的设施建设、管理规划等殡葬的各个方面，不仅包含运用先进的科学技术、先进的设备设施、先进的管理理念，更包含对殡葬行业、殡葬活动中的每一个人、每一件事情、每一个现象进行科学研究，科学地对待生死。

1. 科技殡葬文化的影响

科技殡葬文化通过物质、制度、观念三个层面渗透到人类殡葬活动中，科技殡葬文化与科技殡葬发展的互动并对科技殡葬发展具有影响作用。科学技术对科技文化的影响，首先是通过科学技术的物化，或引进先进的科学技术的器物，增加及改变科技文化的内涵。科学技术处理人与自然关系的巨大成功，激励着人类将科学知识和科学方法移植到社会领域，用于处理人与社会、人与人的关系，使科学性、合理性已成为现代制度文化的重要特征。

（1）科技殡葬物质文化。在殡葬器物层面，殡葬科研仪器、设备水平影响着殡葬科技探索的手段，进而影响着对自然界探索的广度和深度；殡葬图书资料的积累水平影响着殡葬科研信息的交流及利用程度；殡葬生产工具的水平也直接影响着生产力水平及科技发展的速度。

（2）科技殡葬制度文化。在制度层面，殡葬服务与管理提倡民主的制度，有利于科学的民主，有利于解放思想、活跃学术空气，从而激发科技人员科研热情及奋发精神。作为科学技术的基础——教育制度的形成与发展，直接影响着科技知识的传播、科技人才的培养和科学技术的发展。而科技文化对科技发展更深远的影响表现在行为规范与价值观层面上，它影响着大众的思想观念、思维方式、价值取向和行为选择。科学的伦理道德也影响着科技工作者研究工作的选择与开展。科技发展一方面受到科技文化的影响，但同时科技发展也影响着科技文化的变革，两者之间存在着互动的关系。

（3）科技殡葬观念文化。传统制度文化的变革，必然要引起人们的思想观念、行为规范以及价值观的变革。而科学技术作为一种探索自然真理的认识活动，则是培育新观念、新精神的催化剂。科学知识一旦进入人们的认识结构，必定会对原有认识结构发生作用，从而丰富、深化或变革人们的思想观念、文化传统。科学技术的发展，总是要不断地创造出新的方法、开拓新的领域、提出新的概念，并使人们达到以前无法达到的目标，使传统的思想观念、价值观念、行为规范等发生巨大改变，从而促进科技文化的变革与发展。

2. 科技殡葬文化的价值

（1）科技殡葬是全新的殡葬理念。科技殡葬具有开放性、现代性、预研性和持续性等特征。开放性是指科技殡葬充分利用科技发展的一切优秀成果，来促使殡葬科技含量的提升；现代性是指科技殡葬主要应用当代科技研究的最新成果体现社会技术与文明的进步；预研性是指科技殡葬具有提前研发特点，走在行业的前列；持续性是指在合理布局科研计划的前提下，重视科研活动的持续研发，使科技成果得到顺利应用。

（2）科技殡葬是殡葬改革的动力。从最初的殡葬改革，确立了火葬的地位，到当前正在推行的第二次殡葬改革，确立了科技殡葬的概念以及行动举措。第一次殡葬改革是靠火化机等设备的推广而实现的，第二次殡葬改革直接要求科技殡葬的实施。因此，科技殡葬为改革提供了强大的动力和支撑，在将现代科学融入殡葬的各个活动环节中，进行殡葬全程无污染、无公害的控制，悼念服务中节约能源，尊重客户心理需求，使得殡葬活动的人性化目标的实现更加容易。殡葬科学技术与殡葬经济效益和殡葬社会效益之间存在着内在的、本质的、必然的联系。殡葬科学技术在转化为生产力后能极大地促进殡葬工作的开展，提高殡葬服务水平。殡葬科学可以物化到以殡葬设备为主的殡葬劳动资料中，转化为直接的殡葬生产力；殡葬科学渗透到殡葬劳动对象中，扩大殡葬劳动对象的范围，提高了殡葬生产力。通过学习和教育途径，殡葬科学知识转化为殡葬职工的智力因素，变为直接的殡葬生产力；殡葬科学还可为殡葬管理提供先进的方法和手段，通过殡葬技术创新，使殡葬科学进入殡葬生产领域，转化为直接的殡葬生产力；殡葬科学理论通过殡葬科学活动与殡葬生产活动的渗透，可转化为直接的殡葬生产力。总之，殡葬科学技术是殡葬工作的第一生产力，殡葬科技将对殡葬业的现代发展提供巨大的动力。

（3）科技殡葬是现代殡葬的支撑。绿色殡葬、生态殡葬作为新时期殡葬文化的特质，以建设和谐社会为出发点，在遗体的接运、保存、整容、防腐、火化、安置、悼念和祭奠等殡葬活动中，倡导环境文化和生态文明，以环境承载力为基础，以绿色殡葬、生态殡葬科技为动力，采取各种措施保护和维护生态环境，减少资源消耗，减轻末端治理的压力和降低污染物的排放，通过殡葬全程的无污染、无公害的安全控制，避免对人类的生存空间和环境质量造成影响，实现殡葬与社会、文化、生态、科技、经济的协调和可持续发展，形成与和谐社会建设相适应的现代殡葬科技文化。而生态殡葬更是直接提出了以信息技术、新能源技术、新材料技术、生物技术和空间技术为主要内容的生态技术革命的应用。因此，科技殡葬是绿色殡葬、生态殡葬的本质。

（4）科技殡葬是殡葬服务的保障。把高科技注入殡葬设施设备和殡葬从业人员，将为公众提供一个全新面貌的殡葬服务体系。通过遗体无差错识别技术可以做到精确无误，并充分运用社会科学，使遗体告别变成为温馨、感人的画面，充分体现对人的尊重。殡葬网站的扩大有利于网络纪念及各种电子商务、政策宣传，让更多人了解殡葬的目的。因此，在殡葬的服务主体、服务内容、服务方式、服务管理体制与运行机制、服务管理评估等方面可以由互联网组成一个新兴的无边界的服务集团。同时，在殡葬服务管理理念中融入现代战略管理思想，打造一个可持续发展的殡葬服务体系。

二、殡葬科技文化发展的现状

新中国成立后，殡葬科技的发展主要围绕着火化机等殡葬设备的研制展开，1989 年民政部一〇一研究所的成立，加速了火化技术基础理论、遗体处理方法、殡仪馆系统工程、殡葬环境监测等科学技术的研究，改变了我国火化技术落后的状况。1995 年，我国开始引进火化、殡仪、防腐等方面国际先进的殡葬设备与技术，加速了殡葬行业的科技进步。1997 年，我国首届民政科技大会召开，指明了我国殡葬科技发展的方向，以减少污染物排放以及效率高、成本低为主要目标，科技成果不断丰富，迅速改变了我国殡葬设备的落后局面。民政部组织成立了中国殡葬协会，各地相继成立了地方殡葬协会，开展相关理论研究、学术交流和必要的科研工作；此外，还成立了一些殡葬科研机构，如沈阳火化设备研究所、江西火化设备研究所、湖北四二七科研所、上海遗体防腐研究所、上海殡葬文化研究所等，共同开展殡葬基础理论、产品研制与开发、学术交流和标准化制定及推广等工作，促进了殡葬科技进步与发展。总之，随着殡葬科技的发展，我国殡葬工作有了长足的发展，尤其是在火化机、殡仪车及冷藏棺、电子信息技术产品等方面的研制、生产更是发展迅速，高新技术的运用方兴未艾，极大地推动了我国殡葬改革工作的进展。

（一）国家提供了殡葬科技宏观环境

国家为殡葬科技的发展提供了宏观的支持。国务院《殡葬管理条例》及各地殡葬法规的颁布，在殡葬设施、遗体处理和丧事活动、殡葬设备和殡葬用品管理等方面提出了规定性要求，为促进我国科技殡葬的发展提供了必要的基础性条件。民政部及地方各级民政部门十分重视殡葬科技工作。1991 年，民政部发布了《民政部殡葬设备科研与生产发展十年规划和“八五”计划纲要》，把提高殡葬科技含量问题提到议事日程；1993 年，民政部《殡仪服务业发展规划》中明确提出要“促进技术进步，加速培养人才”，提出“殡仪服务业要振兴，必须走依靠技术进步的道路”。首先，要大力扶持先进的殡葬设备，尤其是火化机、殡仪车、防腐、整容、冷藏设备的科技与生产，使之达到一定的生产规模，形成专业化、系列化。其次，要加强标准化工作，“八五”时期内制定出火化机的国家标准；加快制定各种辅助设备、骨灰盒等殡葬用品的行业标准。1995 年，《民政部关于加快殡葬事业发展的意见》中进一步指出："大力推进科学技术进步，提高设备设施、殡仪服务技术的科技含量。"要求"各级民政部门要以科教兴国战略高度，充分认识殡葬事业的发展必须依靠科技进步，并以此来增强干部、工人的科技意识"。改造和兴建殡仪馆要充分利用现代科学技术的新成果，加快火化机、殡仪车等设备技术改造。火化设备要达到无害化、文明化、自动化。要积极推广使用计算机辅助管理系统、药物防腐技术，把现代的信息系统、控制理论和技术应用到殡仪馆的改造和管理上。1997 年，《民政部关于加速科学技术进步的决定》中对殡葬科技工作指出："集中殡葬行业中的科技力量，协同攻关，抓紧研制成本低、耗能小、污染小、自动化程度高的火化设备和开发实用型的殡葬用品。加强对殡仪馆和公墓建设的科学论证，进一步强化行业管理，提高殡葬职工的技术水平，促进我国殡葬业迅速发展。"2000 年 3 月 22 日，在广西北海市召开的"全国首届殡葬科技研讨会"，全面总结了殡葬科技工作在改革开放以来所取得的成绩和经验，并研究确定了今后一个时期殡葬科技工作的目标和任务：加强殡葬科学技术的基础研究，探索处理遗体的新方法，改进改造火化机、冷藏柜和殡仪车等殡葬设备，研制新型遗体防腐剂，治理殡葬污染，预防殡葬微生物的传染传播，加快殡葬标准化的进程，将其他学科的先进科学技术运用到殡葬行业。

全国民政科技中长期发展规划纲要中强调把改善民生、促进社会和谐作为根本出发点和落脚点，随着殡葬行业在进一步关注民生的作用的发挥及可持续发展需求不断增强，迫切需要建立适合我国实际的科技殡葬体系。《民政事业发展第十二个五年规划》提出了殡葬改革的任务，明确要实现以惠民殡葬、公益殡葬、绿色殡葬、科技殡葬、阳光殡葬和人文殡葬为主要内涵的现代殡葬，对科技殡葬的发展提出了明确的要求。

（二）科技赋予了殡葬行业新的生命

古老的殡葬业一直处于大众视线的末端，成为大众避讳或敬而远之的行业，而如今科技的应用赋予古老的殡葬业以新的生命，绽放了全新的光彩。当代科技发展突飞猛进，科技成果商品化周期大大缩短，产品的研发周期和商业化应用速度大大提高。计算机技术、互联网技术、信息科技、材料科技、能源科技、生命科技、环境科技等领域的每一个成果，都有可能在殡葬服务领域中得到广泛的应用。

科技赋予殡葬外观审美。殡葬美的实现程度取决于科技水平。逝者的衣着、棺木，灵堂的布置，坟墓的建造，陵园的布局等，这些方面的美都与科学技术有直接或间接的关系。以挽联所带来的灵堂之美而言，取决于联语的内容和语言技巧，也为书写者的书法成就所规定，还与书写工具纸墨笔砚的质量相关。经过科技的运用、景观设计及植物设计的殡葬设施已经是现代园林的另一类型，可让人们在追思之际又享受到风景的优美。

科技赋予殡葬经济活力。现代科技的运用，使得殡葬业互联网电子商务开始盛行，同时对于客户资源的信息化管理又有利于殡葬业务的拓展。而科技的运用对于殡葬新产品的研发、服务形式的转变、提高大众的可选择性及利于大众接受方面将起到重要作用，将赋予殡葬经济新的活力。

科技赋予殡葬全新面貌。科学技术的使用在提升殡葬行业层次的同时也提升了殡葬从业人员新的面貌，使得他们能够更容易融入当地社会生活。

总之，只有把殡葬事业的发展真正转移到依靠科技进步和提高人才的素质上来，提高殡葬管理水平和服务水平，才能增强自我发展的能力，促进殡葬事业的快速发展。

（三）科技在殡葬行业得到广泛应用

殡葬活动的殡、葬、祭的每一阶段，都与科学技术相关且程度不等地应用着科学技术。

1. 遗体运输

要高水平地体现以人为本的遗体运输，遗体火化师在火化前须反复地核对各项证明，赋予遗体一个不能篡改的编码，杜绝了遗体差错事故的发生。同时，对新型殡仪车的研发，在满足殡葬消费者心理需要的同时，也对殡葬从业人员起到了职业健康安全保护作用。上海、北京、长春等城市还煤应用了殡葬热线的设立及车辆 GPS 定位系统、遗体管理中的条形码系统及骨灰寄存智能卡识别系统。

2. 防腐整容

逐步成熟的整容整形技术让殡葬服务更加完美，充分体现了逝者的尊严。目前，整容方面已经利用了 3D 成像技术并投入使用，新型防腐液得到开发和应用。

3. 遗体火化

在火化方面强调节能减排，在火化机的选择和使用方面不断向环保型产品靠拢，部分服务机构已开始进行火化余热循环利用及新能源的利用；一些新材料和新技术应用到殡葬设施和用品的制作中。对人性化服务的需求也促使人们对遗体的葬法从火葬到其他更文明、更环保的葬式研制，能够更加平静、优雅地处理遗体。

4. 殡仪活动

如何将殡仪馆成为生命教育场所，让人的死亡成为后人相聚温馨回忆的场所，让悲痛的亲人的心情得到抚慰，这是运用科技要实现的一个问题。同样，利用信息技术等将亡者一生的精神传承下来，也是对先人的尊重以及对后人的教育。这个阶段可以充分运用的科学技术有逝者生平的视频制作，用来传承逝者的思想，同时也可以利用现代设备显示、播放，还可以根据客户要求而使用程序定制播放的顺序及内容，利用多媒体虚拟现实技术实现个性化礼厅的需求，还可利用摄像头等设备实现远程直播。目前，已经出现了紧跟时代发展潮流的殡葬消费行为，如部分殡葬机构运用信息化、数字化技术开始尝试视频传播、网上祭扫乃至开展电子商务活动，出现了各种新颖的数字化服务，如数字化礼厅布置、人生小电影、电子挽联、电子告示板等。

5. 骨灰保存

骨灰的防水、防盗是小型科技的运用，而目前对于骨灰的生态葬法的研究更体现了自然循环的生态理念。而对于人生文化及 DNA 的保留的研究更是被提出并将被一部分人接受。对于墓区地理信息系统（Geographic Information System，GIS）准确定位的使用，反映了地理信息科学在墓地的使用，对于艺术墓碑的研制又提升了墓地的品位；网上墓地与现实墓地的虚实结合，方便了远程祭扫及追思，是信息技术充分在墓园使用的结果。在科技应用的过程中，还涌现了一批设施先进、环境优美的殡仪馆和公墓，出现了生产高品质殡葬设备和用品的产品出口企业。

6. 殡葬管理

计算机管理技术已经广泛地应用到殡葬业务管理中，如清明节方案的制订，基于互联网的客户资源管理，地区殡葬设施的建设与管理，殡葬资源的研究以及殡葬行业的战略目标及计划的制订、人力资源管理，等等。办公自动化系统在殡葬服务机构已得到普遍的应用，殡仪馆、公墓的业务信息管理系统也开始在有关单位进行了应用，且在功能上不断与现代化管理接轨；有关殡葬产品和管理的标准建设得到重视，一些殡葬服务和生产机构通过了 ISO9001 和 ISO14001 等国际管理体系认证，提升了产品质量和环境意识。

三、科技殡葬文化存在的问题

近年来，我国的殡葬科技水平得到了很大的提高，但与国内殡葬事业发展的需求和国外发达国家相比仍有差距，主要表现在：殡葬设备品种少，技术含量不高，整体水平偏低；火化基础理论和基础条件研究刚刚起步，遗体防腐技术单一；殡葬科技开发经费和科研经费投入不足，殡葬设备生产企业无序竞争，缺乏行业统筹管理、国内外技术交流和技术合作等，都影响和制约着科技殡葬的发展。

（一）科技殡葬管理相对落后

虽然国家已经为科技殡葬提供了一定的宏观环境，为科技殡葬的发展培育了生长的土壤，但殡葬行业的相关政策、纲要、规划和标准的制定，大多属于行政范畴，尚未完全上升到国家立法的地位，在有关殡葬资源配置、殡葬服务质量、殡葬救助保障、殡葬管理体制和运行机制等方面的立法相对滞后，致使殡葬行业各项举措缺乏在国家层面的法律保障。

国家目前正在推行惠民殡葬，实施基本殡葬服务政府定价制度，然而对于硬件方面如火化机及节能减排的支持和保障非常少，由于燃料、电力和人工成本的上涨，大多数殡仪馆经济处于亏损状态，没有能力更新设施、设备和技术。因此，科技殡葬需要制度及立法方面的保障。

（二）殡葬科研力量严重不足

大多数地方民政部门没有设立专门的殡葬科研机构，殡葬科研力量薄弱，殡葬技术手段和装备水平相对落后。一些地区殡葬机构及其领导还没有把科技工作提上重要议事日程，行业内一些干部职工的科技意识还比较淡薄。行业内高水平、原始创新性研究成果不多，缺乏对前沿技术、关键技术、重大公益技术的研究，科研成果转化水平总体偏低；不同地区间因经济发展水平有差异，在科技开发和应用方面水平差别较大。西部和少数民族地区的殡葬科技应用水平相对较低。

多数的殡仪馆仍是简易的设备在运作，并没有应用具有高科技含量的设备。截至2014年年底，我国共有火化机5908台，其中2000年后新配置的仅占35%，一些殡仪馆殡葬设备的标准化、系列化及通用化程度非常低，严重污染了周边环境。殡仪用车多系民用车辆改装而成，缺乏专门为殡葬行业开发的殡仪用车。防腐手段比较单一，对遗体的保存大多采用冰柜冷冻的方式，特别是在北方地区很少采用先进的防腐技术和手段，遗体防腐技术相对落后。

我国殡葬服务的信息化程度不高，目前很多发达地区的殡仪馆仍然采用落后的手工记账等方式，工作效率非常低，人为因素造成的问题不断出现。

（三）殡葬科技教育明显滞后

由于受传统社会价值观的影响，殡葬职业的社会认同感依然较低，影响和制约了高素质人员的引进，殡葬职工队伍的科技文化水平普遍较低；大多数殡葬服务机构不具备专门的科研部门和专业的科研人员队伍，且专业技术人员十分有限。殡葬机构临时聘用的人员文化素质参差不齐，又没有进行相应的殡葬教育、培训，很难对现有殡葬服务等进行新的研发。殡葬企业人员在追求经济利益的同时，虽然有较高的营销技能，但对公众的服务等方面仍有不足。因此，殡葬教育、培训一方面对于大众没有普及，另一方面也并没有进行高端技术的教育、培训，造成殡葬行业的专业人才队伍、技能人才队伍出现断层现象。总体来看，除了少数地区和机构，殡葬从业人员中大专以上比例都偏低，整体素质水平相对较低。

（四）科技殡葬引导作用弱化

城市化进程的加速，人口整体受教育水平的提高，在为传统殡葬向现代殡葬转型提供了良好的社会基础的同时，也对殡葬业提出了更高的要求，如绿色、低碳、环保，更加人性化、现代化，殡葬消费作为特殊的文化消费呈现出日益多样化的特点。现代殡葬服务正在进行着一系列新的转化，包括服务人群的多样化，从物质消费转化至精神抚慰，从简单遗体处理到全过程一条龙服务。这些转化都意味着殡葬市场化需求程度越来越大，而这些市场化需求正是促进科技殡葬发展的一个很强的动力。

随着经济社会快速发展，要推进现代殡葬必须靠科技来支撑，而科技殡葬需要殡葬标准化体系来加以规范。目前，我国殡葬标准取得了较大发展，但总体上还处于起步阶段，现有标准覆盖领域不全面、不平衡、不充分，关键性殡葬管理和服务标准较为欠缺；殡葬标准形成机理较为复杂，殡葬标准关键技术尚未完全掌握，一些已制定的标准实施进展缓慢；殡葬标准保障体系有待完善，国际标准化实质活动参与较少，标准化长效运营和保障机制不够健全。

第三节　科技殡葬文化生态的建设

科学技术是先进文化的重要组成部分，是重大决策和立法的重要依据，是科学教育和终身学习的主要内容，是人类生存与发展以及人与自然和谐相处的基石，是人类文明可持续发展的不竭动力，更是人类文明永不枯竭、不断发展的最重要资源。

一、以科学精神创新文化生态

科学技术作为一种特殊的综合文化现象，已经渗透到社会物质生活和精神生活的各个领域。科技文化不仅转化为强大的物质力量，推动社会的进步，而且作为巨大的精神力量，改变着人类的思维模式，推动着人类的观念更新。

（一）科学精神的基本内涵

科学精神是人们在长期的科学实践活动中形成的共同信念、价值标准和行为规范的总称。科学精神是由科学性质所决定并贯穿于科学活动之中的基本的精神状态和思维方式，是体现在科学知识中的思想或理念。科学精神作为人类文明的崇高精神，它表达的是一种敢于坚持科学思想的勇气和不断探求真理的意识，具有丰富的内涵和多方面特征。具体表现为求实精神、实证精神、探索精神、理性精神、创新精神和独立精神。

1. 求实精神

科学认为世界是不依人们主观意志决定的客观存在，科学活动要求人们从事各种物质创造活动时应该遵循“实事求是”的态度，要求正确认识客观世界的运动，因此，“客观唯实，追求真理”是科学精神的实质。科学以把握自然界、人类社会运动发展的规律为对象，旨在发现事物的共同规律。科学的理性精神崇尚客观、公正，讲究精确、具体，事事有规可循、有法可依。科学精神是彻底的唯物主义精神，也即实事求是精神。科学精神以事实为基本出发点。科学以实践为标准，随实践的发展而不断发展。

2. 实证精神

实证精神要求一切科学认识必须建立在充分可靠的经验基础上，以可检验的科学事实为出发点，为正确的研究方法完成科学理论的构建。实证精神是一种客观的态度，在思考和研究中尽力排除主观因素的影响，尽可能精确地揭示出事物的本来面目。同时，这种客观性又必须满足普遍性的要求，客观知识必须是能够重复检验的公共知识，而不是个体的体验。实证精神就是尊重事实、诚实正直，并进行符合逻辑的思维，是科学的重要品质。

3. 探索精神

探索精神是由作为科学研究对象的客观世界的无限性和复杂性所决定的。科学探索永无止境，科学研究不仅是一种智慧的劳作，也是一种精神的探险，单靠聪明的大脑是不够的，还需要坚韧精神、敢于向困难挑战的精神。科学精神是顽强执着、锲而不舍的探索精神，任何一项科学发现和发明，都经历过实践、认识、再实践、再认识这样一个完整过程，都经历过不断探索真理、不断追求真理、不断坚持真理这样一个艰难过程。科学家们正是凭着锲而不舍、不畏艰难险阻的精神，以非凡的勇气和毅力，孜孜不倦地探索着科学的奥秘，在科学的各个领域作出了杰出的贡献。

4. 理性精神

理性精神是对理智的崇尚，是科学认识主体通过概念、判断、推理、分析、综合、归纳、演绎等逻辑性的思维活动所体现出来的。理性精神把自然界视为人的认识和改造的对象，它坚信客观世界是可以认识的，人可以凭借智慧和知识把握自然对象，甚至控制自然过程。它要求人们尊重客观规律，探索客观规律，并把对客观规律的科学认识作为人们行动的指南。科学认识的过程和对象十分复杂，要把握事物的本质和发展规律，必须仰仗理性思维才能超越此岸世界并最终达到彼岸世界。人们具有丰富的精神世界，不仅追求理性和真理，而且追求情感、信仰，追求美和善、意义和价值。如果失去了健全理性的导引或调节，人们就容易迷失方向，陷入迷茫，就会产生思想和行动的盲目性、自发性。

5. 创新精神

科学精神倡导创新思维和开拓精神，鼓励人们在尊重事实和规律的前提下，敢于“标新立异”。科学精神的本质要求是开拓创新，创新精神则充分体现了人类特有的主观能动性。科学领域之所以不断有新发明、新发现、新创意、新开拓，之所以充满着生机和活力，就在于不断更新观念，大胆改革创新。因此，科学的生命在于发展、创新和革命，在于不断深化对自然界和人类社会规律的理解。科学的突破和创新往往会受到旧思想的强烈反对，所以创新也包含着勇敢无畏精神。

6. 独立精神

独立精神是对从事科学活动的主体必备的基本要求。科学产生和发展是在一定的社会环境中，所以要受到社会舆论、社会道德、社会政治等因素的影响。科学作为一种理性活动，以追求真理为目标，只能实事求是，不能屈服于任何外界的压力。所以，科学家必须具备独立精神；对于社会而言，则必须具备民主精神。民主是科学发展不可缺少的社会环境，民主是科学发展的必要条件。

（二）科学精神的文化价值

科学精神是人类文明中最宝贵的精神财富，它是在人类文明进程中逐步发展形成的。科学精神源于近代科学的求知求真精神和理性与实证传统，它随着科学实践的不断发展，内涵不断丰富。科学精神倡导不懈追求真理的信念和捍卫真理的勇气，坚持在真理面前人人平等，尊重学术自由，用继承与批判的态度不断丰富并发展科学知识体系。科学精神鼓励发现和创造新的知识，鼓励知识的创造性应用。科学精神强调实践是检验真理的标准，要求对任何人所作的研究、陈述、见解和论断都要进行实证和逻辑的检验。科学精神强调客观验证和逻辑论证相结合的严谨的方法，科学理论必须经受实验、历史和社会实践的检验。科学精神的本质特征是倡导追求真理，鼓励创新，崇尚理性质疑，恪守严谨缜密的方法，坚持平等自由探索的原则，强调科学技术要服务于国家民族和人类的福祉。

科学精神具有广泛的社会文化价值。注重创新已经成为最具时代特征的价值取向，崇尚理性已成为广为认同的文化理念，追求社会和谐以及人与自然的协调发展日益成为人类的共同追求。只有绝大多数公民具有科学理性的文化素养，科学精神成为一种不需要意识控制的习惯，才能真正达到社会稳定与和谐，社会也才能在稳定中自发地向文明进步，才能为现代化提供更有力的精神动力。以科学理性精神与人文价值精神为支柱构建文化生态环境，使科学文化及贯穿其中的科学精神成为文化生态的基础和最活跃的因素，才能为和谐文化生态发展创新注入不竭动力。

科技对于人类文明的进步具有巨大的贡献，它开拓了知识的疆界，提高了人类控制自然环境的力量，提供了改善生活的手段。然而，科技也已成为理性控制的最强大的工具，已深深地陷入现代社会去伦理化和私人化的过程之中。现代科技在带给人们种种刺激、兴奋和舒适的同时，也把人们带入空前的危险境地。在现代思想的指引下，现代科技与商业、政治、军事紧密结合，其基本发展方向就是追求日益强大的征服力、控制力和制造能力。每个行业、部门、企业的高度科技化的运营，经社会分工体系和市场的整合，不断创造着经济增长的奇迹，同时也造成生态破坏。现代科技是现代文化的特定维度，科技转型不能脱离文化母体的转型。就文化的物质环境维度看，生态文化中的经济发展模式只能是生态经济，而生态经济的根本要求是物质财富的增长不超过生态系统的承载力。处于文化之物质环境维度的科技必须实现生态学转型。科学对文化有全方位的影响，它既影响制度（或社会环境），又影响文化价值。科学思想一直影响着人们的世界观、价值观和人生观，科技的生态学转型也将会对现代文化走向生态文化产生全方位的影响。

二、科技殡葬文化生态的建立

（一）科技殡葬文化生态建立的原则

1. 科学发展的原则

以现代科学精神、科学态度、科学知识、科学手段、科学方法促进传统殡葬向现代殡葬转型，积极地进行科技创新，充分考虑到现有的人力和物力，优先解决危害严重的、资源浪费的殡葬问题，继之解决利于殡葬长远发展的问题，最后再解决殡葬经济效益的问题。

2. 生态文明的原则

遵循“以人为本，以创新为核心，以数字化应用为主导，加强环保节能，确保社会安全”的生态战略方针，实现绿色殡葬和生态殡葬的技术目标，最终实现人文殡葬。以人为本，即在尊重逝者及其相关社会成员的基础上，进行人生价值的全方位服务，从临终关怀到哀伤辅导中的每一个环节，都进行人性化服务，高度重视殡葬工作对殡葬工作者生理、心理的负面影响，全面构建人性化、科学化的殡葬服务体系。以数字化应用为主导就是要充分利用计算机、互联网、多媒体、人工智能等技术，实现殡葬服务内容的多样化、个性化，服务方式的数字化、人性化，服务组织的有机化、服务资源的共享化、服务管理的高效化，大幅度提高客户的满意度，这也是人文殡葬的组成部分。环保节能既是行业得以可持续发展的要求，也是社会可持续发展的必然趋势，要大力加强殡葬业中高污染、高能耗环节的科技攻关，加大对遗体的防腐、整容等处理过程、火化过程及火化后污染治理及从严控制，实现减排节能目标，推动殡葬业的可持续发展。

3. 创新实用的原则

殡葬的各个组成部分分属于不同的学科，因此，科技殡葬体系的建立应遵循创新实用的原则。创新就是在现有基础上进行改进，在现有的技术、服务、设施上进行一系列创新，既可利用原有的基础，又能进行新的理念、服务、业务的开展。实用就是在目前各个行业现有成果基础上进行一系列实用性殡葬研究，以便能够尽快应用到殡葬行业。在殡葬科技发展过程中必须充分考虑其现实社会基础和条件，不能超越现实社会的实际承受能力，有效发挥科技对社会经济发展的引领性作用；努力实现殡葬的科技现代化，将现代科技成果较好地应用到殡葬领域中，充分运用科技现代化手段，加快实现传统殡葬向现代殡葬的转变。

（二）融合殡葬科学与人文文化生态

科学文化与人文文化是文化的两种基本形态，科学与人文两种文化的关系问题是破解现代文明发展困境的时代主题，也是和谐文化的核心问题，和谐文化应该体现科学性与人文性的统一。和谐文化的特质为和谐文化建设指明了方向，即从思想层面上，树立和谐文化建设的指导原则，从实践层面到教育层面，努力促进科学精神与人文精神融合统一。在文化越来越成为民族凝聚力、创造力和综合国力重要因素的今天，建设和谐文化的关键是促进科学与人文两种文化相融合，使科学的探索求真、怀疑创新、实事求是的精神与人文的以人为本、体现人的价值和尊严、追求人的完善和自由发展的精神相结合，这样才能从根本上推动和谐文化与和谐社会的建设。

1. 科学文化与人文文化相融合有利于突出和谐文化主题

文化即人化，是人的观念的外化，科学文化与人文文化是文化的两种基本形态。科学解决“是什么”的问题，人文解决“应该怎么做”的问题，它们之间的分野与融合伴随着人类文明发展的始终，又严重影响着人类文明发展的进程与状态。和谐社会固然取决于生产力的发展水平，有赖于科学合理的制度安排，更有赖于植根在主体内心深处的思想文化和价值认同。和谐社会需要和谐文化为它奠定理论基石和提供智力支持，依赖科学文化为它提供动力，科学是关键但远远不够，还需要人文精神为现代化提供人文规划、引导和制衡。因而，和谐文化的核心问题是科学文化和人文文化的关系问题，理顺这个问题是解开现代文明发展困境的关键，让科学与人文消解裂痕走向融合，是和谐文化发展的主题。

2. 科学文化与人文文化相融合有利于把握和谐文化建设

（1）科学文化和人文文化相融合，才能符合和谐文化建设的内在要求。从文化自身来讲，一种文化能有魅力、能深入人心，首先需要这种文化具有人文精神，能尊重人、关心人，并把这种视角投向最广大、最普通的人身上；其次要有科学精神，具有先进性，符合历史发展的规律，能代表时代发展的最进步潮流，能引领人类社会不断向上跃迁，这是当前文化发展的根本任务①。在当代中国，和谐文化的科学精神就是解放思想、实事求是的精神，就是立足社会主义的现实，务实求真、开拓创新的精神。和谐文化的人文精神就是以人为本，把人民的根本利益作为出发点和归宿点，就是建设有中国特色社会主义的共同理想和道德境界。只有科学和人文两种文化相融合，才能彰显文化的时代性和文明性，才能形成与和谐社会相适应的理想信念、思想道德、价值观，为和谐社会建设提供精神导向和理论支撑，才能以宽容的精神化解矛盾及整合社会力量，在更高层次上实现人与自然的协调发展，促进人与社会、人的自我和谐，才能努力改造愚昧、颓废、庸俗的文化，抵制腐朽落后文化②。这样的文化才是健康有益的先进文化，才是和谐文化。

（2）科学文化和人文文化相融合，才能发挥和谐文化的价值导向功能。文化的基本功能是从深层次制约和支配个体行为与社会活动的内在的机理和

---

① 张小平. 和谐文化的理论与实践［M］. 北京：人民出版社，2007.

② 中宣部思想政治工作研究所课题组. 近年来我国理论界关于“建设和谐文化”研究综述［J］. 研究瞭望，2006（12）.

文化图式，文化要发挥自身应有的功能，要以一定的价值观为核心。当前，在社会转型过程中，随着社会生活的多样化，价值选择的空间也不断增大。外来文化和传统文化不断冲撞而尚未有效整合，新旧价值观并存且不断冲突。人们难以合理而准确地选择和认同一种社会价值，导致了认知失调和行为失范。只有遵循科学文化与人文文化的相互渗透与统一的价值原则，才能实现“以科学的理论武装人，以正确的舆论引导人，以高尚的精神塑造人，以优秀的作品鼓舞人”的文化功能。高科技注入人文的尺度，才能提高民众对自然的科学认识与道德判断能力，克服或削弱高科技可能带来的非人化后果，消除现代文明的困境，成为体现人类利益的健康的科技。只有具备了这样的资质和品格的和谐文化，才能为构建社会主义和谐社会发挥指引方向、统一思想、凝聚力量和鼓舞精神的重要作用，在全社会逐步形成以真为贵、以和为善、唯美是求的价值观。

（3）科学文化和人文文化相融合，才能推进和谐文化现代化建设步伐。社会主义和谐文化是一种先进文化，它传承于传统文化而又优于传统文化，即科学精神和人文精神相融合的文化。现代文化要走出传统文化的藩篱，必须注入科学精神和人文精神的内容，从思想意识的高度来转变人的观念，提高和统一人的价值取向。另外，文化现代化的过程也是文化整合的过程，面临着如何继承、吸纳、整合和创造传统文化和外来文化的问题，文化整合必须以科学精神和人文精神相融合为基本的尺度和原则，实事求是，辩证地分析，批判地继承。只有既闪耀着科学智慧又凝结着人文关怀的文化，才是现代化的文化。

3. 科学文化与人文文化相融合有利于推进和谐文化建设

和谐文化应该体现科学性与人文性的统一，既要弘扬科学精神，正确反映和揭示人类社会发展趋势和社会主义建设规律，又要充满人文关怀，体现人的价值和尊严。和谐文化的特质为和谐文化建设指明了方向，应该从思想层面到实践层面以及教育层面，正确选择路径，促进科学精神与人文精神融合发展。

（1）思想层面上，不断促进科学精神和人文精神融合，坚持和谐文化建设的指导原则。在发展的目的和动力上，从人民群众的根本利益出发谋发展、促发展，不断满足人民群众日益增长的物质文化需要，始终坚持尊重人、理解人、关爱人，充分尊重群众的主体地位和主动精神，集中体现人文关怀和人文精神。在发展的道路选择上，追求人与人、人与社会、人与自然各个方面协调发展，坚持统筹发展，实现经济社会发展和人口、资源、环境相协调，走生产发展、生活富裕、生态良好的文明发展道路。这些发展道路和要求符合人的发展的长远利益，同时又反映了我国现代化建设的客观要求，遵循了社会发展的客观规律，具有深厚的科学认知为基础，充分体现了实事求是的科学精神与寻求幸福的人文精神之间的真正融合。科学精神和人文精神的融合需要一个和谐、民主、宽容的环境氛围。社会主义社会是“以人为本”的社会，其发展观念和施政理念为科学精神与人文精神的融合提供了现实的可能性和制度的保障。

（2）实践层面上，通过宣传普及、行为激励、法律规范，提升民众的精神文明水平，使人们自觉将科学精神与人文精神转化到自己的行动中。人文精神与科学精神的融通统一，最终需要通过实践活动而得到巩固和实现。科学精神和人文精神作为观念、意识范畴，是凝结在主体内心的深层稳定的心理状态、价值观念，渗透在一切行为活动中的指示器。要加强正面宣传和引导，强化人对于真、善、美及其内在和谐性的自觉追求，利用电视、广播、报纸、网络等大众媒体，普及科学知识、科学方法和科学精神，弘扬人文精神，提倡人文关怀，宣传体现人文关怀的感人事迹。通过奖惩机制，引导人们尊重人、关心人，尊重事实、不断探索、大胆创新、团结协作，对弘扬了科学精神与人文精神的个人和团体进行奖励。通过行为激励，在生活实践活动中引导人们将科学精神与人文精神结合起来。要把科学精神和人文精神的建设纳入法制化轨道，依靠法制的力量规范主体的行为，遏制种种不良歪风的泛滥。

（3）教育层面上，融合科学精神和人文精神的教育，培养建设和谐文化的主力军和可依靠的物质力量。教育传递和发展文化的功能，决定着每一个时代的文化精神都是通过教育最充分、最完备地被加以表达。教育融合既是走出现代文化困境的必需，也是教育自身培养全面发展的人的必需。融合科学精神和人文精神构建和谐文化要靠主体人来实现，尤其要靠一批素质全面的知识分子来推行。素质全面的人要靠实施全面发展的教育来实现。人文教育和科学教育是全面发展教育的有机组成部分，二者密不可分共同促进人的全面发展。随着科学的不断发展，新的学科领域不断出现，只有将科学精神和人文精神结合起来，才能把一个人在智力、情绪、伦理各方面的因素综合起来，既拥有丰富的人文知识和人文精神，懂得“为何而生”的生活哲理，又掌握了系统的科学技术和科学精神，具备“何以为生”的技能。有了这样的社会主体，建设和谐文化、构建和谐社会才有了主力军和可依靠的物质力量。

在文化整合创新的过程中，科学和真理奠定精神文化的基础，人文价值引导着精神文化的意义和方向，真正实现科学精神与人文精神的融合，从根本上推动和谐文化与和谐社会的建设。

（三）科技殡葬文化生态建设的对策

1. 弘扬先进殡葬文化，改革传统殡葬旧俗

殡葬教育科研应始终坚持殡葬改革的基本方向，致力于推广先进的殡葬文化与殡葬服务理念，提高社会对殡葬文化与殡葬服务理念的认识。殡葬教育科研机构应注重对中国传统殡葬礼仪的改良，既弘扬传统殡葬文化的精华部分，如“厚养薄葬”的孝道文化等，又使繁文缛节得以简化，剔除不适应现代社会的糟粕。在葬法方面，要积极倡导火葬，推广海葬、树葬、草坪葬等绿色环保的骨灰处理方式，为建立起适应社会主义物质文明、精神文明、政治文明和生态文明建设需要的科学葬法和殡葬礼俗提供科技文化支撑。

2. 重视殡葬人才培养，提升殡葬科学水平

现代殡葬需要知识面广并且具备一定深度的殡葬科技与管理人才，只有实施人才战略，建立殡葬领域的专家队伍，进行整体性的培养和训练，才能为现代殡葬输送更多合格人才，现代殡葬才能健康发展。

（1）教育先行，培养新型殡葬人才。多层次、多样化殡葬教育体系是保证殡葬产业形成合理人才结构、提高殡葬管理水平的决定性因素。首先，殡葬教育机构要进一步深化殡葬教育改革，适应殡葬事业发展对人才的多层次需要，建立多层次的殡葬教育体系。教育部门应鼓励有条件的大专院校或科研机构开设现代殡葬专业课程，包括与现代殡葬相关的环境科学，开展多层次学历教育，为现代殡葬培养高层次、综合性、复合型的高级管理人才和专业人才。其次，要大力发展在职培训等继续教育形式，使终身教育成为殡葬教育的重点，不断提升殡葬从业人员素质。要加快推进殡葬职业技能培训和职业技能鉴定工作，推进国家职业资格证书制度，通过对在职人员的培训与职业技能鉴定，提升我国殡葬从业人员的整体素质与管理水平，满足殡葬市场对各类殡葬人才的需求。最后，优化殡葬教育师资结构，提高殡葬教育质量。一方面要不断充实殡葬师资队伍，大力引进海外殡葬人才。另一方面要加大殡葬师资培训力度，通过选派优秀教师出国深造，学习国外先进理论与实践经验；通过邀请国内外专家开展学术讲座和短期培训，拓展教师知识面，提高殡葬专业师资水平。此外，还要在广泛吸收国外现代殡葬理论和成功经验的基础上，结合我国社会转型的具体国情和现代殡葬所需的理论知识、信息技术、成功案例等，编制出统一、分层次、按类别的正规教育和短期培训教材。要建立适应现代殡葬服务模式的殡葬教育课程体系，把职业资格证书纳入学历教育体系，实现教育标准与行业标准的接轨。特别是要建立科技殡葬创新体系，形成由高层次人才组成，相关的科研院所、高等院校与企业联

合，形成互相协作的一个开发整体。

（2）攻坚克难，发展殡葬科学技术。政府应大力支持和引导殡葬科研工作，积极支持殡葬基础理论和实用技术的研究，加大殡葬应用技术的开发和推广应用的力度，加强殡葬服务机构、高等院校、科研机构之间的合作，形成产学研相结合的良性循环。建立促使科技人员投身殡葬建设的奖励机制，创设有利于殡葬科学研究的政策环境，制定有利于殡葬环保科技成果推广的政策，增强各级政府对殡葬环保科技投入的认识，加大殡葬科技的投入，调动科技人员的积极性和创造性，形成多渠道、多形式、多层次的投入体系。在科研方面加强国际交流与合作，重点开展应用研究。广泛开展科技殡葬的宣传教育培训，使科技殡葬观念深入人心，形成浓厚的舆论氛围。可以依托现有各科研院所和相关院校，建立全国殡葬环保科技研究机构、信息网络中心，同时培育和发展技术市场，形成一个从基础研究到应用研究、试验发展、产业化和市场的有机完整的体系，逐步进入良性循环，大大提高科技实力，并逐步扩大国际殡葬环保科技合作与交流工作，多渠道争取合作项目和开展多种交流活动。

3. 提升殡葬科技含量，促进科技成果转化

殡葬事业发展必须依靠创新产品、优化服务、改善管理、培养人才，在推进现代殡葬进程中充分发挥科技创新的支撑作用。要加大对殡葬科技的支持力度和研发力度，实施殡葬科技攻关。加强遗体火化、遗体防腐、污染治理等方面的殡葬技术创新和成果转化。推进殡葬业清洁生产，发展节能降耗的绿色殡葬设备和用品，特别是节能减排殡葬设备和可降解骨灰盒、棺柩。加强殡葬服务设施、用品、流程、质量等方面的殡葬标准制定，提升专业化、正规化水平。火葬场、殡仪馆以及骨灰存放机构在购置或更新殡葬服务设备时应采购符合较高环保标准的产品。政府对采购新型环保产品的殡葬服务机构给予适当经费补贴。加强殡葬政策、法规、管理、战略等方面的殡葬理论研究和殡葬改革的科学性和自主创新能力，加快科技成果转化，提升殡葬行业整体技术水平。

（四）科技殡葬文化生态建设的途径

1. 健全科技管理政策制度，加速我国殡葬科技进程

一是优化殡葬科技的政策环境，加大殡葬科技投入力度。政府可以从财税、知识产权保护、人才队伍建设等方面制定一系列政策，加强经济政策和科技政策的相互协调，形成激励自主创新的政策体系，增强各级人民政府对殡葬科研的认识，促进殡葬行业资源的优化配置，形成政府主导社会参与的

多渠道、多形式的殡葬科研领域投入体系。政府部门应着眼于环保、生态的环境的建设，出台具有前瞻性的政策，举办殡葬各个领域相关研究机构，进行理论和实务研究，为殡葬改革奠定坚实的技术基础。随着事业单位改革的推进，殡仪馆实行政事分开，其殡葬管理职能完全剥离出去，多数殡葬仪馆成为自收自支、自负盈亏的殡葬服务事业单位。由于对市场经济条件下殡葬服务属性的认识不明确，政府对殡仪馆的管理存在着体制缺陷。殡仪馆承担的公共服务义务与其应该享有的公共服务提供者的权利不对等，如政府限定了殡葬基本服务的收费价格，却不对殡仪馆服务设施设备投资；作为殡葬服务的经营者，殡仪馆却不享有殡葬服务市场经营者的主体地位，如政府对殡葬基本服务项目实行价格限制。这种定位不清晰、目标不明确的管理体制，对殡仪馆的建设和发展极为不利，无疑也极大地制约殡仪馆殡葬科技应用水平的提高。因此，要按照以人为本和全面协调可持续发展的要求，根据公共服务的本质属性，改革和完善殡仪馆管理体制，以增强殡仪馆的发展能力，为殡葬科技进步提供坚实的基础。

二是完善殡葬科技的政策制度，推进殡葬科技成果转化。殡葬科技的发展离不开政策制度、法律法规的支撑和保障，科学规范的殡葬科技制度还可加快殡葬科技领域的标准化体系建设。相应的法律法规和准入制度的出台，迫使一些殡葬企事业单位按照标准及法律法规思考转型，而为了转型，就不得不在其内部进行技术创新，这对于促进我国殡葬科技的发展起着巨大的作用。目前，我国殡葬科技成果的应用，主要还是在各企事业单位中，利用政策、法律法规促使它们加速从传统殡葬到现代殡葬的转型，确保各项成果在取得经济效益的同时又符合环保、生态的原则。要进一步完善殡葬标准化体系建设，充分发挥各级民政部门与服务机构的主体作用与主动意识，加强部门之间协同配合，鼓励社会各界参与标准制定与实施，使标准化成为各方参与和支持民政事业发展的重要平台。殡葬标准制定既要立足于我国殡葬事业发展现状，又要体现出推动殡葬事业发展的先进性，符合与时俱进的时代要求，要与现行法律法规、政策措施相衔接，保持与有关国家、行业标准的协调统一，充分考虑地域差异和行业整体水平，避免地域化或两极化，制定的标准要准确、实用、易于评价，便于基层学习和操作。要建立殡葬标准宣传监督和保障机制，加快殡葬标准的贯彻实施，促使殡葬标准的通用化、系列化。

三是加强殡葬科技的宏观管理，鼓励殡葬科技文化创新。我国殡葬科技应用水平的落后，除了思想认识和体制机制的原因外，行业管理上的缺位也是一个重要因素。以遗体火化污染控制为例。人类的遗体是一个超级污染源，遗体火化的过程就是污染控制的过程。火化污染的直接原因是我国的火化设备技术达不到环保标准，其间接原因是殡葬主管部门和环保主管部门监管不力。因为在缺少制度约束的体制下，殡仪馆出于追求经济效益的需要，必然要减少在技术设备方面的投入，缺乏提高科技应用水平的主动性和积极性。殡葬科技不仅仅包含自然科学的硬科技，也包含社会科学的软科技。发展殡葬软科技将对殡葬硬科技起着重要的指导作用。殡葬科技必将在大众需求、自然需求、社会需求等文化层面指导下有力开展。

四是加大殡葬科技的宣传力度，提高殡葬科技应用水平。长期以来，人们对殡葬业的认识存在较大的偏差，地方政府也把殡仪馆等殡葬单位看成营利单位。在这种认识影响下，殡仪馆被定性为自收自支、自负盈亏的事业单位，政府对殡仪馆的设施建设及设备购置基本不予投入，全靠殡仪馆自筹和向银行贷款。在这种情况下，殡仪馆只有盈利了才有能力更新设施设备，采用先进殡葬技术，提高殡葬科技应用水平。由于我国对遗体火化的基本费用实行政府定价制度，随着油料、电力和人工成本的上涨，大多数县级殡仪馆都处于亏损的状态，根本没有能力更新设施、设备和技术。因此，必须通过舆论媒体广泛宣传殡葬事业的公共性特征，通过立法的形式，明确殡仪馆的公共服务提供者的性质和职能，清晰地界定殡葬服务中公共服务和市场服务的界限，把殡葬公共服务纳入政府公共财政的范围，加大对殡葬设施设备建设和技术改造的投入，提高我国殡葬科技应用水平。

2. 制订殡葬科技发展规划，推动殡葬事业持续发展

完善的科技殡葬体系的建立既要考虑在时间上的推进速度，又要考虑在基础研发与应用研究层面上的层次递进式发展，还要考虑在不同殡葬服务领域中的应用广度和深度上的发展。目前，殡葬科学技术已经由单一的节能减排逐步变成一项系统工程，根据科技水平递进发展规律以及殡葬行业发展的实际目标，可以从环境保护、设施规划、基础理论、火化设备、技术标准、文化习俗等方面的研究来实现科技殡葬。近期优先研究推广必备的科技项目，推广所有殡葬从业机构都必须具备的科技水平。中期可以考虑在现有科技水平上进一步提升，首要研究推广那些个别单位已经试点的效果比较好或者代表长期发展的趋势的项目。长期发展要考虑与相关基础性研究的结合，预先对一些代表未来发展的趋势的科技项目进行研究，以作为技术储备。同时，将相应的技术成果在从死亡之前开始的临终关怀到遗体运输、遗体防腐、殡仪活动、遗体火化、追思祭奠、骨灰保存、殡葬管理及其他殡葬相关领域，继续不断深化推广，在基础领域持续展开长期的、有计划的研究，确保殡葬科技的持续发展。

3. 创新生态殡葬科技文化，实现生态文明协调发展

建立与和谐社会相适应的绿色殡葬、生态殡葬与环境科学技术体系，培育绿色殡葬、生态殡葬消费群体，通过转变殡葬消费方式引导和促进殡葬产业结构优化和升级，使全社会都采取和谐型的殡葬方式、殡葬礼仪和消费方式，建立人与环境良性互动的关系，在全社会的共同参与下体现社会发展的价值目标。

生态科技文化包括生态科技的文化和生态的科技文化，是指基于生态科学技术发展，适应经济发展方式转变的要求，以生态文明为依归的科技文化。生态科学技术是一种建立在现代生物学基础上的，关注人与环境的和谐发展，以及人与人、人与社会、人与自然之间和谐共处，代表了一种全新的科学技术以及全新的科技思维方式和发展方式①。生态科技文化立足于系统整体观的科技文化思想，倡导人与自然和谐发展的科技思维方式，主张保护自然和环境的科技价值观念，践行可持续发展的科技成果评价标准，代表了未来科技文化发展的方向。

首先，生态科技文化是殡葬科技文化成长与发展的基础。创新生态殡葬科技文化，必须把生态文明与科技文化结合起来思考，从生态文明的视角研究殡葬科技文化和从殡葬科技文化的视角研究生态文明的理论自觉。要把发展绿色殡葬科学技术、建设生态殡葬科技文化作为加快转变殡葬经济发展方式的重要支撑。

其次，生态文明社会的实现离不开生态科技文化的支撑。生态文明是建立在生态科技文化基础之上的文明形态。按照生态文明的要求，科学技术必须生态化，而科学技术生态化必将催生科技文化的生态化，生态文明社会的实现必然离不开生态科技文化。生态科技文化作为人与自然关系的一种新的文化价值取向，必将有力促进人们生产方式和生活方式的生态化转向，推动人类文明从工业文明向生态文明的过渡，从而实现人类文明的持续发展。

最后，建设生态科技文化是实现可持续发展的必然要求。可持续发展既是衡量科学技术发展合理性的重要尺度，也为在新时代认识和发展科学技术提供了新的视角，因而为科技文化的生态化转向指明了方向。实现科学技术生态化，建立绿色科学技术体系，改造并发展传统产业，走出一条用生态科技产业发展经济之路，是生态科技文化的价值蕴含。促进人与自然的和谐发展，就要了解各种生态系统在自然界的分布及其发生发展的规律，研究生态系统对人类干预所能承载的阈值，因而要充分发挥科学技术和科技文化的支撑作用。

---

① 陈寿朋．生态文化建设论［M］．北京：中央文献出版社，2007．

4. 注重推动殡葬科技创新，促进殡葬科技成果转化

殡葬科研成果如果不转化为产品，那么殡葬科研就成了纸上空谈，殡葬科研领域归根结底还是实用性研究，而殡、学、研相结合就成了殡葬领域中急需发展的一环。

一是促进殡葬科研人员的合理流动。通过构建高等院校、科研机构和企业合作的平台，将缩短科研成果的转化时间，也将促使更多高等院校、科研机构进入殡葬领域。各殡葬服务机构应加强与各地高等院校、科研院所的联系，及时将殡葬业对科技应用的需求告知各相关机构单位，及时了解各高等院校、科研院所科技研究的最新成果，寻求将有关成果应用于殡葬行业的可行性，并通过科技项目招投标、项目合作协议等方式，与有关高等院校、科研机构等开展有效的合作。

二是开展殡葬应用研究的开发创新。积极开发和推广新技术、新工艺、新设备，加快高耗能殡葬的技术改造，要以节能、节水、节材、节地和资源综合利用为重点，积极建设节约型社会；建立殡葬设备、用品生产销售登记管理制度，包括火化机、殡仪车、骨灰盒、冷藏棺（柜）等技术通用条件和企业资质条件的登记制度；通过和大中院校联合建立殡葬技术研发基地，进一步研发能耗小、排污少甚至不排污的殡葬设备。有条件的单位积极应用推荐科技并形成示范效应，瞄准国际水平，不断开发和应用体现现代殡葬发展趋势和符合中国国情的科技成果。在遗体运输领域，应用含有科技配置的遗体运输专用车；在全国范围内推广遗体防腐先进技术；在遗体火化领域，火化机主要环保节能指标达到国际水平；广泛推广土地资源节约型的生态葬式，积极推广用数字化技术开展人生文化保存；全面推行殡葬信息管理系统，力争殡葬管理科技达到世界先进水平。

三是构建殡葬科技信息的交流平台。国外发达国家的殡葬服务业非常成熟，殡葬服务场所的数量和布局的科学化合理化、殡葬设备设施的科技现代化、殡葬专业教育的高度发展，殡葬服务的人性化、殡葬工作者的专业化、殡葬管理的法制化、科学化等方面的程度和水平都很高。这些全球化的成果及行业的先进经验和成果值得借鉴。在民政部领导下，定期组织殡葬科技信息交流，形成平台化运作，开辟殡葬科技发展与应用的主题，聚集海内外殡葬科技志士，一起交流、研讨，共同为我国殡葬科技发展出谋划策；还可以借国际殡葬博览会、国际殡葬设备用品博览会等国际展会之机，以殡葬科技为题举办研讨会、殡葬科技成果推介会、专利成果展演会等，以加强交流、合作与推广。

5. 完善殡葬科技教育体系，壮大殡葬科技人才队伍

建立一个完整的殡葬教育体系，将对科技殡葬体系的建立起着保证作用。

殡葬职工是殡葬现代装备和技术的操控者，其科学文化素质直接关系到殡葬科技应用水平的提高。要进一步营造鼓励殡葬科技创新的环境，培养造就殡葬界一流科学家、紧缺人才、实用型专业人才和创新型团队，使创新人才大量涌现。要不断加强殡葬从业人员的队伍建设，完善殡葬继续教育体系，形成科学合理的层级教育，通过民政专业教育或专门培训等方式造就一批具有较高水平的殡葬科技人才；结合殡葬职业技能鉴定，开发完整的培训体系，有计划、分批次地对全国殡葬从业人员进行殡葬理论与实务培训。殡葬科技的发展离不开殡葬科研队伍的建设。对于现有的殡葬科研领域的人才，制订科学完整的人才提升计划，鼓励出国进修、考察和学习，增强他们的殡葬科技创新能力。

主要参考文献

[1] 陈敏豪. 生态文化与文明前景［M］. 武汉：武汉出版社，1995.

[2] 余谋昌. 文化新世纪：生态文化的理论阐释［M］. 哈尔滨：东北林业大学出版社，1996.

[3] 佘正荣. 生态智慧论［M］. 北京：中国社会科学出版社，1996.

[4] 黄淑聘，龚佩华. 文化人类学理论工作方法研究［M］. 广州：广东高等教育出版社，1998.

[5] 刘湘溶. 生态文明论［M］. 长沙：湖南教育出版社，1999.

[6] 杨启光. 文化哲学导论［M］. 广州：暨南大学出版社，1999.

[7] 司徒云杰. 文化社会学［M］. 北京：中国社会科学出版社，2001.

[8] 陈静生，蔡运龙，等. 人类－环境系统及其可持续性［M］. 北京：商务印书馆，2001.

[9] 裴广川. 环境伦理学［M］. 北京：高等教育出版社，2002.

[10] 鄢本凤. 社会主义和谐文化建设研究［M］. 北京：人民出版社，2003.

[11] 赵载光. 天人合一的文化智慧——中国传统生态文化与哲学［M］. 北京：文化艺术出版社，2006.

[12] 黄志斌. 绿色和谐文化论［M］. 北京：中国社会科学出版社，2007.

[13] 王如松，李锋. 和谐社会的生态文化基础和培育途径［M］. 北京：中国林业出版社，2007.

[14] 陈寿朋，杨立新. 生态文化建设论［M］. 北京：中央文献出版社，2007.

[15] 万劲波，赖章盛. 生态文明时代的环境法治与伦理［M］. 北京：化学工业出版社，2007.

[16] 王茜. 生态文化的审美之维［M］. 上海：上海人民出版社，2007.

[17] 严耕，林震，杨志．生态文明理论构建与文化资源［M］．北京：中央编译出版社，2009.

[18] 肖笃宁．从自然地理学到景观生态学［J］．地球科学进展，1992.7（6）.

[19] 朱永春．文化心理结构与地理图式［J］．新建筑，1997（4）.

[20] 刘岩．文化与自然相协调的可持续发展分析［J］．科学对社会的影响，1996（1）.

[21] 李团胜．景观生态学中的文化研究［J］．生态学，1997.16（2）.

[22] 梁渭雄，叶金宝．文化生态与先进文化的发展［J］．学术研究，2001（1）.

[23] 袁国友．中国少数民族生态文化的创新、转换和发展［J］．云南社会科学，2001（1）.

[24] 邱扬，张金屯，等．景观生态学的核心：生态学系统的时空异质性［J］．生态学杂志，2001.19（2）.

[25] 方李莉．文化生态失衡问题的提出［J］．北京大学学报（哲学社会科学版），2001.38（3）.

[26] 孔云峰．生态文明建设初探［J］．重庆行政，2005（4）.

[27] 王国安．生态文化建设的制约因素及其对策［J］．宁波党校学报，2006（3）.

[28] 蔡登谷．生态文化体系建设的内容［J］．中国林业，2007（7）.

[29] 鄂云龙．生态文明与生态文化的关系［J］．环境教育，2009（7）.

[30] 徐春．对生态文明概念的理论阐释［J］．北京大学学报（哲学社会科学版），2010（1）.

[31] 易丽昆．对生态文化的思考［J］．湘潮（下半月），2011（11）.

[32] 万伟伟．科技文化软实力及其提升路径探析［J］．西南农业大学学报（社会科学版），2013（5）.